*GS 141/142 GB Der Staat*

GESCHICHTE UND STAAT

Band 141/142
Großband

Hans-Peter Waldrich

# Der Staat

## Das deutsche Staatsdenken seit dem 18. Jahrhundert

*Ausgewählte Quellen*

GÜNTER OLZOG VERLAG MÜNCHEN — WIEN

ISBN 3-7892-7063-6

 — Umschlagentwurf: Konrad Wacker, München — Gesamtherstellung, Franz Wedl OHG, Melk-Wien

**Inhalt**

## Autorenregister

# Die Geschichte des deutschen Staatsbegriffs

Der Begriff des Staates steht wie kaum ein anderer Grundbegriff im Zentrum der politischen Vorstellungswelt. Wie in einem Brennglas treffen sich in ihm das ganze Spektrum, die Einsichten, Ideale, aber auch Vorurteile, Ängste und Borniertheiten einer Epoche. Wer in direktem Zugriff die Quintessenz einer politischen Gedankenwelt erfassen möchte, dem bietet sich der Staatsbegriff als Zusammenfassung und Ergebnis. Dies bedeutet jedoch nicht, daß jede Zeit nur *einen* Staatsbegriff kennt.

Gerade das 19. und 20. Jahrhundert werden vom Konflikt gegnerischer Ideologien bestimmt und bilden dementsprechend charakteristische und für die politische Stellungnahme ihrer Vertreter bezeichnende Staatsauffassungen aus. Wie niemals zuvor wird seit dem 18. Jahrhundert die politische Bühne zu einem Kampfplatz, nicht nur von mehr oder minder konfessionell oder kirchlich geprägten, aber immer noch der Einheit des christlichen Weltbildes verpflichteten Lehren, sondern zum Agitationsfeld der mit der Industrialisierung aufbrechenden sozialen Auseinandersetzungen.

In grober Typisierung können die seit 1789 sich entwickelnden Ideenrichtungen unter drei Kategorien zusammengefaßt werden, wenn auch die tatsächliche Vielfalt, Eigenart und Grenzverwischung eine solche Dreiteilung nur mit Vorbehalt rechtfertigt: Liberalismus, Konservatismus und fundamentaldemokratisches Denken (Sozialismus).

Gerade in Anwendung dieser Kategorien auf die jüngere Vergangenheit oder Gegenwart zeigt sich jedoch die Schwierigkeit einer inhaltlich verbindlichen Definition dieser Ideenrichtungen. Im reinen Ursprungssinne konservative, liberale oder fundamentaldemokratische Ideologien sind nur noch selten anzutreffen. Am reinsten hat sich vielleicht noch die fundamentaldemokratische Idee gehalten, doch haben sich auch hier Überschneidungen und kombinierte Mischformen ergeben, die die einfache Identifizierung nach inhaltlichen Kriterien außerordentlich erschweren. Um dem

Dilemma völliger Unschärfe bei der Gliederung politischer Anschauungen zu entgehen, muß die Frage nach ihrem sozialen Entstehungsgrund sowie ihrer *sozialen Funktion* hinzugenommen werden. Wem nützt eine politische Theorie, wessen Interessen werden durch sie vertreten?

Eine solche Rückbeziehung politischer Ideenrichtungen auf ihren sozialen Standort führt unter inhaltlichen Gesichtspunkten zu historisch-variablen Kategorien der Beschreibung. Sie sucht nicht nur nach theorie-immanenten Eigentümlichkeiten und deren gleichbleibender Struktur trotz des Wandels historischer Situationen, sondern ebensosehr nach der politischen Zielsetzung oder auch nur unbewußten Absicht bestimmter Aussagen, die sich, zeit- und ortsgebunden, sehr unterschiedlich artikulieren können.

Diese ideologiekritische Betrachtungsweise geht von der Erkenntnis aus, daß in „jedem wissenschaftlichen Staatsbegriff eine ganz bestimmte Staatsanschauung, die Staatsauffassung einer ganz bestimmten Zeit und ganz bestimmter Gesellschaftskreise ihren Ausdruck findet“[1]).

Es gibt keinen wissenschaftlichen Staatsbegriff, der dem Streit der Parteien in reiner Objektivität enthoben wäre. Ebensowenig gibt es den Wissenschaftler, der imstande wäre, sich aus der historisch und sozial bedingten Konstellation seines Denkens gänzlich herauszulösen. „Alle Staatserkenntnis hat also davon auszugehen, daß das staatliche Leben den Fragenden immer mit umfaßt; er gehört ihm existentiell an und kann sich niemals aus ihm hinausstellen. Der Staat ist nicht ein dem fragenden Subjekt räumlich ‚gegenüberstehendes‘, ihm fremdes Objekt, sondern das Wesentliche dieses Verhältnisses ist hier die dialektische Identität von Subjekt und Objekt“[2]).

## Die historische Bedingtheit des Staatsbegriffs

Ausgehend von der Erkenntnis der Standortgebundenheit einer jeden Theorie vom Staate, stellt sich die Frage, ob der Begriff „Staat“ selbst — beladen mit dem Vorstellungsgehalt der modernen Welt — auf frühere Epochen übertragen werden kann. Möglicherweise ist der Staatsbegriff überhaupt, und noch mehr die dem Begriff zugrundeliegende Wirklichkeit, eine durchaus neuzeitliche Erscheinung. Tatsächlich kann festgestellt werden, daß lange Zeit hindurch der Begriff des *modernen* Staates völlig ahistorisch auf Gemeinschaftsformen früherer Epochen übertragen wurde. So etwa, wenn HEINRICH VON TREITSCHKE den Staat als souveräne Macht definiert und ihn gleichzeitig als „uranfänglich und notwendig" bezeichnet[3]).

Deutlicher noch tritt der Anachronismus einer solchen Auffassung hervor, wenn die für die positivistische Staatsrechtslehre des späten 19. Jahrhunderts charakteristische Kategorie der juristischen Person für allgemeingültig erklärt wird: „Eine juristische Person also ist der Staat zu allen Zeiten gewesen"[4]). TREITSCHKE übersieht dabei, daß der Begriff „Staat" „kein Normalbegriff der politischen Organisationsform aller Zeiten und Völker" ist[5]). So betonte wohl als einer der ersten der Verfassungshistoriker OTTO BRUNNER, „daß im Mittelalter mit Vorstellungen von Staat und Verfassung zu rechnen ist, die mit dem, was wir mit diesen Worten bezeichnen, nicht übereinstimmen"[6]). „Staat" sei ein Begriff aus der politischen Welt der Neuzeit. Es sei daher nicht angängig, die spezifischen Merkmale im sozialen Leben früherer Epochen durch einen „angeblich allgemeinen Staatsbegriff" zu verdecken[7]). Ähnlich argumentiert CARL SCHMITT, der es nicht nur für einen Fehler, sondern für eine „Fälschung" hält, die typischen Vorstellungen unserer „staatlichen Epoche in andere Zeiten und Situationen hineinzuprojizieren"[8]). Auch HERMANN HELLER hält den Staat für eine „neuzeitliche Individualität", die „nicht in frühere Zeiten hineingeschmuggelt werden darf"[9]).

Gegen diese Position wurde eingewandt, daß eine derartige Verabsolutierung des historischen Moments in der Begriffsbildung „Staat" den dennoch darin enthaltenen allgemeinen Gehalt verfehle[10]). „Die Staatstheorie hat doch zu allen Zeiten, wenn auch unter wechselnden Namen, polis, res publica, regnum, civitas, status doch immer das gleiche vor Augen gehabt, die politische Einheit, in der dem Menschen Ordnung und Frieden gewährleistet wird"[11]). In bezug auf dieses Problem bleibt daher entscheidend, welche Vorstellung vom Wesen des Staates zur Entscheidung der

Frage herangezogen wird. Und hier eben beginnt der Streit der Gelehrten. Festzuhalten gilt jedoch: Selbst wenn der moderne Staat lediglich eine Variante einer allgemeineren Erscheinung sein sollte, so unterscheidet er sich als souveräner, anstaltsmäßiger Verwaltungsstaat objektiv (als Tatsache des sozialen Lebens) wie subjektiv (in der bewußten Interpretation der Träger des sozialen Lebens) in ganz einschneidender Weise von jeder vergangenen historischen Erscheinungsform.

## Die Entstehung des modernen Staates

Es lohnt sich, um das Neuartige der modernen Staatsproblematik zu verstehen, einen Blick auf das Mittelalter zu werfen. Besonders der Feudalismus[12]) kann mit der staatswissenschaftlichen Begrifflichkeit der Neuzeit und Gegenwart nur unzureichend charakterisiert werden. Ins Auge springt ganz allgemein die „mangelnde Staatsintensität“[13]) eines Sozialwesens, das als politische Einheit fast ausschließlich durch die Person des Königs symbolisiert wurde[14]). Charakteristisch für die Feudalstruktur war ihr ausgesprochen partikularistischer Zug, eine „Teilung der Staatsgewalt zwischen dem König und den Patrimonialobrigkeiten“[15]). „Der Fluß von lehnsrechtlicher Ordnung zu feudalistischer Lösung hatte nicht nur zur Parzellierung des Staatsgebietes, nicht nur zur Zersplitterung des Staatsrechtes geführt, er hatte nicht nur eine Übertragung von Herrschaftskompetenzen aus einer Hand oder aus wenigen Händen in viele oder zahllose bewirkt, sondern diese Herrschaftskompetenz hatte in gewissem Ausmaß ihren staatlichen Charakter verloren und war privat geworden, war in privates Eigentum oder ... in private Nutzung übergegangen. ‚Privat‘ heißt hier ganz präzis: der staatlichen Eigenschaft beraubt“[16]). Von einer Staatsgewalt mit dem Monopol legitimer Gewaltsamkeit kann daher durch Jahrhunderte hindurch während des Mittelalters nicht gesprochen werden. Die Verfassung des feudalen und des altständischen Personenverbands„staates“ läßt sich allenfalls in *personalen* Kategorien fassen, „als ein Gefüge von Häusern und Hausvätern, die in den verschiedenen Schichten dieser Verfassung durch Treueeid verbunden sind"[17]). Jedes „Haus" (verstanden als der weitgehend autarke Lebensumkreis einer Großfamilie und ihres Anhangs) stand in einer persönlichen Dienst- und Schutzbeziehung zu einem nächstgrößeren Haus. Selbst der „Staat" wurde noch „als ‚Gut' des Fürsten, als fürstliche Haus- und Hofhaltung" begriffen[18]).

Tiefgreifend unterschied sich die Rolle des Rechts von jedem heutigen Verständnis: Positives Recht als staatliche Satzung, ausgestattet mit einer durch staatliche Gewalt garantierten Geltung, war so gut wie unbekannt[19]). Stattdessen mußte es im Mittelalter heißen: „das Recht ist alt und das Recht ist gut"[20]). Das „gute, alte Recht" war noch gänzlich ungeschieden von seiner sittlich-religiösen Grundlage und wurde als Gewohnheits- und Überzeugungsrecht in einer Vielzahl autonomer Machtbereiche unabhängig von staatlicher Generalnormierung ausgeübt. Dementsprechend mußte auch die Selbsthilfe (Selbstjustiz) eine *rechtmäßige* Verfassungseinrichtung sein, woraus die bedeutende Rolle hervorgeht, die im Mittelalter die *Fehde* bis zur Heraufkunft des modernen, souveränen Staates spielte[21]).

Die durch vielfältige Ursachen bewirkte Auflösung der relativ statischen Sozialordnung des Mittelalters führte allmählich zu einer Umwandlung der Verfassungseinrichtungen in immer moderner anmutende Formen. Das zögernde, regional verschiedenzeitliche Entstehen des souveränen abendländischen Staates wird im allgemeinen etwa im 13. Jahrhundert angesetzt[22]). Mittelpunkt der allmählichen Staatsentwicklung wurde eine Intensivierung des Staatsbetriebs durch eine qualitativ rationalisierte und quantitativ erweiterte Zentralverwaltung. In erster Linie auf dem Sektor der Finanzbürokratie wurde allmählich die Trennung des Staatsbediensteten von den vormals im Eigenbesitz der Lehnsleute befindlichen Verwaltungsmitteln vollzogen und die Treuebindung zwischen Lehnsherr und Vasall durch eine unpersönliche, nach rein sachlichen Regeln ausgerichtete Unterordnung ersetzt[23]). Der durch die Veränderung der Kriegstechnik und die Schaffung stehender Söldnerheere auf fiskalischem Sektor erwachsende Zentralisierungsbedarf[24]) wurde gesteigert durch die Notwendigkeit einer die feudale Zersplitterung und das überhandnehmende Fehdewesen überwindenden, nationalen, allgemein durchsetzbaren Rechtsordnung. Wenn nicht das „ganze Reich in Anarchie versinken sollte“[25]), mußten neue, rationalere Wege der Rechtsprechung und Rechtsdurchsetzung gefunden werden. An die Stelle des alten Brauchtums- und Überzeugungsrechts trat das fürstliche Rechtsgebot, dem der Weg zu einer weitgehenden Rationalisierung durch die Rezeption des römischen Rechts geöffnet wurde[26]).

Im Hinblick auf die Veränderung der sozialen Existenzbedingungen geschieht erst jetzt das für die Entwicklung des modernen Staatswesens Kennzeichnende: Die früher in die personale Struktur der Feudalgesellschaft eingelagerten Lebensbeziehungen, die sich auf überschaubarem und autarkgeschlossenem Raum verwirklichten, lösen sich in einzelne „Sachbereiche“ auf und werden als Amtsgeschäfte in der Hand des Staates monopolisiert. Wirtschaft und Recht, Sitte und Kultur fallen allmählich aus ihrer individuellen Zugehörigkeit zu partikularen Machtbereichen heraus und treten in den Zuständigkeitsbereich der Staatsverwaltung. Das Individuum, vormals Glied einer zwar herrschaftlich, aber personal verbundenen und in bezug auf die Arbeit noch kaum in einzelne Spezialtätigkeiten zerrissenen „Ganzheit“, wird zunehmend von der traditionellen Lebenswelt isoliert und steht endlich dem versachlichten und rationalisierten Staat ungeschützt gegenüber. Der Staat als Träger, Verwalter und Bewacher der verselbständigten Sachbereiche, und das Konglomerat der vereinzelten Individuen treffen schließlich in schroffem Gegensatz aufeinander. Erst jetzt ist der Staat ganz Staat: Leviathan — ein sterblicher Gott[27]).

Zur vollen Ausreifung kam der moderne Staat jedoch erst im Zeitalter des Absolutismus. Nicht nur Verteidigung und Recht, sondern (unter den Voraussetzungen des Merkantilsystems)[28]) auch Wirtschaft und Wohlfahrt wurden zu Einflußzonen des absoluten Fürsten und seiner zentralen Bürokratien. In Preußen erreichte diese Tendenz ihren Höhepunkt seit Friedrich Wilhelm I.[29]) — in Österreich unter Joseph II.[30])

Die Entwicklung der Staatstheorie ist nur auf diesem

Hintergrund zu verstehen. Nimmt man die im 19. Jahrhundert auch in Deutschland mächtig einsetzende Industrialisierung mit all ihren sozialstrukturellen Folgen hinzu, so hat man bereits den gesamten Problemstoff, durch den die Linien der Staatslehre bis in die unmittelbare Gegenwart bestimmt werden.

## Absolutismus und Aufklärung

Um die Wende des 18. zum 19. Jahrhunderts dominierte allgemein der rationalistische Staatsbegriff der Aufklärung: In einseitig absolutistischer Zuspitzung — als deutliche Kampfansage gegen die feudalistische Anarchie — war er bei THOMAS HOBBES vorgebildet, der den Staat, ausgestattet mit dem Monopol legitimer Gewaltsamkeit, in der Art einer geometrischen Figur aus notwendigen Gesetzen konstruieren wollte[31]). Die Auffassung des Staates als einer künstlichen Maschine (SCHLÖZER vgl. Quelle, S. 63 ff.), eines Werkzeugs, das zu vorgegebenen Zwecken vernunftgemäß eingesetzt werden soll, ging jedoch auch in ihrer absolutistischen Variante von der für das aufgeklärte Vernunftrecht charakteristischen Voraussetzung des ursprünglich gesellschaftlich ungebundenen Individuums aus. „Ehe die Menschen in Republiken traten, so lebten sie in dem Stande der natürlichen Freiheit", lautete die Prämisse der herrschenden Staatstheorie des 18. Jahrhunderts. Durch SAMUEL PUFENDORF war das Naturrecht auch in Deutschland eingeführt worden, daher eröffnete der späte Theoretiker des Wohlfahrtsstaates und des aufgeklärten Absolutismus, JOHANN HEINRICH GOTTLOB VON JUSTI (vgl. Quelle, S. 55 ff.) mit diesem Satz sein Werk über „Natur und Wesen der Staaten" (1771)[32]). Die ursprüngliche Freiheit wurde freilich in einem den Staat begründeten Vertrag aufgehoben und zu einem einzigen Willen — der obersten Gewalt — verschmolzen[33]). Auf diese Weise brachte der aufgeklärte Absolutismus eine widerspruchsvolle Synthese von Individualismus und Despotismus zustande. Den Staat definierte er als eudämonistische Wohlfahrtseinrichtung[34]), deren Absicht darin besteht, für den einzelnen den „Überfluß alles dessen, was zur Notdurft, zur

Bequemlichkeit und zum Vergnügen des Lebens" erforderlich ist, sicherzustellen[35]), — dies jedoch durchaus auch unter Anwendung von herrschaftlichem Zwang.

Die vernunftrechtlich-rationalistische Umwandlung der ehemals religiösen Legitimationsbasis des absoluten Herrschaftsrechts war jedoch ein zum Scheitern verurteilter Versuch, die herrschaftsgefährdenden Wandlungen in Wirtschaft und Gesellschaft des heraufziehenden bürgerlichen Zeitalters einzudämmen. In der amerikanischen Unabhängigkeitserklärung und von dort ausgehend in der französischen Verfassung vom 3. September 1791 war die Staatsgewalt im Rahmen der aufklärerischen Ideen konsequent an den Willen des Volkes gebunden worden. Durch die Erklärung der Menschen- und Bürgerrechte hatte man die natürliche Freiheit des Menschen als eine in ihrem Wesensgehalt *auch vom Staate* nicht aufhebbare Grundlage proklamiert. Vor hier aus war die Basis für eine liberale Gestaltung der Gesellschaft gegeben, die den Bedingungen des frühen Industriezeitalters entsprach.

## Der Staatsbegriff des klassischen Liberalismus

Wenn — wie auch der aufgeklärte Absolutismus grundsätzlich anerkannte — der „Trieb zum Glück" die „Quelle aller Menschenhandlungen" war[36]), so konnte konsequenterweise nur ein solches Staatswesen der menschlichen Natur entsprechen, in dem die ungehinderte Entfaltung individueller Zwecke als gesichert erscheinen konnte. Bezeichnend für das aufklärerische Denken war an dieser Auffassung die Anwendung des Vernunftrechts in Form eines wissenschaftlichen Gesetzesbegriffs auf Gesellschaft und Staat[37]). Auch das soziale und wirtschaftliche Leben, nahm man an, werde von natürlich-notwendigen Gesetzen beherrscht, die jedoch durch administrativen Zwang und das natürliche Gleichgewicht verzerrende Eingriffe des Staates verdeckt sind. Im Mittelpunkt dieser Theorie stand der Glaube an die natürliche Harmonie des „ordre naturel", mit dessen sozialgestaltender Wirkung gerechnet wurde, sobald nur die formalen Bedingungen individueller Freiheit für jedermann hergestellt seien. Konsequenterweise stellte diese, durch den französischen Physiokratismus und die englische klassische Nationalökonomie geprägte Auffassung den Gedanken des natürlichen Egoismus heraus, da vom ungehinderten Eigeninteresse der Menschen und ihrer Konkurrenz und Wechselwirkung ein positives gesellschaftliches Endergebnis erwartet wurde. Dementsprechend verzichtete der klassische Liberalismus auch nirgendwo auf den Gedanken gesellschaftlicher und staatlicher Einheit. Im Gegenteil: Harmonie in diesem liberalen Sinn bedeutete Einheit durch Konflikt, Glück aller durch den Antagonismus der Interessen, einen Zustand „ungeselliger Geselligkeit“[38]).

Diese Auffassungen, die sich allerdings in ihrer *reinen* Form in Deutschland niemals ganz durchzusetzen vermochten, gingen von einer Beschränkung des Staates auf ein notwendiges Minimum aus. Zum ersten Mal in der abendländischen Geschichte wurde der Gedanke einer radikalen Trennung von Staat und Gesellschaft formuliert. Da die Aufgabe „sicher und allgemein zu bestimmen, welche Handlungen die Glückseligkeit eines vernünftigen Wesens befördern werde“, als „völlig unauflöslich“ angesehen wurde[39]) und somit der vormals aus antik-christlicher Tradition auf das „gute Leben“ seiner Glieder gerichtete Staat überflüssig zu werden schien, war nur eine einzige Folgerung für die Definition des Staates möglich: der Staat ist eine Rechtssicherungsanstalt zur Ermöglichung formaler, individueller Freiheit. KANT (vgl. Quelle, S. 57 ff.) definierte den Staat daher als eine „Menge von Menschen unter Rechtsgesetzen“[40]). Und WILHELM VON HUMBOLDT (vgl. Quelle, S. 66 ff.) in seiner klassisch gewordenen Schrift über die „Grenzen der Wirksamkeit des Staates“ formulierte: Der Staat „enthalte sich aller Sorgfalt für den positiven Wohlstand der Bürger, und gehe keinen Schritt weiter, als zu ihrer Sicherstellung gegen sich selbst und gegen auswärtige Feinde notwendig ist ...“[41]).

Der richtige Staat im Sinne dieses Liberalismus mußte also ein Rechts-Staat sein, der nirgendwo willkürliche Einmischung betreibt, sondern nach einem rechtsbegründenden, streng logischen Grundsatz a priori gestaltet ist. Der so verstandene Gesetzesstaat war praktisch identisch mit dem

Recht. Daher gibt eine liberale Definition des Rechts den deutlichsten Aufschluß über das Wesen des Staates. IMMANUEL KANT schreibt: „Das Recht ist also der Inbegriff der Bedingungen, unter denen die Willkür des einen mit der Willkür des anderen nach einem allgemeinen Gesetz der Freiheit zusammen vereinigt werden kann"[42]). Solcherart auf die Aufrechterhaltung eines formalen „Koexistenz-Prinzips"[43]) zurückgeführt, entsprach der liberale Staat freilich nicht nur der Forderung nach Beschränkung seiner Tätigkeit, sondern in erster Linie ebenso der Forderung nach *Berechenbarkeit und Rationalität.* Auch für Rechtsstaatstheoretiker, die nicht vordringlich eine Einschränkung der Staatsgewalt im Auge hatten, wie ROBERT VON MOHL (vgl. Quelle, S. 78 ff.) oder JULIUS STAHL blieb wesentlich, daß „jede einzelne Handlung der staatlichen Organe jederzeit *rechtlich faßbar*" gemacht werden sollte, „also in *rechtliche Formen*" gekleidet sein mußte[44]). Je rationaler und berechenbarer der Gesetzesstaat war, je mehr er der Forderung nach *Rechtssicherheit* entsprach, desto eher konnten sich eine moderne Bürokratie und nicht zuletzt eine moderne Verkehrswirtschaft in ihm entwickeln[45]).

## Konservative Staatsbegriffe

Während des beginnenden 19. Jahrhunderts veränderte sich die Welt allmählich grundlegend. Der entscheidende Vorgang dieser Zeit war die Industrialisierung mit ihren direkten und indirekten Folgen. Soziologisch bedeutete die Entwicklung der neuen Produktions- und Verteilungstechniken die Gefährdung und Entwurzelung jener Schichten, die bisher Ackerbau und Viehwirtschaft betrieben oder davon gelebt hatten. Der bislang ökonomisch und sozial dominierende Produktionsfaktor Boden wurde durch die an Ertragskraft weit überlegene Industrie in den Hintergrund gedrängt. Der grundbesitzende Adel verlor (durch die Sonderentwicklung in Deutschland noch längere Zeit verzögert) zunehmend an Bedeutung. Seine gesellschaftliche Stellung wurde ihm durch das Bürgertum streitig gemacht. Das Bauern- und Handwerkertum — unter dem Einfluß der sich von der gebundenen Haus- und Zunftwirtschaft zur freien Verkehrswirtschaft entwickelnden Sozialverfassung (Bauernbefreiung, Aufhebung der Zunftschranken usw.) — wandte sich in wachsendem Maße der Industriearbeit zu und bildete sich so zu einer soziologisch neuen Schicht heran, deren Aktivität zur ständigen Infragestellung der alten, aber auch der heraufkommenden bürgerlichen Sozial- und Herrschaftsordnung wurde.

Wenn wir uns Arnold Gehlens Ansicht zu eigen machen, daß der Vorgang der Industrialisierung ein menschheitliches „Großereignis" ist, das nur im Neolithikum mit dem Übergang von der Jägerkultur zu Seßhaftigkeit und zum Ackerbau zu vergleichen ist[46]), kann man diese Tatsachen in ihrer Bedeutung für die Staatsauffassung nicht unterschätzen. Soziologisch und sozialpsychologisch bedeutet der Übergang von der korporativen Ständegesellschaft zu einer „freigelassenen Wirtschaftsgesellschaft" (Conze) einen Vorgang, dessen Grundtendenz Conze mit den Begriffen *Dekorporierung, Disproportionierung* und *Entsittlichung* umschreibt[47]). Der als Folge der Entgliederung gewachsener Sozialstrukturen eintretende Verlust an traditional gesicherten Bewertungsmaßstäben gab dem Zeitalter seine charakteristische ideologische Vieldeutigkeit. Die mittelalterlichen Bindungen waren zerstört oder begannen sich endgültig aufzulösen, der Glaube hatte seine bewahrende Faszination verloren und in die Beziehungen der Menschen trat eine neue und kalte Sachlichkeit ein, die die alten personalen Beziehungsgefüge zur Wirkungslosigkeit verdammte. Die „gefügte" Gesellschaft des Mittelalters wurde zunehmend atomisiert. Der Umkreis geschlossener Lebenstätigkeit fiel durch die vorangetriebene Arbeitsteilung und Spezialisierung auseinander, und es entstand ein Antagonismus zwischen dem Individuum und seiner Arbeit, in der es nur noch ein Mittel zum Gelderwerb sehen konnte. Vorangetrieben durch die wachsende Bedeutung des beweglichen und akkumulierbaren Kapitals, verwandelten sich die aus den irrationalen Kräften des Gemüts gespeisten Beziehungen der Menschen in Beziehungen des Austauschs, der Konkurrenz oder der reinen ökonomischen Ausbeutung, die sich in „rechnerischer Wertempfindung" (Sombart) an quantitativen Zielen orientierten. Auf der Seite des souverän gewordenen Staats entwickelte sich ein transpersonales Gebilde, das zunehmend weniger mit den Begriffen einer personal, religiös und ethisch geprägten Welt erfaßt werden konnte, aber mehr und mehr die Struktur eines rationell konstruierten „Betriebes“ (MAX WEBER) annahm, der seine eigene Gesetzlichkeit, seine eigene Räson entwickelte.

Dies war der Hintergrund, vor dem auch die konservativen Theorien agierten, auf den sie reagierten, den sie zu deuten, zu beeinflussen versuchten. Wenn der Konservatismus als eine ideologiegeschichtlich *neuartige* Erscheinung betrachtet wird, die es erst „seit der beginnenden Auflösung der statischen feudal-agrarisch-handwerklichen Ständegesellschaft und der Herausbildung der dynamischen kapitalistisch-bürgerlichen Klassengesellschaft“ gibt[48]), so kann die Eigenart der aus dem Konservatismus entstehenden Staatsbegriffe deutlicher gefaßt werden.

Der Konservatismus muß begriffen werden aus seiner *Reaktion* auf die revolutionären Veränderungen der Epoche. Konservatives Denken ist defensiv, es geht ihm um Bewahrung, Aufrechterhaltung, Verteidigung. „Angestachelt und angeregt durch die oppositionellen Theorien, entdeckt das konservative Bewußtsein erst nachträglich seine Idee“[49]). Insofern ist der Konservatismus in seiner inhaltlichen Argumentation abhängig von seinem Gegner: der Revolution. „Der Konservatismus hat daher in Wahrheit keine ‚ewigen Werte‘, die er bewahren und tradieren will: sein Gegner, der Rationalismus, ‚schafft‘ sie ihm erst, der Konservative entdeckt sie erst im Moment ihres Verlustes“[50]). Als seinem Gegner dialektisch verbundene Bewegung ist der „Konservatismus so wandlungsfähig wie die Bedingungen, die er verteidigt“[51]). Daher ist gerade das konservative Denken außerordentlich vielgestaltig und nur schwer unter inhaltlichen Gesichtspunkten zu fixieren: Es tritt u. a. seit 1789 sowohl in patrimonial-feudalistischer, ultramontaner, idealistischer, positivistischer, völkisch-rassistischer, staatssozialistischer, konservativ-revolutionärer, faschistischer und technokratischer Form zutage.

Eine der frühen Abwehrlinien konservativer Staatstheorie verlief durch die Jahre METTERNICHscher Restaurationspolitik. Sie war verbunden mit Persönlichkeiten, denen schon aus Gründen ihrer Herkunft ein vitales Interesse an der Aufrechterhaltung der alten Gesellschaftsordnung zugesprochen werden kann: Dem Marquis DE BONALD, dem savoyischen Grafen DE MAISTRE, dem Priester LAMENNAIS, dem adeligen Patrizier LUDWIG VON HALLER, dem Generalkonsul im Dienste Metternichs ADAM HEINRICH MÜLLER.

Das Verbindende solcher Theoretiker lag letztlich in dem Versuch, die durch die technologisch-industrielle Dynamik forcierte Entwicklung zum modernen „rationalen Staat" und den damit verbundenen Verlust der feudal-aristokratischen Herrschaftsfunktionen rückgängig zu machen. Dabei führten sie — bereits vor der französischen Revolution — einen Zweifrontenkampf sowohl gegen den bürokratischen Absolutismus wie gegen den rationalistischen Geist der Aufklärung und seiner politisch explosivsten Idee: den Gedanken der Volkssouveränität. Der Forderung einer einheitlichen Organisation des Staates mit einem unmittelbaren, gleichberechtigten Staatsbürgertum, der Idee der Freiheit als dem gleichen Recht aller oder der Gleichheit als der Vorbedingung bürgerlicher Freiheit, setzten sie das Idealbild der alten Gesellschaft als einer ständisch gegliederten, korporativ-organischen Lebensform entgegen, die das Recht der Tradition und — als gottgewollte Ordnung — die wahre Legitimität für sich in Anspruch nehmen könne. Der Zweifrontenkampf der alten Konservativen drückte sich etwa im Titel einer 1772 erschienenen Schrift des Syndikus der Ritterschaft im Fürstbistum Osnabrück, JUSTUS MÖSER, aus: „Der jetzige Hang zu allgemeinen Gesetzen ist der gemeinen Freiheit gefährlich", wobei Freiheit natürlich die traditionelle Privilegienordnung „wohlerworbener Rechte" meinte[52]). Ein anderer, rund fünfzig Jahre später erschienener Buchtitel war nicht weniger bezeichnend: „Restauration der Staatswissenschaften oder Theorie des natürlichen geselligen Zustands, der Chimäre des künstlich bürgerlichen entgegengesetzt".

In diesem sechsbändigen Werk machte sich KARL LUDWIG VON HALLER (vgl. Quelle, S. 84 ff.) zum Anwalt einer feudalistischen (patrimonialen) Staatsauffassung. Er verstand den Staat als Familieneigentum (Patrimonium) des grundbesitzenden Fürsten. Das Urbild des Staates sah er in der Familie, und „die Gewalt des Souveräns war keine andere als die des pater familias oder des Grundherrn“[53]). „In einer jeglichen ... Familie findet man ..., die Unabhängigkeit abgerechnet, bereits das vollkommene Ebenbild eines monarchischen Staates“[54]). Auf diese Weise setzte sich HALLER über die charakteristische Entwicklung der Neuzeit hinweg: Denn spätestens seit FRIEDRICH DEM GROSSEN war auch in Deutschland die Vorstellung des Staates als des persönlichen Eigentums des Fürsten durch den Gedanken des Staates als einer selbständigen überindividuellen Wesenheit ersetzt worden[55]). In ähnlicher Form versuchte HALLER auch die für die moderne Staatsentwicklung entscheidende Trennung von öffentlichem und privatem Recht zu negieren. Mit der ihm eigenen Wirklichkeitsblindheit behauptete er, daß die Gesetze der Fürsten von den Gesetzen der „Privat-Personen nicht ihrer Natur, sondern nur dem Grade nach verschieden“ seien[56]). Der gewiß nicht allzu modern denkende JOHANN CASPAR BLUNTSCHLI hat daher schon 1864 ein hartes Urteil über die HALLERSCHE Lehre gesprochen. „Die Zeit schritt darüber hinweg, und überließ es den Toten, ihre Toten zu begraben“[57]).

Eine wesentliche Rolle im reaktionären Konservatismus spielte die christliche Staatslehre beider Konfessionen. In den Reaktionsjahren nach 1848 fand sie in dem zum Protestantismus konvertierten Juden FRIEDRICH JULIUS STAHL (vgl. Quelle, S. 117 ff.) einen Hauptvertreter. Für STAHL, der nicht leugnete, die „Interessen der Aristokratie, näher bezeichnet der Ritterschaft“ zu vertreten[58]), war der Staat eine „göttliche Institution“[59]). Sein Wesen war gekennzeichnet durch die völlige Unabhängigkeit des legitimen Fürsten von seinen Untertanen und war im übrigen ziemlich genau in der preußischen Monarchie FRIEDRICH WILHELMS IV. verwirklicht. STAHLS Rückführung der Staatsidee auf eine nahezu theokratische Legitimation, seine entschiedene Abwehr jeder aufklärerischen Tendenz, die selbst die spekulative Theorie HEGELS wegen ihrer Hochschätzung der Vernunft tadelte, hatte politisch eine klare Funktion: sie „leistete den Machthabern ... willkommene Dienste“[60]).

## Volksgeisttheorie und historische Rechtsschule

Das zentrale Erlebnis der Zeit war das Auseinanderfallen der Gesellschaft auf der einen und die Machtkonzentration der bürokratischen Gesetzesstaaten auf der anderen Seite. Dem entsprach in zunehmendem Maße der Verfall der gegliederten Ständehierarchie und ihre Verwandlung in eine antagonistische Klassengesellschaft. Dieser Tendenz zur Auflösung der Gemeinschaft in sich bekämpfende Gruppen wurde in jener Zeit unüberhörbar der Gedanke der Einheit entgegengesetzt. Dies geschah zwar unter grundsätzlicher Anerkennung des Prinzips der Individualität, ja es war geradezu Kennzeichen der Zeit, daß sie die dialektische Verbundenheit des Besonderen und des Allgemeinen hervorhob, doch wurde in der Rangordnung der Werte dem Prinzip des Allgemeinen der erste Platz zugesprochen. Schellings „Weltseele“ und Hegels „Weltgeist“ waren Zentralbegriffe, die die grundsätzliche Identität von Geist und Natur, Mensch und Welt, Individuum und Staat symbolisierten. Das Individuum war die „unendliche Verschiedenheit“, die Wirklichkeit des Persönlichen und Originalen; — das Allgemeine jedoch begründete die „erhabene Einheit“ aller Besonderheiten, „die in allen liegt, die alle fördert“[61]). „Wie in der Natur des Polypen ebenso die Totalität des Lebens ist, als in der Natur der Nachtigall und des Löwen: so hat der Weltgeist in jeder Gestalt sein dumpferes oder entwickelteres, aber absolutes Selbstgefühl, und in jedem Volke, unter jedem Ganzen von Sitten und Gesetzen sein Wesen und seiner selbst genossen“[62]).

Unter dem Einfluß des Idealismus gelang es jedoch nicht, das Problem der Einheit individueller Erscheinungen, besonders der staatlichen Einheit, anders als in mystifizierenden Kategorien zu erklären. Mit Herder und Hegel tauchte der Begriff des (nationalen) *Volksgeistes* auf. Damit war, in deutlicher Wendung gegen die voluntaristische Aufklärung, zugleich das Problem der Entwicklung (des sozialen Wandels) neu erklärt. Der Volksgeist als relativ unbewegter Beweger tritt „in allen Taten und Richtungen eines Volkes“ hervor mit dem Ziel, sich zum „Selbsterfassen“, zur „Anschauung . . . seiner selbst zu bringen“[63]).

Durch die Annahme eines Welt- und Volksgeistes, der nicht als Geist und Bewußtsein der Individuen verstanden wurde, sondern eine selbständige Existenz besaß, kam ein irrationales Element in Politik und Staatslehre. „Das Volk spricht gar nicht, wann die einzelnen Individuen sprechen, aus denen ein Volk besteht. Das Volk spricht nur dann, wann die Volkheit ... in den Individuen zu Worte kommt ..."[64]). Die „Volkheit" jedoch konnte nicht mit rationaler Analyse erfaßt werden: sie ist eine „lebendige" Idee, die sich dem „toten" Begriff verschließt[65]).

Die Ablehnung der abstrakt generalisierenden Staatstheorie der Aufklärung gab jedoch andererseits gewisse Impulse, sich der Empirie wieder zuzuwenden. Der Blick wurde von der rationalistischen Konstruktion des Staates zurückgelenkt auf die Wirklichkeit seines individuellen Erscheinungsbildes. Im Historismus — etwa bei den Historikern F. Ch. Dahlmann (vgl. Quelle, S. 197 ff.), Leopold von Ranke (vgl. Quelle, S. 202 ff.) und Georg Waitz — wurde der Versuch unternommen, „die Politik auf den Grund und das Maß der gegebenen Zustände" zurückzuführen[66]). Dabei kam die Betonung der Tradition und der Geschichte auch bei den Juristen der historischen Rechtsschule (Savigny, vgl. Quelle, S. 194 ff.) zum Ausdruck, die ihre „geschichtliche Schule" der bisher dominierenden „philosophischen" Rechtslehre entgegensetzten[67]). Sie nahmen an, daß „der Stoff des Rechts ... durch die gesamte Vergangenheit der Nation gegeben [sei], doch nicht durch Willkür, so daß er zufällig dieser oder ein anderer sein könnte, sondern aus dem innersten Wesen der Nation selbst und ihrer Geschichte hervorgegangen"[68]).

So wie das Recht aus dem Volksgeist hervorwächst (hierin der Sprache zu vergleichen), ohne daß es erst willkürlich geschaffen werden müßte[69]), so wird aus dem „unaufhaltsamen Trieb" des Volkes mit „höherer Notwendigkeit" der Staat hervorgebracht. „Denn auch die Erzeugung des Staates ist eine Art Rechtserzeugung, ja sie ist die höchste Stufe der Rechtserzeugung überhaupt"[70]).

## Der Staat als „Organismus“

Wenn die historische Rechtsschule ihre allzustarke Fixierung an längst vergangene Wirklichkeiten dadurch dokumentierte, daß sie das Recht, unter Vernachlässigung der Rolle bewußter Rechtsetzung, als aus der Sitte entstandenes „Gewohnheitsrecht“ interpretierte[71]), so zeigte die organische Staatslehre ihre deutliche Abhängigkeit von mittelalterlich-ständestaatlichen Vorbildern durch eine Betonung der Ganzheit, die schon zu Beginn des vergangenen Jahrhunderts durch die Realität der sich entwickelnden Klassengesellschaft nirgendwo mehr gerechtfertigt wurde. Dennoch war die „Organologie“ von denkbar größtem Einfluß auf die deutsche Staatslehre bis in die unmittelbare Gegenwart. KONSTANTIN FRANTZ sprach bereits 1870 mahnend von einem „organische [n] Taumel, der die Staatslehre ergriffen“ habe[72]); — jedoch bloß, um ihm sogleich selbst zu verfallen. Man ist unterschiedlicher Auffassung darüber, ob die erstmalige Übertragung des Organismusbegriffs auf die neuere Staatslehre FICHTE, SCHLEIERMACHER oder SCHELLING zuzuschreiben ist[73]). Fest steht jedenfalls, daß der Vergleich des Staates mit einem Menschen im Großen seit PLATONS Parallelisierung von Staat und Einzelseele bereits im politischen Denken der Antike und des Mittelalters eine erhebliche Rolle gespielt hat. In neuerer Zeit schwankte die organische Auffassung zwischen einem idealistischen und einem biologistischen Verständnis, wobei sich beide Interpretationen oft unmerklich vermischten[74]). Sieht man von den mehr biologistischen Varianten einmal ab[75]), so können folgende Charakteristika der Organismustheorie angegeben werden:

1. Der Staat als Organismus ist Teil eines höheren Ganzen. „Alles, alles ist in der Natur organisch ..., soll kein Sprung in der Natur ... sein, so kann es nicht fehlen, daß auch der Staat organisch sei“[76]). Der Organismus — so auch der Staat — ist „Abbild der absoluten Substanz“, ein „Organ des Alls“, also Teil des Allorganismus[77]).

2. Der Staat als Organismus ist kein mechanisches Aggregat, sondern eine „Totalität“[78]), ein „lebendige[s] Ganze[s]“[79]), eine „Gestalt“[80]). „Um die Möglichkeit eines or-

ganischen Wesens zu denken, wird es notwendig sein, dasjenige, was seine Einheit ausmacht, zuerst: das Ganze vor den Teilen zu denken"[81]).

3. Der Staat als Organismus ist ein unbewußtes Produkt der Natur. Er ist nicht willkürlich geschaffen worden[82]). „Der Staat ist unmittelbar mit dem Menschen gegeben. Die Erfindung des Staates hat, wenn ich davon reden hörte, immer den Eindruck auf mich gemacht, wie Sancho Pansas Lob der Erfindung des Schlafes ..."[83]).

4. Als Naturprodukt befindet sich der Staat in ständiger, lebendiger Bewegung[84]). Diese Bewegung — verstanden als organisches Wachsen — unterliegt den Gesetzen der historischen Kontinuität.

5. Der Staat als Organismus ist nicht Mittel für etwas anderes: er trägt wie jedes organische Naturprodukt als entelechiale Anlage seinen Zweck in sich selbst[85]). Noch HUGO PREUSS (vgl. Quelle, S. 108 ff.) schrieb daher: So wenig man vom Zweck einer Blume, eines Tieres, etc. sprechen kann, „so wenig gestattet der Geist moderner Wissenschaft die Aufnahme des Zweckes in den Staatsbegriff"[86]). Da dementsprechend „die Regel des Lebens des organischen Staates ... aus dem Gesamtleben seiner Glieder natürlich hervor[geht]", darf der Staat nicht durch ein *einzelnes* seiner Glieder oder durch eine außerhalb seiner selbst stehende Macht zu fremden Zwecken gezwungen werden[87]). Hier liegt die tendenziell genossenschaftlich-demokratische Komponente des Organismusbegriffs. OTTO v. GIERKE, der Hauptvertreter des Genossenschaftsgedankens im 19. Jahrhundert (vgl. Quelle, S. 103 ff.), schrieb: „Die Theorie wird den Staatsbegriff voll und ganz in den Volksbegriff zurückverlegen; aus dem politischen Leben wird die Gewöhnung des Polizeistaates, die romanische Importation eines vom Volke verschiedenen Staates, dem das Volk nicht der sichtbare Leib, sondern als eine bloße Summe von Individuen lediglich Gegensatz und Gegenstand ist, und die Ersetzung des Organismus durch die Maschine verschwinden"[88]). Oder JOHANN CASPAR BLUNTSCHLI (vgl. Quelle S. 93 ff.) in lapidarer Definition des organischen Staates: „Der Staat ist die zur Selbstbestimmung organisierte Volksperson eines Landes"[89]).

6. Der Staat als Organismus besteht nur in der ständigen Wechselwirkung seiner Glieder, die, obgleich getrennt, innerlich identisch sind. „Ein organisiertes Produkt der Natur ist das, in welchem alles Zweck und wechselseitig auch Mittel ist“[90]). Da sich die Glieder im Staat also gegenseitig voraussetzen und bedingen[91]), kann der Romantiker Franz von Baader formulieren: „Beide [die Einheit und die Glieder] sind wirklich, in dem beide sich wechselseitig ihre zwar unterschiedene, aber weder getrennte noch konfundierte Existenz verbürgen“[92]).

Es wird deutlich, daß die organische Staatslehre ihrem theoretischen Gehalt nach (besonders in der Linie über Gierke zu Hugo Preuss) durchaus Ansatzpunkte für eine demokratische Staatsauffassung bot, doch zeigte sich gerade bei den der *Romantik* nahestehenden Organologen, daß die demokratische Konsequenz (im Sinne egalitärer Demokratie) als atomistisch, rationalistisch und mechanistisch entschieden abgelehnt wurde[93]). Das Ideal war die ständische Monarchie, und es ging allenthalben mehr um Geist und Gefühl, mehr um die *Einbildung* organischer Einheit, als um deren reale Organisation. Mit einem wehmütigen Blick auf das Mittelalter und die aesthetisierende Rezeption des Katholizismus konnten auch die sozialistischen Tendenzen der Romantiker nur einen rückwärts gerichteten Charakter haben. Zwar kritisierten besonders Baader und Müller (vgl. Quelle, S. 88 ff.) die Sklaverei des Egoismus und der Sachen, doch wußten auch sie nur ein reaktionäres Rezept: Rückkehr zu den persönlichen Dienstverhältnissen in der korporativ-berufsständischen Verfassung[94]). Letztlich war die romantische Organologie eine Verteidigung überlebter Besitz- und Herrschaftsverhältnisse. „Die Erhaltung des Grundeigentums, das heißt die Sicherung des Adels durch die Garantie des unveräußerlichen Grundbesitzes war Müllers wichtigstes Anliegen“[95]).

## Der Staat als „sittliches Reich“

Bis zur Mitte des 19. Jahrhunderts und ausklingend bis zur Reichsgründung behielt die deutsche Staatslehre — getragen durch Persönlichkeiten wie von Mohl, Bluntschli, Stahl, Mejer, Schulze, H. A. Zachariä — in gemäßigter Form naturrechtliches, humanistisches und idealistisches Gedankengut bei, wenn sie sich auch grundsätzlich auf den Boden der gegebenen politischen Verhältnisse stellte. In dieser Staatslehre wurde der Staat noch nicht mit dem positiven Gesetz, dem Herrscherwillen oder der Macht identifiziert, sondern als „sittliches Reich" oder „ethischer Organismus" verstanden. Zwar stand der Staat über der Gesellschaft, die ihn bildete, er trug — hier wird der Einfluß Hegels in der Staatslehre deutlich — den Charakter der Objektivität, doch war gerade dadurch ein ethischer Rahmen gesetzt, der der Machtvergottung vorläufig noch eine Schranke setzte. Der Staat war weder eine Einrichtung, die durch den Willen ihrer Mitglieder besteht, noch eine private Herrschaft, die im Eigentumsrecht des Fürsten oder in einem Vertrag zwischen dem Fürsten und den Untertanen begründet ist. Der Staat war vielmehr ein ethisches Subjekt über den Menschen. Das Recht des Fürsten gründete sich daher allein auf das Wesen der Anstalt und war begrenzt durch den Zweck der Anstalt. Diese Auffassung war Allgemeingut der Zeit. So Hermann Schulze: „Der Staat wird zwar von seinen Gliedern getragen und gebildet, ist aber ein von ihnen unterschiedenes Wesen, eine höhere Gesamtpersönlichkeit, eine *moralische Person*"[96]). HK. S. Zachariä negierte die Volks- ebenso wie die Fürstensouveränität und setzte stattdessen die *Staatssouveränität*, um damit den Gedanken auszudrücken, „daß nur das organische Gemeinwesen selbst [die Anstalt des Staats] die Quelle aller öffentlichen Macht sei"[97]). Andere wieder — so Heinrich Zöpfl — bestritten den Gedanken einer Staatssouveränität und setzten stattdessen als staatsrechtliches Prinzip eine oberste „vernünftige Idee der Herrschaft"[98]). „Der Staatsherrscher ist also *Repräsentant* des allgemeinvernünftigen, auf die Verwirklichung des Staatszweckes gerichteten Willens, somit der *geschichtliche Träger einer Idee* . . ."[99]). Daher ist Herrschaft ihrem (sittlichen) Wesen nach nicht unbeschränkt. Lange Zeit galt die Formel, daß die Rechte des Fürsten nicht weiter gehen, als seine Pflichten, „denn er hat sie nur als Repräsentant des Staates selbst und dieser ist ein sittliches Reich. Insofern sind daher die Regierungspflichten mit den Regierungsrechten identisch"[100]).

Spätestens seit der Reichsgründung jedoch gelangte eine Wendung zum Realismus und Positivismus zum Durchbruch, in der die alten Prinzipien aufgegeben wurden[101]). Seit der Niederlage der liberalen Revolution von 1848 und der durch die Potenz des preußischen Militärstaates und nicht durch die Kraft der Ideen zustande gekommenen Reichsgründung schwenkte das Bürgertum — teils aktiv politisch, größtenteils resignierend unpolitisch — ins Lager des feudal-aristokratischen Gegners ein. Die durch den Milliardensegen der französischen Kriegsentschädigung angeheizte stürmische Wirtschaftsentwicklung zeigte dem Bürgertum, „daß der konservative Staat die Wirtschafts- und Handelsinteressen zu schützen und zu fördern sehr wohl in der Lage war"[102]). Das Ergebnis war ein beispielloser Anpassungsprozeß, in dem der ursprüngliche Liberalismus und Idealismus seine Prinzipien verriet oder der totalen Perversion unterwarf. Der emanzipatorische Gehalt des Naturrechts — von den „staatsstragenden" Schichten verleugnet — wurde von der Arbeiterschaft übernommen.

### Die Wendung zum „Realismus"

Schlagwort der Zeit war der bereits 1853 von dem Nationalliberalen A. L. von Rochau in die Diskussion geworfene Begriff der „Realpolitik". „Wenn sich die Frage nach der unbedingt ‚guten' oder der ‚besten' Verfassung nicht gänzlich abweisen läßt, so ist sie doch jedenfalls die allerletzte, welche die Politik aufzuwerfen hat." Wesentlich für das Staatsleben sei dagegen die *Macht*, da „das Gesetz der Stärke über das Staatsleben eine ähnliche Herrschaft ausübt, wie das Gesetz der Schwere über die Körperwelt"[103]). Beliebt wurde ein sich wissenschaftlich gebender, sozialdarwinistisch inspirierter Naturalismus, der sich rühmte, die ewigen Gesetze des sozialen Lebens im Kampf um die Macht und im Krieg der Rassen, Klassen und Völker entdeckt zu haben[104]).

Bei den Juristen dagegen wurde es Trumpf, unter Anwendung ebenso strenger „wissenschaftlicher" Methoden, sich in der Behandlung der Staatslehre völlig auf die Interpretation des geltenden Rechts zurückzuziehen, was letztendlich auf die Bejahung und Sanktionierung der herrschenden obrigkeitsstaatlichen Verhältnisse hinauslief[105]).

An der Wende der deutschen Staatslehre zum Naturalismus und Positivismus steht eine 1873 publizierte Schrift des bayerischen Staatsrechtlers MAX VON SEYDEL (vgl. Quelle S. 169 ff.), die damals einiges Aufsehen erregte[106]). „Auf der ganzen Linie menschlicher Wissenschaft dringt stetig und machtvoll eine realistische Auffassung vorwärts", schrieb SEYDEL[107]). Diesen Realismus verurteilte GIERKE jedoch zu Recht als „krassesten Materialismus"[108]), denn SEYDELS Theorie lief auf eine völlige Identifizierung von Macht und Recht hinaus. Den Staat sah er als reine Tatsache, die das Recht (als einen „Machtbegriff") erst hervorbringt[109]). „Der Herrscher, welcher die sinnlosesten Gesetze gibt, hat das Recht nicht verletzt; denn das Recht entstammt seinem Willen"[110]).

Diese lapidare, nüchterne und seit MACHIAVELLI und HOBBES überwunden geglaubte Machtvergottung trieb in der Folgezeit noch manche Blüte. Es ist gewiß keine Überspitzung, wenn die soziologistischen und naturalistischen Theorien LUDWIG GUMPLOWICS oder GUSTAV RATZENHOFERS oder etwa die Gesellschaftsinterpretationen eines HEINRICH VON TREITSCHKE (vgl. Quelle, S. 165 ff.) als die ideologische Rechtfertigung eines reaktionären, imperialistischen und trotz der (positivistisch) rechtsstaatlichen Formen auf dem Prinzip der Gewalt gegründeten Staatswesens betrachtet werden. Insbesondere die Herkunft des Rechts aus der bloßen Macht, der Unterwerfung und Eroberung[111]) wurde damals immer wieder mit aller Deutlichkeit betont und diese in vielen Fällen unzweifelhafte historische Tatsache zum Natur- und Wesensbegriff des Rechts verklärt.

Der Soziologe LUDWIG GUMPLOWICS (vgl. Quelle, S. 205 ff.) etwa unternahm den Versuch, das politische Leben und den Geschichtsprozeß als energetischen Mechanismus zu erklären, als sozialen „Naturprozeß", „der hoch über aller Willkür und Freiheit der Menschen mit eherner Notwendigkeit sich vollzieht"[112]). Und da die Wesensgesetze der Natur grausam und gewalttätig seien, folgerte GUSTAV RATZENHOFER, die berühmte Bestimmung CARL SCHMITTS vorwegnehmend, daß das Grundprinzip der Politik die Feindschaft sei[113]). „Das Wesen der Politik äußert sich nur dann unverfälscht, wenn sich der Politiker von keiner Billigkeits- oder Rechtsüberzeugung leiten läßt, sondern rücksichtslos seine Interessen verfolgt"[114]). Was zählt, ist der Wille zur Macht, denn der Staat ist — so das bekannte TREITSCHKE-Wort — „zum ersten Macht, zum zweiten Macht und zum dritten nochmals Macht"[115]).

Selbst bei MAX WEBER (vgl. Quelle, S. 216 ff.), der wie es KURT LENK formuliert, „die politischen Zielsetzungen des klassischen Liberalismus unter den inzwischen eingetretenen Bedingungen der modernen Massendemokratie zu retten" versuchte[116]), stand ganz im Sinne der „Realpolitik" der Machtbegriff im Zentrum der Staatsdefinition[117]). Den Staat konnte WEBER daher nicht mehr unter Heranziehung normativer Kriterien oder nach dem Inhalt seiner Tätigkeit, sondern nur noch nach einem spezifischen *Mittel* definieren, das „für sein Wesen *unentbehrlich* ist": die „physische Gewaltsamkeit"[118]).

## Die rechtspositivistische Staatsauffassung

In der rechtspositivistischen Staatslehre fand die „realistische" und naturalistische Auffassung von Staat und Recht durchaus ihr juristisches Pendant. Beschränkte man sich dort auf positive Fakten vermeintlicher sozialer und historischer Gesetzlichkeiten, so hier auf den gegebenen Bestand der Rechtssätze und ihrer logisch-gesetzlichen Verknüpfung. Kam man dort zur bedingungslosen Hinnahme der sozialen Gewalt als dem Konstitutionsmerkmal des Staates, so hier zur reinen Tatsache der Macht als rechtsetzender und rechterzeugender Instanz. In beiden Theorien stand der Herrschaftsbegriff absolut im Zentrum des Staatsgedankens. Beide Theorien machten keine nennenswerten Anstalten, ihre Begriffe durch ethische Normvorstellungen zu relativieren. Ihre Lehren reflektierten in entscheidenden Punkten lediglich die Lage einer bestimmten historischen Epoche und das Interesse bestimmter herrschender Klassen. Dabei berief sich auch und gerade der juristische Positivismus auf hohe Wissenschaftlichkeit. Was uns heute als Ignoranz erscheint, wurde als „die streng juristische Methode" gefeiert, durch die alle „subjektive[n] politische[n] Erörterungen ... mit äußerster Strenge von der juristischen Darstellung des Staatsrechtes" ausgeschlossen seien[119]). Durch C. F. von Gerber (vgl. Quelle, S. 233 ff.) und Paul Laband (vgl. Quelle, S. 237 ff.) habe die „politische Kannegießerei" ein Ende gefunden[120]) und damit sei die Jurisprudenz auch in Behandlung des öffentlichen Rechts als eigenständige Wissenschaft erwiesen.

Um der Forderung nach Reinheit der Methode gerecht zu werden, mußte alles Metajuristische, also insbesondere das Naturrecht, aus der Behandlung des Staatsrechts ausgeschlossen werden. Wegweisend war hier Karl Bergbohm, dessen Lehre in dem Satz gipfelte: „... als Recht ist jedes Recht außer dem positiven schlechthin ein Nonsens"[121]). Für mehrere Juristengenerationen galt daher „unumstößlich die Wahrheit, daß die Rechtsmacht [oder nach anderen Terminologien: der Gesetzgeber, der Staat, die souveräne Macht] jeden beliebigen Rechtssatz setzen kann" — auch den völlig unsittlichen[122])!

Dadurch wurde allerdings der Staatsbegriff aufs äußerste formalisiert und verkürzt. *Juristisch* faßbar war der Staat nur, wenn man ihn sich in der Art des Privatrechts als willensbegabte *juristische Person,* als Subjekt von (prinzipiell unbeschränkten) obrigkeitlichen Herrschaftsrechten denkt[123]). Die juristische Konstruktion einer einheitlichen Persönlichkeit ist für das Staatsrecht das Zentrale, denn nur mit „der Anknüpfung an sie ist sogleich die Möglichkeit und Richtung eines wissenschaftlichen, d. h. durch einen einheitlichen Gedanken beherrschten Systems gegeben". Die rechtsrelevante Äußerung der Persönlichkeit ist aber der Wille. Deshalb heißt es: „die Willensmacht des Staates, die Staatsgewalt, ist das Recht des Staates"[124]). Und: „Die rechtliche Äußerung der Staatsgewalt ist das *Herrschen*"[125]).

Die Willensäußerung des Staates als juristische Persönlichkeit unterscheidet sich aber „spezifisch von den juristischen Personen des Privatrechts"[126]). Die spezifische Willensbeziehung des Staates zu den in ihm geeinten Menschen kann nur als „die rechtliche Unterwerfung unter die Staatsgewalt zum Ausdruck" gebracht werden. „Diese Formel kann rechtswissenschaftlich keine andere sein, als die, daß der Staatsbürger durch das Zugehören zu einem bestimmten Staate Objekt der Staatsherrschaft des letzteren geworden ist"[127]).

So trat für den Positivismus als zentrales Merkmal die *Herrschaftsunterworfenheit* der Staatsbürger in den Mittelpunkt der Staatsdefinition. Noch Georg Jellinek (vgl. Quelle, S. 211 ff.) definierte den juristischen Staatsbegriff als „die mit ursprünglicher Herrschermacht ausgerüstete Körperschaft eines seßhaften Volkes"[128]). Dagegen ließ die Anknüpfung der Staatskonstruktion an den faktischen Willen die Frage nach der Legitimität der Staatsgewalt und dem Zweck der Herrschaft nicht mehr zu. Die „Befugnis zur *Ausübung der Staatsgewalt* ist ... nicht durch den *rechtmäßigen Erwerb,* sondern durch den *tatsächlichen Besitz* derselben bedingt"[129]). Die juristische Richtigkeit dieser Auffassung ergab sich klar aus dem Wesen der Person im Rechtssinn. „Die ‚Person' im Rechtssinn hat keine andere Eigenschaft als die *eine, die ihr ganzes* Wesen ausmacht, nämlich Rechtssubjekt zu sein. Die ‚Person' des Römischen Rechts hat daher keine Sittlichkeit und ebensowenig eine Sinnlichkeit, sie hat keine Religion und keine Vernunft, sie kann nicht tapfer und nicht feig, nicht treu und nicht verräterisch sein, sie kann keine Genossen und keine Familie haben und keinen Staat bilden helfen"[130]). Alles, was die juristische Person kann, ist einen rechtswirksamen Willen äußern, im Falle des Staates, den Staatswillen.

## Staat und Gesellschaft

Die Entwicklung der modernen Welt führte zu einem Auseinanderfallen der ursprünglich in autarken Einheiten geschlossenen Lebenswelt. Während damit auf der einen Seite das Problem „Staat" entstand, trat auf der anderen die „Gesellschaft" in den Gesichtskreis der Wissenschaft. Robert von Mohl (vgl. Quelle, S. 78 ff.) sprach 1855 in seiner „Geschichte und Literatur der Staatswissenschaften" von den „neuesten Richtungen in der Wissenschaft, wie z. B. die Unterscheidung zwischen Gesellschaft und Staat"[131]). Tatsächlich konnte das spezifische Problem der „Gesellschaft" erst dort auftreten, wo, nach Überwindung des Feudalismus aber auch des Merkantilsystems, der Bereich freier wirtschaftlicher Betätigung als die Verfolgung „privater" Zwecke aus den alten Standesbindungen heraustrat. Erst jetzt entwickelte die „Gesellschaft" eine vom Herrschaftsgefüge des Staates unterscheidbare Dynamik. Das neue Verhältnis von Staat und Gesellschaft wurde gründlich zuerst von HEGEL reflektiert.

Mit HEGEL (vgl. Quelle, S. 152 ff.) ging das bürgerliche Denken von der „Durchsetzungsphase zur Etablierungsphase" über[132]). Für HEGEL erschienen Gesellschaft und Staat nicht wie für FICHTE oder später MARX als Objekte einer revolutionären Veränderung, sondern als Gegebenheiten, die es geistig zu vermitteln galt. Dieses HEGELSCHE Schema der Vermittlung wurde das für die Zukunft bestimmende Modell der deutschen Staatslehre. Die bürgerliche Gesellschaft wurde gedeutet als das „System der Bedürfnisse"[133]); sie bot — wie es der Hegelschüler LORENZ VON STEIN (vgl. Quelle, S. 158 ff.) formulierte — ein „Bild des Gegensatzes der Interessen aller Einzelnen gegeneinander"[134]). Um der Selbstzerstörung der Gesellschaft zu wehren und den Egoismus des Individuums aufzuheben, muß als Prinzip des Allgemeinen der Staat hinzutreten. Erst der Staat bringt die bürgerliche Klassengesellschaft zur „Objektivität, Wahrheit und Sittlichkeit"[135]). Er ist „ein Organismus . . ., der seiner eigensten Natur nach kein Sonderinteresse haben kann"[136]). Dabei war HEGEL keineswegs ein Vertreter des totalen Staates; — er kann nur aus der *Trennung* von Staat und Gesellschaft begriffen werden, besser: ihrer *dialektischen* Verbundenheit[137]).

Dennoch kann die von HEGEL zum Prinzip erhobene Trennung von Staat und Gesellschaft zu einer demokratischen Lehre nicht passen. Der Staat als Instanz objektiver Sittlichkeit, der über den besonderen Interessen der Gesellschaft schwebt, kann nur „sein eigener Grund" sein[138]) und ist an den empirischen Volkswillen nirgendwo gebunden.

Da der Staat als Organisationsform der Gesellschaft jedoch in Wirklichkeit niemals unabhängig von konkreten Interessen auftreten kann, verliert er in dieser Lehre an Wirklichkeitsgehalt und wird zum Mythos: soziologisch gesehen jedoch zur Verhüllungsideologie demokratisch nicht legitimierter Herrschaft.

## Sozialismus und Staat

Während Hegel im bürgerlichen Denken bereits der Etablierungsphase angehörte, stellte sich als die Aufgabe des Sozialismus, das aufklärerisch-revolutionäre Denken auch unter den veränderten Bedingungen des 19. und 20. Jahrhunderts weiterzutreiben. Während der liberale Fortschrittsgedanke im Zuge der ökonomischen Saturierung der bürgerlichen Klasse zunehmend einer positivistischen Anpassung wich, und Hegel den bürgerlichen Egoismus und die Klassengesellschaft verewigte, zielte die Stoßrichtung des Sozialismus auf die endgültige Umsetzung der aufklärerischen Freiheitsforderungen. Der Sozialismus steht und fällt „mit der Lehre, daß der *Mensch das höchste Wesen für den Menschen* sei, also mit dem *kategorischen Imperativ, alle Verhältnisse umzuwerfen,* in denen der Mensch ein erniedrigtes, ein geknechtetes, ein verlassenes Wesen ist“[139]). Seine Anknüpfung an Prinzipien des Liberalismus, Idealismus und Neuhumanismus wird deutlich an Denkern wie etwa dem Kantschüler Jakob Fries (1773—1843, vgl. Quelle S. 68 ff.)[140]), mit besonderer Deutlichkeit jedoch an Fichte und Ferdinand Lassalle.

„Fichte ist nach radikalen Revolutionären wie Saint-Just und Babeuf, ein weiterer Beweis dafür, daß sozialistische Konsequenzen vom Kernansatz des bürgerlichen Denkens her in gewisser Weise unausweichlich sind“[141]). Fichte (vgl. Quelle, S. 278 ff.) sah, daß die materielle Lebensgrundlage die Bedingung für eine *sittliche* Entwicklung der Menschen ist, und daß die Errichtung eines allgemeinen Reiches der Vernunft und der Freiheit nicht ohne materielle Gleichheit möglich ist[142]). Dabei habe der Staat nicht nur die Aufgabe, den Besitzstand des Bürgers zu schützen, sondern die Pflicht, „jeden in den ihm zukommenden Besitz erst einzusetzen“[143]). Die Überwindung der Diskrepanz zwischen der unvollkommenen Gegenwart und der erwünschten Zukunft des Vernunftreiches erklärte FICHTE jedoch nicht wie später MARX als eine notwendige Entwicklung der Geschichte. Im Gegensatz zu MARX und ENGELS versuchte er, unter den radikal voluntaristischen Voraussetzungen des subjektiven Idealisten die Utopie einer total-freien und daher total-gleichen Gesellschaft rigoros zu *erzwingen:* Bevor es zum „Absterben des Staates“ komme, müsse der Staat, unter Führung der von evidenter Vernunfterkenntnis geleiteten Philosophen, zum diktatorischen Zuchtmeister der Nation werden[144]). Der idealistische Erziehungsgedanke — die „Erziehung des Menschengeschlechts“[145]) — trat hier in äußerster Überspitzung hervor. Seine in der Verabsolutierung — gemessen an den Idealen der Aufklärung — reaktionären Implikationen tauchten später sowohl im *Leninismus-Stalinismus* wie im *Nationalsozialismus* wieder auf[146]).

In Anlehnung an HEGEL und FICHTE entwickelte FERDINAND LASSALLE (vgl. Quelle, S. 297 ff.) seinen Gedanken des solidarischen Sozialstaates, wobei auch bei ihm der Staat als ein Prinzip des sittlich Guten die Aufgabe „der Erziehung und Entwicklung des Menschengeschlechts zur Freiheit“ zu leisten hat[147]). Das durch den Marxismus nie ganz zugedeckte Element einer positiven Staatseinschätzung führte später zur bekannten „Staatsbejahung“ der Sozialdemokratie, vertreten durch Persönlichkeiten wie EDUARD BERNSTEIN, HEINRICH CUNOW oder KARL RENNER. Der im Gothaer Programm (1875) geforderte, von MARX hart kritisierte, „freie Staat“[148]) blieb weiterhin Ziel der Sozialdemokratie[149]). Es ging nicht um die Abschaffung des Staates, sondern um „die Herstellung der ökonomischen Gleichheit, also die Errichtung eines auf voller Freiheit und Gleichheit basierenden Staats- und Gesellschaftswesens“[150]).

Im Gegensatz dazu findet sich bei KARL MARX und FRIEDRICH ENGELS (beide vgl. Quelle, S. 284 und S. 290) und ihren in diesem Punkte linientreuen Nachfolgern eine ganz entschiedene Ablehnung des Staates, der in radikal soziologisch-ökonomischer Erklärung als ein Unterdrückungsinstrument in den Händen der ausbeutenden Klasse gesehen wird. „Die Staatsmacht [ist] immer [!] die Macht zur Behauptung der Ordnung, das heißt der bestehenden Gesellschaftsordnung und daher der Unterordnung und Exploitation der produzierenden Klassen durch die aneignenden Klassen“[151]). In dieser Interpretation wird der Staat seines traditionellen Pathos entkleidet. Er erscheint nicht mehr als das übergeordnete Prinzip des Allgemeinen und Sittlichen, sondern als eine „Fehlgeburt der Gesellschaft“[152]), die es durch die Überwindung der Klassengegensätze endgültig zu liquidieren gilt[153]).

Der Staat als der „ideelle Gesamtkapitalist“[154]) ist jedoch — wie es ERNST BLOCH (vgl. Quelle, S. 301 ff.) formuliert — „nicht bloß Instrument, sondern *Verhüllung* der Klassenherrschaft“. „Er gibt sich ... als allgemeine Macht, die scheinbar über der Gesellschaft steht und ausgleicht“[155]). Der Staat ist eine *ideologische* Erscheinung: „die erste ideologische Macht über den Menschen“[156]). Er hat mit der Ideologie gemeinsam, daß er als Ausdruck eines „verkehrten Weltbewußtseins“[157]) den *Schein* der Selbständigkeit zu bewahren bemüht ist, den *Schein* einer reinen Herrschaft des Rechts und der Freiheit. Gerade diese ideologische Funktion wird ganz ausdrücklich auch der bürgerlichen und parlamentarischen Demokratie zugesprochen[158]).

## Konservatives Staatsdenken in der Weimarer Republik

Das 20. Jahrhundert bringt in äußerster Zuspitzung Kämpfe und Auseinandersetzungen, die in ihrer Grundstruktur bereits im 18. und 19. Jahrhundert angelegt waren. Die Verwandlung zur kapitalistischen Industriegesellschaft und damit verbunden die zunehmende Mobilisierung der Massen führt erneut zu Krisen und Erschütterungen, die im Ersten und Zweiten Weltkrieg ihren folgenschwersten Ausdruck finden. Die gesellschaftlichen und ideologischen Konflikte vollziehen sich jedoch nicht mehr zwischen einem aufklärerisch-rational denkenden Bürgertum und dem traditional-legitimistischen Konservatismus der Feudalaristokratie: Die Frontlinie der Auseinandersetzung hat sich nach

„unten“ verschoben, zwischen die in ihre Etablierungssphase eingetretene materiell und in ihren Herrschaftsansprüchen befriedigte Bourgeoisie und eine auf radikale Emanzipation und Demokratisierung drängende Arbeiterschaft. Daneben gewinnen die teils deklassierten, teils von der Deklassierung bedrohten (alten und neuen) Mittelschichten eine größere Bedeutung. In welcher Form auch immer spielt im 20. Jahrhnundert mehr als zuvor die Demokratie eine maßgebliche Rolle. Die durch den Industrialisierungsprozeß freigesetzten Kräfte können nirgendwo mehr übersehen werden. Der „Organismus“ Staat verwandelt sich — so oder so — in ein „Integrationssystem“, das, so RENANS berühmte Formulierung, vom täglichen Plebiszit seiner Teilnehmer lebt.

Das deutsche Bürgertum hatte sich nach der Niederlage der 48er Revolution und der Reichsgründung durch das reaktionäre Preußen mit der Tatsache der Macht abgefunden. Es begriff bald, daß das preußische Ordnungsprinzip Sicherheit gegenüber den Bestrebungen der Sozialdemokratie gab und sich vorteilhaft auf die kapitalistische Betriebsdisziplin auswirkte. Je mehr man schließlich im organisierten Kapitalismus und Imperialismus die starke Hand des Staates benötigte, um die gewünschte Effektivität der Wirtschaft sicherzustellen, desto leichter konnte man sich auch mit der konservativen Verfassung des preußisch-deutschen Obrigkeitsstaates abfinden. Das humanistisch-liberale Gedankengut wurde aufgegeben oder bis zur Unkenntlichkeit pervertiert. Nach dem Zusammenbruch von 1918, nachdem der Positivismus als die gedankenlose Hinnahme der herrschenden Zustände seine dominierende Rolle ausgespielt hatte, war daher die zuvor nur verschleierte Identitätskrise des Bürgertums perfekt. Der Bürger stand „vor dem Gericht“[159]).

Es war daher verständlich, wenn sich Angst und eine an Geist und Vernunft verzweifelnde Untergangsstimmung verbreiteten. Vorwiegend die durch die Folgen des Weltkrieges von der Deklassierung bedrohten Mittelschichten gaben sich in radikaler Wendung gegen die Ideale der Aufklärung und des Liberalismus dem Pessimismus und politischen Mystizismus hin. War der Weltkrieg, in totaler Verkennung seiner eigentlichen Wurzeln, als Glaubenskrieg gedeutet worden, in dem die Rückständigkeit Deutschlands — zum Prinzip verklärt — gegen die „undeutsche“ Welt der Vernunft und des berechnenden Verstandes antrat[160]), so ebnete in der Weimarer Zeit ein Irrationalismus ohnegleichen den Boden für die nationalsozialistische Machtergreifung. Die bürgerliche Welt hatte „Rückfahrkarte genommen“ und kam wenig später im tiefsten Mittelalter an: Nur, daß die Bedingungen des Mittelalters nicht mehr gegeben waren und deshalb lediglich eine traurige Perversion vergangener Wirklichkeit zutagetrat[161]).

Das Auffälligste am Konservatismus der Weimarer Jahre war zweifellos die völlig „mangelnde Einsicht in die technischen und soziologischen Zwangsläufigkeiten und allgemeinen Bedingungen der Moderne“[162]). Die Wirklichkeit der Industriegesellschaft war mit SCHOPENHAUERS Pessimismus, dem Anti-Intellektualismus einer vulgarisierten Lebensphilosophie und dem heroischen Nihilismus NIETZSCHES kaum zu meistern[163]). Wenn nicht konkrete soziale Interessen, deren Verlust und deren Verteidigung im Hintergrund stünden, so müßte von einer „Triebrevolte“[164]), von einem „Einbruch des Unbewußten“, einer archetypischen Wiederkehr alter Weltbilder gesprochen werden, wie es C. G. JUNG gedeutet hat[165]). Die Staatsvorstellungen OSWALD SPENGLERS, HANS FREYERS, OTHMAR SPANNS (alle siehe Quellenteil), besonders aber der „konservativen Revolution“ (MOELLER VAN DEN BRUCK, ERNST UND FRIEDRICH-GEORG JÜNGER) und des Nationalsozialismus sind nicht mehr als berechtigte Positionen des Bewahrens, sondern nur noch als jede historische Realität ignorierende Auflehnung gegen das Industriezeitalter zu verstehen. Dabei mußte die „Revolution von rechts“, in paradoxer Umkehrung ihrer anti-rationalistischen Prämissen, die schon längst untergegangene konservative Wirklichkeit durch *Rückeroberung* erst wieder zu restaurieren suchen, — ein Unternehmen, das noch immer scheitern mußte.

Der Staat der Konservativen war in radikaler Wendung gegen das als „seelenlos“ und „mechanistisch“ verschrieene „System“ von Weimar der „wahre Staat“ einer erneuerten Organismustheorie. Oder man übertrug die Prinzipien des Heeres und des Militärs auf die staatliche Organisation und verglich den Staat etwa mit einem Kriegsschiff (Ernst Jünger)[166]). Jedenfalls wurden die Werte und Techniken der Demokratie in ihrer konkreten Ausgestaltung (individuelle Freiheit, Mehrheitsprinzip, Pluralismus, Wahl etc.) zurückgewiesen und durch harmonisierende Volkstumsideologien ersetzt. Nicht selten wurde von „echter Demokratie" geredet; — doch sie war nur „metaphysisch zu begreifen" und offenbarte sich einzig durch die „Prophetie" genialer Persönlichkeiten[167]). Der Begriff „Volk" wurde nicht realistisch gedacht, sondern im Sinne der Volkheits- und Volksgeistmystik der Romantik und historischen Schule als nur intuitiv erfahrbare Wesenheit: „ein geheimer Quell, der noch immer strömt, und dessen Tropfen wir sind; ein überindividuelles Leben ..."[168]). Dementsprechend kam es auch nirgendwo auf den empirischen Volkswillen an, sondern, in glatter Umkehrung jeder demokratischen Intention, auf den Mythos des zum Messias verklärten Führers, dessen Position und Legitimität rational nicht faßbar sei, „aber von der unfehlbarsten Eindeutigkeit im metaphysischen Sinn"[169]). Der Führer „handelt aus eigener unmittelbarer Einsicht. Er verficht die objektive Idee des Volkes und das wahrhaft völkische Sein". Sein Wirken bedarf daher keiner real-demokratischen und rechtsstaatlichen Kontrollen[170]). Auf diese Weise war die Theorie auf die Heraufkunft des von Spengler im „Untergang des Abendlandes" angekündigten Cäsarismus vorbereitet.

**Der „totale Staat"**

Der irrationale Zug des völkischen und nationalsozialistischen Staatsgedankens und seine charakteristische ideologische Entstellung demokratischer Absichten äußerte sich auch in der Konzeption des *totalen Staates*. In erster Linie Carl Schmitt (vgl. Quelle, S. 269 ff.) ging unter durchaus zutreffender Einschätzung der sozialen Entwicklungstendenzen von einer zunehmenden Verschmelzung von Staat und Gesellschaft aus, wodurch der Staat seine im liberalen Sinne „neutrale" Position verliere und zur alle Lebensbereiche total durchdringenden „Selbstorganisation der Gesellschaft" werde[171]). Die wachsende Politisierung der Massen — von Ernst Jünger prägnant als „totale Mobilmachung" charakterisiert — hebe, so Ernst Forsthoff 1933, „den privaten Charakter der Einzelexistenz auf" und stelle „die totale Inpflichtnahme jedes einzelnen für die Nation dar"[172]).

In dieser Feststellung fortschreitender Politisierung — einer Aufhebung des liberalen Dualismus von Staat und Gesellschaft durch immanente Entwicklungstendenzen der egalitären Industriegesellschaft — lag durchaus eine richtige Beobachtung, jedoch zeugte die der politischen Wirklichkeit in keiner Weise angemessene Behauptung vom Staat als der „Selbstorganisation der Gesellschaft" von demagogischem Zynismus, zumindest jedoch von der völligen Verkennung real-demokratischer Notwendigkeiten. Ebenso war es bestenfalls eine Fiktion, wenn die Überwindung des „Kastengeist[es] und jede[r] Absonderung einer privilegierten Schicht" als Wirklichkeit des völkischen Staates behauptet wurde[173]). Zwar ist die Beseitigung sozialer und ökonomischer Machtprivilegien und somit die Überwindung der Klassengesellschaft Voraussetzung einer funktionierenden Demokratie im Industriezeitalter, doch konnte von realer Gleichheit gerade im totalen oder völkischen Staat bekanntlich keine Rede sein. Stattdessen interpretierte E. R. Huber die Äußerung des demokratisch organisierten Volkes, den Volkswillen, bezeichnenderweise „im Sinne des deutschen Idealismus und der Romantik"[174]). Er knüpfte also an eine philosophische Tradition an, die — wie bereits Marx nicht müde wurde zu kritisieren — die Welt im Geiste uminterpretiert und dennoch die Wirklichkeit beim alten läßt. Nach diesem Rezept konnte es gelingen, selbst das „Dritte Reich" als eine „veredelte Demokratie" anzupreisen (so Goebbels)[175]).

## Vier Sünden der deutschen Staatstheorie

Die Konservativen haben nach dem Zusammenbruch des „Dritten Reiches" meist bestritten, geistige Vorläufer des Nationalsozialismus gewesen zu sein. Im Gegenteil: Von konservativer Seite wurde der Nationalsozialismus als die äußerste Konsequenz der Aufklärung und der Französischen Revolution, als „braunes Jakobinertum“ hingestellt[176]). Eine Analyse anhand des seinerzeitigen Schrifttums zeigt dagegen unbezweifelbar, wie sehr gerade im Staatsbegriff jener Tage das ganze deutsche, vorwiegend konservativ gefärbte Gedankengut über den Staat kulminierte.

Der nationalsozialistische Staatsbegriff war die letzte, überspitzte und in ihrer Überspitzung sich selbst ad absurdum führende Rebellion der der Industrialisierung und ihrer demokratisierenden Tendenzen feindlich gegenüberstehenden Schichten. Dabei kamen die Todsünden der so lange gefeierten deutschen Staatsidee in perverser Synthese zum Ausbruch:

1. Die bedingungslose *Vorzugsstellung des Einheits-, Ordnungs- und Gemeinschaftsgedankens,* dem die Freiheit des Individuums restlos untergeordnet wurde. Die Vorherrschaft des konservativen Ordnungsgedankens zeigte sich in den wiederaufgewärmten Organismustheorien (so berief sich Gottfried Feder in der Interpretation des Programms der N.S.D.A.P. 1932 ausdrücklich auf den „wahren Staat“ Othmar Spanns), in der Anknüpfung an alte bzw. uralte Vorbilder[177]) und selbst in moderneren, in ihrem real-demokratischen und sozialen Gehalt gleichwohl konservativ orientierten Theorien wie etwa der Integrationslehre Rudolf Smends (vgl. Quelle, S. 259 ff.)[178]).

2. *Die Geistmetaphysik quasi-objektiver Wesenheiten,* die das Bewußtsein der Menschen von seinen subjektiven Trägern ablöst und als selbständige Wirklichkeit in Geschichte und Staat hineindeutet. Besonders klar wurden solche Positionen bei den Neuhegelianern, wie etwa Hans Freyer (vgl. Quelle, S. 175 ff.), Julius Binder oder den „Universalisten“ der Schule Othmar Spanns[179]) und spielten dann im Nationalsozialismus (Volk, Rasse und Führer als Konkretionen transpersonaler Übermächte) eine bedeutende Rolle.

3. Die *Verdinglichung des Staates* zu einer objektiven, dem pluralistischen Interessenkampf enthobenen Instanz, die als unabhängige Rechtspersönlichkeit ein bindendes Ge-

samtbewußtsein oktroyiert[180]). Diese, die undemokratische Trennung des Staates von der Gesellschaft voraussetzende Auffassung wurde in der deutschen Staatstheorie mit bemerkenswerter Beharrlichkeit seit HEGEL durchgehalten. Kaum eine deutsche Staatsdefinition (im Sinne des zumeist dominierenden Konservatismus), die daher nicht den Gedanken der Herrschaft in den Mittelpunkt stellt. Der Staat ist „die Tatsache ..., daß die Menschen einer äußeren Gewalt unterworfen sind"[181]). „Der Staat ist Herrschaft"[182]), staatliche Willensverhältnisse sind „wesentlich Herrschaftsverhältnisse"[183]). Von hier aus war es nur ein kleiner Schritt bis zur Identifikation des Staates mit dem Führer und dessen einheits- und ordnungsstiftender Entscheidung.

4. Die seit der bürgerlichen Anpassung an die Realität des Machtstaates zunehmende Verbindung konservativ-idealistischer Positionen mit *naturalistischen und sozialdarwinistischen* Betrachtungsweisen. Begriffe wie Staat und Politik (oder etwa der für weite Kreise der Weimarer Konservativen so bedeutungsvolle Begriff des „Lebens"[184]) wurden oft sowohl irrational-idealistisch wie irrational-naturalistisch gedeutet. Charakteristisch für eine derartige Doppelposition waren etwa die Staatsauffassungen TREITSCHKES[185]) oder FREYERS. Im Nationalsozialismus schließlich fanden beide Linien — Machtverherrlichung und Geistmetaphysik — ihre äußerste Aktualisierung. Der Gipfelpunkt einer lange vorbereiteten Entwicklung war erreicht.

## Die Staatsauffassung der Kirchen

Eine nicht zu unterschätzende Rolle haben im deutschen politischen Leben von jeher die Kirchen gespielt. Grundsätzlich kann gesagt werden, daß der kirchliche Staatsbegriff konservativen Charakter trägt. Für die *katholische Lehre* ist der Staat ein Teil der von Gott gewollten sittlichen Weltordnung. Sein Sinn und seine Struktur ergeben sich aus der unveränderlichen Wesenheit der Dinge, die der Natur in all ihren Ausformungen eingeprägt ist. Wegen der Eingefügtheit des Staates in die Schöpfungsordnung, und da Gott die Ursache der Staatsgewalt ist, genießt der Staat überragende Hoheit und Autorität. Seine Wirksamkeit ist jedoch an den Zweck des Gemeinschaftslebens gebunden: die allseitige Entwicklung und „Vollentfaltung des Menschen“ (MESSNER), die Schaffung der Voraussetzungen für die Verwirklichung des „guten Lebens“ (ARISTOTELES). So gesehen kann der Staat auch als ein „Organismus“ verstanden werden, in dem die Einzelglieder als wohlgeordnete Teile einer Seinseinheit das angelegte Ziel des Ganzen erreichen: das Gemeinwohl.

Die katholische Staatslehre betont jedoch, daß ihre Staatsauffassung nicht kollektivistisch mißverstanden werden darf. Sie sucht zwischen der individualistisch-liberalen und der kollektivistisch-totalitären Anschauung „die wahre goldene Mitte“ (NELL-BREUNING/SACHER). Trotz der Betonung der organischen Ganzheit gilt das Recht der kleineren Gemeinschaft auf die eigentätige Verwirklichung ihrer Ziele (Subsidiaritätsprinzip). Der Staat hat sich — die überstaatliche Bestimmung des Menschen respektierend — auf eine „Rahmen“- oder „Klammerfunktion“ zu beschränken[186]).

Die *protestantische Staatslehre* versteht den Staat als die „Erhaltungsordnung Gottes“. „Der Staat ist von Gott als ein ‚notwendiges Heilmittel der verdorbenen Natur‘ ... verordnet“[187]). Er hält Sünde und Egoismus in Schranken und bewahrt die Menschen vor der Selbstzerstörung und dem Einbruch des Chaos. Der Staat ist keine Schöpfungsordnung, sondern, auf der Sünde beruhend, „Notverordnung der gefallenen Welt“ (THIELICKE). Daher muß der Staat mit Macht und Gewalt ausgestattet sein, die er gegen seine Untertanen friedenstiftend geltend machen kann.

Ein Unterschied innerhalb der protestantischen Staatsauffassung ergibt sich zwischen der *lutherischen* und der *reformierten* Tradition. Während das Luthertum auf dem Boden der Lehre von den „Zwei Reichen“ eine mehr oder minder scharfe Trennung zwischen Evangelium und (weltlichem) Gesetz, zwischen (christlicher) Privatmoral und bürgerlicher Amtsmoral vornimmt und die Eigengesetzlichkeit des Staates innerhalb seines Bereiches betont (z. B. H. THIELICKE; vgl. Quelle, S. 144 ff.), geht die reformierte Kirche mehr von der christologisch begründeten Einheit der Welt aus, die bedeutet, daß auch der Staat „nicht außerhalb des Herrschaftskreises Jesu Christi" steht[188]) und daher in seiner Struktur dem Evangelium entsprechen muß (vgl. z. B. KARL BARTH, Quelle, S. 127 ff.)[189]).

Der hervorstechende Zug im protestantischen Staatsverständnis ist jedoch zumeist die ausgesprochen schroffe Betonung der Machtnatur des Staates, die auf einem tief pessimistischen Menschenbild ruht. Der Staat ist „Zuchtordnung"[190]), die „organisierte Unmenschlichkeit (der organisierte Zwang) ... zur Erhaltung der Menschlichkeit"[191]). Daher „steht die *Gehorsamspflicht* des Christen außer jeder Diskussion"[192]). Dies macht es möglich, daß in der protestantischen Theorie eine oft sehr weitgehende Toleranz gegenüber (wie auch immer ausgeübter) herrschaftlicher Gewaltanwendung besteht, denn Gott heißt sie zwar nicht gut, aber er *duldet* die Kampfgesetze dieser Welt, die günstigstenfalls zu einem „bewaffneten Frieden", einem „Frieden der Angst" führen können[193]). So gesehen kann „selbst der verbrecherischste Staat ... noch in den Erhaltungswillen Gottes einbezogen [sein] und ... irgendwie den Ordnungsauftrag Gottes" ausführen[194]).

Das Grundproblem sowohl der katholischen wie der protestantischen Staatslehre ist es, auf dem Hintergrund der Industrialisierung und Demokratisierung der Gesellschaft, eine rechte Einstellung zur Demokratie zu finden. „Was kann geschehen? Wie kann auch die Staatsform unserer Zeit, unserer Generationen theologisch-philosophisch grundgelegt werden?"[195]) Darauf wird kaum eine Antwort gefunden werden können, solange beide Kirchen noch vorwiegend von einer Indifferenzhaltung gegenüber der Frage der *Staatsform* ausgehen[196]). Bei den Katholiken läuft diese Haltung, wo sie anzutreffen ist, auf eine Verkennung der Interdependenz von politischer und gesellschaftlicher Verfassung hinaus, bei den Protestanten ist sie Ausdruck eines quietistischen und esoterischen Zuges, der die Welt Welt sein läßt und sich den jeweiligen Machtverhältnissen dienend und leidend unterwirft[197]). Besonders im Protestantismus besteht von der traditionellen Theorie der lutherischen Lehre her die Neigung zu einer Hinnahme und — wie die Geschichte bewiesen hat — Bejahung des autoritären Staatsgedankens[198]); die katholische

Lehre dagegen steht in Gefahr, unter Zurückweisung der Volkssouveränität, den Gedanken des Gemeinwohls mit naturrechtlich vorgegebenen Ordnungsvorstellungen aufzufüllen, die den größeren Teil der politisch-gesellschaftlichen Realität demokratischer Disposition entziehen[199]).

## Neoliberalismus in der Bundesrepublik

Die Entwicklung der Staatslehre in der Bundesrepublik nach 1945 entsprach der Entwicklung auf sozialem und wirtschaftlichem Gebiet: sie brachte keine grundsätzlich neuen Impulse. Sowenig wie die Revolution von 1918/19 einen grundlegenden Umbruch sozioökonomischer Machtverhältnisse zur Folge hatte, sowenig war 1945/49 ein prinzipieller Neubeginn. Zwar war in den ersten Stunden nach dem katastrophalen Zusammenbruch ein allgemeines Bewußtsein davon lebendig, daß nur eine prinzipielle Umwandlung der sozialen und wirtschaftlichen Struktur die Wiederholung des faschistischen Experiments verhindern würde; — diese selbst die Kreise des konservativen Bürgertums ergreifende Einsicht[200]) wurde jedoch schnell ein Opfer der durch weltweite außenpolitische Konstellationen begünstigten Restauration der alten Sozialordnung. Maßgebend blieben bei steigender Konzentration des organisierten Kapitals die das Eigentum über Produktionsmittel repräsentierenden Schichten. Einflußlos wurden durch den Verlust ihrer soziologischen Basis dagegen die den Großgrundbesitz vertretenden Interessen. Trotz der Aufrechterhaltung der alten Eigentumsordnung, die sich vorwiegend mit einer neoliberalen Ideologie umgab, zeigte sich jedoch auch in der Bundesrepublik, daß moderne Staatlichkeit im Zeitalter der „zweiten industriellen Revolution“ zwangsläufig auf einen hohen Grad gesamtgesellschaftlicher Zentralisierung, Bürokratisierung und Planung hinausläuft. Hauptkennzeichen moderner Staatsgesellschaften ist nicht das unverbundene (bzw. alleine durch den Markt koordinierte) Nebeneinander autonomer Wirtschaftssubjekte oder (relativ) autarker Korporationen, sondern die immer dichter werdende Interdependenz der eine funktionale Zweckeinheit bildenden Gesamtgesellschaft. Erst in der Gegenwart kommt daher der moderne Staat als organisierte Wirkungs- und Entscheidungseinheit[201]) zu voller Entfaltung. Moderne Staatlichkeit ist die Existenz sichernde und Existenz verbürgende Organisation der Gesellschaft: Der moderne Staat ist die zur Wirkungseinheit verbundene Gesellschaft als Organisation. Das politologische Hauptproblem der Gegenwart ist es, eine dieser irreversiblen Entwicklung entsprechende demokratische Organisations*form* zu finden, wobei ein angemessener Staatsbegriff die erste Voraussetzung ist.

Großen Einfluß gewann nach 1945 in der Bundesrepublik die Konzeption des Neo- und Ordoliberalismus (W. EUCKEN, A. RÜSTOW, F. BÖHM, F. A. HAYEK, W. RÖPKE, A. MÜLLER-ARMACK u. a.), die als „soziale Marktwirtschaft" führend von LUDWIG ERHARD vertreten und praktiziert worden ist. Der Liberalismus erwies sich, wie bereits seit seiner Wandlung in der zweiten Hälfte des 19. Jahrhunderts, auch jetzt als ein „Element der Beharrung in einer permanent revolutionären Situation"[202]). Dies zeigte sich symptomatisch einerseits durch gewisse Querverbindungen zu Ordnungsvorstellungen des Katholizismus, andererseits (besonders z. B. bei W. RÖPKE) durch die Verfolgung sozialer und wirtschaftlicher Ideale, die in modernen Industriegesellschaften nicht mehr zu realisieren sind[203]). Die wirtschaftsstrukturelle Entwicklung in der Bundesrepublik zeigte sehr rasch, daß die kleinbürgerliche Eigentümergesellschaft (Märkte mit unbeschränkter Konkurrenz, Wohlstand und Eigentum für alle usw.) ein unrealisierbares Ziel war und mehr und mehr einer fortschreitenden Konzentration der Produktionsmittel und der Vermögen wich. Diesem Dilemma des Liberalismus im 20. Jahrhundert entsprechend wandelte sich die Auffassung über die Rolle des Staates. Zwar blieb die Idee des Rechtsstaats als Rechtesicherungsanstalt (Eigentumsschutz) zentral, dagegen wurde die negative Bewertung der Staatsgewalt durch eine positive, zumindest „zwiespältige Haltung" ersetzt[204]). Da der Glaube an ADAM SMITHS „unsichtbare Hand" — eine automatische Steuerung des Wirtschaftsprozesses — erheblich ins Wanken geraten war, mußte dem Staat die Rolle zugesprochen werden, mit starker Hand die marktwirtschaftliche Ordnung herzustellen und permanent zu erhalten, sowie „wirtschaftliche Machtgruppen aufzulösen oder ihre Funktionen zu begrenzen“[205]). In strenger Trennung von der Gesellschaft, als neutrale, unbestechliche Instanz muß ein solcher Staat „Autorität und Führertum“ ausstrahlen (RÜSTOW)[206]). Hier klingt (wie HELGA GREBING zu Recht hervorhebt) eine gewisse Dialektik des Liberalismus an: „in eine Phase fortschreitender Demokratisierung kann unter bestimmten Bedingungen der autoritäre Staat ... zum Gegenstand der Option des liberalen kapitalistischen Bürgertums werden ...“[207]).

## Der „technische Staat“

Das konservative Denken seit 1945 stellte sich weitgehend auf den Boden der bürgerlichen Demokratie. Allerdings wurde an Demokratievorstellungen angeknüpft, die in der vorindustriellen englischen Gesellschaft des 16./17. Jahrhunderts entstanden waren, oder sie orientierten sich am parlamentarischen Rechtsstaat des 19. Jahrhunderts unter entschiedener Ablehnung jeder Form einer direkten Demokratie. Eine neue Ausprägung fand der Konservatismus nach 1945 jedoch in einer mehr den Gegebenheiten des 20. Jahrhunderts angepaßten Form als „technokratischer Konservatismus“[208]). In ihm drückte sich der „Umschwung konservativen Denkens von einer der Technik gegenüber kritischen Einstellung zu einer vollen Bejahung der Industriekultur“ aus[209]). Allerdings bedeutete die Anerkennung der industriellen Gesellschaft als einer nach „Sachzwängen“ und der Eigengesetzlichkeit der Technik geordneten sozioökonomischen Struktur, wie GREIFFENHAGEN richtig betont, gleichzeitig die Aufrechterhaltung alter konservativer Werte: der Autorität, des Dienstes und der Unterordnung. „Wenn immer es den Konservativen um Hierarchie geht, so ist leicht einzusehen, daß die Hierarchie einer Leistungsgesellschaft eher noch unerbittlicher ist als die der alten Ständegesellschaft“[210]). Die Anerkennung der Industriegesellschaft durch den Konservatismus bedeutet auch nicht mehr als die Hinnahme einer notwendigen historischen Erscheinung im technisch-ökonomischen Raum, jedoch unter ausdrücklicher Ablehnung ihrer politisierenden und demokratisierenden Konsequenzen im gesellschaftlichen Bereich. Konzeptionen, wie sie von ARNOLD GEHLEN, HELMUT SCHELSKY, ERNST FORSTHOFF, RÜDIGER ALTMANN oder ARNIM MOHLER vertreten werden, „streben eine Gesellschafts- und Staatsordnung an, in der der Staat befähigt wird, die für die Effektivität der kapitalistischen Wirtschaft als unabdingbar gehaltenen ökonomischen und technologischen Prozesse voranzutreiben, in der hingegen der gesellschaftliche status quo zementiert wird, wenn nicht sogar ein status quo ante herstellbar ist“[211]).

Charakteristisch für den technokratischen Konservatismus war etwa der Mitte der sechziger Jahre durch LUDWIG ERHARD propagierte Plan der „Formierten Gesellschaft“. Unter Vermeidung einer weitergeführten Demokratisierung sollte das Volk zu einer „großen Willenseinheit“ zusammengeschlossen werden[212]), die als „Gesamtbetrieb“ für die Effektivität des technischen und wirtschaftlichen Prozesses sorgt[213]). Technisch-wirtschaftliche Effektivität auf dem Boden des gesellschaftlichen status quo schließt individuelle Freiheit in Form demokratischer Mitgestaltungsrechte jedoch grundsätzlich aus. Die Stimme des Volkes hat in der durch Fachleute und Technokraten nach wissenschaftlich ermittelter Sachgesetzlichkeit organisierten Welt nur noch akklamatorischen Charakter. In SCHELSKYS Vision des „technischen Staates“ (vgl. Quelle, S. 187 ff.) kommt diese Konzeption deutlich zum Ausdruck: „Der ‚technische Staat‘ entzieht, ohne antidemokratisch zu sein, der Demokratie ihre Substanz“[214]).

## Die „praktische Wissenschaft von der Politik“

Als Reaktion auf den Positivismus des 19. und beginnenden 20. Jahrhunderts und die Willkürherrschaft des Nationalsozialismus, die die Staatslehre zur manipulierbaren Größe einer moralindifferenten Politik herabwürdigte, entstand nach 1945 eine „neue Wissenschaft von der Politik“ (ERIC VOEGELIN)[215]), durch die der Verlust an gegenständlicher und ethischer Substanz wieder aufgeholt werden sollte. Diese sich selbst auch als „praktische Wissenschaft von der Politik“ bezeichnende Schule (vertreten etwa durch ARNOLD BERGSTRAESSER, H. KUHN, H. MAIER, W. HENNIS, M. HÄTTICH) versteht sich betont als „normative Disziplin“: Sie stellt die „Frage, was im Licht des Möglichen und wünschbar Guten geschehen solle und könne“[216]). Insofern sieht sie ihre Aufgabe im „Vordenken von Praxis, von Handeln“[217]). Zielsetzung der Politik ist die „schöpferische Gestaltung und Bewahrung einer das ‚gute tugendhafte Leben‘ ermöglichenden politisch-sozialen Ordnung“[218]). Das Politische wird — in Abgrenzung von einer allein auf die Beschreibung formaler Techniken und „neutrale Empirie“ beschränkten Wissenschaft — als „aufgegebene gute Ordnung des Zusammenlebens“ verstanden[219]). Die Politik will über das „Schöne und Gerechte ... zur Klarheit gelangen“[220]).

Der Staat ist dementsprechend eine Herrschaftsordnung, die ihrem Wesen nach ihr „Tun und Lassen der Gerechtigkeit als oberster Norm unterstellen“ muß[221]). Für den Staat gibt es „nur *ein* legitimes Willensziel, in dem alle seine besonderen Bestrebungen zusammenlaufen müssen: die Wohlfahrt des Ganzen ..., das *bonum commune*“[222]). Obgleich die praktische Wissenschaft von der Politik sich einem „kritischen Ethos“ verpflichtet weiß[223]) und es vermeiden möchte, daß die Staatslehre erneut zur Sklavin der herrschenden Mächte wird, ist ein betont konservativer, ja restaurativer Zug nicht zu verkennen. Ihren wesentlichen Impuls empfängt die praktische Wissenschaft von der Politik aus ihrem Widerstand gegen den großen Traditionsabbruch des Staatsdenkens, der seit der Herauslösung der Politik aus der praktischen Moralphilosophie zu einer seit ARISTOTELES unbekannten mechanistischen Formalisierung und „Entleerung des Denkens von Staat und Politik“ geführt habe[224]). Es gehe daher darum, eine in Verfall geratene Tradition zu neuem Leben zu erwecken[225]), um „Wiederbewußtmachung“ und „Rückbesinnung“[226]). Der normative Bezugsrahmen, der für die Politologie erneuert werden soll, ist jedoch derjenige ungeprüft-selbstverständlicher Kulturwerte, die bei einer tatsächlich neuen Wissenschaft von der Politik erst selbst kritisch auf ihren Geltungsanspruch befragt werden müßten.

## Der Staat als Klassenstaat

„Ein den Zielen der *praktischen* Wissenschaft von der Politik verwandtes Programm findet sich bei jenen Vertretern der deutschen Soziologie der Gegenwart, die als bewußt wertende, gesellschaftskritische, zum Bau einer besseren, menschenwürdigeren Gemeinschaft beitragen wollen"[227]). Im Unterschied zur praktischen Wissenschaft der Politik wird in der unter dem Einfluß von KARL MARX stehenden „dialektischen" Theorie jedoch sowohl der historische, wie insbesondere der sozialökonomische Bezugsrahmen politischer Phänomene gründlicher Analyse unterzogen. Im Gegensatz zur praktischen Theorie und der ihr immanenten Gefahr eines abstrakten Normativismus, der, solange er den status quo historischer Kristallisationen zum unbefragten Fundament seiner ethischen Überlegungen macht, zur Verhüllungsideologie inhumaner Verhältnisse zu werden droht, wird von der dialektischen Theorie „die Idee einer künftigen Gesellschaft als der Gemeinschaft freier Menschen, wie sie bei den vorhandenen technischen Mitteln möglich ist" bei der Analyse der Gegenwart immer schon mitgedacht[228]). Diese „gedankliche Antizipation einer befreiten Gesellschaft"[229]) beherrscht auch die Auffassung des Staates (vgl. ABENDROTH, BLOCH, KOFLER, Quellen S. 301 ff.). Zwar ist in der breiten Meinungsfächerung der dialektischen Theorie — von der Frankfurter Schule (ADORNO, HORKHEIMER, HABERMAS u. a.) über die Neomarxisten der antiautoritären Linken bis hin zu Vertretern eines orthodoxen Leninismus — keine Einigkeit in der Beurteilung des modernen parlamentarischen Staates zu finden, doch herrscht die Auffassung vor, daß auch die Demokratie der bundesdeutschen Gegenwart ein Instrument in der Hand der über die Produktionsmittel verfügenden Klassen sei. Auch in der parlamentarischen Demokratie seien „die Bürger aus der Verwaltung ihrer *eigenen* öffentlichen Angelegenheiten ausgeschlossen. Genauer bildet der politische Staat das (durchaus klassisch zu nennende) rechtliche Werkzeug, die Massen von politischen Entscheidungen fernzuhalten und politische Herrschaft zum Reservat mehr oder minder geschlossener Gruppen zu machen"[230]). Diese klassische Rolle habe der Staat auch nach seiner Verwandlung zum Sozialstaat behalten[231]).

Hinter der „kompensatorischen Verteilerfassade" (Habermas) und der Vorspiegelung von Demokratie als manipulativer Integrationstechnik habe durch die Ausweitung der öffentlichen Funktionen auf allen Gebieten, insbesondere durch die Übernahme wirtschaftslenkender und wirtschaftsstützender Maßnahmen im Spät- oder Monopolkapitalismus[232]) eine „unverhüllte Konzentration von Entscheidungsgewalt" auf Seiten des Staates stattgefunden[233]), die nicht durch eine entsprechende Demokratisierung gesellschaftlicher und wirtschaftlicher Machtbereiche ausbalanciert sei. Insofern sei der Staat Teil jenes unpersönlichen (wiewohl im Interesse einer bestimmten Klasse funktionierenden) „Apparates", der sich zum technisch rationalisierten System einer längst überflüssigen Herrschaftsausübung steigert, und dem wir, als ihrer eigenen Zivilisation entfremdete Wesen, „ohnmächtiger als je zuvor" gegenüberstehen[234]). Dieser Tatbestand wird als umso schmerzlicher empfunden, als eine befreite Gesellschaft im Zeitalter der Technik und Industrie (im Gegensatz zu jeder kulturpessimistischen Kritik am Industriezeitalter) eben gerade nicht als Utopie angesehen wird: „Alle materiellen und intellektuellen Kräfte, die für die Realisierung einer freien Gesellschaft eingesetzt werden können, sind da. Daß sie nicht für sie eingesetzt werden, ist der totalen Mobilisierung der bestehenden Gesellschaft gegen ihre eigene Möglichkeit der Befreiung zuzuschreiben. Aber dieser Zustand macht in keiner Weise die Idee der Umwälzung selbst zu einer Utopie"[235]).

*

Tatsächlich scheint es Aufgabe der politischen Wissenschaft und der Staatstheorie zu sein, die Frage zu beantworten, wie Freiheit und Menschlichkeit in einer den radikalen Veränderungen der industriellen Epoche angemessenen Form zu verwirklichen seien. Die Sprache der Humanität muß heute ständig in die Wirklichkeit des rapiden Wandels übersetzt werden. Dabei sind die alten Vorstellungen von Staat, Recht und Gesellschaft zumeist kaum brauchbar, wenn sie nur wenig verändert an die Gegenwart herangetragen werden. Gerade der deutsche Staatsbegriff, vornehmlich konservativ orientiert, hat sich als besonders unfähig erwiesen, den humanen Erwartungen des 19. und 20. Jahrhunderts gerecht zu werden. Seine zumeist einseitig herrschaftliche Ausrichtung, seine Gleichgültigkeit gegenüber den wirklichen Forderungen des modernen Individuums, seine Rücksichtslosigkeit in der Verteidigung überholter Privilegien und Machtansprüche, — dies alles nicht selten getarnt durch den Wohlklang hehrer Philosopheme, haben ihn wenig geeignet gemacht, als theoretischer Ausdruck einer demokratischen Gesellschaft zu dienen. Die Herausbildung eines angemessenen Staatsverständnisses wird daher in Zukunft noch zu leisten sein.

# Quellenauszüge

## Vorbemerkung

Die Fundstellen der nachfolgenden Quellenauszüge sind jeweils am Ende der Zitate eines Autors angegeben. Wird aus mehreren Werken eines Verfassers zitiert, sind die einzelnen Belegstellen durch römische Ziffern (I, II, III usw.) voneinander unterschieden. Die Seitenzahl am Schlusse jedes einzelnen Zitates gibt den genauen Fundort.

Die Rechtschreibung und Zeichensetzung der älteren Quellenauszüge wurden den heute gültigen Regeln angepaßt.

## Aufgeklärte und liberale Staatstheorien

*Gemeint sind Lehren, die im weitesten Sinn aufklärerische, rationalistische und naturrechtliche Elemente übernommen haben oder in denen die Freiheit und Wohlfahrt des Individuums eine vorrangige Rolle spielt.*

### Johann Heinrich Gottlob Justi (1705—1771)

Nationalökonom und Staatsmann. Prof. in Wien. Polizeidirektor in Göttingen. Führender Vertreter der „Polizeiwissenschaft" und des „Kameralismus" im aufgeklärten Absolutismus. Der Staat gründet sich auf den Vertrag. Sein Zweck ist die gemeinschaftliche Glückseligkeit.

*Das Wesen des Staates*

Viele einzelne Familien und das Land, welches diese Familien bewohnen, ist demnach der doppelte sichtbare Grund einer jeden Republik. Allein, die Republiken, die moralische Körper sind, müssen auch auf moralische Gründe aufgeführt werden. Wenn aus diesen einzelnen Familien eine Republik entstehen soll, so müssen alle diese einzelnen Familien ihren Willen miteinander vereinigen. Diese Vereinigung vieler einzelner Willen in einen einzigen Willen ist der erste moralische Grund der Republik; und eben diese Vereinigung der Willen ist es, was den bürgerlichen Stand, oder das Wesen einer Republik ausmacht. Hierdurch wird der bürgerliche Stand von dem Stande der natürlichen Freiheit unterschieden. Die Freiheit des eigenen Willens ist der wesentliche Charakter der natürlichen Freiheit. Die Aufgebung dieses besonderen Willens und die Vereinigung mit seinen Mitbürgern in einen einzigen Willen, ist der unterscheidende Charakter der bürgerlichen Verfassung.

Gleichwie aber der Staat durch die Vereinigung vieler Willen in einen einzigen hervorgebracht wird; so ist auch die fortdauernde Vereinigung dieser Willen das hauptsächlichste Mittel seiner Erhaltung. Die Erhaltung eines Dinges ist fast niemals etwas anderes als eine fortdauernde Schöpfung und Hervorbringung desselben. Der Staat wird sich also bei allen Not- und Unglücksfällen dennoch erhalten, solange die Vereinigung der Willen fortdauert.

Alle einzelnen Familien, die solchergestalt ihre Willen miteinander vereinigen, haben eine jede für sich eine Kraft. Wenn sie ihre Willen vereinigen, so müssen sie auch alle ihre einzelnen Kräfte vereinigen. Der Wille ist bei einem verständigen Wesen lediglich dasjenige, was die Kräfte leitet. Die Vereinigung aller einzelnen Kräfte in eine einzige Kraft ist also der zweite moralische Grund einer jeden Republik; und das ist es eben, was den politischen Staat ausmacht, oder wodurch die Republik vollkommen gebildet wird. Diese einzige Kraft, die aus der Vereinigung aller einzelnen Kräfte entsteht, ist nunmehr dasjenige, was man die oberste Gewalt nennt: denn derjenige, welcher diese vereinigte Kraft gebraucht, ist es, welcher die oberste Gewalt im Staate in Händen hat. Die oberste Gewalt aber ist es hauptsächlich, was das Wesen der Staaten ausmacht, und wodurch sie von den Gesellschaften im Stande der natürlichen Freiheit unterschieden werden. Die oberste Gewalt im Staate ist demnach nichts anderes als der Gebrauch der vereinigten Kräfte des Staates, oder der gesamten Kraft, die aus der Vereinigung aller einzelnen Kräfte entstanden ist.

Es kommt hier aber noch nicht darauf an, ob der Gebrauch dieser Kraft in den Händen eines einzigen, einiger Familien oder aller ist. (S. 49 ff.)

*Der Zweck des Staates*

Die Vereinigung vieler Willen in einen einzigen Willen ist der erste moralische Grund der Republiken, und dasjenige, was hauptsächlich den bürgerlichen Stand ausmacht. Wenn viele Willen in einen einzigen Willen vereinigt werden sollen, so müssen sie alle eine und eben dieselbe Sache hauptsächlich wollen, und dieser Hauptwille eines jeden muß alle seine besonderen und Nebenwillen in sich schließen. Kurz, diejenigen, die ihre Willen vereinigen, müssen alle einen gemeinschaftlichen Hauptendzweck haben, der alle ihre Handlungen leitet. Da fragt es sich nun, worin der Hauptendzweck besteht, welcher die Vereinigung der Willen bei Gründung und Bildung der Republiken wirkt. Dieser Endzweck kann kein andrer sein als das allgemeine Beste, die Wohlfahrt aller und jeder Familien, die sich solchergestalt miteinander vereinigen, kurz, die gemeinschaftliche Glückseligkeit des gesamten Staats. (S. 61)

Natur und Wesen der Staaten, Neudruck der Ausgabe, Mitau 1771, Aalen 1969.

*

Immanuel Kant (1724—1804)

Begründer des transzendentalen Idealismus. Kants Ethik beruht auf der Idee der Freiheit. Das Sittengesetz ist das allgemeine Gesetz für den Menschen als Vernunftwesen. Daher sieht Kant den Staat als eine — erst noch zu schaffende — bürgerliche Verfassung, in der allgemeine, vernünftige Rechtsverhältnisse die Freiheit eines jeden ermöglichen.

*Die bürgerliche Verfassung*

*Das größte Problem für die Menschengattung, zu dessen Auflösung die Natur ihn zwingt, ist die Erreichung einer allgemein, das Recht verwaltenden bürgerlichen Gesellschaft.* Da nur in der Gesellschaft, und zwar derjenigen, die die größte Freiheit, mithin einen durchgängigen Antagonismus ihrer Glieder, und doch die genaueste Bestimmung und Sicherung der Grenzen dieser Freiheit hat, damit sie mit der Freiheit anderer bestehen könne, — da nur in ihr die höchste Absicht der Natur, nämlich die Entwicklung aller ihrer Anlagen, in der Menschheit erreicht werden kann, die Natur auch will, daß sie diesen, so wie alle Zwecke ihrer Bestimmung, sich selbst verschaffen solle: so muß eine Gesellschaft, in welcher *Freiheit unter äußeren Gesetzen* im größtmöglichen Grade mit unwiderstehlicher Gewalt verbunden angetroffen wird, d. i. eine vollkommen *gerechte bürgerliche Verfassung,* die höchste Aufgabe der Natur für die Menschengattung sein; weil die Natur, nur vermittelst der Auflösung und Vollziehung derselben, ihre übrigen Absichten mit unserer Gattung erreichen kann. (I, S. 39)

Unter allen Verträgen, wodurch eine Menge von Menschen sich zu einer Gesellschaft verbindet (pactum sociale), ist der Vertrag der Errichtung einer *bürgerlichen Verfassung* unter ihnen (pactum unionis civilis) von so eigentümlicher Art, daß, ob er zwar in Ansehung der *Ausführung* vieles mit jedem anderen (der eben sowohl auf irgendeinen beliebigen gemeinschaftlich zu befördernden Zweck gerichtet ist) gemein hat, er sich doch im Prinzip seiner Stiftung (constitutionis civilis) von allen anderen wesentlich unterscheidet. Verbindung vieler zu irgendeinem (gemeinsamen) Zwecke (den alle *haben)* ist in allen Gesellschaftsverträgen anzutreffen; aber Verbindung derselben, die an sich selbst Zweck ist (den ein jeder *haben soll),* mithin die in einem jeden äußeren Verhältnisse der Menschen überhaupt, welche nicht umhin können, in wechselseitigen Einfluß aufeinander zu geraten, unbedingte und erste Pflicht ist: eine solche ist nur in einer Gesellschaft, sofern sie sich im bürgerlichen Zustande befindet, d. i. ein gemeines Wesen ausmacht, anzutreffen.

Der Zweck nun, der in solchem äußern Verhältnis an sich selbst Pflicht und selbst die oberste formale Bedingung (conditio sine qua non) aller übrigen äußeren Pflicht ist, ist das *Recht* der Menschen *unter öffentlichen Zwangsgesetzen,* durch welche jedem das Seine bestimmt und gegen jedes anderen Eingriff gesichert werden kann.

Der Begriff aber eines äußeren Rechts überhaupt geht gänzlich aus dem Begriffe der *Freiheit* im äußeren Verhältnisse der Menschen zueinander hervor; und hat gar nichts mit dem Zwecke, den alle Menschen natürlicherweise haben (der Absicht auf Glückseligkeit), und der Vorschrift der Mittel dazu zu gelangen, zu tun: sodaß auch daher dieser Letztere sich in jenes Gesetz schlechterdings nicht, als Bestimmungsgrund derselben, mischen muß. *Recht* ist die Einschränkung der Freiheit eines jeden auf die Bedingung ihrer Zusammenstimmung mit der Freiheit von jedermann, insofern diese nach einem allgemeinen Gesetze möglich ist; und das *öffentliche Recht* ist der Inbegriff der *äußeren Gesetze,* welche eine solche durchgängige Zusammenstimmung möglich machen. Da nun jede Einschränkung der Freiheit durch die Willkür eines anderen *Zwang* heißt, so folgt, daß die bürgerliche Verfassung ein Verhältnis *freier* Menschen ist, die (unbeschadet ihrer Freiheit im Ganzen ihrer Verbindung mit anderen) doch unter Zwangsgesetzen stehen: weil die Vernunft selbst es so will, und zwar die reine a priori gesetzgebende Vernunft, die auf keinem empirischen Zweck (dergleichen alle unter dem allgemeinen Namen Glückseligkeit begriffen worden) Rücksicht nimmt; als in Ansehung dessen, und worin ihn ein jeder setzen will, die Menschen gar verschieden denken, sodaß ihr Wille unter kein gemeinschaftliches Prinzip, folglich auch unter kein äußeres, mit jedermanns Freiheit zusammenstimmendes Gesetz gebracht werden kann.

Der bürgerliche Zustand also, bloß als rechtlicher Zustand betrachtet, ist auf folgende Prinzipien a priori gegründet:

1. Die *Freiheit* jedes Gliedes der Sozietät als *Menschen.*
2. Die *Gleichheit* desselben mit jedem anderen als *Untertan.*
3. Die *Selbständigkeit* jedes Gliedes eines gemeinen Wesens als *Bürgers.* (II, S. 143 ff.)

Allein dieser Vertrag (contractus originarius oder pactum

sociale genannt), als Koalition jedes besonderen und Privatwillens in einem Volk zu einem gemeinschaftlichen und öffentlichen Willen (zum Behuf einer bloß rechtlichen Gesetzgebung), ist keinesweges als ein *Faktum* vorauszusetzen nötig (ja als ein solches gar nicht möglich); gleichsam als ob allererst aus der Geschichte vorher bewiesen werden müßte, daß ein Volk, in dessen Rechte und Verbindlichkeiten wir als Nachkommen getreten sind, *einmal* wirklich einen solchen Aktus verrichtet, und eine sichere Nachricht oder ein Instrument davon uns, mündlich oder schriftlich, hinterlassen haben müsse, um sich an eine schon bestehende bürgerliche Verfassung für gebunden zu achten. Sondern es ist eine *bloße Idee* der Vernunft, die aber ihre unbezweifelte (praktische) Realität hat: nämlich jeden Gesetzgeber zu verbinden, daß er seine Gesetze so gebe, als sie aus dem vereinigten Willen eines ganzen Volkes haben entspringen *können,* und jeden Untertan, so fern er Bürger sein will, so anzusehen, als ob er zu einem solchen Willen mit zusammengestimmet habe. Denn das ist der Probierstein der Rechtmäßigkeit eines jeden öffentlichen Gesetzes. Ist nämlich dieses so beschaffen, daß ein ganzes Volk *unmöglich* dazu seine Einstimmung geben *könnte* (wie z. B. daß eine gewisse Klasse von *Untertanen* erblich den Vorzug des *Herrenstandes* haben sollte), so ist es nicht gerecht; ist es aber *nur möglich,* daß ein Volk dazu zusammenstimmte, so ist es Pflicht, das Gesetz für gerecht zu halten. (II, S. 153)[236])

*Der Begriff des Rechts*

Der Begriff des Rechts, sofern er sich auf eine ihm korrespondierende Verbindlichkeit bezieht (d. i. der moralische Begriff derselben), betrifft *erstlich* nur das äußere und zwar praktische Verhältnis einer Person gegen eine andere, sofern ihre Handlungen als Facta aufeinander (unmittelbar oder mittelbar) Einfluß haben können. Aber *zweitens* bedeutet er nicht das Verhältnis der Willkür auf den *Wunsch* (folglich auch auf das bloße Bedürfnis) des anderen, wie etwa in den Handlungen der Wohltätigkeit oder Hartherzigkeit, sondern lediglich auf die *Willkür* des anderen. *Drittens* in diesem wechselseitigen Verhältnis der

Willkür kommt auch gar nicht die *Materie* der Willkür, d. i. der Zweck, den ein jeder mit dem Objekt, was er will, zur Absicht hat, in Betrachtung, z. B. es wird nicht gefragt, ob jemand bei der Ware, die er zu seinem eigenen Handel von mir kauft, auch seinen Vorteil finden möge, oder nicht, sondern nur nach der *Form* im Verhältnis der beiderseitigen Willkür, sofern sie bloß als *frei* betrachtet wird, und ob durch die Handlung eines von beiden sich mit der Freiheit des anderen nach einem allgemeinen Gesetze zusammen vereinigen lasse.

Das Recht ist also der Inbegriff der Bedingungen, unter denen die Willkür des einen mit der Willkür des andern nach einem allgemeinen Gesetze der Freiheit zusammen vereinigt werden kann.

Der Widerstand, der dem Hindernisse einer Wirkung entgegengesetzt wird, ist eine Beförderung dieser Wirkung und stimmt mit ihr zusammen. Nun ist alles, was Unrecht ist, ein Hindernis der Freiheit nach allgemeinen Gesetzen; der Zwang aber ist ein Hindernis oder Widerstand, der der Freiheit geschieht. Folglich: Wenn ein gewisser Gebrauch der Freiheit selbst ein Hindernis der Freiheit nach allgemeinen Gesetzen (d. i. unrecht) ist, so ist der Zwang, der diesem entgegengesetzt wird, als *Verhinderung* eines *Hindernisses der Freiheit* mit der Freiheit nach allgemeinen Gesetzen zusammenstimmend, d. i. recht: mithin ist mit dem Rechte zugleich eine Befugnis, den, der ihm Abbruch tut, zu zwingen, nach dem Satze des Widerspruchs verknüpft. (III, S. 337 ff.)

*Der Staat*

*Freiheit* und *Gesetz* (durch welche jene eingeschränkt wird) sind die zwei Angeln, um welche sich die bürgerliche Gesetzgebung dreht, — aber, damit das letztere auch von Wirkung und nicht leere Anpreisung sei: so muß ein Mittleres hinzu kommen, nämlich *Gewalt*, welche mit jenen verbunden, diesen Prinzipien Erfolg verschafft. — Nun kann man sich aber viererlei Kombinationen der letzteren mit den beiden ersteren denken.

A. Gesetz und Freiheit, ohne Gewalt (Anarchie).

B. Gesetz und Gewalt, ohne Freiheit (Despotismus).
C. Gewalt, ohne Freiheit und Gesetz (Barbarei).
D. Gewalt, mit Freiheit und Gesetz (Republik).

Man sieht, daß nur die letztere eine wahre bürgerliche Verfassung genannt zu werden verdiene; wobei man aber nicht auf eine der drei Staatsformen (Demokratie) hinzielt, sondern unter *Republik* nur einen Staat überhaupt versteht. (IV, S. 686)

Ein Staat (civitas) ist die Vereinigung einer Menge von Menschen unter Rechtsgesetzen. Sofern diese als Gesetze a priori notwendig, d. i. aus Begriffen des äußeren Rechts überhaupt von selbst folgend (nicht statuarisch) sind, ist seine Form die Form eines Staates überhaupt, d. i. der Staat *in der Idee,* wie er nach reinen Rechtsprinzipien sein soll, welche jeder wirklichen Vereinigung zu einem gemeinen Wesen (also im Inneren) zur Richtschnur (norma) dient.

Ein jeder Staat enthält drei *Gewalten* in sich, d. i. den allgemein vereinigten Willen in dreifacher Person (trias politica): die *Herrschergewalt* (Souveränität), in der des Gesetzgebers, die *vollziehende Gewalt,* in der des Regierers (zu Folge dem Gesetz) und die *rechtsprechende Gewalt* (als Zuerkennung des Seinen eines jeden nach dem Gesetz) in der Person des Richters (potestas legislatoria rectoria et iudiciaria), gleich den drei Sätzen in einem praktischen Vernunftschluß: dem Obersatz, der das *Gesetz* jenes Willens, dem Untersatz, der das *Gebot* des Verfahrens nach dem Gesetz, d. i. das Prinzip der Subsumtion unter denselben, und dem Schlußsatz, der den *Rechtsspruch* (die Sentenz) enthält, was im vorkommenden Falle rechtens ist.

Die gesetzgebende Gewalt kann nur dem vereinigten Willen des Volkes zukommen. Denn, da von ihr alles Recht ausgehen soll, so muß sie durch ihr Gesetz schlechterdings niemand unrecht tun *können.* Nun ist es, wenn jemand etwas gegen einen *anderen* verfügt, immer möglich, daß er ihm dadurch unrecht tue, nie aber in dem, was er über sich selbst beschließt (denn volenti non fit iniuria). Also kann nur der übereinstimmende und vereinigte Wille aller, sofern ein jeder über alle und alle über einen jeden ebendasselbe beschließen, mithin nur der allgemein vereinigte Volkswille gesetzgebend sein.

Die zur Gesetzgebung vereinigten Glieder einer solchen Gesellschaft (societas civilis), d. i. eines Staats, heißen *Staatsbürger* (cives), und die rechtlichen, von ihrem Wesen (als solchem) unabtrennlichen Attribute derselben sind gesetzliche *Freiheit,* keinem anderen Gesetz zu gehorchen, als zu welchem er seine Beistimmung gegeben hat — bürgerliche *Gleichheit,* keinen Oberen im *Volk,* in Ansehung seiner zu erkennen, als nur einen solchen, den er ebenso rechtlich zu verbinden das moralische Vermögen hat, als dieser ihn verbinden kann; drittens, das Attribut, der bürgerlichen *Selbständigkeit,* seine Existenz und Erhaltung nicht der Willkür eines anderen im Volke, sondern seinen eigenen Rechten und Kräften, als Glied des gemeinen Wesens verdanken zu können, folglich die bürgerliche Persönlichkeit, in Rechtsangelegenheiten durch keinen anderen vorgestellt werden zu dürfen. (III, S. 431 f.)

Idee zu einer allgemeinen Geschichte in weltbürgerlicher Absicht, in: Werke in 6 Bänden, hrsg. von W. Weischedel, Bd. 6, Frankfurt 1964 (I).
Ders.: Über den Gemeinspruch: Das mag in der Theorie richtig sein, taugt aber nicht für die Praxis, ebenda (II).
Ders.: Metaphysik der Sitten, in: Werke Bd. 4 (1956) (III).
Ders.: Anthropologie in pragmatischer Hinsicht, in: Werke Bd. 6 (1964) (IV).

*

## August Ludwig von Schlözer (1735—1809)

Geschichtsforscher. Prof. für Politik und „Statistik". Lehrtätigkeit an der Petersburger Akademie und in Göttingen. In der Tradition der Aufklärung stehend, sieht er den Staat als eine „Maschine", — eine Formulierung, die von konservativen Denkern immer wieder mit Kritik bedacht wurde.

### *Der Staat als Maschine*

Der Staat ist eine Erfindung: Menschen machten sie zu ihrem Wohl, wie sie Brandkassen etc. erfanden. Die instruktivste Art, Staatslehre abzuhandeln ist, wenn man den Staat als eine künstliche, überaus zusammengesetzte Maschine, die zu einem bestimmten Zwecke gehen soll, behandelt.

Aber uralt ist diese Erfindung: wir treffen sie schon beim allerersten Anfang der Geschichte an.

Und fast allgemein ist sie, trotz ihres natürlichen Unangenehmen, bei Wilden, Barbaren und kultivierten Menschen. Alle bisher bekannt gewordenen Menschenhaufen alter, mittlerer und neuer Zeiten leben in den drei Arten häuslicher Gesellschaft. Alle ohne Ausnahme leben in bürgerlicher Gesellschaft. Und bei weitem die allermeisten, wenngleich nicht alle, leben in Staatsgesellschaft oder unter Obrigkeit.

Die beiden ersten Arten von Gesellschaft, die häusliche und die bürgerliche, sind aus bloßem tierischen Instinkt erklärbar; zum Übergang in die dritte mußte schon räsonierende Erfahrung wirken. Aber sehr leicht mußte die Erfindung sein, dies beweist ihr Alter und ihre Allgemeinheit. Man brauchte nur zu bemerken, daß Menschenglück ohne Verein, und dauernder Verein ohne Staat, nicht möglich sei; so unterwarf man sich freiwillig, oder falls auch die erste Unterwerfung erzwungen war, so harrte man gern in derselben fort.

Übrigens, da sich noch kein einziges nur halbkultiviertes Volk ohne Staat gefunden hat: so muß der Staat ein unentbehrliches Bedürfnis sein, und mit im Plane des Schöpfers liegen, vorausgesetzt, daß dieser die möglichst hohe Vervollkommnung seiner Menschengeschöpfe wolle. Unstreitig ist in der Bedeutung alle „Obrigkeit von Gott“. (S. 3 ff.)

### *Der Zweck des Staates*

Allgemeiner höchster Zweck des Staats ist Bürgerwohl, insofern solches durch Staatsverein erhalten, befördert und erhöhet werden kann. Nun aber die speziellen Arten dieses Wohls? Jeder Mensch sorgt selbst für sein Glück hienieden. Sein Wunsch ist nur, diesen seinen eigenen Weg zum Glück ungestört fortwandeln zu können und in seiner Tätigkeit durch nichts von außen gehemmt zu werden. Aber leider! er wird gestört, gehemmt. Er, ein ohnmächtiges Ding außer dem Staat, sucht also, für's erste, nur Sicherheit und Schutz gegen Feinde, die ihm nie fehlen werden, und die er allein nicht überwältigen kann. — Erster Zweck und Pflicht des Staats, bloß Schutz. Mehr leisten auch barbarische Regierungen nicht: aber daß sie schützen müssen, erkennen sie alle ohne Ausnahme. (S. 17)

Beim Fortgang der Kultur entdeckte man, daß das ... Depot von Millionen durch den Staat vereinter Kräfte noch zu weit mehrerem als zum bloßen Schutz hinreiche; daß ein Volk glücklicher wie ein anderes sei, wenn es reich, zahlreich und aufgeklärt wäre; daß eine weise Regierung in alle diese drei Spezialzwecke mächtig wirken könne. Seit dieser Entdeckung, und nach dem Erwachen aus langem Schlummer fordern die Völker von ihren Herrschern diese Einwirkung als Pflicht, was weiland nur für Gnade galt. (S. 18 f.)

Die nächste Ursache, daß man aus der bürgerlichen Gesellschaft eine Staats-Gesellschaft formt, ist, weil man die Gebrechen von jener, die doch einmal zum Menschenglück schlechterdings notwendig ist, nicht anders heilen, ihr Fortdauer versichern, ihr alle die Tätigkeit verschaffen kann, durch die alles durch Verein der Kräfte mögliche Gute für alle gewirkt werden kann, als durch Erschaffung eines Herrschers. Also, bloß in subsidium pacti unionis virium kommt das pactum unionis voluntatum hinzu: und da letzteres sich, nach der Natur der Menschheit, nicht anders denken läßt, als daß die meisten ihren Willen renunciieren, und solchen auf einen, oder einige, oder die Mehrheit, transferieren; so wird dadurch das pactum subjectionis notwendig. Demzufolge bleibt, wie vorhin,

1. *Verein* der Kräfte; er wird nur ungleich enger. Auch bleibt

2. der einzige Zweck dieses Vereins, Salus publica: d. i. Glück Aller, nicht der Mehreren (geforderte Staatsopfer sind Banditenforderungen); und noch weniger, Glück des Herrschers.

3. Alle Rechte des Menschen und Bürgers bleiben: eben

um beide zu sichern, die höchstmögliche Freiheit ungestört zu genießen, untergibt er sich einem Herrscher. Er läßt sich ein Kapital von 100, für eine freiwillig angebotene Prämie von 3 bis 6 Prozent assekurieren: denn bloß in solchen Handlungen, bei welchen der einzelne Mensch nicht mit sich allein, sondern mit anderen Mitmenschen zu tun hat, wird er der Direktion des Herrschers unterworfen. (S. 93 ff.)

Staatsgelehrtheit nach ihren Hauptteilen im Auszug und Zusammenhang, 1. Teil: Allgemeines Staatsrecht und Verfassungslehre, Göttingen 1793.

*

## Wilhelm von Humboldt (1767—1835)

Während der preußischen Reformzeit Leiter des Kultus- und Unterrichtswesens im preuß. Ministerium des Inneren. Legte den Grund für den Aufbau des neuhumanistischen Gymnasiums. In seiner (erst 1851 vollständig erschienenen) Jugendschrift über die „Grenzen der Wirksamkeit des Staates“ zeigt er sich als idealistisch geprägter Individualist und Liberaler.

### *Der Zweck des Staates*

Wenn man die merkwürdigsten Staatsverfassungen miteinander, und mit ihnen die Meinungen der bewährtesten Philosophen und Politiker vergleicht; so wundert man sich vielleicht nicht mit Unrecht, eine Frage so wenig vollständig behandelt, und so wenig genau beantwortet zu finden, welche doch zuerst die Aufmerksamkeit an sich zu ziehen scheint, die Frage nämlich: zu welchem Zweck die ganze Staatseinrichtung hinarbeiten und welche Schranken sie ihrer Wirksamkeit setzen soll? Den verschiedenen Anteil, welcher der Nation, oder einzelnen ihrer Teile, an der Regierung gebührt, zu bestimmen, die mannigfaltigen Zweige der Staatsverwaltung gehörig zu verteilen, und die nötigen Vorkehrungen zu treffen, daß nicht ein Teil die Rechte des anderen an sich reiße; damit allein haben sich fast alle beschäftigt, welche selbst Staaten umgeformt, oder

Vorschläge zu politischen Reformationen gemacht haben. Dennoch müßte man, so dünkt mich, bei jeder neuen Staatseinrichtung zwei Gegenstände vor Augen haben, von welchen beiden keiner, ohne großen Nachteil übersehen werden dürfte: einmal die Bestimmung des herrschenden und dienenden Teils der Nation und alles dessen, was zur wirklichen Einrichtung der Regierung gehört, dann die Bestimmung der Gegenstände, auf welche die einmal eingerichtete Regierung ihre Tätigkeit zugleich ausbreiten und einschränken muß. Dies Letztere, welches eigentlich in das Privatleben der Bürger eingreift und das Maß ihrer freien ungehemmten Wirksamkeit bestimmt, ist in der Tat das wahre, letzte Ziel, das erstere nur ein notwendiges Mittel dies zu erreichen. (S. 1/2)

Je weniger der Mensch anders zu handeln vermocht wird, als sein Wille verlangt, oder seine Kraft ihm erlaubt, desto günstiger ist seine Lage im Staat. (S. 129)

Der Zweck des Staats kann ... ein doppelter sein; er kann Glück befördern, oder nur Übel verhindern wollen, und im letzteren Fall Übel der Natur oder Übel der Menschen. Schränkt er sich auf das letztere ein, so sucht er nur Sicherheit, und diese Sicherheit, sei es mir erlaubt, einmal allen übrigen möglichen Zwecken, unter dem Namen des positiven Wohlstandes vereint entgegenzusetzen. (S. 17)

[Es ergibt sich folgender Grundsatz]: der Staat enthalte sich aller Sorgfalt für den positiven Wohlstand der Bürger, und gehe keinen Schritt weiter, als zu ihrer Sicherstellung gegen sich selbst und gegen auswärtige Feinde notwendig ist; zu keinem anderen Endzwecke beschränke er ihre Freiheit. (S. 39)

[Weiter ergibt sich], daß der Staat sich schlechterdings alles Bestrebens, direkt oder indirekt auf die Sitten und den Charakter der Nation anders zu wirken, als insofern dies als eine natürliche, von selbst entstehende Folge seiner übrigen schlechterdings notwendigen Maßregeln unvermeidlich ist, gänzlich enthalten müsse, und daß alles, was diese Absicht befördern kann, vorzüglich alle besondere Aufsicht auf Erziehung, Religionsanstalten, Luxusgesetze u. s. f. schlechterdings außerhalb der Schranken seiner Wirksamkeit liege. (S. 100)

[Positiv formuliert bedeutet dies], daß die Erhaltung der Sicherheit sowohl gegen auswärtige Feinde als innerliche Zwistigkeiten den Zweck des Staats ausmachen, und seine Wirksamkeit beschäftigen muß. (S. 46)

*Sicher* nenne ich die Bürger in einem Staat, wenn sie in der Ausübung der ihnen zustehenden Rechte, dieselben mögen nun ihre Person oder ihr Eigentum betreffen, nicht durch fremde Eingriffe gestört werden; *Sicherheit* folglich — wenn der Ausdruck nicht zu kurz, und vielleicht dadurch undeutlich scheint, *Gewißheit der gesetzmäßigen Freiheit.* (S. 103)

[Ich habe versucht, die vorteilhafteste Lage für den Menschen im Staat aufzusuchen] Diese schien mir nun darin zu bestehen, daß die mannigfaltigste Individualität, die originellste Selbständigkeit mit der gleichfalls mannigfaltigsten und innigsten Vereinigung mehrerer Menschen nebeneinander aufgestellt würde — ein Problem, welches nur die höchste Freiheit zu lösen vermag. (S. 175)

Ideen zu einem Versuch, die Grenzen der Wirksamkeit des Staats zu bestimmen, hrsg. von E. Cauer, Breslau 1851.

*

## Jakob Friedrich Fries (1773—1843)

Philosophie-Prof. in Heidelberg und Jena. 1819 wegen der Teilnahme am Wartburgfest seines Amtes enthoben. Er bildet die Lehre Kants auf psychologischer Grundlage fort. Er versteht den Staat als eine „rechtlich notwendige Gesellschaft", die nach allgemeinen Vernunftgesetzen gestaltet ist.

### *Die Idee des Staates*

Um einer Gesellschaft eine bürgerliche Verfassung zu geben, muß in ihr ein öffentliches Gesetz errichtet und dieses mit hinlänglicher Gewalt verbunden werden, um sich geltend zu machen. Da aber sowohl das öffentliche Gesetz als diese Gewalt desselben eine künstliche Einrichtung ist, so setzt dies eine gesellschaftliche Verbindung voraus, welche es sich erst zum Zwecke macht, sich eine bürgerliche Verfassung zu geben. Die Idee einer solchen gesellschaftlichen Verbindung heißt die *Republik* oder das *gemeine Wesen.*

Die Republik als rein rechtliche und notwendige Verbindung unter den Menschen hat also zum einzigen Zwecke die Realisierung des Rechtsgesetzes. Alle anderen gelegentlich damit verbundenen Zwecke, z. B. die Sicherung des Eigentums gegen äußere Gewalt, welche ohnehin schon Menschen voraussetzt, zwischen denen und den Mitgliedern der Republik das Recht nicht gilt, oder die bloße Beförderung der Wohlfahrt der Mitglieder, welche gemeinhin von Staatswegen so ausgesucht wird, um die Republik als Kriegsmaschine stärker zu machen, solche Zwecke können die rein rechtliche Idee der Republik, welche allein notwendig heißen kann, nichts angehen. Es wird also die allgemeine Aufgabe der Politik in bloß rechtlicher Hinsicht: wie ist der Republik die Errichtung eines öffentlichen Gesetzes mit hinlänglicher Gewalt, um es geltend zu machen, möglich?

Die Republik ist eine Gesellschaft, welche sich aber von allen anderen Gesellschaften dadurch unterscheidet, daß sie die einzige rechtlich notwendige Gesellschaft ist. Wenn wir bisher das Wort Gesellschaft brauchten, so haben wir damit nur so viel als Gemeinschaft oder Wechselwirkung unter Menschen überhaupt angedeutet. Hier aber wird es in engerer Bedeutung genommen. Gesellschaft ist die Vereinigung mehrerer Menschen zur Erreichung eines bestimmten Zweckes. (So spricht man von Handelsgesellschaften, gelehrten Gesellschaften usw.; ebenso ist die Republik eine Gesellschaft, deren Zweck die Realisierung des Rechtsgesetzes ist.) Die Erreichung jedes Zweckes fordert Kräfte und einen Willen, der diese Kräfte dem Zwecke gemäß verwendet. Es gehört also zu jeder Gesellschaft eine gemeinschaftliche Kraft und ein gemeinschaftlicher Wille, der diese Kraft dem Zwecke gemäß regiert. Durch diesen gemeinschaftlichen Zweck, die gemeinschaftlichen Kräfte und diesen gemeinschaftlichen Willen kann daher jede Gesellschaft als *eine* Person angesehen werden. Eine Gesellschaft als Person nennt man nun eine *moralische Person,* den einzelnen Menschen als Person hingegen eine *physische Person.*

In der Republik treten also mehrere Personen zusammen, um eine bürgerliche Verfassung zu errichten; diese werden aber entweder einzelne Menschen oder selbst schon Republiken als moralische Personen sein. Die Idee einer Republik aus einzelnen Menschen heißt der *Staat,* die Idee einer Republik aus Staaten heißt ein *Staatenverein.* In der Politik werden wir immer nur von Staaten sprechen, indem für den Staatenverein ganz die nämlichen Gesetze gelten.

Die Republik zur Errichtung einer bürgerlichen Verfassung oder der Staat ist eine Idee, welche wir in der Erfahrung niemals rein wiederfinden, indem hier die gesellschaftliche Vereinigung immer nach anderen Zwecken entsteht und andere Zwecke mit beibehält. Wir sollen aber jede Vereinigung von Menschen unter allgemeine Gesetze als einen Versuch zum Staate ansehen und beurteilen, denn diese Idee ist der einzige rechtlich notwendige Zweck der Gesellschaft, welcher sich auch in jeder solchen gesetzlichen Vereinigung nach und nach immer mehr zeigen muß, weil mit der allmählichen Entwicklung der Vernunft auch die Idee des Rechtes sich immer mehr entwickeln muß.

Philosophische Rechtslehre und Kritik aller positiven Gesetzgebung, Jena 1803, S. 71 ff.

*

## Karl von Rotteck (1775—1840)

Historiker und Politiker. Prof. in Freiburg i. Br. Ab 1819 Abgeordneter der Universität in der badischen Ersten Kammer. Im Sinne Kants entwirft er eine liberale Staatslehre, die den Staat auf vernünftige Rechtsverhältnisse gründen will. In Zusammenarbeit mit K. Th. Welcker schuf er populäre, im süddeutschen Liberalismus einflußreiche Werke.

### *Das Vernunftrecht*

Die innere Freiheit, welche wir als nötige Voraussetzung einer anzuerkennenden wahren Verpflichtung durch das

Moralgesetz annehmen, ist eine bloße Vernunftidee, deren Realität in keiner möglichen Erfahrung nachgewiesen werden kann, also nur Gegenstand des *Glaubens,* nicht des *Wissens* ist. Dagegen ist die *äußere Freiheit,* d. h. das Vermögen, nach *Willkür* (ohne Unterschied, ob dieselbe durch Vernunft oder Sinnlichkeit bestimmt werde, also im moralischen Sinne frei oder unfrei zu nennen sei) in der Außenwelt tätig zu sein, also das Vermögen, unseren Willen zu vollziehen (ohne Unterschied, ob der Wille selbst — innerlich — frei oder unfrei sei), oder das Gewollte wirklich zu erstreben, ein *Erfahrungsbegriff,* dessen Realität keinen Zweifel leidet, d. h. so gewiß ist, als unser Dasein. Auch die mancherlei Hemmungen, welchen solche Freiheit unterliegt (sei es durch die vernunftlose Natur oder durch Menschen, sei es durch Entgegensetzung oder durch Nötigung) sind Data der Erfahrung, welche, eben als *Gegensatz* jener äußern Freiheit, das Wesen der letzten noch anschaulicher machen. Uns allen endlich wohnt das Verlangen bei, die Grenzen unserer äußeren Freiheit möglichst weit auszudehnen, weil wir in ihr die Bedingung der Realisierung unseres naturnotwendig auf Glückseligkeit (Befriedigung unserer Bedürfnisse und Wünsche) gerichteten Strebens erkennen, ja nur in dem Maße uns glücklich fühlen, als wir jener äußeren Freiheit uns erfreuen, d. h. als wir tun oder lassen können, was wir wollen ...

Aber die Hemmung der äußern Freiheit kann auch stattfinden durch Mitmenschen, und da tritt ein anderes Verhältnis ein. In diesen andern Menschen, von welchen ich mich umgeben sehe, erkenne ich bei der erscheinenden Gleichförmigkeit nicht nur ihrer Körpergestalt, sondern auch ihres im Tun und Lassen, Begehren und Verabscheuen usw. sich äußernden Geistes mit dem meinigen notwendig meinesgleichen, d. h. Wesen von derselben innern und äußern Natur, wie die meinige ist. Von meinem Selbstbewußtsein der Vernunftmäßigkeit, und von meiner im Glückseligkeitstrieb wurzelnden Forderung äußerer Freiheit, unabtrennlich ist also auch das Anerkenntnis gleicher Vernunftmäßigkeit und gleicher Forderung in allen andern; d. h. so wie mein Selbstbewußtsein sich dahin ausspricht, „ich will äußerlich frei sein", oder „ich will tun und lassen können, was mir gut dünkt (insofern nicht physische Unmöglichkeit oder etwa auch das moralische Gesetz mir entgegenstehen)"; so spricht sich auch dieselbe Überzeugung für alle andern aus: „auch alle andern Menschen wollen äußerlich frei sein, oder wollen tun und lassen können, was ihnen gutdünkt." Aber diese beiden Sätze, was ich sofort erkennen muß, stehen miteinander im *Widerspruch*, indem meine (durch nichts anderes als durch das Maß der physischen Kraft und etwa durch das moralische Gesetz beschränkte) äußere Freiheit mit der gleich unbeschränkten Freiheit aller andern nicht zusammenbestehen kann, sondern eine die andere gegenseitig aufhebt und zernichtet. Die *Vernunft* also (die von der egoistischen Stimme im Innern des Einzelnen wohl zu unterscheidende, die nämlich nach ihrem Begriff allen *gemeinschaftliche*, daher notwendig *alle*, nicht bloß einen im Aug' habende Vernunft) kann es nicht sein, welche eine so unbedingte äußere Freiheit verlangt; und so wahr ich also vernünftig bin, und so wahr die in allen Menschen lebende Vernunft *dieselbe* ist: so notwendig ist für mich und für alle Vernünftigen eine Beschränkung jener Freiheitsforderung auf die Bedingung des *Nichtwiderspruchs* bei ihrer allseitigen Erhebung und Gewährung. Die Aufhebung des Widerspruchs zwischen den Sätzen: „ich bin äußerlich frei", und: „auch Du bist und alle andern sind äußerlich frei", erscheint demnach als eine von der Vernunft notwendig sich gesetzte Aufgabe, und ihre Lösung ist — das Recht. (S. 14 ff.)

Unter *Recht* versteht man durchgängig eine äußerlich gültige (d. h. Geltung ansprechende oder wirklich in Geltung gesetzte) Regel oder Norm für die Ordnung der äußeren Wechselwirkung der Menschen. Eine schlechterdings ungeordnete oder keiner Ordnung unterstehende Wechselwirkung nennen wir einen rechtlosen Zustand.

Aber weder die Ordnung an und für sich, noch die Geltung an und für sich, erschöpft das Wesen des Rechtsbegriffs; sondern es gehört dazu noch ein Drittes, nämlich die *Vernunftmäßigkeit* der Ordnung und die *Vernunftmäßigkeit* der Handhabung oder Geltung ...

Worin kann nun die Vernunftmäßigkeit einer äußerlich gültigen, d. h. der Handhabung oder Geltendmachung vernünftigerweise empfänglichen Ordnung der Wechselwirkung der Menschen bestehen?

Es gehört dazu die *objektive, streng allgemeine und evidente Gültigkeit des Prinzips,* worauf sie gebaut wird, also Unabhängigkeit desselben von allen *willkürlichen* oder bloß *subjektiven Zwecken* und selbst von möglicher *Meinungsverschiedenheit* unter Vernünftigen. Die Ordnung soll nämlich geeignet sein zur allseitigen Handhabung und muß daher auch der allseitigen Anerkennung (von Seite der Vernünftigen) gewiß sein; (es muß ihre Nichtanerkennung als eine Äußerung der Unvernunft oder Vernunftwidrigkeit mit Evidenz erscheinen). Hierzu ist nun *kein* Satz, der einen Zweck verfolgt, geeignet. Denn, wenn dieser Zweck ein willkürlicher ist, so ist eine Übereinstimmung aller zu dessen Erstrebung undenkbar; aber auch wenn er ein notwendiger wäre, namentlich wenn das Sittengesetz den Zweck zu verfolgen beföhle, so ist doch gewiß, daß nicht alle Verständigen auch moralisch sind, und daß nur freie Beobachtung des Sittengesetzes, nicht aber erzwungene demselben entspricht. Auch kann es über die Tauglichkeit der Mittel zu einem Zweck immer Streit geben, und die Entscheidung steht dann immer bloß dem Handelnden selbst — entweder seiner Klugheit oder seinem Gewissen — zu. Das Recht dagegen soll einer Entscheidung durch *andere* unterliegen, und das nämliche für Kluge und Unkluge, für Gewissenhafte und Gewissenlose sein.

Das hier geforderte Prinzip der Ordnung muß weiter, weil hierin allein seine Bedeutung liegt, der Anwendbarkeit auf die Wechselwirkung mit Zuverlässigkeit empfänglich, und die Regel für alle möglichen Fälle solcher Wechselwirkung in sich enthaltend, d. h. also, weil eine so allgemeine Regel, die sich auf die *Zwecke* der Handlungen bezöge, undenkbar ist, bloß die bei allen Handlungen zu fordernde *Form* angebend sein.

Wenn wir kein dergestalt beschaffenes Prinzip auffinden; so müssen wir Verzicht leisten auf ein *Vernunftrecht,* also überall auf das *Recht,* weil ja dieses eine *vernünftige* Ordnung sein soll, und weil kein anderes der allgemeinen *Anerkennung* empfänglich und daher zur äußersten *Gültigkeit* oder Geltendmachung geeignet ist ...

Das Vernunftprinzip nun für das Recht, d. h. die so, wie wir es fordern, beschaffene rein vernünftige oberste Rechtsregel finden wir in dem formalen Vernunftgesetz der Übereinstimmung mit sich selbst, d. h. in der Vermeidung des Widerspruchs.

*Recht* ist, was — unter vorausgesetzter Anerkennung der gleichen und größtmöglichen äußern Freiheit aller — sich nicht widerspricht; *Unrecht* ist, was jener Voraussetzung und daher als allgemein gedacht, sich selbst widerspricht. (S. 19 ff.)

Das Prinzip des Rechtes nämlich ist jedenfalls und was immer für eine Bewandtnis es mit jenem der Moral habe, — *rein formal;* denn bei ihm sind Inhalt, Idee und Form eines und dasselbe, nämlich Abwesenheit oder Aufhebung des Widerspruchs zwischen der äußern Freiheit des einen mit jener aller andern.

Das Recht *fordert* nicht nur, sondern besteht ganz eigens in dieser Abwesenheit des Widerspruchs. Denn es bestimmt keineswegs, was von Seite Einzelner geschehen soll oder was für Einzelne rätlich ist, sondern was für alle *möglich* ist, d. h. was ohne Widerspruch als *Regel* gedacht werden oder was allseitig geschehen kann; es bestimmt keineswegs, was ich *tun,* sondern was ich den anderen *gewähren* oder *zulassen* muß, und für solches allseitige Zulassen oder Gewähren kann es für Handelnde, die sich gegenseitig als ihresgleichen erkennen, kein anderes Prinzip geben als jenes der *Gleichheit,* demnach der möglichen Wechselseitigkeit, d. h. der Abwesenheit des Widerspruchs bei der wechselseitigen Gestaltung.

Das Recht verfolgt an und für sich keinen Zweck, sondern es ist bloß die spekulative *Idee* einer vernünftigen (d. h. von Widerspruch freien) Ordnung der Wechselwirkung äußerlich gleicher Wesen. Die Moral hat die Würde des Handelnden, die Klugheit sein Glück zum Zweck. Die Vernunftmäßigkeit der moralischen Grundsätze und der Klugheitsregeln besteht also in ihrer Übereinstimmung mit dem vorgesetzten Zweck und daher auch in ihrer Übereinstimmung untereinander selbst. Sie heben dergestalt den Widerspruch des Handelnden (oder seiner Maximen) mit sich selbst auf; doch besteht ihre Wesenheit nicht eben in solcher Aufhebung, sondern in der Verfolgung ihrer Zwecke. Das Recht aber *will* nichts und *befiehlt* nichts; sondern es sagt bloß aus, was *möglich* oder *gedenkbar* ist: es ist also bloß eine *Wahrheit*, d. h. eine *Abwesenheit des Widerspruchs.* Auf dem mir vermöge der Rechtsidee freistehenden Gebiete kann und darf ich handeln oder unterlassen, wie meine Willkür — oder wie das Moralgesetz und die Klugheit mich bestimmen; aber mein Gebiet ist nicht größer und nicht kleiner, als ohne Widerspruch auch allen andern mag eingeräumt werden. Die Vereinbarung meiner Freiheit mit jener aller andern ist sonach die Grundidee des Rechts, und sein Wesen besteht ganz allein in der (d. h. die Rechtswissenschaft hat kein anderes Ziel oder Geschäft als die) Aufhebung des Widerspruchs zwischen den beiden (von mir notwendig anzuerkennenden, weil auf dem innersten Selbstbewußtsein ruhenden) Sätzen: „ich bin frei", und „alle anderen sind gleichfalls frei."

Die bisherige Darstellung zeigte, daß der Rechtsbegriff und die Idee einer vernünftig geregelten, d. h. auf die Bedingung der Vernunftmäßigkeit zurückgeführten, äußeren Freiheit eines und dasselbe sind, und daß solche Regulierung, das Anerkenntnis der *Gleichheit* der in Wechselwirkung Stehenden, demnach die Möglichkeit einer allseitigen Anwendung der Regeln zum obersten Prinzip hat. Es ist hiernach unnötig, das Recht der Freiheit und jenes der Gleichheit noch eigens zu deduzieren; beide sind gegeben schon mit dem Begriff des Rechts, ja sie sind *identisch* mit ihm. *Recht, äußere Freiheit* in der Wechselwirkung und *Gleichheit* sind durchaus gleichbedeutende Ideen und Begriffe, und die gesamte Rechtslehre ist nur die Analyse derselben ...

Alle Handlungen sind rechtlich, welche nach ihrem Begriff vereinbar sind oder in Einklang stehen mit der gleichen und möglichst größten äußern Freiheit aller. Die solches nicht sind, dieselben sind widerrechtlich. Ich darf also rechtlich (d. h. ich habe das durch die Vernunft mir in Beziehung auf Dich zugestandene Vermögen oder die von Deiner Seite anzuerkennende Erlaubnis dazu) durch meine freie Tätigkeit mich selbst und alles in der Natur bestimmen, wie ich will; nur *Dich* darf ich nicht gegen Deinen

Willen bestimmen. Und so darfst auch Du Dich selbst und alles in der Natur nach Deinem Gefallen bestimmen, nur *mich* nicht gegen meinen Willen. Unsere Wechselwirkung muß daher dem Willen keines entgegen sein.

Der Grund, aus welchem ich anerkenne, Dich nicht gegen Deinen Willen bestimmen zu dürfen, besteht darin, daß ich Dich als ein vernünftiges Wesen, d. h. als der mir gesetzgebenden Vernunft gleichmäßig untertan (nämlich der Erkenntnis und der Beobachtung durch ihre Gesetze gleichmäßig fähig) achte. (S. 23 ff.)[237])

*Der Zweck der Staatsgesellschaft*

Der Staat nun erscheint als Anstalt und Gesellschaft zugleich. Die Erhaltung der Anstalt kann nur durch die Teilnehmer an deren Wohltaten selbst geschehen. Alle seine (vollbürtigen) Angehörigen sind also zugleich als Mitstifter oder als zu Erhaltung der Anstalt Mitverbundene zu betrachten; und es muß daher der Zweck dieser Anstalt etwas sein, was wirklich von allen gewollt wird, d. h. zu dessen Erstrebung alle und jeder sich rechtlich verpflichtet haben.

Die Urkunde der Staatserrichtung liegt aber nicht vor; ihr Inhalt kann bloß durch die Vernunft gegeben werden. (Ebenso wie bei der Ehe, bei welcher zwar durch ausdrückliche Verträge mancherlei Nebendinge, wie z. B. Vermögensverhältnisse usw. mögen bestimmt werden, der wesentliche Inhalt aber durch die Vernunft gegeben ist.) Es handelt sich also bei Aufsuchung des Staatszweckes um Ausmittlung solcher Güter, die nicht etwa bloß einigen — und wären es die Weisesten und Besten — wünschenswert sein mögen, sondern die auch jeder einzelne ganz unzweifelhaft will oder wollen muß.

Ganz unzweifelhaft erscheint als Begehren *aller* nur das, was der Mensch entweder naturnotwendig, oder rechtlich notwendig will. Naturnotwendig, d. h. nach psychologischen Gesetzen gewiß, verlangt der Mensch nach Glück: zwar nicht nach einerlei Weise oder Gattung des Glücks, nicht nach einerlei Gut oder Genuß; wohl aber überhaupt nach Befriedigung seiner Wünsche, also allernächst nach *äußerer Freiheit,* als der ersten Bedingung solcher Befriedigung, daher nach *Sicherheit* des Daseins und der Rechte, und nach Ungestörtheit des Erstrebens beliebiger Zwecke, wohl auch (was jedoch mancherlei Beschränkung unterliegt) nach Erleichterung oder Beförderung solchen Strebens. Rechtlich *notwendig* willigt der verständige Mensch in das Rechtsgesetz und dessen Handhabung, weil dadurch allein in der Wechselwirkung mehrerer die äußere Freiheit möglich wird, und weil, wer nicht darein willigte, nicht nur sich selbst und seine Habe jedem Ungerechten preisgäbe, sondern sogar, als einen rechtswidrigen Willen äußernd, sein eigenes Recht verwirkte.

Insofern nur solches naturnotwendige und solches rechtlich notwendige Verlangen des Menschen nur durch vereinbartes Erstreben vieler und durch wechselseitige Zwangspflicht dazu kann verwirklicht werden, insofern erscheint diese Verwirklichung als Zweck des Staates, welcher auch nichts anderes ist, als die zu eben diesem Zwecke geschlossene Gesellschaft.

Ausgeschlossen vom Staatszweck bleibt dagegen alles, was nicht die bemerkten Charaktere an sich trägt, demnach alles, was nicht entweder naturnotwendig oder rechtlich notwendig von allen verlangt wird, und was, wenn es auch dergestalt verlangt würde, doch etwa von jedem einzelnen für sich und ohne Vereinbarung mit anderen, d. h. ohne gemeinschaftliches Streben oder ohne Zwangspflicht dazu, kann erreicht werden, und noch offenbarer, was, wenn auch durch gemeinsames Streben, doch nicht durch Zwang, also auch nicht durch Unterwerfung unter den Zwang zu bewirken ist. Ausgeschlossen bleibt auch jeder bloß durch das Moralgesetz den Menschen vorgesteckte Zweck. Denn es ist die Voraussetzung, daß alle Menschen moralisch gut seien, offenbar falsch; und ein Recht, sie zu moralischen Richtungen zu *zwingen,* gibt es nicht. Nicht minder bleiben ausgeschlossen — die wahren oder vermeintlichen — Naturzwecke, indem diese, sofern sie es wirklich sind, von der Natur selbst werden verwirklicht werden, ohne menschliche Nachhilfe, und jedenfalls solche Nachhilfe nie als rechtliche Schuldigkeit, sondern höchstens als moralische Pflicht erscheinen kann ...

Mit juristischer Gewißheit, d. h. ohne Gefahr zu irren oder Unrecht zu tun als von allen (Verständigen und Rechtlichen) wirklich gewollt und zum Zweck des gemeinsamen Erstrebens sich gesetzt zu erkennen oder anzunehmen, ist, nach den oben schon gegebenen Andeutungen, mehr nicht als das Nachstehende:

Gründung und Erhaltung einer, die praktische Geltung des Rechts gewährenden, d. h. das Rechtsgesetz handhabenden Anstalt ...

Der erste und Hauptzweck des Staates also ist die Handhabung des Rechtsgesetzes unter seinen Angehörigen. (2. Teil, S. 57 ff.)

*Der Begriff des Staats*

Der Staat ist eine auf keine Zeit beschränkte Gesellschaft eines ansässigen Volkes, errichtet zum Zweck: a) des unter seinen Gliedern herzustellenden Rechtszustandes, sodann b) der innerhalb eines bestimmten Teiles der Erdfläche (Gebietes) durch gemeinschaftliche Kraft zu bewirkenden Sicherheit (in weitester Bedeutung des Wortes) aller Vereinigten einzeln und in Gesamtheit; endlich noch c) zur gemeinschaftlichen Erstrebung aller derjenigen evidenten, allgemeinen Lebenszwecke, welche dergestalt sicherer oder leichter oder vollständiger, oder auch bloß allein durch solche vereinte Kraft, zu erreichen sind. (2. Teil, S. 65.)

Lehrbuch des Vernunftrechts und der Staatswissenschaften, 2 Teile, Stuttgart 1840.

*

Robert von Mohl (1799—1875)

Staatsrechtler und Politiker. Prof. in Tübingen und Heidelberg. 1848 Mitglied der Frankfurter Nationalversammlung. 1857 Vertreter der Universität in der badischen Ersten Kammer. 1874 Mitglied des Reichstages (Liberale

Reichspartei). Robert von Mohl versucht, die Tradition der älteren deutschen Staatslehre mit den liberalen Ideen zu vereinen.

## *Wesen und Zweck des Staates*

Der Staat ist ein dauernder, einheitlicher Organismus derjenigen Einrichtungen, welche, geleitet durch einen Gesamtwillen sowie aufrechterhalten und durchgeführt durch eine Gesamtkraft, die Aufgabe haben, die jeweiligen erlaubten Lebenszwecke eines bestimmten und räumlich abgeschlossenen Volkes, und zwar vom Einzelnen bis zur Gesellschaft, zu fördern, soweit von den Betreffenden dieselben nicht mit eigenen Kräften befriedigt werden können und sie Gegenstand eines gemeinsamen Bedürfnisses sind.

Erläuterung und Rechtfertigung dieser Auffassung des Staates ergibt sich aus nachstehenden Bemerkungen.

Der Staat muß eine *dauernde* Einrichtung sein, weil Lebenszwecke bestehen und Schutz und Hilfe zur Erreichung derselben notwendig sind, solange überhaupt Menschen vorhanden sind. Das Bedürfnis einer staatlichen Einrichtung ist also niemals abschließend befriedigt, vielmehr erneuert sich dasselbe in jedem Augenblicke. Bloß vorübergehende Anstalten wären also durchaus ungenügend; und wenn je ein Staat aufhört, so muß alsbald ein neuer an dessen Stelle treten, wenn nicht eine große Anzahl menschlicher Verhältnisse alsbald in die größte Verwirrung und Not geraten soll ...

Der Staat muß aber auch ein *einheitlicher Organismus* sein, teils aus äußeren Gründen der Ordnung, Sicherheit und Verhältnismäßigkeit, teils aus innerer Notwendigkeit, damit die Zerfahrenheit und Einseitigkeit der einzelnen menschlichen Bestrebungen sich zu einem höheren Ganzen vereinigen. Wie die einzelnen Kräfte und Bestrebungen des Individuums in der Persönlichkeit zu einem organischen Ganzen verbunden sind, so die verschiedenen Kräfte und Richtungen eines Volkes im staatlichen Organismus.

Zur Bezeichnung des Inhaltes oder der Teile des staatlichen Organismus ist es notwendig, das weiteste Wort zu wählen, weil dieselben nach Form und Bestimmung höchst verschiedenartig sind. Sie müssen daher als *Einrichtungen* bezeichnet sein, und nicht etwa als Gesetze, Rechtsnormen u. dgl. Letztere sind allerdings Teile des Staates, aber er besteht nicht bloß aus solchen.

Wenn der Staat eine organische Einheit sein soll, so muß er auch von einem *Gesamtwillen* geleitet und angewendet werden, weil sich sonst Widerspruch zwischen den einzelnen Handlungen und Teilen ergeben und Verwirrung entstehen würde. Hiermit ist übrigens nicht gesagt, daß die Leitung der Staatstätigkeit nur durch Übereinstimmung des Willens aller einzelnen Teilhaber möglich sei . . .

Die *Gesamtkraft* ist nötig im Staatsleben, weil nur durch eine Zusammenlegung der einzelnen Kräfte diejenige Macht gebildet werden kann, welche notwendig ist zur Bekämpfung der äußeren Hindernisse für die menschlichen Lebenszwecke, deren Beseitigung eben die Kräfte der Einzelnen nicht gewachsen sind. Überdies ist zu bedenken, daß nicht alle Teilnehmer am Staate beständig vernünftig handeln und denken, und daß nicht selten Verstandesgründe nicht ausreichen, um sie zur Anerkennung des auch von ihnen im Allgemeinen gewollten Zweckes des Staates und der zu seiner Durchführung nötigen Mittel zu bewegen. Der Staat ist also oft in der traurigen Notwendigkeit, das logisch Notwendige zu erzwingen. Da aber der Umfang eines solchen staatswidrigen Gebarens möglicherweise sehr groß sein kann, und doch der Staat alsbald aufhören würde, wenn sein Wille nicht der höchste bliebe: so muß die ihm zu Gebote stehende Kraft eine unter allen Umständen überwältigende sein. Die aber ist eben nur die Gesamtkraft.

Die Berücksichtigung der *jeweiligen* Lebenszwecke des Volkes muß verlangt, damit aber ein etwaiges grundsätzliches Beharren auf einer bestimmten Entwicklungsstufe entschieden abgewiesen werden. Nicht nur die einzelnen Menschen, sondern auch die gesamten Völker sind in einer beständigen, allerdings bald schnelleren, bald langsameren Veränderung begriffen. — Hieraus folgt denn auch mit sittlicher und mit logischer Notwendigkeit, daß die zur Verwirklichung der tatsächlichen Bedürfnisse des Volkes bestimmte Anstalt, der Staat, gleichen Schritt mit diesen Veränderungen halten und immer wieder den Folgerungen aus denselben gerecht werden muß. Die Feststellung einer Unveränderlichkeit wäre nicht bloß ein Unrecht und ein Widersinn, sondern auch ein Todesurteil für den Staat.

Daß die vom Staate zu fördernden Zwecke nur *erlaubte* sein können, bedarf nicht erst eines Beweises. Eine Einrichtung zur Durchführung unerlaubter Aufgaben wäre selbst unerlaubt. Die Zulässigkeit muß aber vorhanden sein sowohl in Beziehung auf das eigene Leben des Volkes, als im Verhältnisse zu anderen gleichzeitigen Staaten. — Was die erstere Rücksicht betrifft, so läßt sich nicht im allgemeinen sondern nur im einzelnen Staate und Falle angeben, was erlaubt ist. Hierbei wird allerdings von der Ansicht ausgegangen, daß *mehrere und verschiedene Lebenszwecke* denkbar seien; zu dieser Annahme ist aber auch alle Berechtigung. Die menschliche Natur ist so reich mit geistigen und körperlichen Kräften ausgestattet, und deren besondere Geltendmachung und Ausfüllung ist so sehr in den Willen des Einzelnen gestellt, oder hängt vielmehr so bestimmt von der gesamten Entwicklungsstufe des Volkes ab, daß keineswegs nur ein einzelner bestimmter Lebenszweck für alle Zeiten und Völker gesetzt werden darf. Es kann also auch nicht bloß einer in den Begriff des Staates aufgenommen werden. Hiermit soll natürlich nicht gesagt sein, daß alle diese verschiedenen Lebenszwecke gleichbedeutend seien und gleich hoch stehen. Vielmehr ist zuzugeben, daß einzelne nur für Menschen auf niederen Bildungsstufen genügen, andere aber sich entwickeln und verstärken mit der allgemeinen geistigen Ausbildung. Aber anerkannt muß werden, daß alles, was sich folgerichtig aus der menschlichen Natur entwickelt auch berechtigt ist . . .

Daß sich aus dieser Verschiedenheit der Zwecke der Völker verschiedene Gattungen von Staaten ergeben, [wird nachzuweisen sein]; welche Aufgabe nun aber auch eine solche Gattung verfolgt, ein Staat bleibt sie immer. Die Beschränkung des Staatsbegriffes auf einen einzelnen, dem Beurteiler etwa besonders genehmen Zweck ist somit ein logischer Fehler und enthält überdies die Quelle vielfachen und großen Unrechtes. — Daß aber das Merkmal der Erlaubtheit auch im Verhältnisse zu fremden gleichzeitigen

Staaten im Auge behalten werden muß, ist einleuchtend. Solches ist Forderung sowohl des Rechts und der Sittlichkeit als der Klugheit. Erlaubt aber in dieser Beziehung sind alle Zwecke des Volkes, und somit des Staates, welche das Dasein, die Sicherheit und die Verfolgung der eigenen Lebenszwecke anderer Staaten nicht unmittelbar beeinträchtigen. (S. 71 ff.)

Daß der Staat die Förderung *sämtlicher Lebenskreise*, welche in seiner Bevölkerung sich tatsächlich vorfinden, und somit ihren Zweck bilden, zur Aufgabe hat, erhellt aus der Hilfsbedürftigkeit aller. Zwar sind die Leistungen des Staates von verschiedenem Umfange, je nachdem die eigene Kraft der natürlichen Vergesellschaftungen größer und kleiner ist, und nach dem Grade der Entwicklung, welche die Gesittigung diesen besonderen Kräften gegeben hat; aber selbst die größten gesellschaftlichen Kreise und die höchsten Kulturzustände können ihrer doch nicht ganz entbehren. Eine große Verarmung der Wissenschaft und vielfache Versäumnis und Verkehrtheit im Leben ist dadurch entstanden, daß lange, und zwar nicht bloß von der rechtsphilosophischen Schule sondern auch im gemeinen Bewußtsein, nur die einzelne Persönlichkeit und ihre Zwecke in Verbindung mit dem Staate gebracht worden sind; und es wäre manche übertriebene Forderung und Feindseligkeit gegen den Staat in der Neuzeit vermieden worden, wenn immer anerkannt gewesen wäre, daß auch die Gesellschaft, wie sie nun auch immer sei, einen Anspruch an den Staat habe.

Nur *Förderung* endlich, nicht aber vollständige Übernahme der Lebenszwecke des Volkes wird vom Staat verlangt; und zwar auch nur solcher, welche einer Nachhilfe bedürfen und welche gemeinschaftliches Bedürfnis sind. Es ist allerdings tatsächlich möglich, daß der Staat über seine Aufgabe hinausgeht, indem er teils Angelegenheiten an sich zieht, welche auch ohne seine Wirksamkeit von dem einzelnen oder von gesellschaftlichen Kreisen genügend erledigt werden könnten, teils Interessen fördert, welche nur für vereinzelte Individuen bestehen. Beides ist aber immer ein Fehler. Eine im allgemeinen zu weit gehende Tätigkeit des Staates beschränkt die einzelne

Persönlichkeit und die ganze Bedeutung ihres Daseins auf der Erde in ungerechtfertigter Weise; überdies können nur schwer die Mittel zu einer Ersetzung der Selbstbestimmung der einzelnen aufgebracht werden. (S. 76 ff.)

Encyklopädie der Staatswissenschaften, 2. Aufl., Tübingen 1872.

## Konservativ-organische Staatstheorien

*Gemeint sind Theorien, die meist in Gegnerschaft zu Aufklärung und Rationalismus den Staat als Naturprodukt verstehen, das nicht durch Willkür (Vertrag) entstanden ist. Sie lehnen daher eine instrumentale und „mechanistische" Staatsauffassung ab. (Dieser Schule können Frantz und Haller jedoch nur mit Vorbehalt zugerechnet werden.)*

### Karl Ludwig von Haller (1768—1854)

Prof. des allgemeinen Staatsrechts und der vaterländischen Geschichte an der Berner Akademie. 1814 bis 1820 Mitglied des Großen Rates von Bern. 1820 Übertritt zum Katholizismus. Vater der Patrimonialtheorie. Seine am Mittelalter orientierte Staatslehre bezeichnet den Staat als ein gesteigertes „Privatverhältnis".

*Der Staat*

Die allgemeine Existenz der Staaten, die Universalität eines Faktums, von welchem gar keine Ausnahme stattfindet, hätte zwar von selbst auf die Vermutung führen sollen, daß es seinen Grund in allgemeinen und notwendigen Gesetzen der Natur selbst haben müsse, in Gesetzen, die da sind und nicht anders sein können. Denn eine Erscheinung, die überall und immer in der ganzen Welt zum Vorschein kommt, ist zuverlässig nicht von Menschen geschaffen, sondern die Ordnung Gottes und der Natur, deren wir untertan sein *müssen,* wir mögen es wollen oder nicht. So sagten auch die Alten, freilich etwas unbestimmt und mit irrigen Vorstellungen untermischt, aber aus einem dunklen Gefühle der Wahrheit, daß alle Gewalt *von oben* herkomme und daß die Staaten überhaupt vom Finger Gottes selbst gestiftet seien. (S. 16 f.)

Betrachtet man ... die innere Natur der Staaten selbst, vergleicht man sie untereinander oder mit ähnlichen Verhältnissen: so gibt es schlechterdings kein anderes Merkmal, das sie alle gemein haben, keines wodurch sie sich von anderen Menschen-Verbindungen unterscheiden als die Unabhängigkeit, die oft nur in einem unmerklich höheren Grad von Macht und Freiheit, von Bekanntheit und Berühmtheit besteht. Zwischen den Staaten und den untergeordneten, sogenannt privatgeselligen Verhältnissen, Herrschaften oder Gemeinden, z. B. zwischen einem Fürsten oder König und jedem anderen begüterten Haus- oder Grundherren, zwischen einer Republik und allen übrigen Kommunitäten oder Korporationen ist in den meisten Rücksichten eine so auffallende Ähnlichkeit, daß ich kaum begreifen kann, wie sie von so wenigen Staatslehrern bemerkt worden, oder wie diese Betrachtung sie nicht auf die volle Wahrheit hingeleitet hat. Hier wie dort, bei einem bloßen Gutsherren wie bei einem Fürsten, findet sich ein *Territorium*, ein von anderen abgesondertes, bald zusammenhängendes, bald nicht zusammenhängendes Gebiet, ein Kreis von Macht, über den sie sich nicht ausdehnt; hier ist *Herr* und *Volk* mit mancherlei wechselseitigen, teils natürlichen, teils vertragsmäßigen Rechten und Verbindlichkeiten; hier sehen wir bald *feindselige*, bald *freundschaftliche Verhältnisse mit Benachbarten*, das ganze sogenannte Völkerrecht im Kleinen; mancherlei *Diener* und *Beamte*, *Bewohner und Einsassen* von sehr verschiedener Art; *Gesetzgebung*, soweit die Macht oder das Befugnis reicht, verbindliche Willensäußerungen des gemeinschaftlichen Gebieters; *Ausnahmen* von denselben und andere *Begünstigungen; Gerichtsbarkeit*, Hilfeleistung zum Recht, bald in eigener Person, bald durch Beamte, oft in sehr ausgedehntem Grade, ja sogar ohne Appellation; Dämonen und sogenannte Regalien, *herrschaftliche Güter und Einkünfte* von mancherlei Art, den Fürstlichen vollkommen gleich; eine geordnete *Administration* dieser Güter oder *Finanzen;* mancherlei *wohltätige Anstalten*, dem Nutzen und dem Vergnügen der Ortsbewohner geöffnete oder gewidmete, aber ihnen deswegen doch nicht eigentümlich gehörige Stiftungen usw. Hier endlich ist die Macht und die damit verbundene Herrschaft *erblich und veräußerlich* gerade wie in den fürstlichen Häusern und oft sogar nach den nämlichen Gesetzen. Was fehlt der Privat-Herrschaft noch zum Staat als die Unabhängigkeit? oder ist sie nicht für sich allein betrachtet bereits ein Staat, nur ein kleiner und mindermächtiger, in einem größeren eingeschlossener? Ebenso sehen wir in jeder Stadt, jeder Korporation das vollkommene Ebenbild einer Republik ...

Die Souveränität besteht nicht in der Größe des Gebiets, nicht in der Menge des Volks, denn niemand vermag den Umfang des ersteren oder die Zahl des letzteren zu bestimmen, welche dazu erfordert werden, man sieht oft kleinere frei, während größere dienen; sie besteht auch nicht in einzelnen noch in mehreren ausschließenden Befugnissen, denn es gibt, wie wir in der Folge ausführlich beweisen werden, kein einziges sogenannt Landherrliches- oder Majestäts-Recht, welches nicht im engeren Kreise auch von anderen Menschen ausgeübt werden könne und oft wirklich ausgeübt werde, oder wo zu seiner erlaubten Ausübung nur das Vermögen und die Gelegenheit mangelt; sondern sie besteht nach Vernunft und Erfahrung lediglich in der *Unabhängigkeit,* in dem zufälligen Umstand, keinen menschlichen Oberen über sich zu haben außer Gott, niemand von seinen Handlungen Rechenschaft geben zu müssen. Ja! es hat sogar diese Unabhängigkeit durch die Verschiedenheit der Macht und die wechselseitigen Verträge der Fürsten untereinander ihre so unmerklichen Gradationen und Abstufungen, daß wofern man von üblichen Titeln absieht, der eigentliche Scheidepunkt zwischen einem Fürsten und einem mächtigen begüterten Vasallen, einer Republik und einer sogenannten Privat-Gemeinde beinahe gar nicht anzugeben oder nachzuweisen ist, und es oft nur auf eine gewisse Übung und Courtoisie, auf zufällige Bekanntheit und Berühmtheit ankommt, der wahre Unterschied mehr in den Benennungen als in den Sachen liegt und man zuletzt auch auf diesem Weg die vollendete göttliche Wahrheit erkennt, daß alles, was wir Staaten und bürgerliche Gesellschaften nennen, nur in einem lückenlosen Fortschreiten ungleicher Glücksgüter, in einem unendlich verschlungenen Aggregat wechselseitiger Bedürfnisse und Verträge besteht, daß fast jeder Mensch auf der einen Seite herrscht, auf der anderen wieder dient, auf der dritten Seinesgleichen neben sich hat und am Ende Gott der *einzige* Herr ist, wir alle aber sein Volk sind und die Mächtigeren unter uns ihre Macht nur von dem obersten Herren, dem Schöpfer der Natur, selbst erhalten haben, der sie gibt und nimmt, der Kräfte und Glücksgüter wechselt, der also Könige einsetzt und wieder Könige absetzt. (S. 436 ff.)

Was ist nun aber der Unterschied zwischen den gewöhnlichen Dienst- oder Sozietätsverhältnissen und den eigentlichen Staaten? Zwischen den *natürlichen* Gesellschaften und denjenigen, welche wir nach dem Sprachgebrauch unserer Schulen die *bürgerliche* nennen? Leicht dürfte diese Frage die wichtigste in der ganzen Wissenschaft sein; denn am Ende hängt alles davon ab, ob man die Staaten als willkürlich geschaffene, künstliche, in Ursprung und Zweck von allen andern verschiedene Gesellschaften, oder nur als die höchste Gradation dieser letzteren betrachte, die sich von ihnen nur wie das Große vom Kleinen, wie das Vollendete vom Unvollendeten, wie das Ganze von seinem Teil unterscheidet. Auch muß es unser Zeitalter schmerzlich büßen, daß jene Hauptfrage nicht früher von den Gelehrten richtig beantwortet, daß das Fundament der ganzen Wissenschaft nicht auf den Felsen der Natur, sondern auf naturwidrige Phantasmen gelegt worden ist. Denn hätte man in den Staaten nicht immer etwas anderes als *natürliche* gesellige Verhältnisse sehen wollen, nicht über dieselben hinauf noch eine willkürlich konstruierte, sogenannt *bürgerliche* gedichtet: so würden auch jene grundlosen Theorien von einem ursprünglichen Sozial-Kontakt und von Delegation der Gewalt, nebst allen daraus weiter geflossenen unzählbaren Irrtümern niemals entstanden sein . . .

So viel läßt sich schon durch die bloße Vernunft erkennen, daß sobald es durch die Natur gesellige Verhältnisse, Obere und Untergebene, Freie und Dienstbare gibt, auch notwendig in jedem solchen Verband bald früher bald später einer der *Oberste* und Freieste sein muß, weil sich kein progressus in infinitum denken läßt: daß also der wahre Naturstand nicht nur Gesellschaften mancherlei Art (wie viele gelehrt haben) sondern notwendigerweise auch *Staaten* enthält und enthalten *muß* . . .

Diese Verkettung und Unter-Ordnung der menschlichen Verhältnisse, welche wir in der ganzen Welt erblicken, muß jedoch bei irgendeinem ganz Freien aufhören, der weiter niemandem dient, außer Gott keinen Oberen mehr über sich hat: und siehe, da wo sich dieser *Freie* findet, da ist der Verband geschlossen und *gekrönt*, der Staat (das selbständige Wesen) vollendet, der *Fürst die höchste Gewalt* nicht durch fremden Auftrag, sondern von der Natur selbst gegeben. (S. 432 ff.)

[Staaten sind also] nichts anders als ein *selbständiger*, d. h. für sich selbst und durch sich selbst bestehender, *geselliger Verband*, *vollendete und geschlossene Menschen-Verknüpfungen*, *unabhängige Dienst- oder Sozietätsverhältnisse*. (S. 449)

*Der Zweck der Staaten*

Die Wahrheit ... ist, daß die Staaten, als solche, eigentlich gar keinen oder doch keinen gemeinschaftlichen Zweck haben, eben weil sie von den übrigen natürlich geselligen Verhältnissen nur dem Grade nach verschieden sind. Hingegen kann man nicht sagen, daß diese letzteren ohne allen Zweck seien. In einem herrschaftlichen Verband, einem Aggregat von vielen, teils stillschweigenden, teils förmlichen Dienst-Verträgen sucht jeder durch seine Dienstbarkeit oder Unterwürfigkeit einem Bedürfnis abzuhelfen, mithin einen Vorteil zu erhalten, aber dieser Vorteil ist keineswegs bei allen der gleiche. (S. 456)

Die Restauration der Staatswissenschaft oder Theorie des natürlichen geselligen Zustandes, der Chimäre des künstlich bürgerlichen entgegengesetzt, 6 Bde., Winterthur 1816—1825, Bd. 1.

Adam Heinrich Müller (1779—1829)

Volkswirt und Publizist. Zeitweilig österreichischer Generalkonsul im Dienste Metternichs. Von Edmund Burke beeinflußt, wurde er der führende Staatsdenker der Romantik. Der Staat ist ein ständisch-korporativ gegliederter Organismus, eine lebendige Totalität.

*Die Schimäre des Naturrechts*

Es gibt einen Naturzustand ohne Staat, eine Zeit vor allem Staate. Die Errichtung der Staaten ist ein Werk reiner Willkür, bloßer Konvenienz oder Klugheit. — Diesen ... großen Irrtum der unseligen Lehre, daß der Mensch im Staate wie in einem Hause durch eine beständig offene Tür aus- und eingehen könne, wie es ihm gefalle, drückt niemand naiver aus als in einer seiner bekannten, derben, kurzen und populären Manier der Ritter von SCHLÖZER. „Der Staat", sagt er in seinem allgemeinen Staatsrecht, „ist eine *Erfindung*. Menschen machten sie zu ihrem Wohl, wie sie Brandkassen und so fort erfanden. Die instruktivste Art, Staatslehre abzuhandeln, ist, wenn man den Staat als eine künstliche, überaus zusammengesetzte *Maschine*, die zu einem bestimmten Zweck gehen soll, behandelt" ...

Ist der Staat bloß eine erfundene Maschine zu einem bestimmten Zwecke, zum Beispiel der allgemeinen Sicherheit, eine Mühle, welche die verräterischen und räuberischen Leidenschaften kurz und klein mahlt, daß sie unschädlich werden und dem öffentlichen Besten dienen; so würde ja, wenn eines Morgens das sündhafte Geschlecht der Menschen plötzlich moralisch und wohlgezogen erwachte, die ganze Maschine überflüssig geworden sein. Dieser Fall wird freilich nicht eintreten; indes ist der Gedanke, daß der Staat eine bloße Krücke unserer Gebrechlichkeit, eine künstliche Nachhilfe für ein zerrüttetes Geschlecht sei, ganz im Ernste genährt worden und die erhabene Angelegenheit in die Hände gemeiner Pfuscher, Weltverbesserer oder Projektierer und Alchimisten, wie sie Burke nennt, geraten. Man hat das Regieren wie eine bloße Fertigkeit, das Errichten eines Staates wie eine Sache des Handgriffs und der Routine getrieben ...

Gab es eine Zeit und einen Ort, wo Menschen lebten und diese Erfindung nicht gemacht war, oder doch nicht angewendet wurde, so ist die Schimäre eines *Naturrechtes*, an welches von allen positiven Gesetzen appelliert werden könne, so ungegründet nicht; — so gibt es, außer allen Staaten, wirklich einen notwendigen Zustand der Gesellschaft, der, weil ihn die reine Natur errichtet hat, harmonischer und zweckmäßiger sein muß als alles Willkürliche und Künstliche — an den beständig zu appellieren die heiligste Verpflichtung des rechtlichen Menschen sein würde.

Die Schimäre des Naturrechtes, welche vor fünfzehn bis zwanzig Jahren alle großen Köpfe in Europa beschäftigte, ist bloß deshalb in die Welt gekommen, weil man die Idee des Staates nie groß und überschwenglich genug aufgefaßt hatte. Da man die Idee des Rechtes oder der Einheit in allen menschlichen Geschäften nie über die ganze Erde auszudehnen wußte, so blieb außerhalb noch immer einiger unerklärlicher Raum, eine Art von Vacuum; und so fand sich denn hier wirklich eine Archimedische Stelle, von wo aus man auf eine Weile viele europäische Staaten aus ihren Angeln gehoben hat. Ein Naturrecht, das von dem positiven Rechte abweicht! Aber die Staaten, die bestimmten, positiven Staaten, sind ja Rechtsanstalten; Staaten errichten — nach den Begriffen dieser Zeit — heißt ja, das Recht errichten; also ein Recht *vor* dem Recht und *außer* dem Recht!

Was war natürlicher, als daß man die Moral ... nun größtenteils hinaustrieb in das erwähnte Vacuum und dasselbe mit Sittenregeln oder mit philosophischen Deduktionen eines vermeintlichen reinen Rechtes (wie es eine reine Mathematik gibt) bevölkerte! —

Aus diesem allerunnatürlichsten Bestreben, ein Naturrecht zu konstruieren, entstand die unglückliche Mischung und Verwechslung des Natürlichen und Künstlichen. Da man einmal davon ausgegangen war, alles positive Recht als etwas rein Künstliches und Unnatürliches anzusehen, und dennoch das Positive aus dem Natürlichen deduziert und gerechtfertigt werden sollte, so wußte zuletzt niemand mehr, was eigentlich positives und was künstliches Recht sei ...

Warum nun in die Weltgeschichte einen eingebildeten Strich an einer unbestimmten Stelle hinzeichnen und sagen: was jenseits liegt, ist kein Staat, das ist Naturzustand; was diesseits liegt, ist ein Staat? — Aber weil mit ihrem toten Begriffe „*Staat*" zugleich tausend Unwesentlichkeiten in die Wissenschaft kommen, — weil der Begriff sich nicht schütteln, die Unwesentlichkeiten nicht von sich abstreifen kann, — so entsteht der Wahn, Rechtszustand und Staat wären zwei generisch verschiedene Dinge, und das Recht sei älter als der Staat. — ..

Indes schwebt die Idee frei durch alle Zeiten hin und erkennt das Wesen der Menschheit, des Rechtes und des Staates überall wieder, versteht und wird verstanden. Der Begriff ist bloß für die weisen Kinder weiser Jahrhunderte; die Idee haben alle gemein: denn sie ist das ewig Rechte. Das Wesen der *Idee* könnten wir, falls wir der Organe, der Sprache oder Töne, der Blicke jener Zeiten mächtig wären, den ersten Kindern der Erde deutlich machen; was wir *Begriff* nennen, würde ihnen ewig unbegreiflich sein. Wo bleibt nun also, wenn man auf das eine Wesentliche des Staates sieht, jener Naturzustand ohne allen Staat, jene Zeit vor allem Staate? —

Die Verbindung der menschlichen Angelegenheiten existiert überall und zu allen Zeiten, wo es Menschen gibt; und die Geschichte zeigt uns die Idee des Staates vom Anfange an, allenthalben, obgleich auf den verschiedenen Stufen des Wachstums und der Ausbildung. — Der Staat ruht ganz in sich; unabhängig von menschlicher Willkür und Erfindung kommt er unmittelbar und zugleich mit dem Menschen eben daher, woher der Mensch kommt: aus der *Natur:* — aus Gott, sagten die Alten. (S. 94 ff.)

### *Der Staat*

[Der] Staat [ist] nicht eine bloß künstliche Veranstaltung, nicht eine von den tausend Erfindungen zum Nutzen und Vergnügen des bürgerlichen Lebens, sondern er ist das Ganze dieses bürgerlichen Lebens selbst, notwendig sobald es nur Menschen gibt, unvermeidlich — in der Natur des Menschen begründet würde ich sagen, wenn nicht, aus allen richtigen Gesichtspunkten betrachtet, menschliche Existenz und bürgerliche ein und dasselbe wären, und wenn ich also mit jenen Worten nicht etwas sehr Überflüssiges sagen würde. (S. 87 f.)

[Der Staat] ist die innige Verbindung der gesamten physischen und geistigen Bedürfnisse, des gesamten physischen und geistigen Reichtums, des gesamten inneren und äußeren Lebens einer Nation zu einem großen energischen, unendlich bewegten und lebendigen Ganzen. — Von diesem

Ganzen kann die Wissenschaft kein totes, stillstehendes Bild, keinen Begriff geben; denn der Tod kann das Leben, der Stillstand die Bewegung nicht abbilden. (S. 94)

*Der Staat ist die Totalität der menschlichen Angelegenheiten, ihre Verbindung zu einem lebendigen Ganzen.* Schneiden wir auch nur den unbedeutendsten Teil des menschlichen Wesens aus diesem Zusammenhange für immer heraus, trennen wir den menschlichen Charakter auch nur an irgendeiner Stelle von dem bürgerlichen, so können wir den Staat als Lebenserscheinung oder als Idee, worauf es hier ankommt, nicht mehr empfinden. (S. 102)

*Der Staatszweck*

Fragt nun nach dieser Darstellung noch irgend jemand: was ist denn der *Zweck* des Staates? So frage ich ihn wieder: Du betrachtest also den Staat als Mittel, als ein künstliches Mittel? Du meinst also noch immer, daß es außerhalb des Staates etwas gebe, um dessentwillen er da sei, dem er dienen müsse, wie das Gerüst dem Gebäude, wie die Schale dem Kern? — Du glaubst im Herzen noch immer, es könne doch wohl noch einmal darauf hinauslaufen, daß der Staat nun überflüssig sei und etwas anderes, Besseres ans Licht kommen könne als er? — Ordnung, Freiheit, Sicherheit, Recht, die Glückseligkeit aller sind erhabene Ideen für den, der sie ideenweise auffaßt; der Staat, wie groß und erhaben, wie alles umfassend, wie in und auf sich selbst ruhend er auch sei, verschmäht es nicht, mitunter betrachtet zu werden, als sei er nur um eines von diesen Zwecken willen da; er ist aber zu groß, zu lebendig, um sich den Wünschen der Theoretiker gemäß einem dieser Zwecke ausschließend und allein hinzugeben: er dient ihnen allen, er dient allen gedenkbaren Zwecken, weil er sich selbst dient. —

So hat man oft auch nach der Bestimmung des Menschen gefragt. Der Mensch fühlt sich unvollständig, krank und halb. Es wurde geantwortet: „Der Mensch ist um seiner Glückseligkeit willen da"; — „nein, um seiner Tugend willen", sagte ein Zweiter; „für seine Vervollkommnung", sagte ein Dritter. Recht gut!

Wenn ihr nur fühlen möchtet, daß alle diese Zwecke immer in den Menschen zurückkehren, daß es immer wieder auf *seine* Tugend, *seine* Glückseligkeit, *seine* Vollkommenheit abgesehen bleibt und er, nichts einzelnes, am Ende doch sein eigener Zweck ist. Du hast dich selbst empfunden; und so hast du zugleich alle deine unendlichen Bestimmungen empfunden, du hast das Leben des Staates empfunden. Was hilft der einzelne Zweck, den ich dir begriffsweise zum Einstecken hinreichen kann, da du schon tausend andere Bestimmungen des Staates empfunden hast! (S. 102 f.)

*Das Volk*

Ein Volk ist die erhabene Gemeinschaft einer langen Reihe von vergangenen, jetzt lebenden und noch kommenden Geschlechtern, die alle in einem großen innigen Verbande zu Leben und Tod zusammenhangen, von denen jedes einzelne, und in jedem einzelnen Geschlechte wieder jedes einzelne menschliche Individuum, den gemeinsamen Bund verbürgt und mit seiner gesamten Existenz wieder von ihm verbürgt *wird;* welche schöne und unsterbliche Gemeinschaft sich den Augen und den Sinnen darstellt in gemeinschaftlicher Sprache, in gemeinschaftlichen Sitten und Gesetzen, in tausend segensreichen Instituten, in vielen zu noch besonderer Verknotung, ja Verkettung der Zeiten besonders ausgezeichneten, lange blühenden Familien, endlich in der einen unsterblichen Familie, welche in der Mitte des Staates steht, in der Regentenfamilie, und, damit wir noch besser den rechten Mittelpunkt des Ganzen treffen, in dem zeitigen Majoratsherrn dieser Familie. (S. 128)

Zit. in: Hans Barth, Der konservative Gedanke in ausgewählten Texten, Stuttgart 1958.

*

Johann Caspar Bluntschli (1808—1881)

Staatsrechtler und Politiker. Schüler von Savigny. Prof. in Zürich, München und Heidelberg. Als gemäßigt Liberaler Mitglied der badischen Ersten Kammer. Er versteht den

Staat als „nachgebildeten Organismus“ mit eigener, durch den Gemeingeist beseelter Persönlichkeit.

*Die Merkmale des Staatsbegriffs*

1. Die zivilisierten Staaten der Gegenwart sind *Volksstaaten,* insofern als die Gesamtheit der Menschen, welche ihnen angehören, in ihnen zu einem einheitlichen Gesamtwesen geeinigt sind, das sich selber bestimmt und seinen Willen ausspricht und betätigt. Der *Gemeingeist des Volkes* lebt als Seele in dem Staate und hat in der Staatsverfassung einen Körper erworben, dessen Ämter, Behörden, Versammlungen als Glieder dienen, um das Gemeinleben des Volkes zu entfalten.

In diesem Sinne sagen wir: *Kein Volk ohne Staat, kein Staat ohne Volk.*

2. Erst wenn das Volk ein *Land* und damit einen festen Wohnsitz erwirbt, ist es zum Staat geworden ... Also: *Kein Staat ohne Land.*

3. Der Staat ist ein *Ganzes* und bedarf der *Einheit,* um seinen Willen zu äußern, seine Sorge wirksam zu machen, seine Taten zu vollbringen. Wohl gibt es Staaten mit relativer Zweiheit, wie die aus mehreren Länderstaaten zusammengesetzten Gesamtstaaten, wie z. B. das deutsche Reich und die deutschen Länder. Aber auch diese Zweiung ist nur unter der Voraussetzung möglich, daß trotzdem für die Einheit sowohl des Gesamtstaates als der Länderstaaten gesorgt ist und der Konflikt zwischen beiden vermieden oder durch eine die Einheit wahrende Einrichtung überwunden wird.

4. Jeder Staat hat den notwendigen *Gegensatz* in sich der *Obrigkeit* und der *Untertanen,* der *Regierung* und der *Regierten.* Es gilt das nicht bloß von der Monarchie und der Aristokratie, sondern ebenso von der Demokratie. Die absolute Gleichheit aller ist die Verneinung des Staates, der ohne Über- und Unterordnung undenkbar ist. Der einzelne Bürger ist dem Gesetze untertan, d. h. der Autorität des Gesetzgebers. Die Minderheit muß der Mehrheit gehorchen, soweit diese berechtigt ist, den Staatswillen zu äußern.

5. *Organische* Natur des Staates. Im Gegensatz zu der atomistischen Betrachtung des Staates, welche das Volk mit der Gesellschaft verwechselt und den Staat als eine bloße Summe von Einzelmenschen auffaßt, hat die deutsche Staatswissenschaft die organische Natur des Staates erkannt. Wie das Ölgemälde etwas anderes ist als eine Anhäufung mit Farbe gesättigter Öltropfen, und eine Statue etwas anderes als eine Masse Marmorkörner, und wie der Mensch nicht bloß eine Menge von Zellengefäßen und Blutkügelchen, so ist auch das Volk nicht eine bloße Summe von Einzelnen und der Staat nicht eine bloße Anhäufung von äußeren Einrichtungen.

Zwar ist der Staat *nicht ein natürlicher Organismus* wie die Pflanze oder das Tier. Er ist kein Naturgeschöpf. Die Staaten sind Werke der Völkergeschichte und die Geschichte der Völker wird bestimmt zum Teil durch die Notwendigkeit der Verhältnisse und die Macht der wirkenden Kräfte, zum Teil durch die freie Tat der handelnden Führer und die Unterstützung der Massen, die ihnen folgen. Aber der Staat ist in dem Sinne ein *nachgebildeter Organismus*, als wir in ihm ähnlich wie in den Naturgeschöpfen,

a) eine *Verbindung* von *Seele* und *Leib* (Staatsgeist und Staatskörper) erkennen,

b) eine *Gliederung* wahrnehmen, d. h. die Bildung von Teilen mit relativ eigenem Trieb und Leben und besonderen Funktionen (Staatsämter, Staatsbehörden, repräsentative Körper),

c) diese Glieder zu *einem Gesamtkörper* (Staatsverfassung) harmonisch verbunden und geeinet sind, und

d) weil der Staat eine *Entwicklung* von innen heraus und ein äußeres *Wachstum* (Staatengeschichte) hat.

In allen diesen Beziehungen unterscheidet sich der Staat wesentlich von einer leblosen Maschine, die wohl Teile, aber keine Glieder und kein Wachstum hat und nur nach mechanischen Gesetzen in gleichmäßiger Weise bewegt wird, aber außerstande ist, den wechselnden Bedürfnissen je nach ihrer Einsicht mannigfaltige Befriedigung zu verschaffen ...

6. Der Staat ist aber nicht etwa einem tierischen Geschöpfe vergleichbar. In seinem Organismus waltet vorzugsweise der *menschliche* Geist. Er ist von Menschen zu

# DER MENSCHLICHE KÖRPER

Siehe Erklärungstext Seite 99.

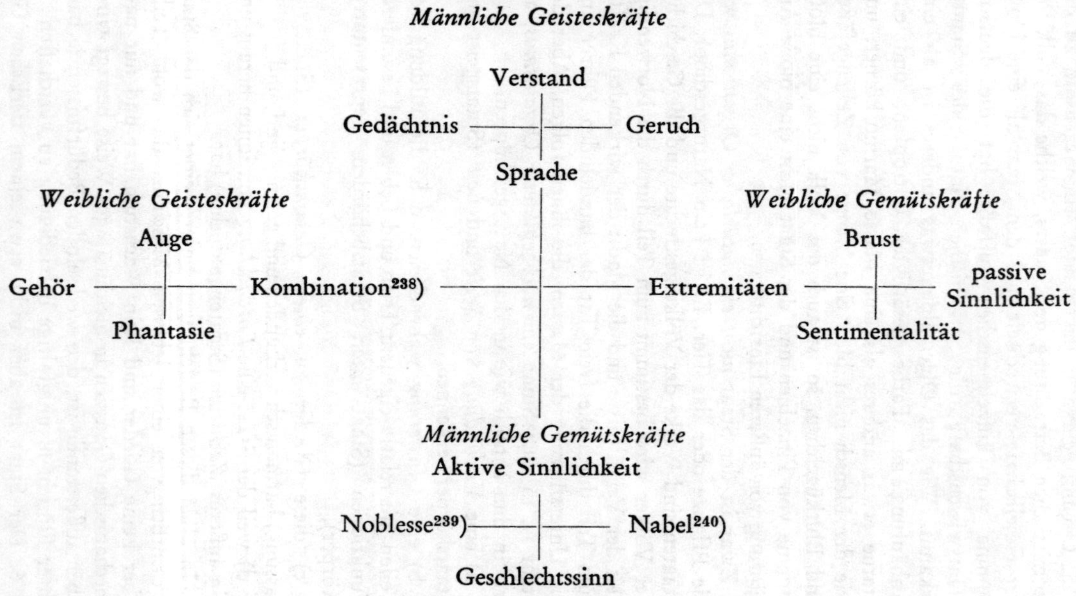

DER STAATSKÖRPER

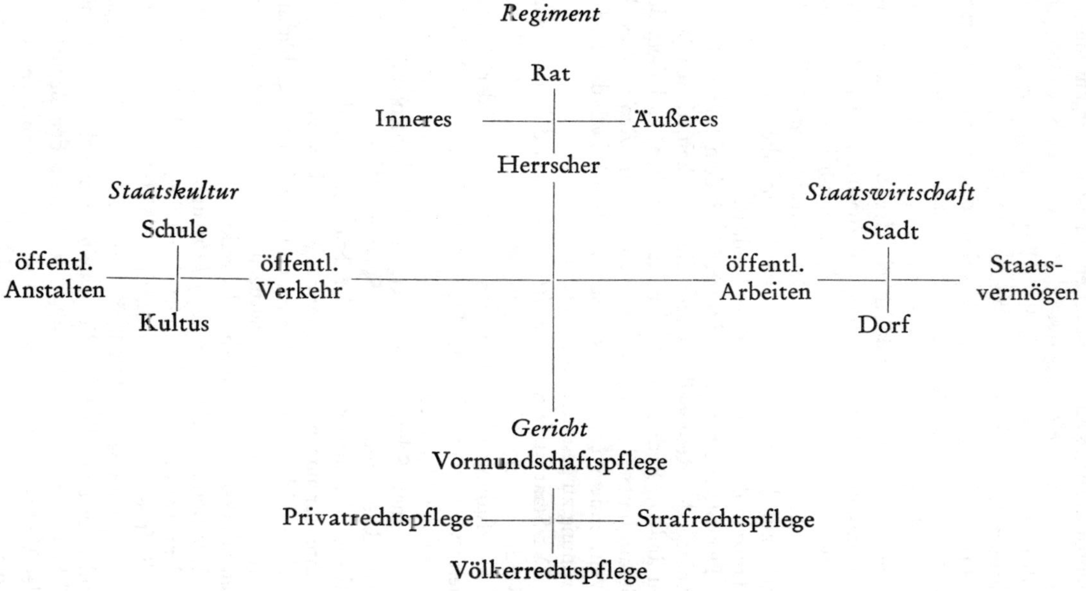

menschlichen Zwecken geschaffen. Er ist ein Organismus der höchsten Art, eine *Person,* d. h. ein selbstbewußtes, sich selbst beherrschendes, sich selbst aussprechendes, mit eigenem Willen handelndes Wesen.

Freilich ist der Staat wieder nicht eine natürliche Person, wie der einzelne Mensch. Aber er ist auch nicht bloß eine künstlich erdachte, nicht eine fingierte, sondern eine wirkliche Person. Die Persönlichkeit des Staates hat in der gemeinsamen Menschen- und Volksnatur, in dem Gemeingeiste der Rasse einen notwendigen natürlichen Grund und ist belebt von dem Hauche der menschlichen Freiheit. Sie steht auf dem Boden der Notwendigkeit, aber sie erhebt ihr Haupt in die sonnige Luft der Freiheit.

Der Staat ist eine *Rechtsperson* in dem Sinne, daß die Anlage des Rechtswillens und die Fähigkeit, diesen Willen zu äußern, Rechte zu schaffen, zu erwerben, zu haben, dem Staate innewohnt. Es ist sogar das *höchste Rechtswesen* der Welt, indem er vorzugsweise den Beruf hat, die Rechtsordnung zu gestalten und zu schützen.

Der Staat ist ferner eine *sittliche* Person, d. h. ein Wesen, welches seiner Pflichten bewußt werden kann und soll, und für Erfüllung dieser Pflichten vor Gott und der Menschheit verantwortlich ist. Denn der Staat hat Pflichten gegen die Menschen, die im Staate leben und seiner Sorge und seines Schutzes bedürfen, und Pflichten gegen die Menschheit und die übrigen Staaten. Wenn auch die juristische Verantwortlichkeit der Staaten von dem Völkerrechte nur ungenügend gehandhabt wird, so zeugt doch die Weltgeschichte für die Macht und den Ernst der höchsten sittlichen Gerechtigkeit, welche in dem von Gott bestimmten Schicksal ihren Spruch vollstreckt.

Der Staat ist eine *wirtschaftliche* und eine *Kulturperson,* indem er auch für die wirtschaftlichen und die Kulturbedürfnisse sowohl der Gesellschaft als des Volkes sorgt.

Der Staat ist endlich und voraus eine *politische Person,* indem er sich selber für die gemeinsamen Lebenszwecke einrichtet, sich seine Verfassung gibt, je nach den Bedürfnissen des Volkes regiert und verwaltet, das Gemeinleben vervollkommnet, die öffentliche Wohlfahrt fördert und seine Herrlichkeit aller Welt offenbart.

7. Es gibt außer dem Staate noch viele andere Gesamtpersonen, z. B. die Gemeinden, die Korporationen, die Genossenschaften und manche einheitlich organisierte Gesellschaften. Aber es gibt nur zwei große weltgeschichtliche Organismen, in welchen das menschliche Gemeinleben in seiner Fülle und so dargestellt wird, daß es den ganzen Menschen erfaßt und alle Klassen der Menschen einigt. Diese beiden Organismen sind der *Staat* und die *Kirche* ...

Im Hinblick auf diese Merkmale können wir den Begriff des Staates für die heutige zivilisierte Welt kurz so erklären: *Der Staat ist die zur Selbstbestimmung organisierte Volksperson eines Landes.* (S. 10 ff.)

Deutsche Staatslehre und die heutige Staatenwelt, 2. Aufl. der „deutschen Staatslehre für Gebildete", Nördlingen 1880.

[In einem frühen Werk Johann Caspar BLUNTSCHLIS (Psychologische Studien über Staat und Kirche, Zürich u. Frauenfeld, 1844) findet sich eine Graphik, die die Organismushaftigkeit des Staates bildlich darstellt. Die „Gliederung des Staatskörpers" sei „der Gliederung des menschlichen Körpers ... vollständig und vollkommen nachgebildet" (S. 181). Doch komme es auf die *seelischen Kräfte* an, „denn der Staat ist seinem ganzen Wesen nach ein *geistiges* Reich ..." (S. 182).]

## CONSTANTIN FRANTZ (1817—1891)

Preußischer Konsulatsbeamter und politischer Schriftsteller. Frantz, der politisch zu einem konservativen Sozialismus neigte, betrachtet den Staat von verschiedenen Seiten, legt das Schwergewicht jedoch auf eine „Physiologie" und „Naturlehre" des Staates.

### *Der Staatskörper und seine Eigenschaften*

Der Staat ist ... nach seiner physischen Seite ein *Produkt* zu nennen, nach seiner rechtlichen Seite eine *Anstalt*, nach seiner moralischen Seite eine *Aufgabe*, weil das Moralische immer ein Sollen bleibt. (S. 54)

Das Natürliche, um welches es sich hier handelt, ist aber nicht die rein materielle Welt, die man im engeren Sinne Natur nennt, sondern es ist die *menschliche* Natur, wie sie vor allem in dem Zusammenleben der Menschen hervortritt. Die politische Naturlehre spricht nicht von Gravitation, Magnetismus und Elektrizität, oder von Sauerstoff, Kohlenstoff usw., sondern von denjenigen Elementen und Kräften, welche dem menschlichen Leben eigentümlich sind ...

Betrachten wir nun den Staat physiologisch, so erscheint er offenbar als eine Art von *Körper*, der durch das Staatsgebiet, ohne welches der Staat in Wirklichkeit nie existiert, sogar eine ganz materielle Basis erhält. Es entspricht durchaus der allgemeinen Vorstellung, wenn wir demnach den Staat als einen Körper bezeichnen, wie man ja selbst geringere Gemeinschaften, die dem Staate untergeordnet sind und auf keinem eigentümlichen Landgebiete ruhen, ein Corpus oder eine Körperschaft nennt. Das staatliche Gesamtleben besteht also nicht bloß aus der Summe von Beziehungen, welche zwischen den einzelnen Staatsbürgern stattfinden, sondern es bildet eine Wesenheit für sich, einen *Körper*. Die Frage ist, welche Eigenschaften demselben zukommen.

Der Staatskörper bildet in gewissem Sinne einen *Organismus* wie die individuellen Menschen, durch deren Fortpflanzung und Vermehrung er sich selbst erhält und anwächst. Und wie sich in den Familien gewisse besondere Gewohnheiten und Lebensrichtungen erzeugen und vererben, so auch im Staate. Dies alles, und was weiter daraus entspringt, ist jetzt so allgemein bekannt und anerkannt, daß wir den *organischen* Charakter des Staates als eine feststehende Wahrheit ansehen können, die keines weiteren Nachweises bedarf ...

Unsere Behauptung geht hiernach dahin, daß zwar der Staat allerdings eine organische Eigenschaft hat, die zu seinem Wesen gehört, aber nicht entfernt sein ganzes Wesen ausmacht, selbst nicht einmal seine wichtigste Eigenschaft ist, sondern daß ihm gleichzeitig noch andere Eigenschaften zukommen, die nicht nur von der organischen verschieden sind, sondern zum Teil in offenbarem Gegensatz dazu stehen.

Die erste Eigenschaft nämlich, die der Staat neben seiner organischen Eigenschaft besitzt, ist die *architektonische*. Der Staat umfaßt und beschirmt die Staatsgenossen und bildet in gewissem Sinne ihr Gehäuse, ihre Wohnung. Dies liegt auch in der allgemeinen Vorstellung, wonach man so oft vom Staate wie von einem *Gebäude* spricht, z. B. von dem sogenannten Ausbau der Verfassung, wie man jetzt alle Tage hören kann. Und wenn man verschiedene Staaten miteinander vergleicht, so wird man sehr auffallende Unterschiede in ihrer Architektonik bemerken, worauf in der Praxis nicht wenig ankommt. Insofern aber die Staaten einen baulichen Charakter haben, entstehen und wachsen sie nicht wie die organischen Wesen, sondern sie sind ein mit Bewußtsein und Absicht errichtetes Werk des Menschen, welches sich unter Umständen als *Kunstwerk* darstellt ... Dem Staate kommt also ebenso eine Architektonik wie eine Organik zu, und beides ist doch sehr verschieden, obwohl nicht entgegengesetzt, sondern in mancher Hinsicht schließt sich das Eine noch an das Andere an. Denn auch der organische Körper hat in gewissem Sinne einen *Bau*, während andererseits Bauwerke im gewissem Sinne *gegliedert* sind, wie beides der allgemeinen Vorstellung ganz geläufig ist.

Hierauf aber wird sich uns der Staat in vollständigem Gegensatz zu dem Charakter des organischen Lebens darstellen, wenn wir auf seine *Elementarteile* blicken, welches doch im Staate die individuellen Menschen sind. Diese Elementarteile des Staates sind nicht etwa das Allereinfachste, und darum das relativ Unvollkommene und bloß Dienende, wie doch im menschlichen Körper die Blutkügelchen, Muskelfasern usw., sondern sie sind für sich selbst weit vollkommener organisiert als der ganze Staat, und weit entfernt, daß sie nur um des Staates willen da wären, muß vielmehr der Staat ihren Zwecken dienen. Wo bleibt hier die Analogie des Organismus? Weil also die Elementarteile des Staats, d. h. die Individuen, ihren eigenen Willen haben und ihre eigenen Zwecke verfolgen, so entsteht die schwierige Frage, wie sie denn überhaupt zu einem Körper zusammengefügt und zusammengehalten werden? Gemeinschaft der Abstammung, Sprache und Sitte, wie die gegenseitige Bedürftigkeit, bilden offenbar eine wesentliche Grundlage dazu, und von allen diesen Elementen kann man allerdings sagen, daß sie organisch wirken. Wären nun die Menschen bloß instinktive Wesen, so könnten sie dadurch genügend zusammengehalten werden, ähnlich etwa wie ein Bienenschwarm in seinem Bienenstock. Allein der freie Wille ändert die Sache, denn in Folge dessen haben die Individuen gegenüber dem Ganzen unvermeidlich eine zentrifugale Tendenz, und auch das Bewußtsein eines gemeinsamen Zweckes ist doch niemals klar und kräftig genug, um die Selbstsucht und den Sondergeist der Individuen zu überwinden. Es gehört vielmehr eine *Zwangsgewalt* dazu, die den Staatseinrichtungen so wesentlich ist, daß sie allgemein als ein charakteristisches Merkmal gilt. Solche Zwangsgewalt wirkt aber in keiner Weise organisch sondern vielmehr *mechanisch*.

So wesentlich dem Staate die Zwangsgewalt ist, so wesentlich ist ihm der mechanische Charakter, und der Staat ist mit demselben Rechte eine Maschine zu nennen als ein Organismus ...

Jeder Zweig des Staatslebens und des öffentlichen Dienstes hat seine Mechanik wie seine Organik. Wir haben soeben gesehen, warum es so sein muß, nämlich weil die Menschen nicht bloß durch instinktiv wirkende Kräfte bewegt werden, sondern vielmehr vermöge ihrer Freiheit nach tausend differenten Richtungen auseinanderstreben, wobei kein Staat bestehen könnte, wenn er nicht eine mechanische Zwangsgewalt besäße, welche die nötige Ordnung erhält. Das Mechanische bildet nun in gewissem Sinne den Gegensatz des Organischen, die *Freiheit* aber bildet nicht nur einen Gegensatz zu beiden, sondern sie gehört an und für sich selbst einer ganz andern Region an. Alles Organische und Mechanische ist physisch, die Freiheit hingegen ist ihrem Prinzipe nach *metaphysisch*, wie überhaupt der Geist. Geistige Erscheinungen können daher nur insoweit organisch genannt werden, als sie selbst zugleich ein physisches Element enthalten, wie z. B. die Sprache. Wäre die Sprache nicht an die Sprachwerkzeuge und an die Schallwellen gebunden, so könnte nichts Organisches darin sein. Auch die menschliche Freiheit ist in ihrer Entwicklung und Äußerung an den Leib und an die ganze Sinnenwelt gebunden, und hängt insoweit mit dem organischen Leben zusammen. Nur um deswillen ist sie auch dem mechanischen Zwange unterworfen, und nur insoweit kann sie von dem Staate umfaßt werden, da alle Staatsgesetze ihre Wirksamkeit verlieren, wo sie keine physische Handhabe mehr finden. Allein die Freiheit hat zugleich ihr eignes inneres Gesetz, sie strebt ununterbrochen über die durch ihre physischen Grundlagen gegebenen Schranken hinaus, von Impulsen getrieben, die gar nichts mit dem Staate gemein haben, während doch der Staat fortwährend die Rückwirkung davon erfährt. Der Staat kann die Gesinnung der Menschen nicht beherrschen, und doch ist sie zuletzt das Allerwichtigste, und bildet eine Macht, vor der sich die Staatsgewalten oft genug beugen müssen. So erhebt sich das Staatsleben zuletzt in die Region des freien Geistes und hat unzweifelhaft auch einen *geistigen* Charakter, der sogar noch wichtiger ist als sein organischer und mechanischer Charakter. Man kann sagen: der Staat ist in gewissem Sinne eine *geistige Welt*. Näher kann man es nicht bestimmen, weil das geistige Leben selbst an keine feste Form gebunden ist, sondern ewig neue Formen hervorruft. (S. 25 ff.)

Die Naturlehre des Staates, Neudruck der Ausgabe Leipzig 1870, Aalen 1964.

*

## Otto von Gierke (1841—1921)

Rechtslehrer. Prof. in Breslau, Heidelberg, Berlin. Führender Deutschrechtler. Auf historischer Grundlage Vertreter des Genossenschaftsgedankens. Der Staat ist eine organische, selbständige Persönlichkeit.

### *Der Staat als reale Verbandspersönlichkeit*

Unter die menschlichen Gesellschaftsexistenzen gehört nun insbesondere der *Staat*. Das Wesen „staatlicher“

Verbindung beruht darin, daß sie die machtvolle Durchführung des allgemeinen Willens zum Inhalt hat. Sie ist die Gemeinschaft des politischen Handelns. Ihre Substanz ist der allgemeine *Wille,* ihre Erscheinungsform die organisierte *Macht,* ihre Aufgabe die zweckbewußte *Tat.* Staatliches Gemeinleben dieser Art existierte von je: von einem eigentlichen Staate spricht man jedoch erst, sobald ein eigentümlicher und besonderer Organismus des staatlichen Lebens sich ausgestaltet. Auch das isolierte Geschlecht, die umherschweifende Horde, der wandernde Stamm erfüllen bereits staatliche Funktionen, allein der Staat ist hier noch nicht zur selbständigen Wesenheit gelangt. Ist das Letztere geschehen, so können die staatlichen Aufgaben von mehreren engeren und weiteren Verbänden, von stufenweis aufsteigenden politischen Gemeinden, Körperschaften und Bünden übernommen werden. Sie alle sind staatlicher Natur. Einen spezifischen Charakter jedoch und eine Reihe qualitativer Unterschiede von allen anderen politischen Verbänden muß *derjenige* Machtverband aufweisen, dessen Macht nach oben hin durch keine ähnliche Macht beschränkt und nach unten hin jeder ähnlichen Macht überlegen ist. Denn eine Macht, welche die *höchste* ist, unterscheidet sich von jeder anderen Macht durch das spezifische Merkmal, daß sie durch und durch Macht, die Macht schlechthin ist; und ein Wille, dem derartige Macht entspricht, ist von jedem anderen Willen als ein souveräner, schlechthin allgemeiner, nur durch sich selbst bestimmter Wille verschieden. Deshalb nennt man unter den politischen Verbänden, obwohl sie alle *staatlich* sind, nur den jeweilig höchsten Machtverband „*Staat*".

Der Staat ist also die Verwirklichung einer bestimmten wesentlichen Seite des menschlichen Gemeinlebens. Hieraus folgt zunächst bezüglich seiner *Entstehung,* daß es der Menschheit eingeboren ist, staatlich zu leben, und daß daher der Staat *überhaupt* gleich alt mit dem Individuum ist. Aber auch der *einzelne* Staat ist keine freie Schöpfung des Individuums, sondern das notwendige Produkt der in den Individuen sich betätigenden gesellschaftlichen Kräfte. Ursprünglich werden und wachsen die Staaten ohne jede Mitwirkung eines bewußt schaffenden Willens, ein naturwüchsiges Erzeugnis des unbewußten Gesellschaftstriebes. Später werden sie zwar absichtlich und planmäßig umgestaltet und können selbst durch einen bewußten Willensakt gegründet werden: allein auch dann ist es nicht eine Vereinigung individueller Willen, sondern die schöpferische Tat eines allgemeinen Willens, die den Staat oder die neue Staatsform ins Dasein ruft. Es gibt eben keine Individuen, die schlechthin Individuen wären, keine freien, ungebundenen, voraussetzungslosen Einzelwillen, die durch Selbstbindung und Selbstentäußerung aus der Summe ihrer Individualitäten heraus den staatlichen Willen produzieren könnten. Vielmehr wären auch die für den Augenblick staatlosen Menschen, die man sich als Gründer eines Staates vorstellen wollte, in ihrem Denken und Wollen stets staatlich gebunden und entbehrten nur momentan der äußeren Verwirklichung ihres staatlichen Seins. Weder der Begriff des Staats noch der Entschluß zu seiner Realisierung hätten also ihre Wurzel im individuellen Geist; es käme auch hier der agierend Einzelwille nicht als solcher, sondern als Faktor des allgemeinen Willens in Betracht; und es läge keine Willenseinigung vieler Individuen, sondern ein einheitlicher Akt des in den vielen Individuen lebendigen und nur für den Augenblick formlosen Allgemeinwillens vor, der sein eigenes Dasein bejaht und die Form desselben erschafft.

Was ferner *das Wesen* des Staates im allgemeinen betrifft, so müssen wir nach dem Gesagten ihm eine *eigene reale Wesenheit* zuschreiben. Er erscheint uns als ein menschlicher Gesellschaftsorganismus mit einem von dem Leben seiner Glieder verschiedenen einheitlichen Gesamtleben. Allerdings besteht er, weil er *Allgemeinheit* ist, aus anderen in sich eine Besonderheit bildenden Wesenheiten; er setzt sich als ein gesellschaftlicher Organismus aus vielen, teils einfachen, teils wiederum gesellschaftlichen Organismen, aus Menschen und engeren Verbänden, zusammen; sein Leben kommt in der Lebenstätigkeit von Gliedern und Organen, die zugleich eine Sonderexistenz führen, zur Erscheinung. Allein er ist trotzdem eine reale *Einheit*, weil die sämtlichen Sonderexistenzen insoweit, als sie Elemente des Staates sind, sich nach der Idee des Staatsganzen gruppieren, gliedern und verbinden, und den Inhalt ihres Daseins nicht in sich selbst, sondern in der Bestimmung für das höhere Gesamtleben finden. Wollte man die Einheit des Staates um ihrer zusammengesetzten Natur willen negieren, so wäre dies nur in demselben Geist und Sinne möglich, in dem man dann überhaupt schlechthin nur die Atome als Einheiten und die Welt als bloße vielheitliche Summe solcher Einheiten betrachten müßte.

Weil aber die menschliche Existenz nicht im Gattungsleben aufgeht, sondern zugleich sich selbst Zweck ist, so müssen wir auch dem Staat gegenüber das *Individuum* als eine *originäre*, für sich seiende, ihren Zweck in sich selbst tragende Wesenheit anerkennen[241]).

Nur mit einem Teile seines Wesens also gehört der einzelne Mensch dem Staate als Glied an: der übrige Inhalt seines Wesens wird von dem staatlichen Gemeinleben vollkommen unberührt gelassen und bildet den Stoff seiner freien Individualität. So stehen staatliches und individuelles Sein als zwei selbständige Lebensgebiete nebeneinander, von denen freilich keines ohne das andere sein kann und jedes auf das andere als seine Ergänzung hinweist, die aber dessen ungeachtet beide ihren nächsten Zweck in sich selbst haben.

Der Staat ist endlich zwar Allgemeinheit, aber er ist keineswegs, wie eine verbreitete Auffassung lehrt, *die menschliche Allgemeinheit schlechthin.* Er ist nur einer unter den gesellschaftlichen Organismen der Menschheit und nur eine bestimmte Seite des menschlichen Gattungslebens bildet seinen begrifflich wesentlichen Inhalt. Möglich ist es allerdings, daß bei einem bestimmten Volke und zu einer bestimmten Zeit der Staat alle oder sehr viele Funktionen des Gemeinlebens übernimmt: gerade bei hochentwickelter Kultur aber und vor allem in der modernen Welt finden die nicht politischen Seiten menschlicher Gesellschaftsexistenz in *besonderen* Lebensgebilden, die sich mit der staatlichen Organisation in keiner Weise decken, ihren Ausdruck. Schon die physische Gemeinschaft des Blutes, der Sprache und des Bodens ist zwar bis zu einem gewissen Umfange die unerläßliche Grundlage für das Gedeihen des Staates, kann aber begrifflich so gut ohne den Staat wie der Staat ohne sie bestehen. Und selbst wenn der Staat seinem Ideal, das politische Organ eines einzigen und einheitlichen Volkes zu sein, möglichst nahe kommt, werden dennoch der natürliche und der politische Volksbegriff sich niemals vollkommen decken. Sodann bildet die Lebenseinheit des Volkes so gut für die politische wie für alle andere Gemeinschaft zwar den wichtigsten, aber keineswegs den einzigen natürlich gegebenen Zentralpunkt. Vielmehr sind unterhalb der Volkseinheit der Stamm, die Gemeinde und die Familie, oberhalb derselben die internationale Gemeinschaft der Kulturvölker und zuletzt die Menschheit überhaupt als engere und weitere menschliche Gesellschaftsexistenzen mit einem besonderen Lebenskreise gegeben. Und soweit diesen engeren und weiteren Verbänden eine politische Organisation entspricht, kann diese einerseits dem Staat gegenüber eine gewisse Selbständigkeit besitzen, andererseits wie der Staat ihrem natürlichen Korrelat sich begrifflich entfremden. Weiter schafft sich sodann auf den verschiedensten Stufen das sittlich-soziale, das religiöse, das künstlerische und literarische, das wirtschaftliche Gemeinleben seine besonderen Organismen, die sämtlich, mögen sie nun natürlich erwachsen oder bewußt eingerichtet, formell als Einheiten ausgeprägt oder nur als latente Mächte wirksam, mögen sie so dauerhaft wie die Kirche oder so ephemer wie viele Vereine sein, dem Staat gegenüber ein eigenes Dasein haben. Wenn nun aber einem so reichen nichtstaatlichen Gemeinleben gegenüber der Staat den Anspruch aufgeben muß, die menschliche Allgemeinheit schlechthin zu sein, so ist er doch für diejenigen Gemeinverhältnisse, deren Realisierung sein Wesen ausmacht, in der Tat das schlechthin Allgemeine. Insoweit also, als es sich um gemeinheitliche *Machtverhältnisse* handelt, sind alle anderen Verbandsexistenzen, wenn sie auch für ihren Kreis politische Gemeinwesen mit eigener Machtsphäre sind, gegenüber dem Staat nur Sonderverbände, deren politische Macht sich in letzter Instanz der staatlichen Machtsphäre ein- und unterordnet. Und so findet in der Tat das *politische* Lebenselement aller anderen gemeinheitlichen wie individuellen Existenzen seine letzte Zweckbestimmung und definitive Begrenzung im Staat, der als der souveräne

Organismus gesellschaftlicher Macht unter allen Organismen allein kein machtbeschränkendes Gemeinwesen mehr über sich hat, der als das politische Ganze schlechthin allein nicht zugleich Teil eines anderen politischen Ganzen ist. Wieweit nun das staatliche Lebensgebiet reicht, ist nicht ein für alle Mal zu fixieren, sondern hängt von der durch Zeit und Umstände bedingten positiven Abgrenzung der politischen Lebensfunktionen gegen die übrigen gesellschaftlichen Lebensfunktionen ab. Irgendwie aber werden die Aufgaben und Kompetenzen der politischen Macht stets in *alle* Zweige des menschlichen Gemeinlebens hineinragen. Denn im Allgemeinen wird für die Abgrenzung des politischen Gebiets stets die Erwägung entscheidend sein, inwiefern ein allgemeines Interesse zu seiner Verwirklichung der machtvollen Durchführung des allgemeinen Willens bedarf. Bis zu einem gewissen Punkte aber werden zu allen Zeiten und unter allen Kulturverhältnissen die sämtlichen gesellschaftlichen Funktionen, um sich voll und ungestört zu entfalten, auf den Schutz und die Pflege seitens einer zur äußeren Bezwingung widerstrebender Willen befähigten Macht angewiesen sein. Und so ist der Staat, obwohl seinen begrifflich wesentlichen Inhalt nur eine bestimmte Seite des Gemeinlebens bildet, doch seinem Lebenszweck nach kein für bestimmte Einzelzwecke gegründeter Verein, sondern seine Aufgaben fallen zusammen mit den Kulturaufgaben der menschlichen Gattung, weil und soweit für deren Realisierung eine höchste Macht bestehen muß. (S. 304 ff.)

Die Grundbegriffe des Staatsrechts und die neuesten Staatsrechtstheorien, in: ZgStW, Bd. 30, 1874.

*

HUGO PREUSS (1860—1925)

Rechtslehrer und Politiker. Der geistige Schöpfer der Weimarer Reichsverfassung. Schüler von GNEIST und GIERKE. Prof. in Berlin. 1919 Reichsinnenminister. Vertritt eine freiheitliche Organismustheorie und wendet sich entschieden gegen die Souveränitätslehre des Positivismus.

[Es] ergibt sich uns also als Begriff der Person: eine physische Einheit, welche Trägerin einer vom Recht normierten Willenssphäre ist. Diese Einheit als solche ist willens- und handlungsfähig; sie ist in ihrer Existenz ebenso real und lebendig wie der einzelne physische Mensch; denn dieser ist nicht wegen seiner körperlichen Erscheinung, sondern wegen seiner Willensfähigkeit eine Person. Auch die nichtphysische Person bedarf zur Anerkennung ihrer Existenz weder einer Fiktion noch der Heranziehung des Zweckmoments. Und dieser einfache Begriff der Person ist ein und derselbe für alle Gebiete des Rechts . . .[242])

So ist der Begriff der Person als solcher . . . ein allgemeiner Rechtsbegriff; ihre Identifizierung mit dem Individuum jedoch eine privatrechtliche Eigentümlichkeit; denn das Privatrecht ist *überwiegend* Individualrecht und kennt als solches den Begriff des Organischen meist nur als zierendes Bild. *Im Begriffe des Organismus aber liegt die Überwindung jener Identität von Person und Individuum.* Das öffentliche Recht, als welches *ausschließlich* Sozialrecht ist, basiert völlig auf dem Wesen des Organischen; und dies ist hier kein Bild noch Analogon, sondern das wahre und wirkliche Wesen der Dinge. Deshalb haben wir diesen Erörterungen über die Personentheorie die Darlegung der organischen Anschauung vorausgeschickt. Wären Person und Organismen Gegensätze, so hätte Fricker[243]) recht, indem er für den Staat die erstere Bezeichnung zu Gunsten der letzteren verwirft. In Wahrheit sind sie jedoch keine Gegensätze, sondern verhalten sich vielmehr zueinander wie die Art zur Gattung; denn — *jede Person ist ein Organismus.*

Wir haben . . . oben als das auch in der Staatswissenschaft wirksame Wesen des Organischen die Vereinigung von an sich heterogenen Teilen zu einem lebensfähigen Ganzen, dem Organismus, erkannt. Wohl muß jeder organische Teil seine partielle Existenz den Existenzbedingungen der Gesamtheit unterordnen; aber zugleich hängt wieder jedes Glied mit allen übrigen so zusammen, daß

„keines“ aufgehoben werden darf, ohne den Begriff des Ganzen zu stören. Demgemäß beruht das begriffliche Wesen des Organismus gerade darauf, daß er eine Einheit in der Vielheit ist; für die gedankliche Erfassung dieses Wesens ist es erforderlich, die *beiden* Seiten, Einheit *und* Vielheit, im Auge zu behalten; denn die bloße Vielheit ist ein unorganisches Nebeneinander, die bloße Einheit ist eine ungegliederte, unorganische Masse; erst die „Durchdringung der Einheit durch die Vielheit“ schafft einen Organismus. Wenn nun — wie wir oben gesehen — die organische Anschauung unmöglich sich auf den Staat beschränken kann, vielmehr sich auf das Wesen der Person überhaupt erstrecken muß, so kann man logisch zur Erkenntnis dieses Wesens der Person nicht — wie LABAND es will — gelangen, indem man sich die Vielheit gegenüber der Einheit „wegdenkt“; sondern man muß eben auch die Person, als welche ein Organismus ist, als Einheit in der Vielheit zu erfassen suchen; *beide* Seiten des organischen Wesens im Auge behaltend. Daher ist zwar jede Person eine Einheit, und nur weil sie dieses ist, ist sie eine Person; aber sofern sie auch ein Organismus ist, insofern ist die Vielheit ihrer Glieder für ihren Begriff wesentlich. *Physisch* betrachtet ist eigentlich eine Person *niemals* ein Individuum ...

In der Welt des Organischen ist eigentlich nur das Protoplasma, die Urzelle, ein Individuum; nur sie ist „etwas logisch Unteilbares“; denn nur sie setzt sich nicht aus Teilorganismen zusammen. Alle höheren Organismen sind organisch verbundene Zellkonglomerate; und es folgt aus dem Wesen des Organischen, daß die Eigenschaft, ein eigener Organismus und Teil eines höheren Organismus zu sein, keine Gegensätze sind. Der höchste physische Organismus ist der Mensch; hier endet das Gebiet der Naturwissenschaft. Aber diese darwinistische Theorie muß, wie Gierke treffend bemerkt, „notwendig von der Anschauung ausgehen, daß dasselbe natürliche Entwicklungsgesetz, welches den Organismus der Einzelwesen bis zur Hervorbringung des Menschen gesteigert und vervollkommnet hat, jenseits dieser Grenze den Organismus des menschlichen Gemeinlebens zeugt und gestaltet. Sie wird, *je mehr sie den Organismus des Individuums gesellschaftlich auffaßt, um so leichter das gesellschaftliche Gemeinwesen organisch erklären.*"

Das Gebiet der Rechtswissenschaft bilden ausschließlich die Beziehungen der Menschen untereinander; hört die Naturwissenschaft beim Menschen auf, so fängt die Rechtswissenschaft bei ihm an; seine Zusammensetzung fällt als eine physische nicht in ihren Bereich. Daher ist der Mensch für die Jurisprudenz, wie die Urzelle für die organische Naturlehre, ein Individuum, etwas logisch Unteilbares. Wie aber die organische Naturlehre mit der Urzelle eben nur beginnt und ihre Gliederung zu höheren Organismen verfolgt, so erschöpft sich die Jurisprudenz nicht in der Betrachtung des Individuums, sondern verfolgt die Organisierung der Individuen zu Personen höherer Ordnung. Und wie trotzdem Wesen und Begriff des Organismus im Grunde das eine und gleiche ist auf allen Stufen der langen Entwicklungsreihe, so ist auch Begriff und Wesen der Person das eine und gleiche, ob es sich nun um ein Einzelwesen oder um eines auf der aufsteigenden Reihe der Gemeinwesen handelt. Und wie es kein Widerspruch, sondern eine Folge der organischen Eigenschaft ist, daß ein und dieselbe Bildung zugleich ein eigener Organismus und Organ eines höheren Organismus sein kann, so ist es kein Widerspruch, sondern eine Folge der organischen Personentheorie, daß ein und dasselbe Wesen zugleich eine eigene Person und Glied einer höheren Verbandsperson ist. Ja, im Rechts- und Staatsleben bildet dies Verhältnis — wenn wir von der Beziehung der „unabhängigen" Staaten zur Völkerrechtsgemeinschaft zunächst noch absehen — die ausnahmslose Regel. Wenn es also Laband für unvereinbar mit dem Begriff der Persönlichkeit erklärt, sie in Teile zu zerlegen, die ebenfalls wieder Personen sind, so bedingt vielmehr gerade im Gegenteil der organische Aufbau menschlicher Gemeinschaft dies Verhältnis, daß jede Person als solche zugleich ein organischer Teil einer höheren Verbandsperson ist. Das eben ist die viel angefeindete „Durchdringung der Einheit durch die Vielheit", das Grundprinzip organischer Anschauung, ohne welche alles Recht im Individualrecht steckenbleibt. (S. 160 ff.)

[Das] Recht, zur Ausführung der in ihrem Zwecke liegenden Aufgaben einen Willen zu äußern, ist das Urrecht jeder Persönlichkeit. (S. 177)

Der Wille der Gesamtperson ist dem Willen ihrer Gliedpersonen rechtlich *über*geordnet gemäß der natürlichen Überordnung des Ganzen über die Teile. Aber diese Überordnung macht die untergeordneten Personen nicht zu willenlosen Objekten; sie bleiben Rechtsträger auch der „herrschenden" Person gegenüber. Wie die Herrschaft dieser Letzteren aus dem Verhältnis eines organischen Ganzen zu seinen Teilen entspringt, so entspringen aus eben diesem Verhältnis Rechte der Teile gegen den Gesamtorganismus, der untergeordneten Personen gegen die herrschende. Mit Recht bezeichnete es Fricker als Wesen des Organismus, daß alle seine Glieder in *gegenseitiger* Einwirkung aufeinander stehen. Und diese allem Organischen eigene Reziprozität gilt nicht nur für das Verhältnis der Glieder zueinander, sondern auch für das der Glieder zum Ganzen. Das Rechts- und Pflichtverhältnis ist stets ein *gegenseitiges.* (S. 182)

Alle denkbaren Gestaltungen des Rechts sind Evolutionen der mit der Menschheit gleich alten Rechtsidee; und die dereinstige Völkergemeinschaft wie der heutige Staat sind Evolutionen der mit der Menschheit gleichalten Idee eines Gemeinwesens über den Einzelwesen.

Auch diese genetische Betrachtungsweise zeigt demnach den Staat — in diametralem Gegensatz zur Souveränitätsidee als ein wesensgleiches Glied in der Kette der menschlichen Gemeinwesen; sie zeigt, daß der Staat nach unten hin keineswegs unvermittelt dem Individuum gegenübersteht, vielmehr in seinem Ursprung auf dieselbe Quelle zurückführt, welche auch das Individuum erzeugt; und daß er nach oben hin keineswegs das begriffliche non plus ultra menschlicher Gemeinwesen darstellt, vielmehr die ihm immanente Idee noch einer unendlich weiteren Entfaltung und Entwicklung fähig und gewärtig ist. (S. 208)

Gemeinde, Staat, Reich als Gebietskörperschaften, Berlin 1889.

*

## Othmar Spann (1878—1950)

Neoromantischer katholischer Philosoph und Volkswirtschaftler. Prof. in Brünn und Wien. Seine „universalistische“ Staats- und Gesellschaftslehre betont den Gedanken der organischen Ganzheit. Spanns „wahrer Staat“ meint eine ständisch gegliederte Gesellschaft, die die Besten zur Herrschaft bringt.

### *Die Gesellschaft*

Wesentlich für den Universalismus ist ...: Daß das Primäre, die ursprüngliche Tatsache, von der sich alles ableitet, nicht der Einzelne ist, sondern die Ganzheit, die Gesellschaft. Nun ist der Einzelne nicht mehr selbstbestimmt, selbstgeschaffen (autark), steht nicht mehr ausschließlich auf dem Boden seiner Ichheit; es liegt daher die primäre Wirklichkeit nicht mehr in ihm, sondern in dem Ganzen, in der Gesellschaft. So ergeben sich zwei Merkmale: a) Das Ganze, die Gesellschaft ist die eigentliche Wirklichkeit und b) das Ganze ist das Primäre, der Einzelne ist in irgendeinem (näher zu bestimmenden) Sinne nur als Bestandteil des Ganzen vorhanden, er ist daher das Abgeleitete. (S. 23)

Soll die Gesellschaft trotz ihrer Zerklüftung bestehen, so muß ein ihr innewohnendes, begrifflich gefordertes (kategoriales, apriorisches) Ordnungsgesetz in ihr wirken. Dieses Ordnungs- und Entfaltungsgesetz, dieser Bauplan, ist: Die Wertschichtung oder Wertabstufung, die Rangordnung nach der Zugehörigkeit zu einem Werte, die absolute, wertpolare Ungleichheit. *Das Schichtungsgesetz der Gesellschaft ist die Abstufung nach dem Werte.*

Man kann sich jede Gesellschaft nach Art einer Pyramide geschichtet denken, in welcher die höchsten Werte die Spitze bilden und zugleich die geringste Anzahl, die geringste Menge in sich fassen, die niedrigsten Werte die Grundlage mit der größten Anzahl, der größten Menge, sodaß bei einer zeichnerischen Darstellung die Grundlage breit, der Gipfel aber eng und spitz würde. (S. 155)

Von der erkannten Wertschichtung der Gesellschaft aus bleibt noch immer die Frage zurück: Inwieferne sind die geschichteten Gemeinschaften eine Einheit? Wie kann die Gesellschaft leben, wenn trotz ihrer Wertschichtung nur Leute, die wie vom Monde heruntergekommen, einander fremd oder feindlich sind, je für sich ihre Gemeinschaftskreise bilden? Wie beseitigt die Wertschichtung die Isoliertheit und Einzigartigkeit, die Unauswechselbarkeit der betreffenden Gemeinschaft? Sie ergibt zwar eine Rangordnung der Gemeinschaften, aber sie ergibt unmittelbar noch keine organische Wechselseitigkeit, Gliederung dieser Gruppen im Verhältnis zueinander. Es bliebe noch immer nur eine Atomisierung der Gesellschaft auf höherer Stufe. Um eine Gesellschaft zu bilden, müssen die voneinander verschiedenen Gemeinschaften die Eigenschaft haben, Glieder eines echten geistigen Gesamt-Ganzen darzustellen; sie müssen die Natur der Gliedlichkeit besitzen. Erst durch Gliedlichkeit wird das unterschieden Geartete zum Unter-Ganzen der Gesellschaft, zum Stand. (S. 158)

Die Gliedhaftigkeit einer Gemeinschaft im Gesamtbau des geistigen Kosmos macht sie zum geistigen Stand. Die höheren, wie die niederen geistigen Gemeinschaften gehören jeweils in bestimmter Stellung, in bestimmter Bezogenheit der Welt des Geistigen und Seelischen an, sind also „Glieder“ dieser Welt — allerdings nicht gleichwertige. *Auch in der niederen geistigen Welt wohnt die höhere, wohnt die „Ganzheit“*, weil in der niederen Welt ja die Bezugnahme auf die höhere liegt, weil sie ja auf das Ganze hingeordnet, darauf angelegt ist; so ist auch der Verbrecher ein Glied der sittlichen Welt, weil er das Schlechte im Gegensatz zum Guten ist; das Schlechte ist damit (in verneinendem, gegensätzlichem Sinnc) Glied des Sittlichen.

Legen wir die gefundenen Eigenschaften des geistigen Standes in streng begrifflich-analytischer Weise auseinander, so ergibt sich, daß der Begriff des Standes in dreifacher Weise zu bestimmen ist: 1. zum „Stand“ wird ein Gemeinschaftskreis durch die Zusammenfassung von Ganzheit, die er darstellt. *Ausdruck von Ganzheit zu sein, ist die erste Grundeigenschaft des Standes;* 2. der jeweilige einzelne geistige Stand ist aber ebendarum nicht Ausdruck der vollen

Ganzheit überhaupt, sondern: *Ausdruck der Ganzheit in einem Besonderen.* Denn nur als dieses bestimmte Glied, nicht im Allgemeinen (Abstrakten) ist ein Kreis von Gemeinschaften „Stand", d. h. er ist ein eigentümlicher, ein arteigener Ausdruck des Ganzen. Und damit ist der Stand 3. ein solcher eigentümlicher Ausdruck, der in Wechselseitigkeit, *in Entsprechung zu anderen Ständen seine Wesenheit besitzt* — weil er eben nicht alles ist und daher bei aller Ganzheit nach innen doch ein Bruchstück nach außen, und bei aller Eigenheit des Fürsichseins doch durch und durch auf Gegenglieder angelegt, auf das Ganze hingeordnet ist. In ihm ist das Ganze verborgen, das Einzelne enthüllt. (S. 160 f.)

## *Der Staat als Höchststand*

Die Gliederung der Stände, als ein Gebäude von Organisationen angesehen, bildet das Gesamtganze der Gesellschaft. Darin ist der Staat die ideelle Einheit dieser Gliederung, weil er nicht nur arteigene Organisation (ein Stand für sich), sondern auch höchster Stand ist, jener nämlich, der auf Grund der ideellen Einheit der zugrundeliegenden geistigen Gemeinschaften die Einheit der Gesamtorganisation des Lebens wahrt. — Die Stellung eines Standes in der Gesamtheit aller Organisationen macht die „politische Stellung des Standes" aus. Da ein auszeichnendes Merkmal der Organisation stets die „Herrschaftsverhältnisse" innerhalb ihrer selbst oder zwischen den Organisationen sind, so kann man die politische Seite eines Standes auch dahin erklären: daß er eine ganz bestimmte Herrschaftsstellung im Gesamtganzen, zuletzt im Staate innehabe. So hatte der Fürstenstand, der Ritterstand, der Bürgerstand bestimmte Herrschaftsrechte im Staate.

Wenn nun die Gemeinschaftsgruppen und damit die Stände rein geistig kraft ihrer inhaltlichen Bezogenheiten aufeinander (der Gegensätze und Verwandtschaften) sich ordnen und so zuletzt nach Werten sich unterscheiden, eine Wertpyramide bilden, so ist die Frage nach der besten politischen Gestaltung der Stände und d. h.: nach der besten

Staatsform schon grundsätzlich entschieden. *Die beste Staatsform ist diejenige, welche die Besten zur Herrschaft bringt.* (S. 163)

Wie im Bereiche des Geistigen durch den Vorrang des Metaphysischen die Einheit gesichert ist, so muß auch im Bereiche des Handelns durch den Vorrang einer Anstalt (Organisation) die Einheit gesichert werden. Der Staat ist nämlich *allgemeinste* Anstalt, als solche ist er der Potenz nach (wenngleich niemals aktuell...) Inbegriff aller Anstalten; und in diesem Sinne des Vorranges ist er *Einheitserscheinung.* Als allgemeinster und die Einheit alles Handelns verbürgender Stand ist er aber auch *Höchststand,* d. h. Leiter und Richter aller anderen Stände.

„Höchststand", „allgemeinster Stand", „Einheitserscheinungen" sind Wechselbegriffe, die dem Vorrange des Staates entspringen. Denn „allgemeinster Stand" will nicht sagen, daß er alle anderen Stände schlucke und der einzige Stand sei, der alles an sich ziehe, sondern nur, daß er sie überhöhe. (S. 185)

Der wahre Staat, 4. Aufl., Jena 1938.

*

## Kirchlich-religiöse Staatstheorien

### Friedrich Julius Stahl (1802—1855)

Rechtsphilosoph und Politiker. Führer der Hochkonservativen im preußischen Herrenhaus. Prof. in Würzburg, Erlangen, Berlin. Jüdischer Abstammung konvertierte er 1819 zum Protestantismus. Er schuf eine idealistisch und theologisch orientierte Legitimationstheorie der preußischen Monarchie.

*Das Recht*

Das Recht ist ... menschliche Ordnung, aber zur Aufrechterhaltung der Weltordnung Gottes ... [Es] steht dem positiven Recht ein Gottgebotenes, Gerechtes, Vernünftiges gegenüber ...

Gottes Weltordnung ist das Urbild aller positiven Rechtsbildung; aber sie ist nicht selbst eine Rechtsbildung. Ihre Gedanken und Gebote, jene den Lebensverhältnissen innewohnende Bestimmung, sind die Prinzipien und das Richtmaß für die Gesetze, aber nicht selbst Gesetze, daß man nach ihnen menschliche Verhältnisse in Ordnung halten, streitige Fälle entscheiden könnte. Dazu bedarf es erst einer bestimmten Gestaltung derselben, und das ist eben der Beruf und die Freiheit des Volkes, ihnen je nach der Eigentümlichkeit seines Geistes und seiner Zustände und mit eigener schöpferischer Kraft diese bestimmte Gestalt zu geben, sie zu präzisieren und hiermit auch zu individualisieren und erst dadurch werden sie zu anwendbaren Normen, zum Recht ...

So wurzelt die menschliche Ordnung, welche das Recht ist, in der göttlichen; aber sie ist selbständig in sich, und in dieser ihrer Selbständigkeit besteht die Positivität des Rechts ...

Wenn der Staat zunächst als ein sittliches Reich der menschlichen Gemeinschaft sich darstellt, so ist er doch, tiefer betrachtet, zugleich eine *göttliche Institution.*

Es ruht vor allem das Ansehen des Staates auf der Verordnung (Ermächtigung, Einsetzung) Gottes. Das ist der letzte Grund des (im vorigen Kapitel aufgezeigten) „ihm selbst innewohnenden ursprünglichen Ansehens". Seine ganze legitime Ordnung — Gesetz, Verfassung, Obrigkeit — hat daraus ihre bindende Macht. Insbesondere hat die Obrigkeit Ansehen und Gewalt von Gott. Sie ist von Gottes Gnaden. „Wo aber Obrigkeit ist, die ist von Gott verordnet" (Röm. 13). Von sich selbst kann kein Mensch obrigkeitliche Gewalt über andere Menschen haben, auch nicht die Sämtlichen über den Einzelnen. Noch auch können die Menschen durch Vertrag obrigkeitliche Gewalt gründen, da sie über ihr Leben und ihre Freiheit nicht verfügen, daher nicht jemandem Gewalt einräumen können. Das ist das göttliche Recht der Obrigkeit. Es hat seine Geltung in allen Staatsformen . . .

Die göttliche Institution des Staates und seiner Obrigkeit bedeutet nun zwar bloß, daß das Ansehen derselben sich auf Gottes Gebot und Ordnung, nicht daß es sich auf Gottes *unmittelbare* (die Natur durchbrechende) Tat gründet; es bleibt darum die völlige Freiheit der Menschen (Nation), in dieser oder jener Verfassung zu leben, unverkürzt. Aber jene göttliche Institution bedeutet wieder nicht *bloß*, das der *Staat überhaupt* Gottes Gebot ist, sondern auch, daß überall die *bestimmte Verfassung* und die *bestimmten* Personen der Obrigkeit Gottes Sanktion haben. Hierauf ist nun der Hauptangriff gegen die göttliche Institution des Staates gerichtet. Man entgegnet, von Gott und seiner Ordnung lasse sich doch immer nur ableiten, daß die Menschen überhaupt in Staaten leben sollen, nicht aber der Bestand des bestimmten Staates, der bestimmten Verfassung, des bestimmten Fürsten. Wie dies alles offenbar von Gott unmittelbar nicht vorgeschrieben noch bewirkt sei, sondern immer von den Menschen ausgehe, so könne es auch immerdar nur vom menschlichen Willen abhängen.

Der Gehorsam gegen die bestimmte Verfassung, gegen den bestimmten König, Jakob oder Wilhelm, könne deshalb nicht auf Gottes Sanktion, sondern nur auf die freie Zustimmung der Menschen gegründet werden. So Rousseau. So auch die Jesuiten. Dagegen ist zunächst schon das zu erwägen, daß der bestimmte Staat (Frankreich, England), die bestimmte Verfassung, die bestimmte Dynastie zwar mittelst des menschlichen Willens, aber doch nicht durch den menschlichen Willen entstehen, sondern als das unberechenbare Ergebnis vieler sich durchkreuzender und, einzeln betrachtet, auf etwas ganz anderes gerichteter Willen, eine höher bewirkende Ursache voraussetzen, die, wenn nicht ein sinnloser Zufall, so eben Gottes Fügung ist, was sich wohl unterscheidet von unmittelbarer, die Natur durchbrechender Tat Gottes. Aber selbst die Tatsache zugestanden, daß menschlicher Wille dies alles bewirke, so folgt doch daraus noch gar nicht, daß es auch auf menschlichen Willen sein Ansehen stützt und vom menschlichen Willen abhängt. Sondern, so wie der menschliche Wille, der Wille des Volkes, den bestimmten Staat, die bestimmte Verfassung, die bestimmte Dynastie gegründet hat, so lösen sich diese auch sofort von ihm, sie sind damit eben Staat geworden, und binden daher alsogleich als Staat, eben weil der Staat göttliche Ordnung ist, diejenigen, so sie errichtet, nicht minder als die Nachkommen, so sie vorfinden. Die Menschen haben daher allerdings unbedingte Macht und Fug, solange noch nichts besteht, die oder jene Verfassung festzusetzen, den Jakob oder Wilhelm zum König zu machen. Allein, sowie dies geschehen, ist eben diese Verfassung Staat, ist der Jakob König und ist alles dieses nun zur gottverordneten Autorität über ihnen geworden, so daß sie die Verfassung nicht ändern dürfen, außer nach ihren eigenen Gesetzen, den König nicht entfernen, außer nach seinem eigenen Willen. Dies sagt auch deutlich der Ausspruch: „Wo Obrigkeit ist, da ist sie von Gott". Ähnlich ist ja auch die Ehe eine Ordnung Gottes, und obwohl auch hier von Gott weder vorgeschrieben noch sichtbar gefügt ist, daß eine Jungfrau den Jakob oder den Wilhelm eheliche: sowie sie den Jakob geheiratet, so ist gerade ihr eheliches Band zu Jakob Gottes

Ordnung und Gebot. Der Staat aber, da er nicht ein Werk jedes einzelnen Menschen, sondern nur der *Gemeinschaft* als eines Ganzen ist, wird in der Gestalt Gottes Ordnung, in der er durch die Gemeinschaft, sei es in bewußtem Akte oder in Sitte und Herkommen, gebildet worden ist ...

*Der Zweck des Staates*

Die Obrigkeit ist darum von Gott nicht bloß in dem allgemeinen Sinne, wie alle Rechte von Gott sind, sondern in dem ganz spezifischen Sinne, daß es das Werk Gottes ist, das sie versieht. Sie übt ihr Recht nicht bloß *nach* Gottes Ordnung wie auch der Eigentümer, der Vater, sondern sie übt es *für* Gottes Ordnung. Es ist nicht ein bloßes eigenes Recht, ein eigener Besitz, sondern eine göttliche Mission. Die Gewalt über Leben und Freiheit der Menschen und zu dem Zwecke, eine höhere sittliche Ordnung herzustellen, kann nie das bloß eigene Recht eines Menschen über den anderen sein, gleichwie das Recht eines Ehegatten über den anderen, des Vaters über die Kinder, sondern nur ein im Amte Gottes geübtes Recht ...

Es ist aber danach auch der Zweck des Staates nicht bloß eine Erfüllung sittlicher Ordnungen, sondern auch ein Dienst und Gehorsam gegen die Person Gottes und die Aufrichtung eines Reiches zur Ehre Gottes, und also sollen Obrigkeit und Volk ihn betrachten ...

So hat Gott, nachdem er seine persönliche und unmittelbare Wirksamkeit aus der Zeitlichkeit um der menschlichen Schuld willen zurückgezogen, doch auf wunderbare Weise diese Anstalt über die Menschen gesetzt, aus ihnen selbst gebildet, aber mit seinem Ansehen bekleidet und seinem Einflusse zugänglich, daß sie in seinem Namen ihren ganzen äußeren Zustand beherrsche.

Der Staat ist hiernach die Anstalt Gottes für diesen Zustand. Er soll ihn an Gottes Statt ordnen, fördern, Verletzung der Ordnung strafen, eben damit aber auch den sittlich-vernünftigen Willen der menschlichen Gemeinschaft bewähren, das ist ihren Gehorsam, Gottes Ordnung aufzurichten und ihre eigene Einsicht in die Weisheit dieser

Ordnung. Dazu ist der Staat ausgestattet mit der Majestät Gottes und seiner Machtvollkommenheit auf Erden. Er ist, wenn auch in der getrübtesten Weise, immerdar ein *göttlich-menschliches Reich* ...

*Die Obrigkeit und das Volk*

Die Stellung des Volkes, der Einzelnen wie der Gesamtmasse, ist, wie aus bisher Gesagtem erhellt, zunächst die, daß es dem Staate, dieser ethisch-rechtlichen Ordnung, und dessen verfassungsmäßigen Obrigkeiten untertan ist.

Der Souverän sowohl als das Gesetz (die Verfassung) haben ihr Ansehen nicht durch das Volk, sondern über ihm und unabhängig von ihm. — Es ist in der Monarchie der König eine schlechterdings selbständige erhabene Macht über dem Volk, und ein König unter der Souveränität des Volks ein Ungedanke, und eine solche ist nicht minder in der Republik, auch in der Demokratie, die geordnete Volksversammlung und die Magistratur je nach ihren bestimmten Sphären. Auch hier ist nur die verfassungsmäßig konstituierte und verfassungsmäßig tätige Versammlung der Souverän, das Volk außerhalb dieser Versammlung ebensogut als in der Monarchie nur gehorchende Masse. — Ebenso sind Gesetz und Verfassung eine Macht über dem Volk, bestehen nicht als Ausfluß des Volkswillens und können deshalb nicht durch den Volkswillen, sondern nur durch die verfassungsmäßige Autorität auf dem von ihnen selbst bezeichneten Wege abgeändert werden.

Dagegen hat aber das Volk ebensosehr ein Recht auf diese ethisch-rechtliche Ordnung, als sie ihm eine Pflicht ist, und soll dazu eben die Vertretung des Volkes bestehen, aber es hat dieses Recht nicht minder auch da, wo eine solche nicht besteht. Desgleichen hat der Einzelne gegenüber dem Staate ein Recht so gut als eine Pflicht, er ist ebensogut Staatsbürger als er Untertan ist, und sollen darum bestimmte Bürgschaften der Unabhängigkeit der individuellen Existenz bestehen ...

Jenen wichtigen Grundsatz über das Verhältnis des Volks zum Staate, wie er oben ausgeführt worden, bezeichnen wir als das *Prinzip der Legitimität.* Dieses und nur dieses ist der Gegensatz gegen die Volkssouveränität. Es drückt aus, daß die rechtmäßige (legitime) Obrigkeit und Ordnung gottgeheiligt und das Volk an sie gebunden, ihnen untertan ist. — Man kann aber diesen Grundsatz nach einer anderen Seite auch bezeichnen als das *Prinzip der Kontinuität:* daß nämlich der Staat (sohin seine geordnete Verfassung) als ein und derselbe durch alle Zeiten geht und so als eine Macht in ihm selbst die jedesmalige Gegenwart bindet und beherrscht. Dieses Prinzip ist nicht eine politische Maxime, wie das Prinzip des Konservativismus eine solche ist, sondern sie ist ein *staatsrechtlicher Grundsatz.* Es ist durch dasselbe nicht ausgedrückt, ob die verfassungsmäßige Obrigkeit schonend, oder kühn, oder rücksichtslos in Abänderungen vorschreiten solle, sondern es ist nur ausgedrückt, daß kein anderer Abänderungen rechtlich vornehmen kann als die verfassungsmäßige Obrigkeit und vom Boden des bestehenden Rechts. Aber es ist allerdings ein gemeinsam höherer Gedanke, auf welchem zugleich die wissenschaftliche Auffassung der geschichtlichen Ansicht, die politische Maxime der Konservation und der staatsrechtliche Grundsatz der Kontinuität beruhen, der Gedanke des Zusammenhangs der Zeiten und der höheren unsichtbaren Macht über den Menschen und Generationen, welche ihn bewirkt. Es ist der Gedanke, daß der Staat nicht eine Gesellschaft der jetzigen Teilnehmer, sondern ein sittliches Reich über ihnen ist. Dieser Gedanke überhaupt und namentlich das Prinzip der Kontinuität fehlt der herrschenden Vorstellungsweise unseres Zeitalters für den Staat wie für die Kirche. Der Wille der Mehrheit der jetzt Lebenden tritt ihr an die Stelle der ununterbrochen einheitlichen Institution. Nach jener Auffassung ist der Staat *einer* durch alle Zeiten, nach dieser zerfällt er in lauter Atome von Zeitmomenten, deren keines mit dem anderen in Zusammenhang steht; denn der Staat des vorigen Augenblickes bindet nicht das Volk des gegenwärtigen Augenblicks. So ist die neuere Staatslehre *atomistisch* nicht bloß in Beziehung auf die Menschen, sondern auch auf die Zeitmomente.

Dennoch liegt der Lehre von der Volkssouveränität eine

Wahrheit zugrunde, und sie zur Erfüllung zu bringen, ist der Beruf der neueren Zeit. Es soll nämlich das Volk zwar nicht souverän sein, wohl aber *Mitträger und Mitbürge des sittlichen Reichs, das der Staat ist.* Das äußert sich in der *Würde des Volks,* welche der Fürst anerkennen muß, gleichwie das Volk die Majestät des Fürsten. Es äußert sich in dem Rechte des Nichtgehorchens gegen gesetzwidriges Gebot (passiver Widerstand), in dem Rechte der Ablehnung jeder nicht von ihm selbst gebilligten Neuerung. Es äußert sich aber am meisten und vor allem in der Entwicklung der Selbsttätigkeit des Volks, der Teilnahme an Gestaltung und Verbürgung des öffentlichen Zustandes, in der Herstellung reichsständisch-konstitutioneller Verfassung und auch, wo diese fehlt, in der Macht der öffentlichen Gesittung und dem geordneten, im öffentlichen Rechtsbewußtsein gegründeten Gang der Regierung. Damit ist denn auch der Fürst nicht mehr eine bloß dem beherrschten Volk gegenüberstehende Macht, sondern er schließt sich mit ihm zusammen zu geistiger Einheit, zu einem in sich gegliederten, aber durch einen nationalen Geist erfüllten Reiche ...

Unsere Würdigung des Verhältnisses des Volks zum Staate erhält ihre tiefste Befestigung an der christlichen Weltanschauung. Gott will die Verklärung der Menschheit, die Heiligen sollen in Christo mit Gott herrschen, und sie herrschen, indem sie gehorchen. Was im ewigen Reiche die Einheit des Göttlich-Menschlichen, das ist in seinem Schattenbilde, dem äußerlich zeitlichen Reiche des Staates, die Einheit von Obrigkeit und Volk. Jene bleibt die höhere, aber dieses soll an der Herrschaft teilhaben. (S. 169 ff.)

Zit. in: Der konservative Gedanke in ausgewählten Texten, dargestellt von Hans Barth, Stuttgart 1958.

*

Otto Schilling (1874—1956)

Katholischer Moraltheologe. Prof. in Tübingen. Unter Berufung auf die Tradition der christlichen Soziallehre, betont er das organische Wesen des Staates.

1. Wenn man sich über Begriff und Wesen des Staates Klarheit verschaffen will, darf man nur die Frage stellen, warum und wozu die Menschen im Staate sich zusammenfinden und zusammenbleiben. Der Einwand, es sei methodisch nicht korrekt, von dieser Fragestellung auszugehen, weil vom Zweck des Staates (wohlgemerkt: eigens) erst später gehandelt wird, ist nicht begründet, weil man jene Frage ohne weiteres mit Hilfe des gesunden Menschenverstandes beantworten kann. Die Menschen vereinigen sich im Staat, weil sie isoliert weder menschenwürdig noch in Sicherheit leben könnten, und aus demselben Grunde bleiben sie im Staat zusammen, der Zweck, der sie bestimmt, ist also das gemeinsame Wohl, der gemeinsame Nutzen, mit einem Wort: das Gemeinwohl. Und wiederum ist einleuchtend, daß dieser Zweck nur zu erreichen ist, wenn der Staat dem Unrecht entgegentritt, woher es kommen mag, wenn der Staat die Idee der Gerechtigkeit durchführt, deren Grundnormen „ins Herz geschrieben" sind. So ergibt sich die bekannte Definition CICEROS: der Staat besteht aus einer Vielheit von Menschen, geeint durch das Band des Gemeinwohles und derselben Rechtsüberzeugung. Ober kürzer: der Staat ist nichts anderes als das zwecks Verwirklichung des Gemeinwohles geeinte Volk.

Vorausgesetzt wird, daß das Volk seßhaft ist, doch gehört das Erfordernis eines bestimmten Territoriums wohl nicht zum Wesen, sondern nur zur Vollkommenheit des Staates. Die natürliche Unterlage des Staates bildet das Volk, am besten die einheitliche Nation, die Kulturgemeinschaft gleicher Sprache, gleicher Sitte und Eigenart, weil sonst leicht die Gegensätze, zumal in Kriegszeiten, dem Staat zum Verhängnis werden können (THOMAS V. AQUIN). Zur Erreichung ihres Zweckes bedarf die staatliche Gemeinschaft der Autorität, die das Ganze zu leiten und deshalb befehlend, zwingend und strafend aufzutreten hat, ohne solche Autorität ist der Staat nicht lebens- und aktionsfähig. Nicht weniger notwendig aber ist auf seiten des Volkes das Bewußtsein der Zusammengehörigkeit sowie der Wille, im Hinblick auf das Gemeinwohl die erforderlichen Pflichten,

Leistungen und Opfer auf sich zu nehmen, also die Gesinnung der legalen Gerechtigkeit. Mit gutem Grunde wird in der Definition CICEROS die gemeinsame Rechtsüberzeugung noch besonders hervorgehoben, obschon die Verwirklichung der Gerechtigkeit in der Sicherung des Gemeinwohles inbegriffen ist, denn die gemeinsame Rechtsüberzeugung bedeutet ein starkes, unersetzliches Band für die staatliche Gemeinschaft. CICERO, der ja das Naturrecht in rhetorisch glänzender Weise verteidigt hat, setzt dabei richtig voraus, daß das staatliche Recht aus dem Naturrecht abgeleitet sein muß. Damit ist nicht nur die Meinung, als wäre der Staat die alleinige und letzte Quelle alles Rechtes, sondern auch die Idee der staatlichen Allmacht abgelehnt, und damit sind in der Konsequenz die natürlichen Rechte der Persönlichkeit anerkannt. Und nicht zuletzt bringt jene Begriffsbestimmung deutlich zum Ausdruck, daß der Staat eine lebendige Gemeinschaft, eine durch hohe und höchste gemeinsame Interessen verbundene Volksgemeinschaft ist, in der eine Vielheit vernunftbegabter Menschen verbunden ist, weshalb der Staat durch nichts anderes glücklich sein kann als der einzelne, auch der Staat kann nur glücklich werden auf dem Wege der Gerechtigkeit, im engeren und weiteren Sinn verstanden, auf dem durch das göttliche Gesetz gewiesenen Wege ...

2. Einen tieferen Einblick in das Wesen des Staates ermöglicht die *organische* Auffassung. Diese Auffassung ist charakteristisch für die gesamte christliche Soziallehre. Schon AMBROSIUS, AUGUSTINUS und CHRYSOSTOMUS vergleichen Staat und Gesellschaft ausdrücklich mit dem Leib, dessen Glieder harmonisch zusammenwirken zum Wohle des Ganzen. Die maßgebenden Ideen, die in der patristischen Literatur dabei hervortreten, sind die soziale Natur des Menschen, der von Gott bestimmte Zweck, die Ordnung, in der dem Gleichen und dem Ungleichen die richtige Stelle zugewiesen ist, die Gerechtigkeit und vor allem die Liebe. Als eine Art Organismus erscheint die ganze menschliche Gesellschaft, eine Theorie, die von den mittelalterlichen Theologen weiterentwickelt wurde; und diesem Organismus muß auch der einzelne Staat, ebenfalls einem Organismus zu vergleichen, sich einfügen. Der Staat hat gemäß dieser

organischen Theorie gleich dem menschlichen Körper seinen von der Natur oder von Gott vorgezeichneten Zweck, und er hat selbständig und selbsttätig, indem er sich durch seine „Organe“ betätigt, jenen natürlichen Zweck zu verwirklichen, dazu ist er ausgestattet mit allen zur Erreichung seines Zieles nötigen Mitteln und Kompetenzen; der Staat hat überdies „Glieder“, die auf das Ganze hingeordnet sind und zum Wohl des Ganzen beizutragen haben, die der leitenden Autorität unter dem Gesichtspunkt des Gemeinwohles zwar unterstellt sind, aber als Persönlichkeiten ihre Freiheit und ihre gesamten natürlichen Rechte behalten. Man darf also die organische Theorie nicht im organizistischen Sinn übertreiben, man darf nicht einzelne, Familie, Gemeinde, nationale Minderheiten restlos und rechtlos im Staate aufgehen und untergehen lassen ...

3. Die Krönung der organischen Theorie bildet die Auffassung des Staates als *Rechtspersönlichkeit*. Doch ist auch hier zu beachten, daß es sich um eine Vergleichung handelt. Deshalb reden die späteren Scholastiker, wie namentlich SUAREZ, von einer persona ficta, der Staat ist nicht eine Person, wie der Mensch, dessen Leib vom Geiste beseelt, belebt und geleitet wird: man kann nur in analoger Weise den Staat als Person bezeichnen, man kommt zu solcher Auffassung notwendig auf dem Wege der Abstraktion. Da der Staat, das corpus mysticum, Träger von natürlichen Rechten ist und der staatliche Körper von der Autorität, wie der Leib von der Seele, geleitet wird, so wird der Staat folgerichtig als Person im übertragenen Sinne aufgefaßt, als Rechtssubjekt, als Träger natürlicher, von oben stammender Rechte ...

4. Bisher wurde der Staat als Gemeinschaft betrachtet, als eine Gemeinschaft bestehend aus freien Persönlichkeiten, zugleich aber auch ausgestattet zur Erreichung ihres Zweckes, des Gemeinwohles, mit entsprechender Autorität und Gewalt, und demzufolge als eine Gemeinschaft oder Körperschaft, in der es eine autoritativ gebietende Obrigkeit und zum Gehorsam in allem, was recht ist, verpflichtete Untertanen geben muß. Sosehr man jedoch wünschen und erstreben muß, dieser Auffassung mehr und mehr Geltung im Bewußtsein des Volkes zu verschaffen, so läßt

sich gleichwohl nicht bestreiten, daß der Staat auch Züge einer *Anstalt* an sich trägt. Und zwar erscheint der Staat als Anstalt insofern, als die Erledigung der immer komplizierter werdenden Aufgaben einen weitverzweigten Beamtenapparat erfordert, nur wenn die Aufgaben sachgemäß behandelt werden, kann das Ganze richtig funktionieren. Allein verfehlt und verhängnisvoll wäre es, wenn man den Staat nun einseitig oder nur als Anstalt betrachtete, wenn etwa die Besitzenden darin eine Anstalt zur Sicherung ihres Besitzes sähen oder die Masse eine Versorgungsanstalt darin erblickte. (S. 30 ff.)

Christliche Staatslehre und Staatspflichtenlehre, Donauwörth 1951.

*

Karl Barth (1886—1970)

Schweizer. Reformierter Theologe. Prof. in Göttingen, Münster, Bonn und Basel. Gilt als Wortführer der Dialektischen Theologie. 1935 wurde er als Gegner des Nationalsozialismus seines Amtes enthoben. Versucht die Zwei-Reich-Lehre Luthers und ihre Folgen in der Staatslehre zu überwinden. Der Staat besitzt keine eigengesetzliche Existenz, sondern hat seinen Ort und Dienst im Heilsplan Gottes.

*Christengemeinde und Bürgergemeinde*

Wir verstehen unter „Christengemeinde" das, was man sonst als „Kirche", unter „Bürgergemeinde", das, was man sonst als „Staat" bezeichnet ... Darüber hinaus soll der doppelte Gebrauch des Begriffs „Gemeinde" von vorneherein darauf aufmerksam machen, daß wir es in „Kirche" und „Staat" nicht nur und nicht in erster Linie mit Institutionen und Ämtern, sondern mit Menschen zu tun haben, die zur Bearbeitung und im Dienst gemeinsamer Aufgaben in einem „gemeinen Wesen" zusammengefaßt sind ... Die „*Christengemeinde*" (Kirche) ist das Gemeinwesen derjenigen Menschen eines Ortes, einer Gegend, eines Landes, die als „Christen" durch die Erkenntnis und zum Bekenntnis Jesu

Christi aus den übrigen im besonderen herausgerufen und vereinigt sind ...

Die „*Bürgergemeinde*" (Staat) ist das Gemeinwesen aller Menschen eines Ortes, einer Gegend, eines Landes, sofern sie unter einer für einen jeden und für alle in gleicher Weise gültigen und verbindlichen, durch Zwang geschützten und durchgesetzten Rechtsordnung beieinander sind. Die Sache, der Sinn und Zweck dieses Beieinanderseins (die Sache der polis, die politische Aufgabe) ist die Sicherung sowohl der äußeren, relativen, vorläufigen Freiheit der Einzelnen, als auch des äußeren, relativen, vorläufigen Friedens ihrer Gemeinschaft und insofern die Sicherung der äußeren, relativen, vorläufigen Humanität ihres Lebens und Zusammenlebens. Die drei wesentlichen Gestalten, in denen diese Sicherung sich vollzieht, sind: die Gesetzgebung, in der die für alle gültige Rechtsordnung zu fixieren, die Regierung und Verwaltung, in der sie praktisch anzuwenden, die Rechtspflege, mittels derer über ihre Tragweite in Zweifels- und Konfliktsfällen zu entscheiden ist. (S. 5 ff.)

[Die] Christengemeinde existiert in dieser dem Menschen gelassenen Zeit: in dem Raum, in welchem des Menschen zeitliches Leben noch immer vor dem Chaos — sein Einbruch müßte an sich längst fällig sein — geschützt ist. Das sichtbare Mittel dieses Schutzes erkennt sie in der Existenz der Bürgergemeinde, in der Tatsache der im staatlichen Wesen stattfindenden Bemühung um eine äußerliche, relative, vorläufige Humanisierung des menschlichen Daseins in der Verhinderung des Schlimmsten, die dadurch garantiert ist, daß es für alle (für Nicht-Christen und Christen: sie haben es beide nötig, denn des Menschen gefährlicher Übermut ist in beiden lebendig!) eine politische Ordnung gibt, unter der — sehe jeder, wo er stehe! — die Bösen bestraft, die Guten belohnt werden (Röm. 13, 3; 1. Petr. 2, 14). Sie weiß, daß es ohne sie auch keine christliche Ordnung gebe. Sie weiß, und sie dankt Gott dafür, daß sie — als innerer Kreis inmitten jedes weiteren im Schutz der Bürgergemeinde existieren darf.

Indem sie das weiß, erkennt sie in der Existenz der Bürgergemeinde — ohne Rücksicht auf das Christentum oder Nicht-Christentum ihrer Angehörigen und Funktionäre und auch ohne Rücksicht auf ihre besondere Gestalt und Wirklichkeit — nicht weniger als in ihrer eigenen Existenz die Auswirkung einer *göttlichen Anordnung* (ordinatio, Einsetzung, Stiftung), eine exusia, die nicht ohne, sondern nach Gottes Willen ist und wirksam ist (Röm. 13, 1). Wo Bürgergemeinde, wo Staat ist, da haben wir es, wieviel menschlicher Irrtum und menschliche Willkür dabei im einzelnen mitlaufen mag, in der Sache nicht etwa mit einem Produkt der Sünde, sondern mit einer der Konstanten der göttlichen Vorsehung und Weltregierung in ihrer zugunsten des Menschen stattfindenden Gegenwirkung gegen die menschliche Sünde und also mit einem Instrument der göttlichen Gnade zu tun. Die Bürgergemeinde hat mit der Christengemeinde sowohl den Ursprung als auch das Zentrum gemeinsam. Sie ist Ordnung der göttlichen Gnade, sofern diese — in ihrem Verhältnis zum sündigen Menschen als solchem, im Verhältnis zu der noch unerlösten Welt — immer auch Geduld ist. Sie ist das Zeichen dafür, daß auch die noch (oder schon wieder) der Sünde und also dem Zorn verfallene Menschheit in ihrer ganzen Unwissenheit und Lichtlosigkeit von Gott nicht verlassen, sondern bewahrt und gehalten ist. Sie dient ja dazu, den Menschen vor dem Einbruch des Chaos zu schützen und also ihm Zeit zu geben: Zeit für die Verkündigung des Evangeliums, Zeit zur Buße, Zeit zum Glauben. Indem in ihr „nach dem Maß menschlicher Einsicht und menschlichen Vermögens und unter Androhung und Ausübung von Gewalt" (Barmer These 5) für die Aufrichtung menschlichen Rechtes und (in dem damit gegebenen äußerlichen, relativen, vorläufigen Sinn) für Freiheit, Frieden und Humanität gesorgt wird, steht sie unabhängig von dem Ermessen und Wollen der beteiligten Menschen faktisch in diesem bestimmten Dienst der Vorsehung des Heilsplanes Gottes. Sie hat also keine, vom Reich Jesu Christi abstrahierte, eigengesetzlich begründete und sich auswirkende Existenz, sondern sie ist — außerhalb der Kirche, aber nicht außerhalb des Herrschaftskreises Jesu Christi — ein Exponent dieses seines Reiches. Sie gehört eben nach neutestamentlicher Erkenntnis zu den „Gewalten", die in ihm geschaffen und durch ihn zusammengehalten sind (Kol. 1. 16, f.), die uns von der Liebe Gottes darum nicht scheiden können (Röm. 8, 37, f.), weil sie, wie in der Auferstehung Jesu Christi offenbar geworden ist, in ihrer Gesamtheit ihm übergeben und zur Verfügung gestellt sind (Matth. 28, 18). Gottesdienst ist also nach dem ausdrücklichen Apostelwort (Röm. 13, 4. 6.) auch das Handeln des Staates. Es kann als solches pervertiert werden, wie ja auch das Handeln in der Kirche, wie auch ihr Gottesdienst der Perversion nicht einfach entzogen ist. Der Staat kann das Gesicht und den Charakter des Pilatus annehmen. Er handelt aber auch dann in der Gewalt, die ihm von Gott gegeben ist (Joh. 19, 11). Und daß und in welchem Sinn und Maß er pervers handelt, wird dann gerade von da — und mit Bestimmtheit nur von da aus — beurteilt werden können, daß er nach seinem Sinn und Auftrag auch dann im Dienste Gottes handelt, dem er auch in seiner Perversion nicht entlaufen kann, an dessen Gesetz er aber gemessen ist. Die Christengemeinde anerkennt darum „in Dank und Ehrfurcht gegen Gott“ die Wohltat dieser seiner Anordnung (Barmer These 5). Die Wohltat, die sie anerkennt, besteht in der durch die Existenz der politischen Gewalt und Ordnung stattfindenden äußerlichen, relativen und vorläufigen Heiligung der unheiligen Welt. In welchen konkreten Stellungnahmen den je besonderen politischen Gestalten und Wirklichkeiten gegenüber diese christliche Anerkennung sich darstellen wird, kann dabei noch völlig offen bleiben. Sicher ausgeschlossen ist von da aus eines: Die Entscheidung für die Indifferenz, ein apolitisches Christentum. Die Kirche kann sich gegenüber der Erscheinung einer mit ihrem eigenen Auftrag in so klarem Zusammenhang stehenden Anordnung auf keinen Fall gleichgültig, auf keinen Fall neutral verhalten. Das wäre die Widergesetzlichkeit, von der es Röm. 13, 2 heißt, daß sie sich unmittelbar gegen Gott selbst richten würde und daß sie dessen Gericht auf sich ziehen müßte. (S. 12 ff.)

*Recht und Rechtfertigung*

Die Gerechtigkeit des Staates in christlicher Sicht ist seine Existenz als ein *Gleichnis,* eine Entsprechung, ein Analogon zu dem in der Kirche geglaubten und von der Kirche verkündigten Reich Gottes. Indem die Bürgergemeinde den äußeren Kreis bildet, innerhalb dessen die Christengemeinde mit dem Geheimnis ihres Bekenntnisses und ihrer Botschaft der innere ist, indem sie also mit dieser das Zentrum gemeinsam hat, kann es nicht anders sein, als daß sie, obwohl und indem ihre Voraussetzung und Aufgabe eine eigene und andere ist, im Verhältnis zu der die Christengemeinde konstituierenden Wahrheit und Wirklichkeit gleichnis*fähig* ist: fähig dazu, sie indirekt, im Spiegelbild zu reflektieren. Da es aber bei der Eigenheit und Andersheit ihrer Voraussetzung und Aufgabe, bei ihrer Existenz als besonderer äußerer Kreis sein Bewenden haben muß, kann ihre Gerechtigkeit und also ihre Existenz als Spiegelbild der christlichen Wahrheit und Wirklichkeit nun doch nicht selbstverständlich und ein für allemal vorausgegeben sein, ist diese vielmehr aufs höchste gefährdet, ist es immer und überall fraglich, ob und in welchem Maß sie ihre Gerechtigkeit erfüllt, muß sie also, um vor Entartung und Zerfall bewahrt zu bleiben, an sie erinnert werden; sie ist gleichnis*bedürftig* ebenso wie sie gleichnisfähig ist. Es bedarf immer wieder einer Geschichte, die ihre Gestaltung zum Gleichnis des Reiches Gottes und also die Erfüllung ihrer Gerechtigkeit zum Ziel und Inhalt hat. (S. 29 .f)

Der rechte Staat muß in der rechten Kirche sein Urbild und Vorbild haben. Die Kirche *existiere* also *exemplarisch*, d. h. so, daß sie durch ihr einfaches Dasein und Sosein auch die Quelle der Erneuerung und die Kraft der Erhaltung des Staates ist. (S. 51 f.)

Die Christengemeinde ist Zeuge der göttlichen Rechtfertigung, das heißt des Aktes, in welchem Gott in Jesus Christus sein ursprüngliches *Recht* auf den Menschen und eben damit das *Recht* des Menschen selbst gegen Sünde und Tod aufgerichtet und befestigt hat. Die Zukunft, auf die sie wartet, ist die definitive Offenbarung dieser Rechtfertigung. Das zieht nach sich, daß die Christengemeinde in der Bürgergemeinde auf alle Fälle da zu finden sein wird, wo deren Ordnung darauf begründet ist, daß von der Beugung unter das gemeinsam als Recht Erkannte und Anerkannte, aber auch vom Schutze dieses Rechtes keiner ausgenommen, daß alles politische Handeln unter allen Umständen durch dieses Recht geregelt ist. Sie steht immer für den Rechtsstaat, immer für die maximale Geltung und Anwendung jener doppelten Regel und darum immer gegen alle Entartungen des Rechtsstaates als solchen. Sie wird also nie auf der Seite der Anarchie und nie auf der der Tyrannei zu finden sein. Ihre Politik wird auf alle Fälle dahin drängen, daß die Bürgergemeinde diesen Grundsinn ihrer Existenz: des Menschen Begrenzung und des Menschen Bewahrung durch Rechtsfindung und Rechtssetzung ganz ernst nehme. (S. 33 f.)

Christengemeinde und Bürgergemeinde, Stuttgart 1946.

*

Friedrich Gogarten (1887—1967)

Evangelischer Theologe. Einer der Begründer der Dialektischen Theologie. Prof. in Breslau und Göttingen. Er repräsentiert in zugespitzer Form den in der lutherischen Staatslehre angelegten anti-liberalen und anti-aufklärerischen Zug. Der autonome Mensch sei der Zerstörer aller Ordnungen. Wahre ethische Freiheit gebe es daher nicht für den souveränen, sondern nur für den „hörigen" Menschen.

*Die Rolle des Menschen*

Wenn dieser Krieg [1914—18] einen Sinn hat, dann ist es der, daß er die Menschen aus dem Traum der Humanität geweckt hat. Das ist der Traum des Menschen davon, daß ihm sein Leben in seine souveräne Gestaltungskraft gegeben ist; der Traum davon, daß der Mensch ein System von geistigen Anlagen, Vermögen und Fähigkeiten hat, das es auszugestalten gilt und mit dem er sich zum souveränen Herrn seiner selbst und der Welt machen kann . . .

Unsere Generation ist durch den Krieg und im Krieg in die Gewalt eines furchtbaren Schicksals gefallen, das kein Mensch zu meistern imstande ist, ja, das meistern zu wollen frivol wäre. Hier gilt nur noch eins: stillehalten. Nicht nur einen Augenblick oder auch eine kleine Weile, um dann weiterzugehen, wie und wo man bisher ging. Sondern schlechtweg stillehalten. Nicht mehr einen Schritt weitergehen auf dem Weg, auf dem uns in so entsetzlicher Weise Halt geboten ist. Der Weg, auf dem wir gingen, war der der schlechthinnigen Selbstmächtigkeit und Souveränität des Menschen, ein wahnwitziges Vertrauen auf die Humanitas. Hat man je so wenig wie bei diesem Krieg gewußt, daß Kriege Strafgerichte Gottes sind, nicht über dieses oder jenes Volk, sondern über die Völker? . . .

Nach diesem grauenvollen Exzeß in Selbstvertrauen ist uns die Selbstmächtigkeit und Souveränität der Humanitas jedenfalls nicht mehr so selbstverständlich und fraglos wie vorher. Es erscheint uns nicht mehr so ausgeschlossen, daß der Mensch radikal unter fremder Macht steht, und daß er um so besser, um so wahrer um sich selbst weiß und sein Wesen und seine Möglichkeiten erkennt, je tiefer und radikaler er um die Macht weiß, die seiner schlechthin mächtig ist. (S. 1 ff.)

Religion aber, zum mindesten christlicher Glaube, so wie wir ihn heute neu verstehen lernen, meint nicht die Selbstmächtigkeit des Menschen, sondern sie meint den Menschen, über den schlechthin verfügt wird, und sie meint, daß sich die Macht, unter der der Mensch steht, in Werken Gottes äußert, . . . die nicht kindlich, nicht bürgerlich, nicht menschlich, sondern göttlich sind und über menschliches Vermögen hinausgehen. (S. 2 f.)

[Es gilt] in aller Entschlossenheit zu fragen, was das heißt, daß der Mensch ein Wesen ist, das radikal unter fremder Macht steht. (S. 4)

*Der Staat*

[Die] Polis [hat] ihre tiefste Begründung in dem Wissen um das radikale Bedrohtsein des menschlichen Lebens in dieser Welt . . ., das der Erkenntnis des Bösen entstammt. Die Polis oder der Staat ist diejenige Ordnung, mit der sich der Mensch zu sichern sucht gegenüber dem Chaos und gegenüber den zerstörenden Gewalten, von denen seine Existenz in der Welt bedroht ist, und zwar gegen die Gewalten und die Zerstörung, die aus seinem eigenen Wesen entspringen. (S. 58)

Wo nicht das Wissen um das Böse ist, und zwar um das Böse als eine alles menschliche Leben bis in den Grund bedrohende Macht, da gibt es auch kein Wissen um den Staat. Wo es kein Wissen mehr um den Staat gibt und wo darum keine echte Staatsgewalt mehr ist, da versucht man des menschlichen Lebens Herr zu werden aus der Selbstmächtigkeit des Menschen, aus der Freiheit. Dann sieht man nicht mehr darin die Aufgabe des Staates, daß er die Hörigkeit garantiert; sondern es soll dann seine Aufgabe sein, die Freiheit zu garantieren, und zwar die Freiheit im Sinne der Souveränität des Individuums oder, was dasselbe ist, die Volkssouveränität. Dann versteht man den Staat im Sinne der Gesellschaft oder richtiger: man versteht die Gesellschaft als Staat. Man weiß dann nicht mehr, daß dasjenige, was mit der höchsten Gewalt, die es auf Erden gibt, nämlich der Gewalt des Staates, gewahrt werden muß, die Hörigkeit des Menschen ist; sondern man meint, dieser Schutz gebühre allein der Freiheit, der Souveränität des Individuums. Das Tragische, wenn man nicht richtiger sagen muß, das Teuflische ist dabei, daß Staat und Staatsgewalt auf diese Weise zugrunde gehen und daß die Menschen unter einen schauerlichen Despotismus geraten. Statt einander in Verantwortung zu gehören, werden sie die Sklaven der Dinge und so zwangsläufig verantwortungslos gegeneinander. Nie ist die menschliche Freiheit bedrohter gewesen als heutigentags, wo man die Freiheit des Individuums zum A und O des Staates gemacht hat. (S. 151 f.)

Staat und Gesellschaft, Politisches und Soziales unterscheiden sich so voneinander, daß mit dem einen der Bezirk des menschlichen Lebens gemeint ist, in dem der Mensch einer Macht untertan ist, während mit dem anderen der Bezirk gemeint ist, in dem der Mensch seiner selbst mächtig ist; Staat meint den Menschen als einen Hörigen, als einen, der nicht seiner selbst mächtig ist; Gesellschaft meint den Menschen in der Mächtigkeit seiner selbst. Dabei verstehe ich unter Gesellschaft das ganze weite Gebiet freien menschlichen Handelns von der Sitte an bis zur Technik. Also alles das, was der Franzose mit dem einen Wort „civilisation“ benennt und wofür wir die zwei Wörter Zivilisation und Kultur gebrauchen. Es gibt den Staat nicht ohne Gesellschaft, und umgekehrt, die Gesellschaft nicht ohne den Staat. Vieles, ja das meiste, gehört beiden an. Aber soweit es dem Staate angehört, betrifft es den Menschen in seiner Hörigkeit; soweit es der Gesellschaft angehört, betrifft es den Menschen in seiner freien Gestaltungsfähigkeit. (S. 149 f.)

Was vom Staat gilt, das gilt von allen Ordnungen des menschlichen Lebens, von allen menschlichen Beziehungen: sie werden notwendigerweise zerstört, wo man sie von dem an und für sich freien Menschen aus verstehen will, denn sie verlieren dann ihren Sinn. Sie haben ihn eben nicht von dem an und für sich freien Individuum her, sondern ihr Sinn ist verantwortliche Gebundenheit der Menschen aneinander. Nur, wenn man sie von da aus denkt, versteht man sie, nur, wenn man sie von dieser verantwortlichen Gebundenheit aus versteht, erhalten sie dem menschlichen Leben seine Menschlichkeit. Denn man erhält dann dem menschlichen Leben die verantwortliche Hörigkeit. In ihr beruht die Menschlichkeit des menschlichen Lebens und in nichts anderem. (S. 186)

Die Autonomie des Menschen — das kann faktisch immer nur die Autonomie des Individuums sein — und die Souveränität des Staates schließen einander rundweg aus. (S. 216)

Politische Ethik, Jena 1932.

## Johannes Messner (geb. 1891)

Kath. Theologe. Lehrtätigkeit in Salzburg und Wien. Sein Bemühen gilt einer Erneuerung der Lehre vom Naturrecht als Grundlage einer sozialen Vertiefung der bisherigen gesellschaftlichen Ordnung.

### *Der Staat*

Ist der Staat eine Institution zum Schutze aller voreinander, wie es ein Gedanke mancher individualistischer Staatsauffassungen ist, oder ist der Staat eine Institution zur Versorgung aller mit allem, wie der kollektivistische Staatsgedanke annimmt? Ist der Staat Naturprodukt oder nur menschliche Erfindung? Ist er Vertragseinheit oder Zwangsorganisation? Ist er Ordnung der Gerechtigkeit oder nur Resultante der Klassenstruktur der Gesellschaft? Ist er die Wirklichkeit der sittlichen Idee oder Verkörperung des Willens zur Macht? Lebt er aus den Kräften des menschlichen Geistes oder nur aus den Kräften irrationaler Triebe? Beruht er auf göttlichem Willen oder menschlicher Willkür? Ist er in seinem Wesen Gemeinschaft oder Herrschaft?

Alle Elemente, die sich in solchen Auffassungen gegenüberstehen und über die wir in den folgenden Abschnitten im einzelnen handeln werden, sind zu einem gewissen Grad unzertrennlich mit der Natur des Staates verbunden. Vor allem und zutiefst ist der Staat jedoch *Gemeinschaft*, wurzelnd im Gesellschaftstrieb des Menschen und charakterisiert durch ihren gesellschaftlichen Zweck. Kraft seiner Natur ist der Mensch auf die gesellschaftliche Kooperation zur Erfüllung seiner Lebens- und Kulturaufgaben angewiesen: nur durch sie wird er zum Vollmenschen und Kulturwesen. Nur die Großgruppe enthält quantitativ durch die Zahl ihrer Glieder und qualitativ durch die Verschiedenheit ihrer Fähigkeiten alle Möglichkeiten zu einer so vollständigen gegenseitigen Ergänzung ihrer Glieder und damit zu einer so umfassenden Integration der Menschennatur, daß die allseitige Erfüllung der dem Menschen mit den existentiellen Zwecken gestellten Lebensaufgaben gesichert ist. Die Gesellschaft, die diese Voraussetzung bietet und diese Möglichkeiten verwirklicht, ist die „Gesamtgesellschaft" oder der Staat.

Der Zweck des Staates ist daher scharf gegenüber allen anderen Gemeinschaftsgebilden abgegrenzt. Dieser Zweck ist die umfassende und allseitige Erfüllung der von der Vollwirklichkeit der menschlichen Natur geforderten gesellschaftlichen Grundfunktionen des Selbstschutzes der Gemeinschaft sowie der Sicherung ihrer Rechtsordnung und ihrer allgemeinen Wohlfahrt. Die Naturrechtslehre hat deshalb den Staat als *„vollkommene Gesellschaft"* (societas perfecta) bezeichnet. Dieser Begriff drückt einen Wesenszug des Staates aus: es ist und wird immer die Funktion des

Staates sein, durch Begründung, Förderung und Regelung der allseitigen gesellschaftlichen Kooperation die Voraussetzungen für die Vollentfaltung der Menschennatur zu schaffen. Im Begriff der „Autarkie" oder Selbstgenügsamkeit, der für ARISTOTELES und für die traditionelle Naturrechtslehre das Hauptmerkmal der „vollkommenen" Gesellschaft bildete, war die wirtschaftliche Seite sehr betont. Dies hatte seinen Grund darin, daß die Selbstgenügsamkeit die notwendige Voraussetzung für die Selbstverteidigung des antiken und mittelalterlichen Stadtstaates war. Das erschöpft aber nicht die Wesensidee der „vollkommenen Gesellschaft". Diese ist der Ausdruck für die in seinem Zweck wurzelnde Verantwortung des Staates, die gesellschaftlichen Grundfunktionen durch die Schaffung der Voraussetzungen des „guten Lebens" (ARISTOTELES) oder, wie wir heute sagen, des allgemeinen Wohles zu erfüllen.

Unter den heutigen Verhältnissen hängt der einzelne Staat in der Erfüllung dieser Funktionen weitgehend von der *internationalen Kooperation* ab, aber die Verantwortung für deren tatsächliche Erfüllung obliegt in erster Linie immer dem einzelnen Staat selbst. Dies hat seine Begründung darin, daß Volkstum, Kultur, Lebensform, Rechtsordnung und die besonderen Erfordernisse des Gemeinwohls eines Staatsvolkes immer von denen anderer verschieden sind. Daher ist der Gedanke an ein Aufgehen der Einzelstaaten in einem universalen Weltstaat eine ebenso utopistische Idee wie deren absolute Souveränität. *Die Idee der „vollkommenen Gesellschaft"* ist aus den angegebenen Gründen heute in ihrer Gültigkeit relativiert, bleibt jedoch durchaus geeignet, die besondere Natur des Staates im Vergleich zu anderen Gesellschaftsgebilden hervorzuheben. Die Idee der „Selbstgenügsamkeit" ist nach der Naturrechtslehre mit der der internationalen Kooperation verbunden, sie hat daher nichts zu tun mit der modernen Idee der wirtschaftlichen Selbstgenügsamkeit („Autarkie") des Nationalstaates. Diese letztere Art richtet sich gegen die internationale Kooperation und ist hauptsächlich als Mittel zur Verwirklichung der absoluten Souveränität gedacht, wenn nicht überhaupt gleich als Mittel der Kriegsrüstung.

Der Gemeinschaftszweck und die damit begründeten

Funktionen bestimmen die *Ordnungsgewalt* einer Gemeinschaft, wie wir oben bei der Behandlung der Sozialphilosophie gezeigt haben. In der grundlegenden und allseitigen Art des Zwecks des Staates wurzelt daher seine umfassende Autorität. Die unstrittige Ausübung der Befehlsgewalt zur Begründung der Ordnung des Rechts und des Wohles der Gemeinschaft setzt die eindeutige territoriale Umgrenzung der staatlichen Gemeinschaft voraus mit der Unterwerfung aller Individuen und kleineren Gemeinschaften eines Gebietes unter ihre Zuständigkeit. Der Staat ist daher notwendigerweise *Gebietskörperschaft,* das Gebiet wesentliches Merkmal des Staatsbegriffs. Trotz der Unterschiede zwischen dem alten Stadtstaat und dem modernen Territorialstaat ist für beide die territoriale Begrenzung gleich wesentlich.

Damit ergeben sich uns *vier Hauptbestandteile des Staatsbegriffes:* Staatsvolk, Staatszweck, Staatsgewalt, Staatsgebiet. Wir können daher *definieren:* Der Staat ist die mit höchster Herrschaftsgewalt ausgestattete Gemeinschaft eines auf bestimmtem Gebiete seßhaften Volkes zur allseitigen Begründung seines Gemeinwohls. (S. 725 ff.)

Das Naturrecht, 5. Aufl., Innsbruck, Wien, München 1966.

*

HELMUT KUHN (geb. 1899)

Philosoph. Prof. in Chapel Hill (N.C.), Emory Univ. in Atlanta (Ga.), Erlangen und München. Er entwickelte eine an der griechischen und katholischen Philosophie geschulte Metaphysik. Der Staat ist eine auf das bonum commune ausgerichtete, durch Transzendenz gehaltene Herrschaftsordnung.

*Werden und Wesen des Staates*

Der Mensch lebt den Staat, indem er sich selbst darlebt. Nun fragt sich, welcher Phase des menschlichen Lebens der Staat angehört. Darauf ist eine doppelte Antwort zu geben. Einmal gehört der Staat in das Willensleben, d. h. in den Bereich der Praxis als unterschieden von dem poietischen,

d. i. werkschaffenden wie auch von dem theoretischen, d. i. auf Erkenntnis angelegten Dasein. Sodann ist der Willensbereich enger zu begrenzen durch den besonderen Inhalt der Willensentscheidungen, die den Staat konstituieren: sie betreffen das zu lebende Leben selbst als gemeinschaftliches Leben. Der Mensch ist ein politisches Wesen, sofern er an der Gestaltung des menschlichen Gemeinschaftslebens mitwirkt ...

Soweit nun diese Entscheidungen und Taten ihr wesentliches Ziel in der Formung und Leitung des Lebens nicht des Einzelnen, sondern der Gemeinschaft haben, finden sie ihren Ort im Staat. Der tätige Gemeinschaftswille des Menschen gewinnt im Staat seinen vorzüglichen Ausdruck. Politisch leben oder für den Staat leben heißt: den eigenen Willen in diesen Gemeinschaftswillen hineingeben.

Durch zwei Abgrenzungen mag das Gesagte schärfer gefaßt werden. Wir fragen: Ist der Staat seinem Wesen nach eine Institution? Die Antwort wird verneinend ausfallen. Ihm eignet eine konkrete Lebendigkeit, die der Institution als solcher mangelt. Oder ist er ein Kollektiv? Auch das ist zu verneinen, da er eher eine Gemeinschaftsform als die Gemeinschaft selbst ist. Er scheint zwischen der Formalität der Institution und der Materialität der Gemeinschaft zu stehen.

Zunächst zur Frage des institutionellen Charakters. Unter Institution verstehen wir ein System gemeinschaftlicher Verhaltungsmaßregeln, aufgerichtet im Hinblick auf einen Zweck. An diesem Maßstab gemessen, ist der Staat institutionell (d. h., er hat einen institutionellen Aspekt), ohne seinem Wesen nach Institution zu sein. Denn ein System von Regeln ist abstrakt in demselben Sinn, wie ein Gefüge von Rechtssätzen abstrakt ist: abstrahierbar von den Personen, die sich den Regeln fügen. Der Staat hingegen existiert nur als Konkretum: er verdankt seine Wirklichkeit dem Gemeinwillen, der ihn belebt. Der Staat als dieser bestimmte existiert nur, weil er von lebenden Wesen, seinen Bürgern gewollt wird. Und obzwar er nicht zwecklos ist, läßt sich doch sein Zweck nicht als Werk oder Leistung von dem Lebensvollzug selbst ablösen. Sein Wesen ist Praxis, nicht Poiesis.

Das Wollen der Einzelnen unterliegt dem Wandel, im Leben der Individuen und in der Abfolge der Generationen. Aber der Willensinhalt, genauer, ein wesentliches Moment des Inhalts, erhält sich, nicht nur von Augenblick zu Augenblick, sondern über das individuelle Leben hinaus. Es ist immer dasselbe, was da gewollt wird — die Gestaltung des Lebens einer sich von Geschlecht zu Geschlecht fortpflanzenden Lebensgemeinschaft. Sofern der Sohn will, was vor ihm der Vater gewollt hat, gibt es einen die Individuen überdauernden Gemeinwillen, und ein solcher Gemeinwille ist eine notwendige, wenn auch nicht zureichende Vorbedingung der Existenz des Staates. In diesem Sinn wird die Frage der Identität eines Staates mit sich selbst zu beantworten sein — „die Frage, wann man sagen muß, daß der Staat noch derselbe ist, und wiederum, daß er nicht mehr derselbe, sondern ein anderer ist" (ARISTOTELES). Dafür ist nicht, wie Aristoteles meinte, allein die Identität der Verfassung ... entscheidend, ebensowenig allerdings die Geschlechterfolge als das biologische Substrat, sondern die Kontinuität des Gemeinwillens, der den als Aktion verstandenen Staat bewegt und belebt. Deshalb ist es möglich, von *„dem* modernen französischen Staat" zu sprechen und unter diesem Begriff das zweite Kaiserreich von 1852 wie auch die 5. Republik von 1958 zusammenzufassen.

In der gleichen Weise ist die Frage nach dem Staat als Kollektiv zu beantworten. Das bloße sozial-biologische Konkretum, von ARISTOTELES mit einem Fluß verglichen, der, bei ständigem Zu- und Abfluß des Wassers, doch von der Quelle bis zur Mündung derselbe bleibt, reicht nicht hin, den Staat zu konstitutieren. Es ist die Materialursache des Staates, nicht der Staat selbst. Zu dessen Aktualisierung bedarf es der Formung durch eine bestimmte, in institutionellen Bahnen verlaufende, als politisch zu charakterisierende Tätigkeit. Das konkrete Kollektiv aber, das in der institutionellen Form steht und ihr lebendiges Substrat bildet, mag nicht Staat, sondern Staatsvolk heißen ...

Der Staat ist eine Gemeinschaftsform unter anderen. Es fragt sich also, welches die ihn auszeichnende Eigenschaft, seine spezifische Differenz ist. In den vorangegangenen

Bestimmungen ist bereits die Antwort enthalten. Im Leben aller Gemeinschaft ist als formendes Moment der Wille im Spiel. Denn Gemeinschaft bedeutet, über alles Gefühl der Solidarität hinaus, gemeinsames Tun, und eben dies, die gemeinschaftliche Tätigkeit, kommt zustande nur durch eine gewollte Zusammenfassung der Individualwillen. Der Staat nun verdankt seine Existenz dem gemeinsamen Wollen gemeinschaftlicher Gestaltung in seiner schärfsten Ausprägung: Willensziel ist hier *die* Gemeinschaft, die in allen Fragen, die für das Leben der Gemeinschaft entscheidend sind — die Fragen, mit denen Leben und Tod auf dem Spiel stehen —, allen anderen Gemeinschaftsformen gegenüber den Ausschlag gibt; und in deren Namen überdies entschieden wird, welchen besonderen Fragen diese entscheidende Bedeutung zukommt. Der Staat ist die Form, unter welcher der Mensch die weltlich-geschichtliche Aufgabe der Daseinsgestaltung durch den Menschen für den Menschen ergreift. Daher der Primat des Staates im geschichtlich-säkularen Bereich; und daher bedeutet „den Staat wollen" soviel, wie Geschichte wollen. Primat ist jedoch nicht gleich Superiorität. Auf Grund seines Primats sind innerhalb der bezeichneten Sphäre alle Gemeinschaftsformen dem Staat ein- und untergeordnet. Das bedeutet nicht Etatismus; denn jener geschichtlich-säkulare Bereich ist nicht absolut zu setzen, und die in diesen Grenzen übergeordnete Gemeinschaftsform ist keineswegs die an sich höchste Gemeinschaftsform. Wohl aber bedeutet der Satz vom Primat, daß jede Begrenzung der Zuständigkeit des Staates nur als dessen Selbstbegrenzung wirksam werden kann. So wahr aber die menschliche Person, in ihrem Wesen bestimmt durch die Transzendenz, nicht in ihrer Staatlichkeit aufgeht, wird der wahre Staat ein sich selbst begrenzender Staat sein müssen. Nicht aus Resignation muß der Staat sich begrenzen, sondern kraft derselben Einsicht, die ihn formt und auf Grund deren er am Anspruch seines Vorrangs festhält — derart, daß staatliche Selbstbehauptung und Selbstbegrenzung sich als verschiedene Aspekte der gleichen Aktion darstellen ...

Um die Überlegungen zur Frage der spezifischen Differenz formelhaft zusammenzufassen: Staat ist die als

Aktionseinheit zu denkende Gemeinschaftsform, durch die der Mensch, in Vereinigung der Individualwillen zu einem Gemeinwillen, gemeinschafts- und geschichtsgestaltend wirkt. Aus dieser Bestimmung ergeben sich die drei konstitutiven Momente der Staatheit des Staates, folgendermaßen:

1. Der Gemeinwille als solcher kann weder entscheiden noch handeln: er ist bloße Potentialität. Zu seiner Aktualisierung müssen Einer oder Einige stellvertretend für die Vielen handeln. Um staatlich handeln zu können, bedürfen die Vielen der Repräsentation. Dieser Eine nun als Repräsentant (oder Einige als Repräsentanten) vermag nur dann wirksam zu handeln, wenn er auf Gehorsam zählen kann. Daher: kein Staat ohne *Herrschaft.* Die Ordnung der staatlichen Gemeinschaft, will sagen die Zusammenordnung der Individualwillen der Bürger zu einem Gemeinwillen, ist herrschaftlicher Art. Dabei verhält sich der Herrschende (oder die Herrschenden) zum Gemeinschaftsganzen wie der Heerführer zu dem in Operation begriffenen Heer oder der Chorführer zum Chor. Der Herrschende ist immer zugleich Teil des beherrschten Ganzen, und nicht ist die geordnete Gemeinschaft um seinetwillen da, sondern umgekehrt er um der Gemeinschaft willen. Er steht unter dem Urteil der Legitimität. Die an ihn gerichtete Frage prüft die Echtheit seines Anspruchs, das Ganze zu repräsentieren. Seine Herrschaft, gleichgültig welches ihre besondere Form ist, hat den Charakter der Stellvertretung.

2. Der durch Herrschaft aktualisierte Gemeinwille hat nur *ein* legitimes Willensziel, in dem alle seine besonderen Bestrebungen zusammenlaufen müssen: die Wohlfahrt des Ganzen, in der traditionellen Sprache der politischen Philosophie: das *bonum commune.* Die Ausrichtung auf das Gemeingut ist die notwendige, wenn auch nicht hinreichende Bedingung der Legitimität des Herrschaftsanspruchs. Diese Bedingung ist ferner die Grundlage der — stillschweigenden oder ausdrücklichen — Zustimmung der Beherrschten zu der über sie ausgeübten Herrschaft, der Anerkennung der Regierung als *ihrer* Regierung. Und diese Zustimmung (nicht zu dem einzelnen Herrschaftsakt aber zu der Herrschaft der Herrschenden) ermöglicht die Freiheit der Be-

herrschten. „Freiheit“ ist hier in dem eingeschränkt-politischen Sinn zu verstehen, wonach der Freie für sich da ist, nicht für einen anderen, wie z. B. der Diener als solcher für seinen Herren. Der Beherrschte kann frei sein, wenn er in dem von dem Herrschenden angestrebten Gemeingut sich selbst, d. h. sein eigenes Gut wiedererkennt. Denn die freie Zustimmung beruht auf der Übereinstimmung von Herrschern und Beherrschten im Hinblick auf das, was für die Gemeinschaft gut ist. Und nur für die in Freiheit Beherrschten kann es echte Gemeinschaft zwischen Herrscher und Volk, Regierung und Bürgern geben. Jede andere Zusammenspannung von Befehlenden und Gehorchenden ist, nach dem Vorgang des Aristoteles, als „despotisch“, nicht als „politisch“ zu bezeichnen: sie muß, wenn sie politische Macht usurpiert, der Person Gewalt antun. Die Herrschaftsordnung verdient den Namen Staat nur, wenn sie zugleich *Lebensgemeinschaft* ist, gekittet durch Zusammengehörigkeitsbewußtsein, beseelt durch Übereinstimmung in Sachen des gemeinsam zu lebenden Lebens.

So läßt sich, im Blick auf die beiden ersten konstitutiven Momente von Staatheit, die folgende Proportion aufstellen: wie sich Herrschaft zu der von ihr hervorgebrachten Ordnung verhält, so das von der Herrschaft angezielte Gemeinwohl zur Freiheit.

3. Der Staat ist kein Zweckverband in dem Sinn, daß sich eine in Abtrennung von dem Staat bestehende Wirkung als seine sinngebende Ursache denken ließe. Als Aktualisierung der Lebensgemeinschaft von Menschen, die als Personen im Staat ihre Erfüllung finden und ihn doch zugleich überragen, verwirklicht sich sein Zweck in seinem Lebensvollzug. Sein eigenes Leben besteht darin, daß er die Bedingungen des Lebens seiner Bürger erstellt. Er wird von seinen Bürgern gebildet, und er bildet wiederum seine Bürger — für den Staat und über den Staat hinaus. Nun ergibt sich aus dem Über-dem-Staat-sein des Einzelnen, daß der Einzelne Ansprüche geltend macht, die der Staat achten muß, weil sie in der menschlichen Natur gegründet sind. Er muß anerkennen, daß die von ihm durch Aktualisierung des Gemeinwillens mit Hilfe seiner Herrschaftsmittel geschaffene und aufrechterhaltene Ordnung eine Ordnung inner-

halb einer sie umfassenden Ordnung ist. Daraus ergibt sich als drittes konstitutives Moment der Staatlichkeit die *Rechtsverwirklichung*. Die Rede vom „Rechtsstaat" ist im Grund tautologisch. Erst durch Aufrichtung und Bewahrung einer Rechtsordnung erfüllt der Staat seinen Begriff: seinem Wesen nach muß er sein Tun und Lassen der Gerechtigkeit als oberster Norm unterstellen. Diese seine Norm begründet die Gleichheit aller im Sinne des *suum cuique*. Der aus seiner Personalität entspringende Anspruch des Einzelnen — *jedes* Einzelnen — will ohne Ansehen der Person geachtet werden. Im Verhältnis zu Gerechtigkeit und Recht fällt dem Staat die Rolle nicht des Schöpfers, sondern des Treuhänders zu.

So gelangen wir zu einer Erweiterung der oben aufgestellten Proportion zu einer vorläufigen und schematischen Darstellung der konstitutiven Prinzipien von Staatlichkeit: Herrschaft verhält sich zur Ordnung wie Gemeinwohl zur Freiheit und wie Rechtsverwirklichung zur Gleichheit. Unter dem Gesichtspunkt der Ursächlichkeit haben die drei Verhältnisbestimmungen zirkulären Charakter: das zweite Glied ist immer ebenso Ergebnis wie ermöglichende Bedingung des ersten. (S. 53 ff.)

Der Staat, München 1967.

*

## Helmut Thielicke (geb. 1908)

Evangelischer Theologe. Prof. in Heidelberg, Tübingen, Hamburg. Er versucht die lutherische Staatslehre, insbesondere Luthers Lehre von den „Zwei Reichen" an die Erfordernisse einer demokratischen Verfassung anzupassen.

### *Die Gnadenordnung Gottes*

Erstens: Der Staat ist von Gott als ein „notwendiges Heilmittel der verdorbenen Natur" (remedium necessarium naturae corruptae) verordnet. Im Urstand regiert Gott durch eine kleine Geste seines Fingers (uno moto digito), weil der Mensch vor dem Fall eben auf diese Gesten Gottes achtet. Nachdem er das nicht mehr tut, bedient Gott sich der mit Gewalt ausgerüsteten Ordnung.

Zweitens: Der Staat enthält also sowohl ein Gerichtsverhängnis wie eine Gnadenordnung: Gerichtsverhängnis ist er insofern, als sich in dem gewaltsamen arcere malum, wie es der Staat übt, die Infragestellung des gefallenen Menschen äußert. Gnadenordnung aber ist der Staat insofern, als sich in ihm die bewahrende Güte Gottes in mehrfacher Weise meldet:

*Einmal* dadurch, daß Gott das Chaos und damit die menschliche Selbstzerstörung nicht will, sondern dem Menschen einen Kairos einräumt, der ihm die physische Lebensmöglichkeit gewährt;

*ferner* dadurch, daß er im noachitischen Bunde die Triebkräfte der gefallenen Welt (z. B. das Gewalt- und Vergeltungsprinzip) sich nicht *gegen* den Menschen wenden läßt, sondern Ordnungsmöglichkeiten aus ihnen herausholt, die ihn gerade insofern *bewahren* sollen, als er der blinden, egoistischen Gewalt (potentia) die legitime Gewalt (potestats) des Regierens und Rechtsprechens entgegensetzt.

Dadurch wird der Staat zum Zeichen göttlicher Güte, das „höchste Kleinod auf Erden" nach dem Evangelium und dem geistlichen Amte, „eine herrliche göttliche Ordnung und eine treffliche Gabe Gottes".

Danach ist der Staat keine Schöpfungsordnung, sondern eine Notordnung der gefallenen Welt.

Dieses Verständnis des Staates schützt vor seiner Idealisierung und Totalisierung. Die ideologische Tyrannis macht den Staat aus einer Notverordnung — die immer vor dem Hintergrunde des Sündenfalles gesehen werden kann — zu einer Ordnung an sich. Dadurch verliert er seine Begrenzung auf das Reich zur Linken und wird zur Pseudokirche. (II, S. 173 f.)

*Die beiden Reiche*

Es wird ... in der Praxis des Handelns in irgendeiner Weise immer eine Lehre von den beiden Reichen oder besser: eine Lehre von der Überschneidung zweier äonischer Zonen entstehen müssen. Man wird ethisch in irgendeiner

Weise zum Ausdruck bringen müssen, wie das Gebot Gottes, indem es in das Element dieses Äons getaucht wird, eine „Brechung“ erfährt, wie es den Charakter der Notverordnung annimmt. Hierbei kommt alles darauf an — und das ist nur durch ein Ernstnehmen der Eschatologie möglich —, daß die „Not“ wirklich als Not und nicht als Tugend verstanden und daß also Gottes eigentlicher und Gottes uneigentlicher Wille unterschieden wird. (I, S. 608)

Nur dann, wenn dieses neutestamentliche Zeitverhältnis beachtet wird, kommt es zwischen beiden Regimenten nicht zur Versöhnung, zur zeitlosen Ruhelage des Sich-miteinander-Abfindens. Nur dann bleibt die ständige Infragestellung unseres Äons durch den kommenden, bleibt der Angriff auf alle seine Ordnungen, auf seine Gefallenheit bestehen. Nur dann kann man nicht einfach sagen: in der Politik herrscht der Machtgebrauch, im Recht die Vergeltung, usw. — Um sich dabei als einem angeblichen Gotteswillen zu beruhigen —; nur dann bleibt das alles in der Vorläufigkeit, in der Fragwürdigkeit bestehen. Nur dann funkt sozusagen die kommende Welt dauernd in die gegenwärtige hinein, stört sie, hindert sie an der Selbstverabsolutierung und macht es ihr unmöglich, einfach ein „ruhiges Gewissen“ zu haben, ein Gewissen also, das nicht mehr — *wartet*. Nur dann wird das Wissen darum offen gehalten, daß wir in den Ordnungen unserer Welt nicht einfach dem Schöpfungsgebot gegenüberstehen, sondern daß wir Gottes barmherziger Geduld mit unserer Herzenshärtigkeit, daß wir Gottes Notverordnungen für unsere zerrissene Welt gegenüberstehen.

Da wir in der Überschneidungszone beider Äonen leben, gibt es dann auch so etwas wie ein Zugleich zweier Gebotssphären. Man wird aber dieses Zugleich schwerlich im Sinne einer Gleichzeitigkeit interpretieren dürfen, weil schon die Endung „-keit“ rein etymologisch darauf hinweist, daß es hierbei um einen Zustand, eine Befindlichkeit geht. Und darum geht es gerade *nicht*, sondern es geht um ein Kreuzfeuer, in dem man sich fortwährend bewegt, in dem man aber auf keinen Fall ausruhen kann. Darum muß das Nacheinander der beiden Äonen festgehalten werden, um jedes lokale Verständnis, aber auch jedes Gleichzeitigkeits- und

Zeitlosigkeitsverständnis im Sinne eines logischen Prinzips unmöglich zu machen. (I. S. 601)

Der Staat ist eine Notverordnung zwischen Sündenfall und Jünstem Gericht. Darin liegt seine Würde und seine Grenze. Darin liegt der letzte Grund gegen seine ideologische Überhöhung. Und darin liegt zugleich ein Ruf zur Nüchternheit und eine Warnung, den Staat zu überfordern oder sich zuviel von ihm zu versprechen. Die Tugend der Nüchternheit, die zu den politischen Tugenden zählt, gehört zu den Früchten des Glaubens. Denn der Glaube weiß um die Hintergründe der Staatlichkeit und damit um ihre Grenze, aber auch um das Zeichen der Hoffnung, das der Herr der Geschichte mit ihr aufgerichtet hat. So gibt er dem, der ein politisches Mandat hat, beides: Getrostheit — und Bescheidung. (II, S. 667)

Theologische Ethik, 1. Bd., 2. Aufl., Tübingen 1958 (I). 2. Bd., 1958 (II).

## Aus dem Lehrschreiben der deutschen Bischöfe (1953)

### *Hoheit und Würde des Staates*

Der Staat ist vielen etwas Fremdes. Nicht wenige erleben ihn nur als eine Macht, die ihre Freiheit stört, ihnen Geld abnimmt und Lasten auferlegt. Viele wissen nicht, daß zum Staat nicht nur Verwaltung und Obrigkeit gehören, sondern vor allem das politisch geordnete Volk, die Bürger selbst! Staat bedeutet die mit oberster Autoritätsgewalt ausgestattete umfassende Gemeinschaftsform für die Menschen eines bestimmten Gebietes.

Die sittliche Würde des Staates ist in seinem Ursprung und in seinem hohen sittlichen Zweck begründet. Er ist weder eine Ausgeburt des Bösen, eine Folge der Sünde, noch die höchste Verkörperung des Göttlichen auf Erden und absoluter Selbstzweck (Hegel); weder das willkürliche Produkt der Gewalt von Machthabern, noch ist für ihn der Volkswille letzte Rechtsquelle und Richtschnur für die Ausübung der Staatsgewalt (Rousseau). Der Staat gehört vielmehr zu der vom Schöpfer gewollten sittlichen Weltordnung. Wie Gott der Ursprung der Sozialnatur des

Menschen ist, ist er auch die erste Ursache des Staates und der Staatsgewalt. PIUS XII. sagt in der Weihnachtsbotschaft vom 24. 12. 1942: „Erste Ursache und tiefste Grundlage menschlichen Einzel- und Gemeinschaftslebens ist Gott, der Schöpfer der ehelichen Urgemeinschaft, der Quellgrund der Familie und der Gemeinschaft des Volkes und der Völker." Und LEO XIII. in der Enzyklika „Immortale Dei": „Keine Gesellschaft kann bestehen, wenn nicht einer an der Spitze steht, der ... die Einzelnen zum gemeinsamen Ziel hinordnet; darum ergibt sich auch für die staatliche Gemeinschaft die Notwendigkeit einer leitenden Autorität. Und diese hat, wie die Gesellschaft selbst, in der menschlichen Natur und somit zuletzt in Gott ihren Ursprung. Daraus folgt, daß die staatliche Gewalt, an sich betrachtet, nur von Gott sein kann. ‚Es gibt keine Gewalt außer von Gott' (Röm. 13, 1)."

Die Sorge um die Wohlfahrt des Ganzen ist dem Staat anvertraut. Dieses „Gemeinwohl" ist ein hoher sittlicher Zweck. PIUS XII. sagt in dem Weltrundschreiben über den christlichen Staat 1939: „Es ist also das auszeichnende Vorrecht und die hohe Sendung des Staates, die private Tätigkeit der Einzelnen im nationalen Leben zu überwachen, zu fördern und zu ordnen, um sie einheitlich auf das allgemeine Wohl auszurichten."

„Der von Gott kommende Ursprung und Auftrag des Staates begründet seine eigentliche sittliche Hoheit und seine überragende Autorität im irdischen Bereich (suprema potestas in suo ordine). Er hat das Vorrecht, Gesetze zu erlassen, die alle im Gewissen verpflichten, und deren Befolgung unter Umständen mit Zwangsgewalt durchzusetzen."

Über den Interessen der Einzelnen und Gruppen, über Fabriken und Banken, über Vereinen und Verbänden soll es also eine Instanz geben, welche die übergeordnete Einheit des Ganzen repräsentiert und die Belange des höheren sittlichen Gutes vertritt, nämlich das Gemeinwohl. Ja, die im irdisch-natürlichen Bereich die Hoheit Gottes darzustellen hat. „Die Staatsgewalt ist gleichsam eine Teilnahme an der Weltregierung und Herrschermacht Gottes" (LEO XIII., Enzyklika „Diuturnum"). So schreibt der Apostel im

Römerbrief: „Die Staatsgewalt ist ja für dich Gottes Dienerin zum Guten ... Nicht umsonst führt sie das Richtschwert. Sie ist Dienerin Gottes und vollstreckt Strafe an dem, der Böses tut. Deshalb muß man ihr untertan sein, nicht nur aus Furcht vor der Strafe, sondern um des Gewissens willen ... denn Beamte Gottes sind die, welche diesem Dienst obliegen" (Röm. 13, 4 ff.). So ist der Staat in der irdisch-natürlichen Ordnung die höchste Autorität. Aus seiner Macht leuchtet ein Abglanz von Gottes Herrschermacht und Majestät. Ihm sind Machtvollkommenheiten gegeben, wie sie keiner anderen weltlichen Gewalt zukommen. Erst im Lichte des Christentums erkennt die Staatsgewalt ihre tiefste Begründung und sittliche Größe. Sie ist von Gott angeordnet, damit sie ihres Amtes walte als „Gottes Dienerin" und Stellvertreterin, als oberste Wahrerin und Förderin des Gemeinwohls, als Repräsentantin der Einheit des Volkes. Sie ist der Hüter des Rechtes, Wächter über Ordnung und Sicherheit, Anwalt der Gerechtigkeit, damit jedem das Seine zukommt und die Lasten gerecht verteilt werden. Sie ist der unparteiliche Schiedsrichter, der Schützer der Schwachen und Fürsorger der Hilfsbedürftigen, ein Machthaber, der in weiser Selbstbeschränkung andere Lebensrechte achtet und alles Wertvolle fördert.

Sie ist aber auch machtvolle Autorität mit Befehlsgewalt, Zwangsgewalt und Sühnegewalt, mit der *Befugnis, im Namen Gottes zu gebieten* und das Schwert zu führen, d. h. die strafende Gerechtigkeit zu vollziehen. Ihr steht es zu, alle Vergehen zu ahnden, die sich gegen die öffentliche sittliche Ordnung richten.

Das 4. Gebot gebietet auch der politischen Autorität gegenüber Ehrfurcht und Gehorsam. „Seid um des Herren willen jeder menschlichen Obrigkeit untertan" (1. Petr. 2, 13). Wir ehren die Vertreter des Staates. Wir achten die staatlichen Symbole, aber wir treiben damit keinen Götzendienst! Der Christ verabscheut jeden Staatskult und auch jeden zur Ersatzreligion hinaufgesteigerten „Patriotismus". Unsere Achtung gegenüber dem Staat und seinen Zeichen gilt seinem hohen sittlichen Rang als dem obersten Schirmherr des Gemeinwohls.

Wenn der Staat seine Macht mißbraucht, stürzt er von seiner Höhe und schändet seine sittliche Würde.

*Die Grenzen der Staatsgewalt*

Die katholische Soziallehre führt einen Zweifrontenkampf, sowohl gegen die einseitige Überbetonung der Gemeinschaft in den sozialistischen und faschistischen Systemen des totalitären Staates wie auch gegen die einseitige Betonung der Privatrechte im Liberalismus. Wir erleben heute besonders deutlich die einseitige Überbewertung der Gesellschaft.

Aus dem Abbild göttlicher Hoheit ist vielfach ein Ungeheuer von Machtapparat zur Verknechtung der Menschen geworden. Das ist das andere Gesicht des Staates in der Wirklichkeit der Geschichte. Der Mensch ist nur Mittel zum alles beherrschenden Staatszweck ...

Diesem Zerrbild eines Staates gegenüber vertritt die christliche Gesellschaftslehre eine Ordnung, in deren Mitte der Mensch steht, mit seiner Würde als Person und seinem Bedürfnis nach Ergänzung durch die Gemeinschaft.

Das Wohl der Einzelnen in der Gemeinschaft, das, was wir das Gemeinwohl nennen, ist Zweck des Staates. Unter Gemeinwohl verstehen wir nämlich mit Pius XII. „jene äußeren Bedingungen, die der Gesamtheit der Staatsbürger notwendig sind zur Entfaltung ihrer Anlagen und Aufgaben, ihres materiellen, kulturellen und religiösen Lebens, soweit die hierfür erstberufenen Kräfte der Familie und anderer Gliederungen nicht ausreichen ... Es bleibt das Ziel alles gesellschaftlichen Lebens, stets, in unveränderter, heiliger Verbindlichkeit: Entfaltung der Persönlichkeitswerte des Menschen als des Ebenbildes Gottes" (Pius XII., 24. 12. 1942).

Der Staat ist zum Hüter und Wahrer dieses Gemeinwohles bestellt. Darum hat alles staatliche Geschehen ihm zu dienen. Aus dieser Aufgabe leitet sich nach dem Willen Gottes seine Gewalt her. An dieser Aufgabe findet seine Autorität aber auch ihre Grenzen. Der Staat ist nicht Selbstzweck, sondern höchster Dienst am Gemeinwohl. Es dürfen die Einzelnen und die kleineren Gemeinschaften, die sich aus dem freien Zusammenschluß innerhalb der größeren Gemeinschaft des Staates bilden, in ihrer Entfaltung vom Staate nicht gehemmt und unterdrückt werden, sondern sie sollen gerade durch ihn die bessere Möglichkeit für die eigene Entfaltung finden. Den Gliedern im Staat gegenüber ist die Staatstätigkeit „subsidiär“, d. h. ergänzend, hilfeleistend. Ein Zentralismus, wo alles von oben geschieht und die Selbsttätigkeit der Glieder verkümmert, ist damit unvereinbar. Er widerspricht dem Wesenssinn des Staates und zerstört den lebendigen Organismus der Gesellschaft.

Pius XI. bezeichnet das Gesetz der Subsidiarität für die Sozialordnung als „jenen obersten Grundsatz, an dem nicht zu rütteln noch zu deuteln ist: wie dasjenige, was der Einzelmensch aus eigener Initiative und mit eigenen Kräften leisten kann, ihm nicht entzogen und der Gesellschaftstätigkeit zugewiesen werden darf, so verstößt es gegen die Gerechtigkeit, das, was die kleineren und untergeordneten Gemeinwesen leisten und zum guten Ende führen können, für die weitere und übergeordnete Gemeinschaft in Anspruch zu nehmen.“

„Jedwede Gesellschaftstätigkeit ist ja ihrem Wesen und Begriff nach subsidiär: sie soll die Glieder des Sozialkörpers unterstützen, darf sie aber niemals zerschlagen oder aufsaugen“ (Quadragesimo anno 79).

An diesem ehernen Grundsatz der Subsidiarität jeder Gesellschaftstätigkeit, also auch des Staates scheiden sich heute die Geister! Er ist die Absage an jedweden Kollektivismus. Er schützt die Freiheit und Personenwürde des Menschen, sein Recht auf Eigentätigkeit und Eigenverantwortung, wie auch das Recht der kleineren Gemeinschaften gegenüber den großen, das Recht der Familie und der Eltern gegenüber dem Staat. (S. 238 ff.)

Zit. in: K. D. Schmidt, Die katholische Staatslehre, Quellen zur Konfessionskunde, Heft 4, Lüneburg 1955.

*

## Konservativ-etatistische Staatstheorien

*Gemeint sind Theorien, in denen entweder dem Staat gegenüber der Gesellschaft besondere Würde und Objektivität zugesprochen wird oder in denen die herrschaftliche Ordnungsfunktion, der Machtcharakter des Staates besonders unterstrichen wird.*

### Georg Wilhelm Friedrich Hegel (1770—1831)

Bedeutendster Denker des deutschen Idealismus. Die Weltgeschichte bildet das Hauptthema der Hegelschen Philosophie. Die Wirklichkeit ist die Verwirklichung der sich entfaltenden Vernunft, deren Ziel die Hervorbringung des Staates ist.

#### *Die Weltgeschichte*

Die Weltgeschichte ist der Fortschritt im Bewußtsein der Freiheit, — ein Fortschritt, den wir in seiner Notwendigkeit zu erkennen haben ... Es ist also, als die Bestimmung der geistigen Welt, und indem diese die substantielle Welt ist, und die physische ihr untergeordnet bleibt, oder im spekulativen Ausdruck, keine Wahrheit gegen die erste hat — als der *Endzweck der Welt*, das Bewußtsein des Geistes von seiner Freiheit, und eben damit die Wirklichkeit seiner Freiheit überhaupt angegeben worden ... Ferner wurde auf die Wichtigkeit des unendlichen Unterschieds zwischen dem Prinzip, zwischen dem, was nur erst an sich, und zwischen dem, was wirklich ist, aufmerksam gemacht. Zugleich ist es die Freiheit in ihr selbst, welche die unendliche Notwendigkeit in sich schließt, eben sich zum Bewußtsein, — denn sie ist, ihrem Begriff nach, Wissen von sich, — und damit zur Wirklichkeit zu bringen: sie ist sich der Zweck, den sie ausführt, und der einzige Zweck des Geistes. Dieser Endzweck ist das, worauf in der Weltgeschichte hingearbeitet worden, dem alle Opfer auf dem weiten Altar der Erde und in dem Verlauf der langen Zeit gebracht worden. Dieser ist es allein, der sich durchführt und vollbringt, das allein Ständige in dem Wechsel aller Begebenheiten und Zustände, sowie das wahrhaft Wirksame in ihnen. Dieser Endzweck ist das, was Gott mit der Welt will, Gott aber ist das Vollkommenste, und kann darum nichts als sich selbst, seinen eigenen Willen wollen. Was aber die Natur seines Willens, d. h. seine Natur überhaupt ist, dies ist es, was wir, indem wir die religiöse Vorstellung in Gedanken fassen, hier die Idee der Freiheit nennen. (I, S. 46 f.)

*Volksgeist und Weltgeist*

Wie in der Natur des Polypen ebenso die Totalität des Lebens ist, als in der Natur der Nachtigall und des Löwen: so hat der Weltgeist in jeder Gestalt sein dumpferes oder entwickelteres, aber absolutes Selbstgefühl, und in jedem Volke, unter jedem Ganzen von Sitten und Gesetzen sein Wesen, und seiner selbst genossen. (IV, S. 529)

Der konkrete Geist eines Volkes ist es, den wir bestimmt zu erkennen haben, und weil er Geist ist, läßt er sich nur geistig, durch den Gedanken erfassen. Er allein ist es, der in allen Taten und Richtungen des Volkes sich hervortreibt, der sich zu seiner Verwirklichung, zum Selbstgenuß und Selbsterfassen bringt; denn es ist ihm um die Produktion seiner selbst zu tun. Das Höchste aber für den Geist ist, sich zu wissen, sich zur Anschauung nicht nur, sondern zum Gedanken seiner selbst zu bringen. Dies muß und wird er auch vollbringen, aber diese Vollbringung ist zugleich sein Untergang und das Hervortreten eines anderen Geistes, eines anderen welthistorischen Volks, einer anderen Epoche der Weltgeschichte. (I, S. 111)

Der bestimmte Volksgeist, da er wirklich und seine Freiheit als Natur ist, hat nach dieser Naturseite das Moment geographischer und klimatischer Bestimmtheit; er ist in der *Zeit* und hat dem Inhalte nach wesentlich ein *besonderes* Prinzip und eine dadurch bestimmte Entwicklung seines Bewußtseins und seiner Wirklichkeit zu durchlaufen; — er hat eine *Geschichte* innerhalb seiner. Als beschränkter Geist ist seine Selbständigkeit ein Untergeordnetes; er geht in die *allgemeine Weltgeschichte* über, deren Begebenheiten die Dialektik der besonderen Völkergeister, das *Weltgericht* darstellen.

Diese Bewegung ist der Weg der Befreiung der geistigen Substanz, — die Tat, wodurch der absolute Endzweck der Welt sich in ihr vollführt, der nur erst *an sich* seiende Geist sich zum Bewußtsein und Selbstbewußtsein und damit zur Offenbarung und Wirklichkeit seines an-und-für-sich-seienden Wesens bringt, und sich auch zum äußerlich *allgemeinen*, zum *Weltgeist*, wird. Indem diese Entwicklung in der Zeit und im Dasein, und somit als Geschichte ist, sind deren einzelne Momente und Stufen die Völkergeister; jeder als einzelner und natürlicher in einer qualitativen Bestimmtheit, ist nur *Eine Stufe* auszufüllen und nur Ein Geschäft der ganzen Tat zu vollbringen bestimmt. (III, S. 426 f.)

*Der Staat*

Der subjektive Wille, die Leidenschaft ist das Betätigende, Verwirklichende; die Idee ist das Innere; der Staat ist das vorhandene, wirklich sittliche Leben. Denn er ist die Einheit des allgemeinen, wesentlichen Wollens und des subjektiven, und das ist die Sittlichkeit. Das Individuum, das in dieser Einheit lebt, hat ein sittliches Leben, hat einen Wert, der allein in dieser Substantialität besteht. Antigone beim Sophokles sagt: die göttlichen Gebote sind nicht von gestern, noch von heute, nein, sie leben ohne Ende, und niemand wüßte zu sagen, von wannen sie kamen. Die Gesetze der Sittlichkeit sind nicht zufällig, sondern das Vernünftige selbst. Daß nun das Substantielle im wirklichen Tun der Menschen, und in ihrer Gesinnung gelte, vorhanden sei und sich selbst erhalte, das ist der Zweck des Staates. Es ist das absolute Interesse der Vernunft, daß dieses sittliche Ganze vorhanden sei; und hierin liegt das Recht und Verdienst der Heroen, welche Staaten, sie seien auch noch so unausgebildet gewesen, gegründet haben. In der Weltgeschichte kann nur von Völkern die Rede sein, welche einen Staat bilden. Denn man muß wissen, daß ein solcher die Realisation der Freiheit, d. i. des absoluten Endzwecks ist, daß er um sein selbst willen ist; man muß ferner wissen, daß aller Wert, den der Mensch hat, alle geistige Wirklichkeit, er allein durch den Staat hat. Denn seine geistige Wirklichkeit ist, daß ihm als Wissenden sein Wesen, das Vernünftige gegenständlich sei, daß es objektives, unmittelbares Dasein für ihn habe; so nur ist er Bewußtsein, so nur ist er in der Sitte, dem rechtlichen und sittlichen Staatsleben. Denn das Wahre ist die Einheit des allgemeinen und subjektiven Willens; und das Allgemeine ist im Staate in den Gesetzen, in allgemeinen und vernünftigen Bestimmungen. Der Staat ist die göttliche Idee, wie sie auf Erden vorhanden ist. Es ist so der näher bestimmte Gegenstand der Weltgeschichte überhaupt, worin die Freiheit ihre Objektivität erhält und in dem Genusse dieser Objektivität lebt. Denn das Gesetz ist die Objektivität des Geistes und der Wille in seiner Wahrheit; und nur der Wille, der dem Gesetz gehorcht, ist frei, denn er gehorcht sich selbst und ist bei sich selbst und frei. Indem der Staat das Vaterland, eine Gemeinsamkeit des Daseins ausmacht, indem sich der subjektive Wille des Menschen den Gesetzen unterwirft, verschwindet der Gegensatz von Freiheit und Notwendigkeit. Notwendig ist das Vernünftige als das Substantielle, und frei sind wir, indem wir es als Gesetz anerkennen und ihm als der Substanz unseres eigenen Wesens folgen: der objektive und der subjektive Wille sind dann ausgesöhnt und ein und dasselbe ungetrübte Ganze. (I, S. 70 f.)

Der Staat ist die Wirklichkeit der konkreten Freiheit; die *konkrete Freiheit* aber besteht darin, daß die persönliche Einzelnheit und deren besondere Interessen sowohl ihre vollständige *Entwicklung* und die *Anerkennung ihres Rechts* für sich (im Systeme der Familie und der bürgerlichen Gesellschaft) haben, als sie durch sich selbst in das Interesse des Allgemeinen Teils *übergehen*, teils mit Wissen und Willen dasselbe und zwar als ihren eigenen *substantielllen Geist* anerkennen und für dasselbe als ihren *Endzweck tätig* sind, sodaß weder das Allgemeine ohne das besondere Interesse, Wissen und Wollen gelte und vollbracht werde, noch daß die Individuen bloß für das letztere als Privatperson leben, und nicht zugleich in und für das

Allgemeine wollen und eine dieses Zwecks bewußte Wirksamkeit haben. Das Prinzip der modernen Staaten hat diese ungeheure Stärke und Tiefe, das Prinzip der Subjektivität sich zum *selbständigen Extreme* der persönlichen Besonderheit vollenden zu lassen, und zugleich es in die *substantielle Einheit zurückzuführen* und so in ihm selbst diese zu erhalten. (II, § 260)

Der Staat ist die Wirklichkeit der sittlichen Idee, — der sittliche Geist, als der *offenbare,* sich selbst deutliche, substantielle Wille, der sich denkt und weiß und das, was er weiß und insofern er es weiß, vollführt. An der *Sitte* hat er seine unmittelbare, und an dem *Selbstbewußtsein* des Einzelnen, dem Wissen und Tätigkeit desselben seine vermittelte Existenz, so wie dieses durch die Gesinnung in ihm, als seinem Wesen, Zweck und Produkte seiner Tätigkeit, seine *substantielle Freiheit* hat. (II, § 257)

Der Staat ist als die Wirklichkeit des substantiellen *Willens,* die er in dem zu seiner Allgemeinheit erhobenen besonderen *Selbstbewußtsein* hat, das an und für sich *Vernünftige.* Diese substantielle Einheit ist absoluter unbewegter Selbstzweck, in welchem die Freiheit zu ihrem höchsten Recht kommt, so wie dieser Endzweck das höchste Recht gegen die Einzelnen hat, deren *höchste Pflicht* es ist, Mitglieder des Staates zu sein.

Wenn der Staat mit der bürgerlichen Gesellschaft verwechselt und seine Bestimmung in die Sicherheit und den Schutz des Eigentums und der persönlichen Freiheit gesetzt wird, so ist das *Interesse der Einzelnen als solcher* der letzte Zweck, zu welchem sie vereinigt sind, und es folgt hieraus ebenso, daß es etwas Beliebiges ist, Mitglied des Staates zu sein. — Er hat aber ein ganz anderes Verhältnis zum Individuum; indem er objektiver Geist ist, so hat das Individuum selbst nur Objektivität, Wahrheit und Sittlichkeit, als es ein Glied desselben ist. *Die Vereinigung* als solche ist selbst der wahrhafte Inhalt und Zweck, und die Bestimmung der Individuen ist, ein allgemeines Leben zu führen; ihre weitere besondere Befriedigung, Tätigkeit, Weise des Verhaltens hat dies Substantielle und Allgemeingültige zu seinem Ausgangspunkte und Resultate. — Die Vernünftigkeit besteht, abstrakt betrachtet, überhaupt in der sich durchdringenden Einheit der Allgemeinheit und der Einzelheit, und hier konkret dem Inhalte nach in der Einheit der objektiven Freiheit d. i. des allgemeinen substantiellen Willens und der subjektiven Freiheit als des individuellen Wissens und seines besondere Zwecke suchenden Willens — und deswegen der Form nach in einem nach *gedachten,* d. h. *allgemeinen* Gesetzen und Grundsätzen sich bestimmenden Handeln. — Diese Idee ist das an und für sich ewige notwendige Sein des Geistes. — (II, § 258)

Der Staat an und für sich ist das sittliche Ganze, die Verwirklichung der Freiheit, und es ist absoluter Zweck der Vernunft, daß die Freiheit wirklich sei. Der Staat ist der Geist, der in der Welt steht und sich in derselben mit *Bewußtsein* realisiert, während er sich in der Natur nur als das Andere seiner, als schlafender Geist verwirklicht. Nur als im Bewußtsein vorhanden, sich selbst als existierender Gegenstand wissend, ist er der Staat. Bei der Freiheit muß man nicht von der Einzelnheit, vom einzelnen Selbstbewußtsein ausgehen, sondern nur vom Wesen des Selbstbewußtseins, denn der Mensch mag es wissen oder nicht, dies Wesen realisiert sich als selbständige Gewalt, in der die einzelnen Individuen nur Momente sind: es ist der Gang Gottes in der Welt, daß der Staat ist: sein Grund ist die Gewalt der sich als Wille verwirklichenden Vernunft. Bei der Idee des Staates muß man nicht besondere Staaten vor Augen haben, nicht besondere Institutionen, man muß viel mehr die Idee, diesen wirklichen Gott für sich betrachten. Jeder Staat, man mag ihn auch nach den Grundsätzen, die man hat, für schlecht erklären, man mag diese oder jene Mangelhaftigkeit daran erkennen, hat immer, wenn er namentlich zu den ausgebildeten unserer Zeit gehört, die wesentlichen Momente seiner Existenz in sich. Weil es aber leichter ist, Mängel aufzufinden, als das Affirmative zu begreifen, verfällt man leicht in den Fehler, über einzelne Seiten den innwendigen Organismus des Staates selbst zu vergessen. Der Staat ist kein Kunstwerk, er steht in der Welt, somit in der Sphäre der Willkür, des Zufalls und des Irrtums, übles Benehmen kann ihn nach vielen Seiten defigurieren. Aber der häßlichste Mensch, der Verbrecher, ein Kranker und Krüppel ist immer noch ein lebender Mensch: das Affirmative, das Leben, besteht trotz des Mangels, und um dieses Affirmative ist es hier zu tun. (II, § 258, Zusatz)

Vorlesungen über die Philosophie der Geschichte, in: Sämtliche Werke, Jubiläumsausgabe in 20 Bdn., hrsg. von H. Glockner, Bd. 11, Stuttgart 1928 (I).
Grundlinien der Philosophie des Rechts, in: Werke, Bd. 7, 3. Aufl. 1952 (II).
System der Philosophie, 3. Teil. Die Philosophie des Geistes, in: Werke, Bd. 10 (1929) (III).
Über die wissenschaftlichen Behandlungsarten des Naturrechts, in: Werke, Bd. 1 (1927) (IV).

*

## Lorenz von Stein (1815—1890)

Jurist, Nationalökonom, Soziologe. Prof. in Kiel und Wien. Auf Hegel und der historischen Schule fußend, stellt er die „soziale Frage“ in den Mittelpunkt seines Denkens, deren Lösung nur durch den Staat erfolgen könne. Der Staat ist für ihn ein Organismus, der über der Gesellschaft stehend, für den Ausgleich der Interessen zu sorgen hat.

### *Gesellschaft und Staat*

Alles Leben der geistigen Welt nämlich, möge man sich dasselbe denken wie man will, beruht auf einem Unterschied oder Gegensatz, den wir in allen seinen Äußerungen und verschiedenen Betätigungen sehr leicht verstehen, der aber in seinem tiefsten Kern sich der forschenden Logik ebenso entschieden entzieht, als der Beweis der mathematischen Axiome der Mathematik unmöglich wird. Es ist die absolute Tatsache, das Axiom alles geistigen Lebens unter den Menschen.

Dieser Unterschied oder Gegensatz ist der zwischen dem *einzelnen Individuum* und der *Einheit* der Einzelnen.

Daß dies einzelne Individuum mit seinem eigenen Leben und seiner Selbsttätigkeit vorhanden ist, ist natürlich keine Frage. Ebensowenig ist es eine Frage, daß die *Einheit* der

Einzelnen untereinander vorhanden ist. Es lassen sich unendlich viele Formen dieser Einheit denken; aber es läßt sich kein Zustand von Einzelnen denken, in welchen sich nicht jene Einheit in irgendeiner Form sofort erzeugte. Sie ist daher kein Produkt der Willkür der Einzelnen, sondern eine absolute Folge, und das ist, ein absoluter Inhalt ihrer Natur. Sie ist eine absolute, selbständige Tatsache, ebensowohl als die Tatsache des individuellen Daseins.

Nun ist es klar, daß diese beiden großen Tatsachen eine innere, ewige Beziehung zueinander haben. Und zwar wird diese gegenseitige Beziehung durch ihre eigenste Natur gegeben sein. Sie ist aber nicht schwer zu verstehen. Was nämlich zuerst das Individuum betrifft, so ist es schon oben gezeigt, daß dasselbe in seinem innersten, individuellen Leben einen Widerspruch in sich trägt, der eigentlich sein Leben selber ausmacht. Das ist der Widerspruch zwischen der unendlichen Bestimmung und der begrenzten Wirklichkeit desselben. Diesen Widerspruch kann der Einzelne nicht durch sich selbst heben. Der einzige Weg zur Hebung desselben ist die Vereinigung mit anderen. Diese Vereinigung wird, weil das Individuum sowohl als die äußere Welt eine organische ist, selbst ein Organismus werden. Diesen Organismus der Verbindung der einzelnen nennen wir nun in Beziehung auf das Leben der sachlichen Güter die Volkswirtschaft, in Beziehung auf das Leben der geistigen Güter die Gesellschaft . . .

Dies nun aber ist der Punkt, wo sich die Lehre und das Wesen und zwar im Grunde nicht bloß dasjenige der Gesellschaft, sondern auch das der Volkswirtschaft vom Staate und seinem Wesen scheidet.

Jene Vereinigung oder Verbindung der einzelnen nämlich geht offenbar, indem man sie in der obigen Weise betrachtet, von dem Individuum allein aus und kehrt zu dem Individuum zurück, das heißt, sie ist für die Zwecke jedes Individuums da, und wird daher auch von dem Willen, der Einsicht, ja von dem Bedürfnis des Individuums erzeugt.

Nun aber ist es die unabänderliche Natur jedes Individuums, *sich selbst* als Hauptzweck in allen äußeren Dingen und in allen eigenen Tätigkeiten zu setzen. In der Tat ist gerade dadurch, daß er dieses tut, der einzelne ein Individuum. Es wird daher ganz notwendig in *allen* Verhältnissen der einzelne alles, was er vorfindet und selbst erzeugen kann, zunächt und mit aller Kraft auf sich selbst beziehen, für sich haben, verwenden, genießen wollen. Denn er handelt darin seiner Natur gemäß, welche zunächst eben eine individuelle ist.

Diese Gesamtheit aller Beziehung auf sich selbst nun nennen wir, sobald sie mit dem individuellen Bewußtsein verbunden, und dieses in jener tätig ist, das *individuelle Interesse*. Das Genauere darüber wird sich unten ergeben.

Es ist daher ganz natürlich und unausbleiblich, daß das individuelle Interesse das ganze Leben des einzelnen beherrscht. Aber seine allgemeine Wichtigkeit erhält dasselbe erst, indem es *auf die Verbindung der einzelnen untereinander angewendet wird.*

Diese Verbindung oder Vereinigung der einzelnen untereinander nämlich, welche wie gesagt, den Mangel, der in der einzelnen Persönlichkeit liegt, durch die Gemeinschaft heben soll, ist natürlich *für alle da*, weil sie von allen eingegangen wird. Sie ist daher auch für das *Interesse aller da;* ja das Interesse aller ist eigentlich ihr wahrer Inhalt, die Erfüllung dieses Interesses ist das Ziel dieser Verbindung. Nun aber ist das individuelle Interesse in jedem einzelnen tätig; und es versteht sich von selbst, daß dasselbe alsbald auch diese Verbindungen und Gemeinschaften der einzelnen untereinander erfaßt. Und zwar wird dies offenbar in der Weise geschehen, daß das individuelle Interesse jeden einzelnen veranlaßt, die Macht, welche die Vereinigung der Gemeinschaft für die Förderung der allgemeinen Interessen hat, so weit als er es irgend vermag, *für sein eigenes einzelnes Interesse zu verwenden.* Denn er muß so handeln, weil seine individuelle Natur es so und nicht anders von ihm fordert.

Es ist daher durchaus naturgemäß, daß dies Einzelinteresse alsbald in Gegensatz mit der Natur des Gesamtlebens oder der Gemeinschaft, die eigentlich für die Interessen aller bestimmt war, treten muß. Und diese Gemeinschaft wird daher, da sie ja aus den einzelnen gebildet ist und durch sie entsteht, notwendig sofort ein Bild des Gegensatzes der Interessen aller einzelnen gegeneinander darbieten, in welchem jeder einzelne bestrebt ist, jeden anderen seinem Interesse dienstbar zu machen.

Wenn wir nun früher die Gemeinschaft, in welcher die einzelnen im geistigen Güterleben miteinander notwendig treten müssen, die menschliche Gesellschaft genannt haben, so ist es jetzt klar, daß diese Gesellschaft einen *zweiten* Inhalt hat. Dieser zweite Inhalt geht aus von dem individuellen Interesse, und erlangt seine notwendige Entwicklung als *Gegensatz der Interessen* innerhalb der Gemeinschaft.

Nun ist diese Gemeinschaft oder der Organismus der Gesellschaft von eben diesen einzelnen gebildet; er hängt ab von dem Willen, der Macht, dem Interesse derselben. Es ist daher ganz natürlich, daß die Gemeinschaft selbst als *Mittel* für das Sonderinteresse gebraucht wird. Ist das aber der Fall, so verliert sie damit ihre Natur. Sie wird unvermeidlich in dem Gegensatz der Interessen aufgehen; jeder einzelne wird *sich* als die Hauptsache und den Zweck des Ganzen betrachten, und so wird ein Zustand entstehen, den wir am kürzesten als den der *Auflösung* der Gemeinschaft und ihres Organismus bezeichnen können — ein Zustand, dessen Wesen wir am bestimmtesten darstellen, wenn wir sagen, daß in ihm *jeder Teil,* — sei dies nun ein Individuum, eine Körperschaft, eine Klasse, usw. — *sich als das Ganze* zu setzen strebt.

Fassen wir dies nun in seinem allgemeinsten Resultat zusammen, so ergibt sich als Natur der Gesellschaft ein zweifaches, das in der Tat die Grundlage des Verständnisses für das Verhältnis zwischen Gesellschaft und Staat ist.

Die Gesellschaft beruht zuerst auf *dem Individuum,* und ihr Organismus ist wesentlich darauf berechnet, die Entwicklung des Individuums auf ihre höchste Stufe zu bringen. Eben deshalb ist eine Gesellschaftsordnung gar nicht zu denken, ohne die alle ihre Zustände und Entwicklungen durchdringende Bewegung des individuellen Interesses. Die Gesellschaft ist derjenige Organismus, dessen sittliche Aufgabe und Idee die höchste geistige Entwicklung des Individuums ist.

Allein zweitens geht in diesem Prinzip der Gesellschaft *die Gemeinschaft notwendig unter,* indem das individuelle

Interesse jede Gestalt der Gemeinschaft als Mittel für den einzelnen, nicht aber für das Ganze braucht. Nun aber ist die Gemeinschaft, wie gezeigt worden, die absolute Bedingung für die Entwicklung jedes einzelnen. Und somit ergibt sich, daß das *Prinzip* der Gesellschaft, das individuelle Leben und seine höchste Entfaltung, die *Bedingung* desselben, die Gemeinschaft der Individuen und die Erhebung der einzelnen *durch* die Gemeinschaft, beständig wieder auflöst.

Dies ist die Natur des Lebens der Gesellschaft, das Gesetz ihrer Bewegung, das durch ihre eigensten Elemente gegeben ist. Und in der Tat werden wir demgemäß finden, daß wirklich auch die Gesellschaft in allen Formen und in allen Zeiten, sobald sie sich selbst überlassen ist, und in dem Grade mehr, in welchem sie sich mehr überlassen ist, sich mit mehr oder weniger raschen Schritten der Auflösung nähert.

Und jetzt erst sind wir im Stande, das absolute Wesen *des Staates* eben in der Aufgabe zu finden, welche ihm durch diese Natur der Gesellschaft und ihres Lebens gegeben wird.

Wenn nämlich die Natur des einzelnen die Gemeinschaft als Bedingung seiner eigenen Entwicklung fordert, was geschieht durch die Gesellschaft, welche diese Gemeinschaft dem individuellen Interesse dienstbar macht? Offenbar — es wird einigen einzelnen die Voraussetzung ihrer Entwicklung *dadurch* gefährdet und genommen, daß andere dieselbe für sich ausschließlich in Anspruch nehmen. Oder, es wird in der Gesellschaft das Interesse der einen nur dadurch erfüllt, daß das Interesse des anderen dadurch beeinträchtigt wird. Es ist keine Frage, daß dies, indem es die Aufgabe des individuellen Daseins nur für einige erfüllt, für andere aber nicht, nicht mit dem Wesen *aller* in Harmonie stehen könne. Oder endlich: die Gesellschaft ist ein notwendiger Organismus, weil in ihr das Individuum seine volle individuelle Entwicklung durch sich selber findet; aber *sie genügt nicht*, weil diese Entwicklung in ihr *nur für einzelne* möglich wird. Was *fehlt mithin*, wenn wir uns das Leben der Menschheit als ein Ganzes denken?

Es fehlt ein Organismus, dessen Wesen es ist, daß er seine eigene höchste Entwicklung und Vollendung nicht mehr in derjenigen *eines Teiles* der Gemeinschaft, sondern erst in derjenigen *aller* einzelnen finde, und zwar so, daß das Maß oder der Grad seiner eigenen Entwicklung in dem Grade gegeben sei, in welchem *alle* einzelnen ihre Entwicklung finden. Ein Organismus daher, der seiner eigensten Natur nach kein Sonderinteresse haben kann, sondern der notwendig der Vertreter der Interessen *jedes* einzelnen ist. Ein Organismus mithin, der das Interesse des einen gegen das des anderen *schützt,* und der dem Interesse aller einzelnen hilft. Das ist also endlich ein Organismus, der in der unendlichen Manigfaltigkeit der Einzelinteressen eben sowohl als in dem Gegensatz der zu selbständigen Körpern ausgebildeten Sonder- u. Klasseninteressen *dasjenige* als seine Aufgabe und sein höchstes sittliches Ziel setzt, was *allen zugleich* förderlich ist.

Aber es ist offenbar nicht genug, daß dieser Organismus bloß dies Wesen in sich habe. Denn es ist einleuchtend, daß die vorhandenen, die Gesellschaft bildenden Sonderinteressen sehr mächtig sein, und ihm in seiner Aufgabe mit aller Kraft entgegen treten werden. Er muß daher zweitens auch die *Macht* haben, jedes Sonderinteresse den wahrhaft allgemeinen Zwecken zu *unterwerfen.* Und da dies, wenn ihm so mächtige Sonderinteressen entgegenstehen, nur dann geschehen kann, wenn *alle* einzelnen ihm gehorchen, damit er mit der vereinten Macht aller jedes Besondere unterwerfe, so muß er jene Macht durch das Prinzip des Gehorsams *aller Teile* gegen ihn gewinnen.

Dies ist nun klar. Jetzt aber fragt es sich, wie man sich einen solchen Organismus denn nun zu denken habe. Denn er wird nicht auf dem Wege einer *freiwilligen Vereinbarung* entstehen können, da ja diejenigen, welche sich vereinbaren sollen, in der Volkswirtschaft, sowohl als in der Gesellschaft notwendig gerade in die Sonderinteressen gespalten sind, welche jener Organismus eben dem wahren Gemeininteresse unterwerfen soll. Es wäre ein absoluter Widerspruch, zu denken, daß diese Sonderinteressen aus sich heraus eine Gewalt schaffen sollten, welche sie eigens dazu bestimmten, sie selbst zu vernichten, und daß der Wille der einzelnen mithin, der notwendig, wie gezeigt ist, dahin geht, ein individuelles Interesse zu wollen, zugleich dahin gehen sollte, eine Macht über sich zu schaffen, die ihrer Natur nach dies individuelle Interesse *nicht* will. Ebensowenig wird jener Organismus durch seine eigene *Gewalt* entstehen. Denn diese soll er ja durch den Gehorsam der einzelnen haben, die ihm in seinem Kampfe gegen die Sonderinteressen zur Seite stehen; *dieselben* einzelnen aber haben ja gerade die Sonderinteressen, die sie bekämpfen sollen. Es ist daher, je mehr man die Frage betrachtet, um so klarer, daß man in ganz unlösbare Widersprüche verfällt, wenn man das Dasein und die Macht der besonderen Interessen — und mithin auch ihre Organisation in der Gesellschaft — *zugibt,* und dennoch annimmt, daß jener Organismus, der das allgemeine Interesse vertritt, durch den freien Willen oder durch die äußere Gewalt der einzelnen entstehen könne. Leugnet man aber andererseits das Dasein der Sonderinteressen und ihre gesellschaftliche Macht und Ordnung, so ist es ebenso klar, daß dann wiederum jene Macht überall nicht nötig ist. Mithin wird man erkennen, daß dieser dem Gesamtleben der Menschheit absolut notwendige Organismus mit seinem Prinzipe und seiner Macht einen anderen, und zwar einen von jedem einzelnen und seiner Willkür unabhängigen Grund seines Daseins haben muß.

Wo nun kann allein der Grund eines bewußten und handelnden Organismus liegen, der nicht in dem Willen seiner Glieder beruht? — Es ist keine Frage, dieser Grund kann nur *er selber* sein; das ist, ein Organismus, der sein eigener Grund ist. Einen solchen Organismus aber nennen wir eine Persönlichkeit.

Und jetzt können wir sagen, daß wenn sich die erste große Tatsache, das Individuum, zur Gesellschaft durch die Gemeinschaft und Vereinigung entwickelt, die zweite große Tatsache, die Einheit, *notwendig* als eine *selbständige Persönlichkeit* gedacht werden muß. Diese Einheit der Menschen nun, die nicht mehr von der Willkür oder dem Interesse der einzelnen abhängt, nennen wir den *Staat.* Und es ist demnach der Begriff des Staates, daß er die *zur selbständigen und selbsttätigen Persönlichkeit erhobene Einheit* der Menschen ist.

So nun scheiden sich die Gesellschaft und der Staat. Die

Gesellschaft ist derjenige Organismus unter den Menschen, der durch das Interesse erzeugt wird, dessen Zweck die höchste Entwicklung des einzelnen ist, dessen Auflösung aber dadurch erfolgt, daß in ihm jedes Sonderinteresse sich das Interesse aller anderen mit allen Mitteln unterwirft. Der Staat dagegen ist als selbständige Persönlichkeit von dem Willen und dem Interesse der einzelnen unabhängig, und da er die Einheit *aller* in seiner Persönlichkeit umfaßt, so ist es klar, daß die Interessen *jedes* einzelnen, mithin auch die Interessen desjenigen, der durch den Gegensatz der andern Interessen bedroht ist, zugleich *die Seinigen* sind. (S. 26 ff)

System der Staatswissenschaft, 2. Bd.: Die Gesellschaftslehre, Stuttgart u. Augsburg 1856.

*

Heinrich von Treitschke (1834—1896)

Historiker. Prof. in Freiburg, Berlin, Kiel, Heidelberg. 1886 als Nachfolger Rankes zum Historiographen des preußischen Staates ernannt. Als Schüler des deutschen Historismus steht er an der Wende von Idealismus zu Naturalismus. Das Wesen des Staates sieht er, der Einstellung des „realpolitisch" orientierten Großbürgertums der Bismarckära Ausdruck gebend, alleine in der Macht.

*Der Staat*

Der Staat ist das als unabhängige Macht rechtlich geeinte Volk. Unter Volk kurzweg verstehen wir eine Mehrheit auf die Dauer zusammenlebender Familien. Mit dieser Erkenntnis ist gegeben, daß der Staat uranfänglich und notwendig ist, daß er besteht, solange es eine Geschichte gibt und der Menschheit so wesentlich ist wie die Sprache . . .

Zum Wesen der Menschheit gehört der politische Trieb, der Drang der Staatsbildung ebenso unentbehrlich wie der Trieb der Sprachbildung . . . Ist nun die politische Fähigkeit dem Menschen angeboren und muß sie weiter ausgebildet werden, so erscheint es von vornherein ungehörig, den Staat als ein notwendiges Übel zu bezeichnen. Es handelt sich hierbei vielmehr um eine hohe Naturnotwendigkeit . . .

Haben wir den Staat als das rechtlich geeinte Volk begriffen, so ist darin schon enthalten, daß er eine dauernde Ordnung über die Länge der Zeit hin erstrebe. Ein Volk umfaßt nicht bloß die nebeneinander lebenden Menschen, sondern auch die nacheinander lebenden Geschlechter desselben Stammes ... Damit ist schon ausgesprochen, daß der Staat eine Persönlichkeit ist, zunächst im juristischen und weiter im moralisch-historischen Sinne. Wer mit rechtlicher Wirkung zu wollen vermag, der ist juristisch als eine Person zu begreifen. Nun ist ganz deutlich, daß der Staat diesen ernstlichen Willen besitzt, ja noch mehr, daß er die allerrealste juristische Persönlichkeit ist ... Noch deutlicher zeigt er sich als eine Persönlichkeit im moralisch-historischen Sinne. Die Staaten sind historisch aufzufassen als die großen Gesamtpersönlichkeiten der Geschichte, sie sind der Zurechnung und Schuld sehr wohl fähig, ja man kann von einer rechtlichen Schuld des Staates reden. Vor allem aber kann man von einem Charakter des Staates sprechen. Ebenso wie dem einzelnen Menschen gewisse Charaktereigenschaften anhaften, die er nicht ändern kann, er mag daran arbeiten, soviel er will, ebenso hat ein Staat gewisse Züge, die er nicht verwischen kann ...

... der Wille ist das Wesen des Staates. Die Rede von der organischen Entwicklung im Staate hat darum oft genug auch als ein Lotterbett der Trägheit gedient; alle, welche nicht wollen wollten, begnügten sich mit der Phrase: das muß sich alles organisch entwickeln. Man soll den Willen, die köstliche Kraft aus dem Leben des Staates nicht streichen.

Ist der Staat eine Persönlichkeit, so folgt daraus weiter die notwendige und vernunftgemäße Vielheit der Staaten. Wie im Menschenleben das Ich voraussetzt das Vorhandensein eines Nicht-Ich, so auch im Leben des Staates. Nur darum ist der Staat Macht, um sich zu behaupten neben anderen ebenso unabhängigen Mächten. Krieg und Rechtspflege sind die ersten Aufgaben auch des rohesten Barbarenstaates. Diese Aufgaben aber sind nur in einer nebeneinander bestehenden Vielheit von Staaten denkbar. Daher ist die Idee eines Weltreiches hassenswert; das Ideal eines Menschheitsstaates ist gar kein Ideal. In einem einzigen Staate könnte sich gar nicht der ganze Inhalt der Kultur verwirklichen ...

Die Geschichte trägt durchaus männliche Züge, für sentimentale Naturen und für Weiber ist sie nicht. Nur tapfere Völker haben ein sicheres Dasein, eine Zukunft, eine Entwicklung; schwache und feige Völker gehen zugrunde, und von Rechts wegen. In diesem ewigen Für und Wider verschiedener Staaten liegt die Schönheit der Geschichte; diesen Wettstreit aufheben zu wollen ist einfach Unvernunft ...

*Der Staat ist Macht*

Betrachten wir weiter unsere Definition: „Der Staat ist das als unabhängige Macht rechtlich geeinte Volk", so können wir das kürzer auch so ausdrücken: der Staat ist die öffentliche Macht zu Schutz und Trutz. Der Staat ist zunächst Macht, um sich zu behaupten. Er ist nicht die Totalität des Volkes selber, wie Hegel in seiner Vergötterung des Staates annahm, das Volk geht nicht ganz in ihm auf; aber der Staat schützt und umfaßt das Leben des Volkes äußerlich ordnend nach allen Seiten hin. Er fragt grundsätzlich nicht nach der Gesinnung, er verlangt Gehorsam; seine Gesetze müssen gehalten werden, ob gern oder ungern ... Was der Staat braucht, ist zunächst das Äußerliche; er will, daß ihm gehorcht werde, sein Wesen ist zu vollbringen, was er will ... Welch ein Gegensatz zu dem Leben der Kirche. Man kann sagen: die Macht ist das Prinzip des Staates, wie der Glaube das Prinzip der Kirche, die Liebe das der Familie ist ... Der Staat sagt: mir ist es ganz einerlei, was ihr dabei denkt, aber gehorchen sollt ihr. Das ist der Grund, warum zarte Naturen das Staatsleben so schwer verstehen ... Man kann das vollkommen begreifen, denn hart ist der Gedanke der Macht freilich, sich durchzusetzen ganz und unbedingt ist hier das Höchste und Erste. Daher sind eigentliche Staatsvölker nicht sowohl die besonders genial angelegten Nationen, sondern solche, deren Kraft im Charakter liegt ...

In alledem liegt eine innere Notwendigkeit. Der Staat ist keine Akademie der Künste; wenn er seine Macht vernachlässigt zugunsten der idealen Bestrebungen der Menschheit, so verleugnet er sein Wesen und geht zugrunde. Die Verleugnung der eigenen Macht ist für den Staat recht eigentlich die Sünde wider den heiligen Geist ... Die Souveränität im juristischen Sinne, die vollkommene Unabhängigkeit des Staates von jeder anderen Gewalt auf Erden liegt dergestalt in seinem Wesen, daß man sagen kann, sie ist gegeradezu das Kriterium für die Natur des Staates. Wo irgend eine menschliche Genossenschaft besteht, die sich die Souveränität erobert hat, da ist sie Staat ...... was ist der unveräußerliche Kern der Souveränität? Dieser Kern liegt juristisch in der Befugnis, den Umfang der eigenen Hoheitsrechte selbst zu bestimmen, politisch im Recht der Waffen. Ein Staat, der keine Waffen hat, der nicht imstande ist nach seinem Ermessen das Schwert zu ziehen, ist untertan der höheren Gewalt, welche für ihn das Kriegsrecht hat ...

Außer diesen beiden wesentlichen Rechten der Souveränität des Staates gehört nun aber zum Wesen seiner Unabhängigkeit ... die Fähigkeit, sich selbst zu genügen. In diesem Begriffe liegt zunächst, daß der Staat aus einer genügenden Anzahl von Familien besteht, um durch Fortpflanzung seine Dauer sichern zu können. Darin liegt weiter die Forderung einer gewissen Größe ...

Die ganze Entwicklung unserer Staatengesellschaft geht also unverkennbar darauf aus,die Staaten zweiten Ranges zurückzudrängen. Und da eröffnen sich, wenn wir die nichteuropäische Welt mit in Betracht ziehen, unendlich ernste Aussichten auch für uns. Bei der Verteilung dieser nichteuropäischen Welt unter die europäischen Mächte ist Deutschland bisher immer zu kurz gekommen, und es handelt sich doch um unser Dasein als Großstaat bei der Frage, ob wir auch jenseits der Meere eine Macht werden können ... (Es kann eine Zeit kommen, wo Staaten ohne überseeische Besitzungen gar nicht mehr zu den Großstaaten zählen werden ...)

### *Staat und bürgerliche Gesellschaft*

Wir kommen zu der letzten Betrachtung, die sich aus unserer Definition ergibt. Danach ist der Staat das rechtlich geeinte Volk. Um diesen Satz zu verstehen, müssen wir den Begriff der bürgerlichen Gesellschaft heranziehen. Die bürgerliche Gesellschaft ist der Inbegriff der Verhältnisse gegenseitiger Abhängigkeit, welche mit der natürlichen Ungleichheit der Menschen, mit der ungleichen Verteilung von Besitz und Bildung gegeben sind und durch den Verkehr in einem unendlichen Werden sich täglich neu gestalten ... Betrachtet man nun näher dieses ganze Geflecht gegenseitiger Abhängigkeitsverhältnisse, das man als bürgerliche Gesellschaft bezeichnet, so ist deutlich, daß alle Gesellschaft von Natur eine Aristokratie bildet ... Um es kurz zu sagen: alle bürgerliche Gesellschaft ist Klassenordnung ...

Die Gesellschaft ist ein Durcheinander aller möglichen Interessen, die sich bekämpfen, und wenn sie sich selbt überlassen wären, so würden sie sehr bald zu einem bellum omnium contra omnes gelangen. Denn die natürliche Tendenz der Gesellschaft ist Kampf, von einem Einheitsbedürfnis in ihr kann gar nicht die Rede sein ... ... die rechtliche Einheit, die dieser Vielheit der Interessen entgegengesetzt ist, ist der Staat ... Recht und Friede und Ordnung kann der Vielheit sozialer Interessen in ihrem ewigen Kampfe nicht von innen heraus kommen, sondern nur von derjenigen Macht, die über der Gesellschaft steht, ausgerüstet mit einer Gewalt, welche die wilde soziale Leidenschaft zu bändigen vermag. (S. 13 ff.)

Politik, 2 Bde., 1. Bd., 4. Aufl., Leipzig 1918.

*

MAX VON SEYDEL (1846—1901)

Staatsrechtler. Prof. in München. Vertritt eine „realistische“ Theorie, die das Wesen des Staates in der Herrschaft sieht, der das Recht als „Machtbegriff“ untergeordnet ist.

*Staat und Herrscher*

Wir stehen nicht an zu behaupten, daß die Frage nach der Entstehungsweise des Staates im Menschengeschlechte für unsere Wissenschaft eine gänzlich gleichgültige ist; denn das Recht ist erst durch den Staat da. Für unsere Wissenschaft ist der Staat einfach eine Tatsache, eine gewaltige Tatsache sogar ...

Wenn wir den Staat eine Tatsache nannten, so haben wir hiermit einen Satz ausgesprochen, dem wir eine nicht unbeträchtliche Tragweite beimessen. Es ist hiermit jede Herstellung des Staatsbegriffs a priori verworfen ...

Für den Staat haben wir ... als begriffliche Erfordernisse gewonnen:

1. Land und Leute, welche
2. ein höchster Wille beherrscht.

Aus diesem Satze selbst erhellt klar, daß der Staat keineswegs der beherrschende Wille ist oder den beherrschenden Willen hat. Vielmehr ist er von demselben verschieden; er ist nicht der Wille, sondern dessen Gegenstand. Der Herrscherwille ist *über* dem Staate und das Unterworfensein unter denselben gibt Land und Leuten die staatliche Eigenschaft. Man nennt dieselben nur Staat, wenn sie beherrscht werden, ähnlich wie man die Sache nur Eigentum nennt, wenn sie einen Herrn hat. Es ist daher ein wissenschaftlich durchaus verwerflicher Sprachgebrauch, welcher den Staat mit dem herrschenden Willen gleichsetzt, dem Staate einen Willen zuschreibt. Staat und Herrscher sind sosehr zweierlei, wie Eigentum und Eigentümer, was sich insbesondere darin zeigt, daß der Herrscher seine Herrschaft auch verlieren kann. (S. 2 f.)

### *Der Staatszweck*

Da die menschliche Handlung als Handlung eines vernunftbegabten Wesens stets einen Zweck verfolgt, so hat auch der durch menschliche Willensäußerung hervorgerufene Staat einen Zweck und zwar keinen andern als den, die Gesamtinteressen der in ihm vereinigten Menschen zu verfolgen. Darum ist der staatsbeherrschende Wille seinem Zwecke nach kein egoistischer, der Herrscher hat als solcher nicht individuelle Interessen, sondern die Gesamtinteressen der Staatsangehörigen wahrzunehmen. „Salus populi suprema lex esto“. Diese Schranke des Herrscherwillens ist aber keine rechtliche, da das Recht erst vom Herrscher seinen Ausgang nimmt, sondern eine natürliche d. h. aus der Natur der Herrschaft selbst abgeleitete. Sobald daher der Wille des Herrschers diese seine natürliche Schranke überspringt, zum egoistischen wird (Tyrannis, Klassenherrschaft) und sich in Gegensatz zu den Gesamtinteressen der Staatsangehörigen stellt, vernichtet er die Grundlage des Staates und gerät mit seinem eigenen Wesen in Widerspruch. Die staatlich vereinigten Individuen finden sich nicht mehr staatlich beherrscht, die Gesellschaft sieht sich an den Ausgangspunkt ihres staatlichen Daseins zurückversetzt. Die Folgerung aus dem Widerspruche, in den sich der Herrscher mit dem Zwecke seiner Herrschaft gesetzt hat, sieht die Gesellschaft in der *Revolution.*

Die gleiche Wirkung muß aus gleicher Ursache auch dann eintreten, wenn der Herrscher zwar nicht egoistisch, aber doch zweckwidrig will. Die Revolution ist sonach der Akt, in welchem die Individuen die verloren gegangene staatliche Einigung wieder suchen; sie ist darum — in diesem wissenschaftlichen Sinne — nicht Rechtsbruch, sondern Schaffung der Grundlage für eine neue Staats- und Rechtsbildung. Ebensowenig ist aber auch das Verhalten des Herrschers selbst, welches Ursache der Revolution ist, ein rechtswidriges. Denn derjenige, von dem das Recht ausgeht, steht über dem Rechte. Der Herrscher, welcher die sinnlosesten Gesetze gibt, hat das Recht nicht verletzt; denn das Recht entstammt seinem Willen. Aber er hat gegen die eigene Natur seiner Herrschaft gesündigt. Das staatswidrige Handeln des Herrschers und die Revolution der Gesellschaft fallen beide aus den Grenzen des Rechtes hinaus. (S. 8 f.)

### *Recht, Sittlichkeit und Macht*

Recht und Moral [sind] nicht nur, wie man gewöhnlich sagt, keine deckenden Begriffe . . ., sondern . . . sie [können] auch geradezu in Gegensatz treten . . . Es ist möglich, daß ein Rechtsgebot mit einem Verbot der Moral, daß ein Rechtsverbot mit einem Sittlichkeitsgebot in Widerstreit kommt. Diese Möglichkeit ergibt sich aus der . . . absoluten Natur der Herrschaft und aus dem Wesen des Rechtes als eines Machtbegriffes. Man kann sonach nicht allgemein jede Rechtswidrigkeit als Unsittlichkeit bezeichnen, sondern muß zugeben, daß im gegebenen Falle das Rechtswidrige sittlich, das Rechtmäßige unsittlich sein könne. Es hat aber der Begriff der Sittlichkeit seine Wurzel im subjektiven Bewußtsein des Menschen und darum ist auch er kein ewiger, unabänderlicher. Was zu einer Zeit und bei einem Volke als sittlich gilt, kann zur anderen Zeit und bei einem andern Volke als unsittlich erachtet werden. Der Kampf zwischen Recht und Sittlichkeit wird als Machtfrage gelöst. Ist ein sittliches Bewußtsein im ganzen Volke oder in einem stärkeren Teil desselben lebendig und fühlt es sich durch den Herrscherwillen verletzt, so tritt jener Vorgang ein, welchen wir oben als Revolution bezeichneten. Ist dagegen dieses Gefühl nur in einzelnen oder in solchen Individuen vorhanden, welchen die physische Möglichkeit fehlt, das widerstreitende Recht an seiner Wurzel, der Macht anzugreifen, dann entsteht ein Zwiespalt voll der erschütterndsten Tragik. Ein Blick auf die Geschichte der Menschheit zeigt uns derartige Vorgänge in trauriger Fülle ...

Nicht der Zweck des Rechtes ist es freilich, dem Interesse oder dem sittlichen Gefühle feindlich entgegenzutreten, aber dadurch, daß es dies tut, hört es noch nicht auf, Recht zu sein. Denn der Grund des Rechtes ist die Herrschaft, der Grund der Herrschaft ist die Macht ...

*Die Herrschaft ist lediglich die Tatsache der Macht über den Staat,* eine Tatsache, *aus welcher sich das Recht erst erzeugt ...*

[Es ist eine] unumstößliche Wahrheit: es gibt kein Recht *ohne* den Herrscher, *über* dem Herrscher oder *neben* dem Herrscher; es gibt nur ein Recht *durch* den Herrscher. (S. 10 ff.)

Grundzüge einer allgemeinen Staatslehre, Würzburg 1873.

*

## Oswald Spengler (1880—1936)

Geschichtsphilosoph. Sein Hauptwerk „Der Untergang des Abendlandes“ erlangte in der Weimarer Zeit große Verbreitung. Von GOETHE, NIETZSCHE und der Lebensphilosophie beeinflußt, entwickelte er eine naturalistische Morphologie der Weltgeschichte. Der Staat ist rücksichtsloser Wille zur Macht.

### *Der Staat*

[In] der geschichtlichen Wirklichkeit gibt es keine Ideale; es gibt nur Tatsachen. Es gibt keine Wahrheiten; es gibt nur Tatsachen. Es gibt keine Gründe, keine Gerechtigkeit, keinen Ausgleich, kein Endziel; es gibt nur Tatsachen — wer das nicht begreift, der schreibe Bücher der Politik, aber er *mache* keine Politik ...

Die Schicksalsfrage für wirklich vorhandene und nicht in den Köpfen entworfene Staaten ist aber nicht die ihrer idealen Aufgabe und Gliederung, sondern die ihrer *inneren Autorität,* die auf die Dauer nicht durch materielle Mittel aufrechterhalten wird, sondern durch das Vertrauen selbst der Gegner auf ihre Leistungsfähigkeit. Die entscheidenden Probleme liegen *nicht* in der Ausarbeitung von Verfassungen, sondern in der Organisation einer gut arbeitenden Regierung; nicht in der Verteilung politischer Rechte nach „gerechten" Grundsätzen, die in der Regel nichts sind als die Vorstellung, welche *ein Stand* sich von seinen berechtigten Ansprüchen macht, sondern im arbeitenden Takt des Ganzen — arbeiten wieder im Sportsinne verstanden: die Arbeit der Muskeln und Sehnen im gestreckten Galopp eines Pferdes, das sich dem Ziel nähert — in jenem Takt, der starke Begabungen von selbst in seinen Bann zieht; und endlich nicht in einer weltfremden Moral, sondern in der Beständigkeit, Sicherheit und Überlegenheit der politischen Führung. Je selbstverständlicher das alles ist, je weniger man darüber redet oder gar streitet, desto vollkommener ist ein Staat, desto höher ist der Rang, die geschichtliche Leistungsfähigkeit und damit das Schicksal einer Nation. Staatshoheit, Souveränität ist ein Lebenssymbol erster Ordnung. Sie unterscheidet *Subjekte und Objekte* der politischen Ereignisse nicht nur in der inneren, sondern, was sehr viel wichtiger ist, in der äußeren Geschichte. Die Stärke der

Führung, die in der klaren Scheidung beider Faktoren zum Ausdruck kommt, ist das unzweideutige Kennzeichen der Lebenskraft einer politischen Einheit und zwar bis zu dem Grade, daß die Erschütterung der bestehenden Autorität etwa durch die Anhänger eines entgegengesetzten Verfassungsideals so gut wie immer nicht etwa diese Anhängerschaft zum Subjekt der inneren, sondern die ganze Nation zum Objekt einer fremden Politik macht und zwar sehr oft für immer.

Aus diesem Grunde ist in jedem gesunden Staat der Buchstabe der geschriebenen Verfassung von geringer Bedeutung gegenüber dem Brauch der lebendigen „Verfassung" im Sportsinne, die sich aus Erfahrungen der Zeit, der Lage und vor allem aus den Rasseneigenschaften der Nation ganz von selbst und unbemerkt entwickelt hat. Je kräftiger diese *natürliche* Form des Staatskörpers herausgebildet ist, desto sicherer arbeitet er in jeder unvorhergesehenen Lage, wobei es zuletzt ganz gleichgültig wird, ob der tatsächliche Führer den Titel König, Minister, Parteiführer oder überhaupt kein bestimmbares Verhältnis zum Staate besitzt ... In jedem Falle aber ist der Staat auf eine Minderheit von staatsmännischem Instinkt angewiesen, welche den Rest der Nation im Kampf der Geschichte repräsentiert.

Deshalb muß die Tatsache unzweideutig ausgesprochen werden: es gibt *nur* Standesstaaten, Staaten, in denen ein einzelner Stand *regiert*. Man verwechsle das nicht mit dem Ständestaat, dem der einzelne nur vermöge seiner Zugehörigkeit zu einem Stande *angehört*. Das letzte ist der Fall in der älteren Polis, in den Normannenstaaten von England und Sizilien, aber auch in dem Frankreich der Verfassung von 1791 und in Sowjetrußland. Das erste bringt dagegen die allgemeine geschichtliche Erfahrung zum Ausdruck, daß es stets eine einzige soziale Schicht ist, von welcher, gleichviel ob verfassungsmäßig oder nicht, die politische Führung ausgeht. Es ist immer eine entschiedene Minderheit, welche die welthistorische Tendenz eines Staates vertritt, und innerhalb dieser wieder eine mehr oder weniger geschlossene Minderheit, welche die Leitung kraft ihrer Fähigkeiten tatsächlich, und oft genug im Widerspruch mit dem Geist der Verfassung in Händen hat ...

Das ist die Organisation *wirklicher* Staaten im Unterschied von den auf dem Papier und in den Köpfen von Schulfuchsern entstandenen. Es gibt keinen besten, wahren, gerechten Staat, der entworfen und irgendwann einmal ververwirklicht werden könnte. Jeder in der Geschichte auftauchende Staat ist nur einmal da und ändert sich unbemerkt mit jedem Augenblick, auch unter der Kruste einer noch so starren gesetzlich festgelegten Verfassung. Deshalb bedeuten Worte wie Republik, Absolutismus, Demokratie in jedem einzelnen Falle etwas anderes und werden zur Phrase, sobald man sie als feststehende Begriffe anwendet, wie es unter Philosophen und Ideologen Regel ist. Eine Staatengeschichte ist Physiognomik und nicht Systematik. Sie hat nicht zu zeigen, wie „die Menschheit" allmählich zur Eroberung ihrer ewigen Rechte, zu Freiheit und Gleichheit und der Entwicklung des weisesten und gerechtesten Staates fortschreitet, sondern die in der Tatsachenwelt wirklich vorhandenen politischen Einheiten zu beschreiben, wie sie aufblühen, reifen und welken, ohne je etwas anderes zu sein als wirkliches Leben in Form. (S. 54 ff.)

Der Staat, Sonderdruck aus: Der Untergang des Abendlandes, München 1924.

*

## Hans Freyer (1887—1969)

Philosoph und Soziologe. Prof. in Kiel, Leipzig, Budapest, Ankara, Münster. Seine an der Lebensphilosophie und Hegel orientierte völkische Staatstheorie betont die imperialistische Machtnatur des Staates.

### *Der neutrale Staat*

Solange es die industrielle Gesellschaft gibt, ist der Staat entweder ein Surrogat oder ein Glücksfall. (I, S. 56)

[Der Staat ist] eine neutrale mittlere Zone, die ohne Gefahr für ihr eigenes Prinzip um so breiter werden kann, je vollständiger sie neutralisiert ist und je machtvoller die gesellschaftlichen Interessen, die sich um diesen offiziellen Schiedsrichter gruppieren, ihre Streitkräfte organisiert haben.

Es hat nicht viel Zweck zu fragen, ob dieser Staat der industriellen Gesellschaft Staat heißen dürfe, wieweit er sich vom „wahren“ Staat entfernt habe, ob er vielleicht dessen grades Gegenbild geworden sei. „Den“ Staat gibt es nicht. Jede geschichtliche Lage erzeugt ihren Staat. Jeder dialektische Umschwung der Geschichte bringt einen neuen Staat mit sich. Und daß ein geschichtliches Prinzip sich siegreich durchgesetzt hat und sein Zeitalter beherrscht, heißt vor allem dies: daß es seinen Staat gefunden hat.

Um so wichtiger ist es, sich klar zu werden, was der Staat der industriellen Gesellschaft ist, — und in welchem Sinne er nie Staat sein kann. Vermöge seiner Durchlässigkeit für geschichtliche Veränderungen ist der Staat nahezu unbegrenzt wandlungsfähig. Nicht nur seine Form und sein Apparat, auch seine Rolle im gesellschaftlichen Geschehen ist jedesmal anders, und es gibt beinahe nichts, was er nicht werden könnte. Hier aber hat der Staat wohl die tollste seiner Wandlungen erlebt. Er wird erst liberal, das heißt zum Kampfobjekt gemacht, dann von den herrschenden Gesellschaftsklassen mit Beschlag belegt, dann nochmals umkämpft und schließlich zwischen den kämpfenden Klassen proportional aufgeteilt. Er wird demokratisiert, das heißt den Spitzenorganisationen der Interessengrupen zu gemeinsamem Besitz ausgeliefert. In dem Maße, wie sich die Interessen auf ihrem eigenen Boden, auf dem Boden der industriellen Gesellschaft einigen, wird der Staat eigentlich überflüssig, aber in demselben Maße wird er zugleich aufgefüllt: denn alle jene Einigungen bilden eine neutrale Zone, und wenn sie langfristig sind, verfestigen sie sich sogar zu staatlichen Institutionen. Dieser Staat ist die Selbstorganisation der industriellen Gesellschaft, — vielmehr das Produkt ihrer bisherigen Kompromisse und der vorausgesehene Rahmen für ihre zukünftigen. Er ist pluralistisch: das heißt alles, was in ihm reale Entscheidungsgewalt ist, ist das Vielerlei der gesellschaftlichen Interessen, und was an ihm Einheit ist, ist nicht reale Entscheidungsgewalt. Dieser Staat hat kein Subjekt: er beruht auf einer Mehrheit von wohlgerüsteten, schlagfertig organisierten Gesellschaftsmächten, die sich das Gleichgewicht halten, und er ist der neutrale Streifen, der sich in ihren Kampfhandlungen bildet. Dieser Staat ist kein bindendes Gesamtbewußtsein und kein konstanter Wille. Sondern er ist ein Apparat zur Regulierung des gesellschaftlichen Kräftespiels, einstellbar je nach Lage; er ist ein Stellensystem, dessen Besetzung in einer ausreichenden Schwingungsbreite mit den Veränderungen der gesellschaftlichen Machtlage variiert. Er ist die Summe alles dessen, was paritätisch geregelt werden kann, ohne daß das Prinzip der industriellen Gesellschaft eingeengt wird. Er ist die Summe alles dessen, was unpolitisch ist. (I, S. 59 f.)

### *„Revolution von rechts"*

Es gibt Epochen, in denen die Gesellschaft alles und eben darum der Staat nichts ist. (I, S. 69) [Aber es] erwacht inmitten des Systems der industriellen Gesellschaft das Volk zu politischem Leben: es wird geschichtlicher Wille, es wird Staat, — und in dieser wachen und festen Form beginnt es seinen Angriff gegen das vergangene Prinzip, das die Gegenwart beherrscht. Das heißt: „von rechts".

Es ist also geradezu der erste notwendige Schritt der Revolution von rechts, daß sie den Staat emanzipiert: ihn aus der Hand der gesellschaftlichen Interessen befreit, die ihn in Besitz genommen und zur neutralen Umschlagsstelle für ihre Transaktionen gemacht haben ... Emanzipation des Staates heißt also etwas viel Handfesteres, als daß eine Form von ihrem bisherigen Inhalt abgehoben würde. Es heißt, daß sich neben dem Staat der industriellen Gesellschaft, ihm gegenüber, jedenfalls als der andere Kern der Gegenwart, ein neuer Staat bildet, und daß die politische Wirklichkeit jenem entgleitet und diesem zuströmt.

Auf diesem dialektischen Wege: nicht durch Abstraktion und stille Umdeutung, sondern durch Entgegensetzung und Revolution, wird der Staat von der Gesellschaft emanzipiert. Indem das Volk durch das System der industriellen Gesellschaft durchbricht, wird der gesellschaftlich erfüllte, gesellschaftlich neutralisierte Staat gleichsam von innen her umgestülpt. In den Subjektlosen schießt ein drängendes, forderndes, tatbereites Subjekt ein. Der Vielfältige wird zur Einheit einer Stoßkraft zusammengezogen. In dem Willenlosen springt politischer Wille auf. In dem Gleichgewichtigen erwacht Leben, in dem Unpolitischen Geschichte ...

Überall, wo sich unausgetragene Geschichte aufstaut, überall wo sich Menschen besinnen, daß sie mehr als gesellschaftliches Interesse sind, überall wo sich Front gegen das Prinzip der industriellen Gesellschaft bildet, wird Volk frei ...

Jene unterirdische Einheit der Natur und des Geistes, die die Substanz des Volkes ausmacht, tritt hier, gleichsam zu einer Flut verflüssigt, zutage ...

Es muß politische Kraft und politischer Griff werden: Staat, der die Sache des Volks hart auf hart führt, — Demokratie, die hier zum erstenmal nicht Vorbau und Lüge, sondern bewußt gewordenes und geschichtlich handelndes Volk bedeutet ...

Das Volk, zumal das revolutionäre, ist kein Körper, sondern ein Kraftfeld. Der Staat, zumal der revolutionär handelnde, ist nicht die Haut oder das Fell oder der Panzer jenes Körpers, sondern er ist die Integration jenes Kraftfeldes zu politischer Geschichte. In millionenfältigen Antrieben und Auftrieben regt sich das Volk: ein lebendiger Raum, der in allen seinen Elementen zittert. Der Staat ist nichts als die geschichtliche Dynamik, zu der dieser Raum zusammenschießt. Er ist nichts als das politisch werdende Volk, — aber das ist viel. Er ist das Erwachen des Volkes aus zeitlosem Dasein zur Macht über sich selbst und zur Macht in der Zeit. (I, S. 61 ff.)

*Der wahre Staat*

Das Ziel des Geistes ist der Staat. (II, S. 20) [Der] Staat ist die Vollendung der Kultur, er ist der Geist am Ziel. (II, S. 29) Das Gefüge des Staates ist die echte Synthesis aller bisherigen Formen des Geistes. (II, S. 96)

Durch politische Tat führt der Staat den Geist zu seinem Ziel: daß sich ein Menschentum seinen eigenen Schicksalsraum erschafft. (II, S. 99)

Der Staat [muß] alle seine Teile in jedem Moment zur totalsten Operation zusammenspielen lassen, will er der geschlossene, unentfliehbare Schicksalsraum für sein Menschentum sein. Er muß aus allen gültigen Formen zuerst ein Ganzes machen — sonst ist er keine wirkliche Welt, soviele einzelne Gültigkeiten auch absolut gelten mögen. Er muß die vielen Formen und Formzusammenhänge der Kultur so über-, unter- und nebeneinander ordnen, daß keine mehr absolut im eigenen Raum steht, sondern jede an bestimmter Stelle im gemeinsamen Raum. Er muß sie so aneinanderschließen, daß sie eine geschlossene Front bilden; so miteinander verketten, daß in jedem Glied der Halt und die Spannung der ganzen Kette wirkt; so miteinander verstricken, daß jede Wirkung eine Wirkung des Ganzen ist, die an dieser bestimmten Stelle nur zum Austrag kommt. Er muß aus ihnen allen ein Reich bauen: ein Reich aus Formen, in dem jede einzelne Gültigkeit von der Gültigkeit des Ganzen getragen wird und die Gültigkeit des Ganzen in sich konzentriert — so wie die natürliche Wirklichkeit ein Reich ist, in dem jede einzelne Kraft von der Kraft des Ganzen getragen wird und die Kraft des Ganzen in sich konzentriert ... (II, S. 103)

Der Staat ist von außen nach innen gesehen Macht, Gesetz und Form. In ihrer Dreiheit wiederholt sich die Dreiheit der Epochen, die der Geist nacheinander durchlief, umgesetzt aus einem Stufengang, in die wesentliche Schichtung des endgültigen Gefüges. (II, S. 132) Sinn und Verfahren der Macht sind identisch mit Sinn und Struktur des Staats. (II, S. 131) Das eigentliche und einzige Subjekt der Macht ist und bleibt die Einheit des Reichs. (II, S. 136)

Der Staat ist nicht ausschließlich Macht; Macht ist nur der Beginn des ideellen Wegs, der im Gefüge des Staats von außen nach innen, von der Grenze zum Sinn verläuft. Aber der Staat ist notwendig und unaufhebbar Macht. Seine Einheit, seine Wirklichkeit, seine Objektivität, seine Lebendigkeit, seine Gespanntheit zwischen den Polen Reich und Volk, sein Ethos des ewigen Werdens — alles also, was seinen Sinn ausmacht, findet in seiner Machtnatur die erste härteste und prägnanteste Erscheinung. Und wie der Staat mit der Macht beginnt und in ihr bereits der volle Akkord seines Wesens angeschlagen wird, so endet die Macht mit dem Staat. Im Staat vollendet sich die Macht zu dem, was ihr Wesen ist: zur Souveränität. Im Staat verwirklicht die Macht ihren Sinn: aus harten Mitteln ein herrliches Ganzes, aus gültigen Formen die Einheit eines Schicksals, aus bloßem Leben ein Gebilde des Geistes zu schaffen. (II, S. 139 f.)

Alle Politik denkt nach den Kategorien Sieg und Niederlage, ist Kampf, rechnet stets mit allen Mitteln des Kampfs, rechnet also auch stets mit dem Krieg. Alle Politik ist Drohen mit dem Krieg, Vorbereiten des Kriegs, Hinausschieben oder Beschleunigen des Kriegs, Anzetteln oder Verhindern des Kriegs, kurz, (um ein bekanntes Wort umzukehren), Fortsetzung des Kriegs mit veränderten Mitteln...

Ist dem so, so kann auch die innere Form, die sich der Staat für den Zweck des Krieges gibt, nicht wider seine Natur laufen, denn sie ist die Bedingung für seine Existenz als Staat unter den Staaten. (II, S. 142)

Revolution von rechts, Jena 1931 (I).
Der Staat, 2. Aufl., Leipzig 1926 (II).

## Theodor Eschenburg (geb. 1904)

Prof. für wissenschaftliche Politik in Tübingen. Betont, in der Tradition des Positivismus stehend, den Herrschaftscharakter des Staates.

*Der Staat*

Was ist aber nun dieser hinter den Erscheinungsformen stehende Staat? Was kennzeichnet ihn? Was für Merkmale müssen vorhanden sein, damit man von einem Staat im rechtlichen Sinne sprechen kann? Diesen allgemeinen, zur Kennzeichnung aller Staaten verwendbaren Staatsbegriff erhalten wir, wenn wir die gemeinsamen Merkmale, die Eigenschaften, die die Staaten von allen anderen Gebilden dieser Erde unterscheiden, feststellen.

Betrachten wir unter diesem Gesichtspunkt die Staatenwelt, so finden wir als erstes Charakteristikum, daß der

Staat Befehlsgewalt, Herrschaftsgewalt hat. Der Staat befiehlt Menschen. Er trifft Anordnungen, sei es für eine Vielzahl von Fällen (durch Rechtsvorschriften), sei es für einzelne Fälle (durch Anweisung seiner Behörden). Wird diesen Anordnungen nicht Folge geleistet, so kann der Staat ihre Befolgung erzwingen, und zwar mit Gewalt erzwingen. Allein der Staat ist hierzu berechtigt. Er hat das Monopol der Gewaltsamkeit. Er hat eine echte Herrschaftsgewalt. Man nennt diese Gewalt die *Staatsgewalt.*

Diese Staatsgewalt entfaltet ihre Wirksamkeit auf einem bestimmten Gebiet, dem sogenannten *Staatsgebiet.* Fast die ganze Erde ist in solche Staatsgebiete eingeteilt. Gebiet kommt von „gebieten" = befehlen. Staatsgebiet bedeutet also „Staatsbefehlsbereich". Alle Menschen, die sich innerhalb des Staatsgebiets aufhalten, sind der betreffenden Gewalt des Staates unterworfen. Die Staatsgewalt ist aber gleichzeitig auch auf dieses Gebiet beschränkt. Ihre Wirksamkeit reicht nicht über die Staatsgrenzen hinaus, so wie die fremde Staatsgewalt jenseits der Grenze nicht hereinreicht ...

Zu jedem Staat gehört eine bestimmte Gruppe von Menschen, die zu ihm in einem dauernden besonderen Rechtsverhältnis stehen, d. h. die dem Staat gegenüber besondere Rechte und Pflichten haben. Es sind dies die Angehörigen des Staates oder das *Staatsvolk.*

Wie die Erde in Staatsgebiete eingeteilt ist, so gliedert sich die Menschheit in Staatsvölker ...

Schließlich dient der Staat *Zwecken,* die keine andere Gemeinschaft erfüllen kann, da es ihr an der hierzu erforderlichen Macht fehlt, insbesondere an der Möglichkeit, ihre Anordnungen mit Gewalt durchzusetzen. Ein Hauptzweck des Staates ist z. B. die Sicherung der Ordnung im Innern und die Verteidigung nach außen. Diesen Zweck kann nur der Staat erfüllen. Es können sich wohl die Einwohner eines abgelegenen Dorfes zusammenschließen, um Diebe und Räuber abzuwehren; aber sie können niemanden — vor allem nicht außerhalb ihres Dorfgebietes — zu dieser Abwehr zwingen. Sie können sich zwar in ihrem kleinen Bereich schützen, aber sie können nicht die Ordnung im Gesamten herstellen ...

Menschen, die gemeinsam ein bestimmtes Gebiet bewohnen, z. B. einen Bauernhof oder ein Bauerndorf, bilden eine Gemeinschaft, die Hof- oder Dorfgemeinschaft; diejenigen, die sich zusammenschließen, um miteinander Fußball zu spielen, bilden eine Sportgemeinschaft. Die Familie ist eine Blutsgemeinschaft, die Angehörigen einer Kirche sind eine Glaubens- und Religionsgemeinschaft. Auch der Staat ist eine Gemeinschaft, ein Gesellschaftsgebilde. Er unterscheidet sich aber von allen anderen Gemeinschaften dadurch, daß er allein das ursprüngliche, von niemand anderem verliehene Recht hat, innerhalb eines bestimmten Gebietes zur Durchsetzung seiner Anordnungen Gewalt anzuwenden, daß er Menschen auch gegen deren Willen in seinen Verband hineinzwingen kann und daß er schließlich Zwecken dient, die zu erfüllen keine andere Gemeinschaft in der Lage ist. *Staatsgebiet, Staatsvolk, Staatsgewalt* und *Staatszweck* sind die vier besonderen Merkmale der Gemeinschaft des Staates, die keine andere Gemeinschaft aufweist. Nur wo diese vier gleichzeitig vorhanden sind, besteht ein Staat. (S. 15 ff.)

### *Staat und Gesellschaft*

Es ist ... die Aufgabe des Staates, die friedliche Daseinsgestaltung der Gesellschaft, das Zusammenleben und Zusammenwirken der Menschen zu sichern und zu schützen. Der Staat als Inhaber der Gewalt ist eine für die Gesellschaft unentbehrliche Einrichtung der Gesellschaft. Auch er ist ein gesellschaftliches Gebilde, aber dank seiner besonderen Merkmale einzig in seiner Art und daher mit keinem anderen Gesellschaftsgebilde vergleichbar. „Jeder Mensch gehört nur einem Staat, aber gleichzeitig einer ganzen Reihe von Gesellschaften an.“ (Alfred Vierkandt) Deshalb wird begrifflich zwischen Gesellschaft „als dem außerstaatlichen und sozialen (lat. *socius* = Genosse, *socialis* = gesellschaftlich) Sein“, in dem die Wechselbeziehungen zwischen den einzelnen den Charakter der Freiheit und die Organisation den „der Freiwilligkeit“ tragen einerseits und dem Staat als „Organisation der sozialen Zwangsgewalt“ (Rudolf von Ihering — deutscher Rechtslehrer 1818—1892) unterschieden ...

So bestehen drei grundlegende Beziehungsgruppen: die mitmenschlichen, die aus der Arbeitsordnung sich ergebenden und schließlich die politischen, also diejenigen zwischen Mensch und Staat wie auch die zwischen politischen Gesellschaftsgebilden untereinander, z. B. Parteien und Staat.

Die Gesellschaft befindet sich im Zustand ständiger Wandlung, wie gerade die Geschichte der letzten drei Jahrhunderte zeigt. Die gesellschaftliche Wandlung wirkt auf die staatliche Ordnung ein, wie umgekehrt diese auf die gesellschaftliche Ordnung.

Die Gesellschaft kann insofern als Gegenbegriff zum Staat verstanden werden. Staat und Gesellschaft stehen in einem dauernden Spannungsverhältnis, wobei der Grad der Spannung nach Ländern und Zeiten sehr verschieden sein kann. Es kann ein Machthaber mit einer kleinen, aber schwerbewaffneten Gefolgschaft die Staatsgewalt an sich reißen und mit ihrer Hilfe die gesellschaftliche Ordnung bestimmen. Andererseits kann eine Gruppe von Auswanderern einen neuen Staat gründen in der Weise, daß alle gleichberechtigt die Staatsordnung bestimmen und damit auch den gesellschaftlichen Zustand. Immer sind es aus der Gesellschaft hervorgegangene Kräfte, die die Staatsgewalt ausüben, wenn sie auch auf verschiedene Weise bestellt werden. Staat und Gesellschaft stehen also nicht isoliert nebeneinander, sondern bilden ein Ganzes ... So ist der Staat die Herrschaftsorganisation der Gesellschaft innerhalb seines Gebietes, während die ideelle Funktion des Staates darin besteht, das Zusammenleben und Zusammenwirken der Menschen zu sichern, also der Gesellschaft zu dienen. (S. 19 ff.)

Staat und Gesellschaft in Deutschland, München 1962.

*

Herbert Krüger (geb. 1905)

Rechtslehrer. Lehrtätigkeit in Berlin, Heidelberg, Straßburg, Hamburg. Vertritt eine an konservativ-autoritären Vorbildern geschulte Staatsauffassung.

*Das Kriterium des Staates*

Wenn man bereit ist, den Staat mit so schneidigen und durchgreifenden Waffen auszurüsten wie Souveränität, Macht oder Herrschaft, dann muß es hier offensichtlich um etwas gehen, dessen der Mensch absolut nicht entraten kann und um dessentwillen er daher das äußerste auf sich zu nehmen gewillt sein muß. Diese unentbehrlichste Voraussetzung allen menschlichen Wesens darf als *Existenz* angesprochen werden. Von den mancherlei denkbaren Existenzen des Menschen kommt nur die irdische Existenz für einen Einsatz des Staates in Betracht. Wenn diese Existenz damit in den Mittelpunkt der Staatsbetrachtung tritt, dann besagt dies nichs darüber, ob die irdische Existenz nicht unter anderen Aspekten als eine periphere, gleichgültige Angelegenheit erscheint.

Irdische Existenz meint Existenznot und Existenzangst. Die Zurückführung des Staates auf diesen seinen Urgrund wird heute erschwert durch den Umstand, daß er selbst es gewesen ist, der gemäß seiner Bestimmung die Existenz des Menschen immerhin so weit außer Frage gestellt hat, daß man in ihr um so weniger ein Problem sieht, je besser der betreffende Staat gearbeitet hat. Der Wohlfahrtsstaat pflegt vollends die Fragwürdigkeit aller menschlichen Existenz dem Blick des Menschen zu verbergen. Der Wohlstandsmensch ist hiermit so sehr einverstanden, daß er durchweg nicht mehr mit diesem Thema befaßt zu werden wünscht, geschweige denn daß er noch bereit wäre, zur Erhaltung der Existenz Opfer zu bringen. An die Stelle der Not ist Sicherheit, an die Stelle der Angst Optimismus getreten — beides jedenfalls an der Oberfläche. Die Bedrohtheit der Existenz ist im Bewußtsein der Menschen offensichtlich lediglich verdrängt und verdeckt —, ein höchst erstaunliches Phänomen in einem Augenblick, in dem dank der Atomwaffen die Existenz im handgreiflichsten Sinne des Wortes stärker bedroht ist, als dies jemals zuvor der Fall gewesen ist, — wenn man nicht gerade dieses Höchstmaß selbst für das vollständige Ignorieren der Unsicherheit aller Existenz verantwortlich machen will. Es bedarf keiner Hervorhebung, daß es in einer solchen Situation erst recht die Aufgabe der Staatstheorie ist, diesen Urgrund aller Staatlichkeit herauszuarbeiten und seine fundamentale Bedeutung darzustellen ...

Dergestalt vorläufig in ihrem Ansatz bestätigt, hat die selbständige Untersuchung als erstes klarzustellen, daß die Mittel-Zweck-Kategorie nicht geeignet ist, zur Erkenntnis desjenigen Kriteriums zu verhelfen, das den Staat von allen anderen menschlichen Verbindungen eindeutig unterscheidet. Soll nämlich der Staat als ein Mittel zu einem gemeinsamen Zweck der in ihm verbundenen Menschen begriffen werden, dann ist dabei vorausgesetzt, daß diese Menschen bereits vollständig und sicher existent seien. Gerade eine solche Voraussetzung kann jedoch nicht gemacht werden. Denn der Mensch ist niemals nur ein animal sociale insofern, als er sich zu Seinesgleichen hingezogen fühlt; er ist vielmehr ein gesellschaftliches Wesen, weil er ohne Mitmenschen im realsten Sinne des Wortes nicht eigentlich existent ist, und zwar weder in physischer noch in geistiger und sittlicher Hinsicht.

Mit alledem ist selbstverständlich nicht geleugnet, daß der Mensch auch in anderen Verbindungen als nur im Staat steht und daß auch diese status zu seiner Existenz beitragen. Aber in allen diesen Fällen geht es um Bereicherung, nicht aber um die nackte Existenz —, es handelt sich nicht nur um einen Quantitäts- sondern um einen Qualitätsunterschied. Es kann daher in weltlichen Dingen der Mensch äußerstenfalls aller Verbindungen entbehren mit Ausnahme des Staates. Staat denken ist daher in erster Linie das Bewußtsein der Notwendigkeit, in festester Verbundenheit zusammenstehen zu müssen, um jeder Bedrohung der elementaren Existenz gewachsen zu sein und durch die Aussicht hierauf als Mensch recht eigentlich erst existent zu werden. Erst wenn er dergestalt wirklich existiert, beginnt für den

Menschen die Möglichkeit, sich allein oder in Gemeinsamkeit mit Anderen Zwecke zu setzen und zu verfolgen.

Der Gesichtspunkt der Existenz hat sich als das unterscheidende Merkmal des Staates in dreifacher Hinsicht bestätigt —, als Existenzvollendung und als Existenzerweiterung in Zeit und in Raum, wobei diese drei Spielarten nicht nach- oder neben-, sondern als miteinander wirksam gedacht werden müssen. Diese Bestimmung des Staatskriteriums sieht sich alsbald dem Einwand ausgesetzt, das Kriterium „Existenz" besage viel zu wenig, als daß es zu einer sicheren Bestimmung und Unterscheidung verhelfen könne. Es ist gewiß richtig, daß alle gesellschaftlichen Gebilde existieren müssen, um wirken zu können. Aber diese Feststellung schließt nicht aus, daß für eines dieser Gebilde die Existenz so sehr vor jeder Wirksamkeit steht, daß die erste nicht mehr nur als ein Accidens der zweiten, sondern als das Essentiale begriffen werden muß. Dies läßt sich nur verkennen, wenn man dem Irrtum verfallen ist, Existenz verstehe sich von selbst und sei daher nicht gewichtig und nicht charakteristisch genug, um ein Unterscheidungsmerkmal abgeben zu können. (S. 190 ff.)

Mit der Feststellung, daß man Existenz schlechthin zu denken hat, wenn man Staat denken will, ist der Grundinhalt des Staatsbewußtseins nicht erschöpft . . .

Wenn man sich . . . die Faktoren und Kräfte der staatlichen Existenz nicht als natürlich existent und nicht als elementar wirksam vorstellen darf, dann erweist es sich auch an dieser Stelle wieder als Sinn der Staatlichkeit, das Zusammenleben der Menschen unabhängig zu stellen von den Zufälligkeiten und der Willkür ihrer Natur und sie als Staat in wesentlicher Gestalt und disziplinierter Wirksamkeit sich ihrer Natürlichkeit entgegentreten zu lassen. Was gemeint ist, bringt am anschaulichsten das Bild der „*Kanalisierung*" zum Ausdruck: Die Mächte des politischen Lebens sollen nicht zufällig, ungleichmäßig und unberechenbar, gewissermaßen katastrophenartig auftreten und dann mit ihrer ungebändigten Kraft weit und breit alles zerstören; sie sollen sich vielmehr in feste Bahnen zwingen und sich dadurch zu regelmäßiger und ergiebiger Wirksamkeit bringen. Der Zusammenhang dieser Notwendigkeit mit dem

Gesichtspunkt der Existenz liegt auf der Hand: Ließe man die gesellschaftlichen Faktoren und Kräfte im Naturzustand beharren und ihre Begegnungen elementar vor sich gehen, dann könnte von Existenz nicht mehr die Rede sein; ein Gemeinwesen, das durch blutigen oder unblutigen Bürgerkrieg von einer Krise in die andere gestürzt wird, führt allenfalls eine Scheinexistenz. (S. 198 f.)

Allgemeine Staatslehre, Stuttgart 1964.

*

HELMUT SCHELSKY (geb. 1912)

Soziologe. Prof. in Straßburg und Hamburg. Sein „technischer Staat" kann als zentrales Beispiel für einen technokratischen Konservatismus gelten.

*Der technische Staat*

Wir behaupten ..., daß durch die Konstruktion der wissenschaftlich-technischen Zivilisation ein neues Grundverhältnis von Mensch zu Mensch geschaffen wird, in welchem das Herrschaftsverhältnis seine alte persönliche Beziehung der Macht von Personen über Personen völlig verliert, an die Stelle der politischen Normen und Gesetze aber Sachgesetzlichkeiten der wissenschaftlich-technischen Zivilisation treten, die nicht als politische Entscheidungen setzbar und als Gesinnungs- oder Weltanschauungsnormen nicht verstehbar sind. Damit verliert auch die Idee der Demokratie sozusagen ihre klassische Substanz: an die Stelle eines politischen Volkswillens tritt die Sachgesetzlichkeit, die der Mensch als Wissenschaft und Arbeit selbst produziert. Dieser Tatbestand verändert die Grundlagen unserer staatlichen Herrschaft überhaupt; er wandelt die Fundamente der Legitimität, der Regierung als Herrschaft, der Staatsraison, der Beziehung der Staaten untereinander und so weiter.

Um diese These zu verdeutlichen, muß ich zunächst

darauf hinweisen, daß aus technischen, sozialen und politischen Gründen die moderne Technik in ihren Hochleistungsformen immer mehr staatlich, der Staat aber seinerseits immer mehr „technischer Staat“ wird ...

Mit diesen Entwicklungen hat sich das Wesen des Staates grundsätzlich verändert: Auch der moderne Staat vom 16.—19. Jahrhundert hatte seine staatlichen „Techniken“, aber sie waren begrenzt und spezifisch „staatlich“; technisch gesehen war der Staat Militärstaat und Polizeistaat, Verwaltungs- und Steuerstaat, Rechtsstaat und Kulturstaat, und alle diese Begriffe umschreiben spezifische staatliche Techniken. Wenn heute von einer Aufhebung dieser „allgemeinen“ Aufgaben des Staates, von einer Vergesellschaftung des Staates und einer Verstaatlichung der Gesellschaft gesprochen wird, so meint dies unter anderem auch, daß der Staat heute grundsätzlich alle Formen der Technik in ihrer höchsten Wirksamkeit als staatliches Handeln in sich vereint. Er ist ein universaler technischer Körper geworden und beweist seine staatliche Effizienz nicht zuletzt in der Perfektionierung der technischen Möglichkeiten der Gesellschaft ...

In welcher Weise tritt nun von dieser wissenschaftlich-technischen Dimension des gegenwärtigen Staates aus eine neue Sachgesetzlichkeit den gewohnten traditionellen Grundlagen entgegen? Wir wollen diese Frage in der Form beantworten, daß wir sozusagen modellhaft *die Ratio eines reinen „technischen Staates“* entwickeln. Selbstverständlich trifft das nicht die Wirklichkeit unserer gegenwärtigen Staaten, aber eine solche „Modelltheorie“ ist nicht unwahrer als es etwa die Vertragstheorie des Staates von Hobbes bis Rousseau war; sie hebt Strukturgesetzlichkeiten ans Licht, die meinem Urteil nach zugleich Entwicklungstendenzen darstellen ...

Wenn der moderne Staat in allen seinen Wirkungsweisen eine solche Fusion mit der modernen Technik eingeht, dann muß er auch in seinem Wesen als universaler technischer Körper begriffen werden können. Zwar wird damit die ganze moderne Technik der „Staatsraison“ unterworfen, aber diese ist in ihrer modernen Form dann nichts anderes als der Sachzwang der vielfachen Techniken, mit denen der

Staat sich heute verwirklicht. Auch das „Ziel" des Staates ist dann die höchste Wirksamkeit der in ihm verfügbaren technischen Mittel. Eine realistische Definition der Souveränität dieses Staates wäre dann die, daß souverän ist, wer über die höchste Wirksamkeit der in einer Gesellschaft verfügbaren wissenschaftlich-technischen Mittel verfügt ...

Welche Personen vertreten nun diese neue „Staatsraison"? Was ist dann noch „Politik"? Der Staatsmann des „technischen Staates" — ich lasse zunächst dahingestellt, wer das eigentlich ist — betrachtet den Staat als eine Organisation, einen technischen Körper, der funktionieren muß, und zwar mit höchster Leistungsfähigkeit, mit einem Optimum an Ertrag gemessen an dem, was an Kräften in ihm steckt. Für den „Staatsmann des technischen Staates" ist dieser Staat weder ein Ausdruck des Volkswillens noch die Verkörperung der Nation, weder die Schöpfung Gottes noch das Gefäß einer weltanschaulichen Mission, weder ein Instrument der Menschlichkeit noch das einer Klasse. Der Sachzwang der technischen Mittel, die unter der Maxime einer optimalen Funktions- und Leistungsfähigkeit bedient sein wollen, enthebt von diesen Sinnfragen nach dem Wesen des Staates. Die moderne Technik bedarf keiner Legitimität; mit ihr „herrscht" man, *weil* sie funktioniert und *so lange* sie optimal funktioniert. Sie bedarf auch keiner anderen Entscheidungen als der nach technischen Prinzipien; dieser Staatsmann ist daher gar nicht „Entscheidender" oder „Herrschender", sondern Analytiker, Konstrukteur, Planender, Verwirklichender. Politik im Sinne der normalen Willensbildung fällt aus diesem Raume eigentlich prinzipiell aus, sie sinkt auf den Rang eines *Hilfsmittels für Unvollkommenheiten* ...

[In einem solchen Staat] „herrscht" gar niemand mehr, sondern hier läuft eine Apparatur, die sachgemäß bedient sein will. Gerade weil es keine „Herrschaft der Techniker" gibt, können die alten „Herrschenden" ruhig bleiben, wo sie sind, und werden durch keine neue herrschende Klasse ersetzt. Der technische Staat beseitigt das traditionelle Verhältnis der „Herrschaft" selbst.

Wir sollten diese These vom „Absterben" des Staates im Sinne der Herrschaft von Menschen über Menschen nicht nur als Utopie abtun. In der Industriesoziologie, also in den Untersuchungen über die Herrschafts- und Vorgesetztenverhältnisse in industriellen Unternehmungen, die allerdings den technischen Gesetzlichkeiten bereits stärker unterworfen sind als der Staat als Ganzes, treffen wir unvermeidbar auf solche Phänomene. Die „Herrschaft" im industriellen Großbetrieb in Form der Kontrolle, des Befehls, der persönlichen Entscheidung tritt gegenüber der Tatsache zurück, daß die Ratio der Apparate und Maschinen dem Arbeiter immer einsehbarer wird und als technischer Leistungsanspruch unmittelbar sozial von ihm gedeutet werden kann. Herrschaftsdisziplin wird zur Sachdisziplin umgeformt. In so konkreten Analysen wie etwa der Auswirkung der Automatisierung oder Mechanisierung der Büroarbeit lassen sich diese Veränderungen der „Herrschaftsverhältnisse" in der Produktion als Ausfluß höherer Technisierung einwandfrei nachweisen. Das gilt auch in vieler Hinsicht für die eigentlich leitende Unternehmerpolitik: Hans Paul Bahrdt hat in einer Untersuchung über den „fiktiven Zentralismus in Großunternehmungen" dargestellt, wie zwar fast alle wesentlichen Entscheidungen in der Industrie noch bei den Direktoren zentralisiert werden, die Unterlagen dafür aber von den jeweiligen Sachbearbeitern zumeist so weit aufbereitet sind, daß eigentlich nur noch die Ingangsetzung und Durchführung befohlen werden kann, die oft genug sowieso unvermeidlich ist. In diesem Sinne können wir auch von einer „fiktiven Entscheidungstätigkeit der Politiker im technischen Staat" sprechen. Indem die Politik auf allen Rängen zur Anwendung komplizierter wissenschaftlicher Techniken wird, gibt es ebenso hochkomplizierte Sachgesetzlichkeiten, die der Lösung der politischen Aufgaben ihren Weg vorschreiben. Die Politiker sind schon heute in vielen Angelegenheiten an die entscheidenden Sachgutachten gebunden, die häufig genug kaum noch politische Entscheidungen und Entscheidungsmöglichkeiten enthalten. Praktisch widersprechen sich diese Gutachten wissenschaftlicher Art, und die Entscheidung des Politikers besteht darin, zwischen Sachgutachten zu wählen. Bei optimal entwickelten wissenschaftlichen und technischen Kenntnissen müßten über die gleiche Sachlage auch verschiedene Fachleute oder Fachgremien zu der gleichen Lösung, dem „best one way", gelangen, und das hieße: Je besser die Technik und Wissenschaft, um so geringer der Spielraum politischer Entscheidung...

Damit sind wir aber bei einem sehr zentralen Punkt angelangt: Gegenüber dem Staat als einem universalen technischen Körper wird die klassische Auffassung der Demokratie als eines Gemeinwesens, dessen Politik vom Willen des Volkes abhängt, immer mehr zu einer Illusion. Der „technische Staat" entzieht, ohne antidemokratisch zu sein, der Demokratie ihre Substanz. Technisch-wissenschaftliche Entscheidungen können keiner demokratischen Willensbildung unterliegen, sie werden auf diese Weise nur uneffektiv. Wenn die politischen Entscheidungen der Staatsführungen nach wissenschaftlich kontrollierten Sachgesetzlichkeiten fallen, dann ist die Regierung ein Organ der Verwaltung von Sachnotwendigkeiten, das Parlament ein Kontrollorgan für sachliche Richtigkeit geworden. Das Volk im Sinne des Ursprungs der politischen Herrschaftsgewalt wird dann zu einem Objekt der Staatstechniken selbst. Die heute wirksamen Humantechniken der Meinungsforschung, Informationen, Propaganda und Publizität machen die politische Willensbildung weitgehend zu einem wissenschaftlich deduzierbaren und manipulierbaren Produktionsvorgang...

Die Gleichheit der Staatsbürger in der alten demokratischen Willensbildung beruhte auf der Vorstellung, daß die Vernunft allen gleichmäßig eingeboren wäre und zu einem persönlichen Urteil nach selbst verdeutlichten Argumenten führe. Die modernen technischen Mittel der psychischen Beeinflussung, der Stimmungs- und Meinungspression, des Ansprechens der unbewußten Seelenkräfte und der damit verbundenen, technisch erzeugten Daueremotionalisierung und Exaltierung des politischen Lebens berauben den Bürger grundsätzlich seiner ruhigen Überlegung und seiner vernünftig abwägenden Urteilsbildung.

Dazu kommt, daß die Sachverhalte, die es zu entscheiden gilt, gar nicht mehr von einer vernünftigen Urteilsbildung des normalen Menschenverstandes oder einer normalen

Lebenserfahrung her angemessen intellektuell zu bewältigen sind, so daß immer mehr „Informationen“ erforderlich werden, jede sachlich tiefer gehende Information aber die politische Urteilsbildung eher suspendiert als erleichert. Die Gefahr der Entpolitisierung und damit zugleich der Entdemokratisierung der Staatsbürger durch Überinformation ist längst aktuell.

Hier liegt der Wandel begründet, den die Rolle der Ideen oder Ideologien in der Politik erfahren hat. Während im achtzehnten oder neunzehnten Jahrhundert die normativen Weltanschauungen als Gesinnungsmotive der politischen Entscheidung vorgeordnet waren, dem Staat seine „Ziele“ vorschrieben, sind sie im technischen Staat funktionalisiert worden: Sie sind Erklärungen, Rechtfertigungen, Medien der Motivmanipulation geworden für das, was unter sachlich notwendigen Gesichtspunkten sowieso geschieht. Mit der fortschreitenden Selbstproduktion der wissenschaftlichen Zivilisation, den neuen Sachgesetzlichkeiten des „technischen Staates“, sind die Politiker dauernd gezwungen, die Ideen zu manipulieren, zu deuten, anzupassen und so weiter; die Russen nennen es „Dialektik“, die andern tun's so . . .

Das technische Argument setzt sich unideologisch durch, wirkt daher unterhalb jeder Ideologie und eliminiert damit die Entscheidungsebene, die früher von den Ideologen getragen wurde.

Das alles kann man zusammenfassen in der These, daß sich in dieser Entwicklung die Erscheinung der direkten Herrschaft von Menschen über Menschen im sozialen und politischen Sinne sozusagen von innen her auflöst; deshalb können auch alte Herrschaftsformen wie leere Hülsen stehenbleiben. Die Verwandlung der Demokratie in den „technischen Staat“ bedarf keiner Revolution im sozialen oder politischen Sinne, keiner Verfassungsänderung, keiner ideologischen Bekehrung. Es bedarf nur der steigenden Anwendung wissenschaftlicher Techniken aller Art, und der technische Staat entsteht im alten Gehäuse. Dadurch wird allerdings zugleich verdeckt, wie weit wir uns heute schon auf dem Wege zu einem Zustand befinden, in dem die politischen Beziehungen unter Menschen durch die vom

Menschen selbst geschaffenen wissenschaftlich-technischen Sachgesetzlichkeiten vermittelt werden. (S. 99 ff.)

Demokratischer Staat und moderne Technik, in: „Atomzeitalter", H. 5, 1961, S. 99—102.

*

## Geschichtliche Staatstheorien

*Gemeint sind Theorien, die, in Abgrenzung zum Rationalismus, das Historisch-Naturwüchsige und die Gesetze der Kontinuität in der Staatsentwicklung betonen (Historismus).*

### Karl Friedrich von Savigny (1779—1861)

Jurist und preuß. Staatsmann. Prof. in Marburg, Landshut, Berlin. Ab 1817 Mitglied des preuß. Staatsrates. 1842—1848 preuß. Minister für die Revision der Gesetzgebung. Haupt der Historischen Rechtsschule. Der Staat ist eine Erscheinung des „Volksgeistes."

*Die Entstehung des Rechts*

Wo wir zuerst urkundliche Geschichte finden, hat das bürgerliche Recht schon einen bestimmten Charakter, dem Volk eigentümlich, so wie seine Sprache, Sitte, Verfassung. Ja, diese Erscheinungen haben kein abgesondertes Dasein, es sind nur einzelne Kräfte und Tätigkeiten des einen Volkes, in der Natur untrennbar verbunden, und unserer Betrachtung als besondere Eigenschaften erscheinend. Was sie zu einem Ganzen verknüpft, ist die gemeinsame Überzeugung des Volkes, das gleiche Gefühl innerer Notwendigkeit, welches allen Gedanken an zufällige und willkürliche Entstehung ausschließt. (I, S. 320)

[Der] organische Zusammenhang des Rechts mit dem Wesen und Charakter des Volkes bewährt sich ... im Fortgang der Zeiten, und auch hierhin ist es der Sprache zu vergleichen. So wie für diese, gibt es auch für das Recht keinen Augenblick eines absoluten Stillstandes, es ist derselben Bewegung und Entwicklung unterworfen, wie jede andere Richtung des Volkes ... Das Recht wächst also mit dem Volke fort, bildet sich aus mit diesem, und stirbt endlich ab, so wie das Volk seine Eigentümlichkeit verliert (I, S. 322)

Die Summe dieser Ansicht also ist, daß alles Recht auf die Weise entsteht, welche der herrschende, nicht ganz passende Sprachgebrauch als *Gewohnheitsrecht* bezeichnet, d. h. daß es erst durch Sitte und Volksglaube, dann durch Jurisprudenz erzeugt wird, überall also durch innere, stillwirkende Kräfte, nicht durch die Willkür eines Gesetzgebers. (I, S. 323)

Fragen wir ... nach dem Subjekt, in welchem und für welches das positive Recht sein Dasein hat, so finden wir als solches das Volk. In dem gemeinsamen Bewußtsein des Volkes lebt das positive Recht, und wir haben es daher auch *Volksrecht* zu nennen. Es ist dieses aber keineswegs so zu denken, als ob es die einzelnen Glieder des Volkes wären, durch deren Willkür des Recht hervorgebracht würde; denn diese Willkür der Einzelnen könnte vielleicht zufällig dasselbe Recht, vielleicht aber, und wahrscheinlicher, ein sehr manigfaltiges erwählen. Vielmehr ist es der in allen einzelnen gemeinschaftlich lebende und wirkende Volksgeist, der das positive Recht erzeugt, das also für das Bewußtsein des einzelnen nicht zufällig sondern notwendig, ein und dasselbe Recht ist. (II, S. 14 f.)

Wer die mannigfaltigen Ansichten und Methoden, die von jeher unter den deutschen Juristen herrschend gewesen sind, genau betrachtet, wird finden, daß sie sich auf zwei Hauptklassen, die Juristen selbst also auf zwei Schulen, zurückführen lassen, zwischen welchen allein eine Grundverschiedenheit angenommen werden kann, während alle Differenzen innerhalb dieser Schulen nur als bedingt betrachtet werden können, und stets durch unmerkliche Übergänge vermittelt werden ...

Die eine dieser Schulen ist durch den Namen der *geschichtlichen* hinlänglich bezeichnet: für die andere dagegen ist ein positiver Name kaum zu finden möglich ... Wir wollen sie daher in Ermangelung eines anderen Ausdrucks die *ungeschichtliche* Schule nennen. Allein der Gegensatz dieser Juristenschulen kann nicht gründlich verstanden werden, solange man den Blick auf diese unsere Wissenschaft beschränkt, da er vielmehr ganz allgemeiner Natur ist, und mehr oder weniger in allen menschlichen Dingen, am meisten aber in allem, was zur Verfassung und Regierung der Staaten gehört, sichtbar wird.

Dieses also ist die allgemeine Frage: in welchem Verhältnis steht die Vergangenheit zur Gegenwart, oder das Werden zum Sein? [Nach der geschichtlichen Lehre] gibt es kein vollkommen einzelnes und abgesondertes menschliches Dasein: vielmehr, was als einzeln angesehen werden kann, ist, von einer anderen Seite betrachtet, Glied eines höheren Ganzen ... Ist aber dieses, so bringt nicht jedes Zeitalter für sich und willkürlich seine Welt hervor, sondern es tut dieses in unauflöslicher Gemeinschaft mit der ganzen Vergangenheit ... Die Geschichte ist dann nicht mehr bloß Beispielsammlung, sondern der einzige Weg zur wahren Erkenntnis unseres eigenen Zustandes. Wer auf diesem geschichtlichen Standpunkte steht, urteilt ferner über das entgegengesetzte Verfahren also. Es ist nicht etwa die Rede von einer Wahl zwischen Gutem und Schlechtem, so daß das Anerkennen eines Gegebenen gut, das Verwerfen desselben schlecht, aber gleichwohl möglich wäre. Vielmehr ist dieses Verwerfen des Gegebenen der Strenge nach ganz unmöglich, es beherrscht uns unvermeidlich, und wir können uns nur darüber täuschen, nicht es ändern. Wer sich so täuscht, und seine besondere Willkür auszuüben meint, wo nur jene höhere gemeinsame Freiheit möglich ist, gibt seine edelsten Ansprüche selbst auf: ein Knecht, der sich ein König wähnt, da er ein freier Mann sein könnte ...[244])

Wenden wir diese allgemeine Darstellung des Gegensatzes zwischen geschichtlicher und ungeschichtlicher Ansicht auf die Rechtswissenschaft an, so wird es nicht schwer sein, den Charakter der zwei oben erwähnten Schulen zu bestimmen. Die geschichtliche Schule nimmt an, der Stoff des Rechts sei durch die gesamte Vergangenheit der Nation gegeben, doch nicht durch Willkür, so daß er zufällig dieser oder ein anderer sein könnte, sondern aus dem innersten Wesen der Nation selbst und ihrer Geschichte hervorgegangen. Die besonnene Tätigkeit jedes Zeitalters aber müsse darauf gerichtet werden, diesen mit innerer Notwendigkeit gegebenen Stoff zu durchschauen, zu verjüngen, und frisch zu erhalten. — Die ungeschichtliche Schule dagegen nimmt an, das Recht werde in jedem Augenblick durch die mit der gesetzgebenden Gewalt versehenen Personen mit Willkür hervorgebracht, ganz unabhängig von dem Rechte der vorhergehenden Zeit, und nur nach bester Überzeugung, wie sie der gegenwärtige Augenblick gerade mit sich bringe. (I, S. 330 ff.)

*Der Staat*

Das Volk, dem wir als einem unsichtbaren Naturganzen unbestimmte Grenzen zuschreiben mußten, besteht jedoch nirgends und in keiner Zeit auf diese abstrakte Weise. Vielmehr wirkt in ihm ein unaufhaltsamer Trieb, die unsichtbare Einsicht in sichtbarer und organischer Erscheinung zu offenbaren. Diese leibliche Gestalt der geistigen Volksgemeinschaft ist der Staat, und mit ihm sind zugleich scharf bestimmte Grenzen der Einheit gegeben.

Fragen wir nun nach der Entstehung des Staates, so müssen wir dieselbe ebenso in eine höhere Notwendigkeit, in eine von innen heraus bildende Kraft setzen, wie es oben von dem Recht überhaupt gesagt worden ist; und zwar gilt dieses nicht bloß von dem Dasein eines Staates überhaupt, sondern auch von der eigentümlichen Gestalt, welche der Staat in jedem Volke an sich trägt. Denn auch die Erzeugung des Staats ist eine Art der Rechtserzeugung, ja sie ist die höchste Stufe der Rechtserzeugung überhaupt. (II, S. 21 f.)

Zit. in: Quellenbuch zur Geschichte der deutschen Rechtswissenschaft, hrsg. von E. Wolf, Frankfurt 1949 (I).
System des heutigen Römischen Rechts, 8 Bde., Berlin 1840—1849, Bd. 1 (II)

*

FRIEDRICH CHRISTOPH DAHLMANN (1785—1860)

Prof. in Kiel, Göttingen, Bonn. Einer der „Göttinger Sieben“. In der Frankfurter Nationalversammlung einer der Führer der Kleindeutschen Partei. Vertritt einen maßvollen, am englischen Vorbild geschulten, historisch gerichteten Liberalismus. Die Politik möchte er auf den „Grund und das Maß der gegebenen Zustände“ zurückführen.

*Der Staat*

1. Dem Staate geht kein Naturzustand voran, der von blinden Trieben und vernunftlosen Menschen handelt; denn

der Naturzustand des Menschen ist, Vernunft zu besitzen, ein Über-Sich und ein Unter-Sich zu unterscheiden. „Kunst ist des Menschen Natur.“ (BURKE)

2. Der Staat ist mithin keine Erfindung, weder der Not noch der Geschicklichkeit, keine Aktiengesellschaft, keine Maschine, kein aus einem frei aufgegebenen Naturleben hervorspringendes Vertragswerk, kein notwendiges Übel, kein mit der Zeit heilbares Gebrechen der Menschheit, er ist eine ursprüngliche Ordnung, ein notwendiger Zustand, ein Vermögen der Menschheit und eines von den die Gattung zur Vollendung führenden Vermögen.

3. Der Staat ist uranfänglich. Die Urfamilie ist Urstaat, jede Familie, unabhängig dargestellt, ist Staat. „Der Mensch ist von Natur ein Staatswesen.“ (ARISTOTELES)

4. Was man in der Beschreibung ungebildeter Völker Naturstand nennt, ist nur ein Minus der Staatstätigkeit, welches aus einem unentwickelten Bewußtsein des Staates stammt. Man kann mehr Volk als Staat sein, aber man kann nicht Volk ohne Staat sein. Die Aufgabe ist, den Staat im Volksbewußtsein zu vollenden.

5. Die Annahme eines Naturstandes ist als Behelf der Demonstration, als ein bewußtes Absehen vom Staate, um ihn demnächst frei aus der menschlichen Beschaffenheit entstehen zu lassen, nicht zu verwerfen. Wird aber der Naturstand mit positiven Eigenschaften ausgerüstet (ungesellig, gesellig, gleichgültig), so wird eben dadurch der Staat aus einer übermächtigen, übermenschlichen Ordnung zum Geschöpfe menschlicher Willkür.

6. Denn der Staat ist nicht bloß etwas Gemeinsames unter den Menschen, nicht bloß etwas Unabhängiges, er ist zugleich etwas Zusammengewachsenes, eine leiblich und geistig geeinigte Persönlichkeit. Die Familie, unabhängig gedacht, ist Volk und Staat in völliger Durchdringung beider. Durch mehrere Familien im Staate entsteht die Möglichkeit mehrerer Staaten; und indem herrschende Familien durch ihren Zusammenhang mit abhängigen zu Stämmen heranwachsen, geschieht ein starker Schritt dazu, allein Volk und Staat weichen von nun an freier auseinander. Es braucht weder ein ganzes Volk sich in demselben Staate abzuschließen, trennen doch oft Weltteile die Mit-

glieder desselben Hauses, noch duldet es die schon mächtiger schaltende Geschichte, daß überall der Staat aus *einer* blutsverwandten Volksnatur erwachse, oder, wenn erwachsen, unvermischt fortbestehe. Volk und Bevölkerung unterscheiden sich fortan häufig, und der Staat ist etwas anderes geworden als bloß die Form des Volkes.

7. Gleiche Volksart von Haus aus, das will sagen, ein körperlich und geistig gleichartiger Menschenschlag, gleiche Sprache als Zeugnis seit Jahrhunderten gleichverstandener Lebenserfahrungen, bilden eine glückliche Mitgabe für den Naturstaat auf seinem dornigen Wege zur bewußten Durchbildung. Aber die Geschichte hat von jeher häufig die stille Urbildung der Natur unterbrochen, indem sie verschiedenartige Stämme und Volkstümlichkeiten übereinandergeschichtete und gerade aus der Vermischung manchmal eine zweite, gelungenere Natur und gediegene Staatsbildungen gewann ...

Tritt so das Band der ursprünglichsten Blutsverwandtschaft allmählich zurück, so verstärkt sich dagegen das Band des örtlichen Zusammenseins mit dem Wachstum der Bildung. Das unbestimmte Heimatgefühl der Naturvölker, welches hauptsächlich nur Liebe zu den Genossen und zu gewissen Lebensarten ist, steigert sich mit dem Fortrücken der Bildung und namentlich durch Werke der bildenden Kunst zur örtlichsten Vaterlandsliebe. Völkerwanderungen hören auf.

8. Die übermächtige weltliche Ordnung, welche den Menschen in ein Volk setzt, indem sie ihn in einer Familie geboren werden läßt, nimmt aber ihre Macht nicht aus sich selber und hat ihren letzten Zweck nicht in sich. Sie dient vielmehr einer höherstehenden Ordnung, welche jedem einzelnen Staate und allen Staaten miteinander überlegen ist. Wir glauben an ein großes, gemeinsames Werk der Menschheit, zu welchem das einzelne Staatenleben nur die Vorarbeiten liefert, an eine auch äußerliche Vollendung der menschlichen Dinge am Ende der Geschichte. Das am tiefsten verschlungene Rätsel unseres Daseins steht freilich an ihrem Anfange. Darüber aber hat nun einmal die Lehre vom Staate nicht zu untersuchen, wie es denn gekommen sei, daß die Menschheit von Anfang her so schief gegen das

Licht steht, daß sie bei jedem Schritte einen langen Schatten wirft, warum es unmöglich ist, die Lehren der Religion in ihrer ungetrübten Reinheit als Anforderung in den Menschenstaat einzuführen, warum Familienvorteil und Staatswohl sich so mannigfach bekämpfen, und warum, was die höchsten Beziehungen angeht, eines *gut* sein kann (dem Sittengesetze des Individuums entsprechend), ein anderes aber *recht* (dem Gebote des Staates entsprechend). Die Staatslehre hat den Grund der ethischen Verhältnisse nicht aufzudecken, sie soll dieselben anerkennen, und diejenigen äußerlichen Einrichtungen ausbilden, welche diesen Zwiespalt zu vermindern dienen, indem sie den Staat der höheren versöhnenden Sitte empfänglich machen. Der einzelne aber muß zuvor in seinem eigenen Wesen die billig herrschenden Gewalten von den billig dienenden unterscheiden lernen, ehe er von Staatssachen zu urteilen unternimmt.

9. Darum ist die Errichtung des rechtlichen Zustandes, wie er denn auch beschaffen sei, freilich Sache des Staates, aber nicht letzter Zweck des Staates. Darum aber auch tritt der Staat als solcher nicht an die Stelle der göttlichen, unbedingt zu befolgenden Ordnung, und es kann die Vorschrift nicht vor der Wahrheit bestehen, daß die äußere Pflicht *vor* der sittlichen erfüllt werden müsse; wiewohl nichts auf der Erde der göttlichen Ordnung so nahe steht als die Staatsordnung ...

10. Der seiner höheren Bestimmung getreue Mensch bringt dem Staate jedes Opfer des Eigentums und der Person, nur nicht das Opfer seiner höheren Bestimmung selber; alles sein Recht mag er hingeben, nur nicht das, worüber er kein Recht hat ...

11. Der Staat ... wird keine Macht in seinem Innern gestatten wollen, die sich gegen seine Rechtsanstalten erhebt. Der schlechte Staat bedient sich zu dem Ende lediglich seiner Gewalt, verschlingt die Familie mit der Macht seines Gesetzes, legt sich ein Obereigentum bei, drückt auf die Forschung seinen Stempel, dringt jeder Regel jede Ausnahme auf. Der gute Staat hingegen, weit entfernt, das Privatrecht zu stören, stellt es unter den Schutz des öffentlichen Rechts und legt dem Eigentum und den Personen

allein diejenigen Beschränkungen auf, welche das öffentliche Wohl erfordert. Durch diesen entscheidenden Schritt der Gewährleistung des Privatrechts söhnt er das selbständige Wesen der Familien mit den Schuldigkeiten des Staatsrechtes aus, und die Regierung stellt sich hoch über der Bevölkerung auf, alle ferneren Zwistigkeiten kämpfen sich in kleineren Kreisen durch, bedrohen die Gesamtordnung nicht.

12. Da die Menschheit kein anderes Dasein hat als dieses, welches, im steten Entwicklungskampfe räumlich und zeitlich begriffen, in unserer Geschichte vorliegt, so entbehrt eine Darstellung des Staates, welche sich der historischen Grundlagen entäußert, aller ernsten Belehrung und gehört den Phantasiespielen an. Der Idealist, zeit- und ortlos hinstellend, was den guten Staat bedeuten soll, löst Rätsel, die er sich selber aufgegeben hat; er vollbringt mit Menschen, die es nie gegeben hat, die Aufstellung einer Gegenwart, welche keine Fähigkeit zu sein besitzt ...

13. Darum darf auch selbst die Erklärung, was der Staat bedeute, in den Fluß der Zeit hingestellt sein. Der Staat kann erscheinen lediglich unter dem Charakter eines äußerlich unabhängigen Menschenvereins, der am Ende nicht einmal vollständige Familien zu besitzen braucht, geschweige denn festen, oder überhaupt nur eigenen Boden, der aber doch immer, um *ein* Verein (nicht mehrere) zu sein, eine Anzahl gemeinsamer Obliegenheiten durch eine Regierung nach außen gegen andere Staaten, nach innen gegen die Untertanen gewahrt, enthalten muß. So der Staat in seiner dürftigsten Erscheinung. Dagegen kann er, wenn alle Bedingungen als günstig angenommen werden, sich gestalten: als ein unabhängiger Verein von körperlich und geistig gleichartigen, unter demselben Gesetze lebenden Familien, welcher, nachdem er fortwachsend einen für eine dichte Bevölkerung ausreichenden Boden und starke, anerkannte Grundlagen seines äußeren Lebens errungen hat und nun ausgewachsen ist, fortan arbeitet, wie er auch seinen inneren Frieden finde.

14. In einem Staate dieser Art ist die Freiheit seiner bürgerlichen Gesellschaft ohne weiteres enthalten, und es ist dieselbe an keine allgemein gültige äußere Form gebunden,

obwohl es freiheitstützende Einrichtungen gibt. In Hinsicht auf die Form aber nennen wir denjenigen Staat frei, dessen Grundeinrichtungen nur nach einer bestimmten allgemeinen Regel und nur unter Zutun aller Stände oder Gliedmaßen des Volkes verändert werden können.

15. Weil die Menschheit in jedem Zeitalter neue Zustände gebiert, so läßt sich kein Staat grundfest darstellen, außer mit den Mitteln und unter den Bedingungen irgendeines Zeitalters, außer gebunden an die Verhältnisse irgendeiner unmittelbaren Gegenwart. Daher drängt alle Behandlung von Staatssachen im Leben und in der Lehre zur Historie hin, und durch sie auf eine Gegenwart, und weiter, weil keine neue Form des Lebens sich vernachlässigen läßt, auf *unsere* Gegenwart, unseren Weltteil, unser Volk. (S. 53 ff.)

Die Politik auf den Grund und das Maß der gegebenen Zustände zurückgeführt, Eingeführt von O. Westphal, Berlin 1924.

*

## Leopold von Ranke (1795—1886)

Historiker. Prof. in Berlin. Durch König Friedrich Wilhelm IV. zum Historiographen des preuß. Staates erhoben. Seit 1854 Mitglied des preuß. Staatsrates. Mitbegründer der historisch-kritischen Methode und der objektiven Geschichtsdarstellung. In Rankes Staatsauffassung verbinden sich Motive des Idealismus und der Romantik mit dem individualisierenden Empirismus der historischen Schule.

### *Der Staat und seine Idee*

Auch die Staaten aber sind Produkte eines schöpferischen Genius, nicht einzelner Menschen, noch einer einzigen Generation, so wenig wie die Sprache, sondern einer Gesamtheit und vieler Geschlechter; wie groß auch der Einfluß sein möge, den ausgezeichnete und hochgestellte Männer darauf ausüben können: sie sind der Ausdruck des nationalen Charakters; und wie sie aus einer ursprünglichen Energie des menschlichen Geistes kommen, so haben sie ihre eigenen Gesetze innerer Bildung.

Für Politik gibt man uns oft das trockene Schema weniger Begriffe, die aus einem angeblichen Naturstand und den Forderungen des Augenblicks abgezogen sind. Wie weit wäre davon eine Politik entfernt, die sich auf die großen Anschauungen des realen Lebens der Gegenwart und der Vergangenheit in aller seiner Fülle gründete! . . .

Mit dem besten Diskurs ist es nicht ausgerichtet. Die Grammatik kann nie eine Sprache, die Ästhetik nicht einmal ein Gedicht, die Politik aber nimmermehr einen Staat hervorbringen. Euer Vaterland werdet ihr euch nicht erklügeln . . .

Denn soviel ist gewiß: nicht außerhalb des Staates liegt seine Idee; in ihm selber wird sie gefunden. Sie gibt seiner Bewegung den Antrieb, ohne den er erstarren, stillstehen oder absterben würde; sie ist sein geistiges Leben; aus verborgenem Grunde entsprungen, hält sie das gegenwärtige Geschlecht zusammen und verbindet die Reihen der Generationen miteinander. (I. S. 73 ff.)

Alle die Staaten, die in der Welt zählen und etwas bedeuten, sind erfüllt von besonderen, ihnen eigenen Tendenzen. Es würde lächerlich sein, sie für ebenso viele Sicherheitsanstalten für die Individuen, die sich zusammengetan, etwa für ihr Privateigentum zu erklären. Vielmehr sind jene Tendenzen geistiger Art, und der Charakter aller Mitbürger wird dadurch bestimmt, ihnen unauslöschlich aufgeprägt. Durch die Verschiedenheiten, welche hieraus entspringen, werden die Formen der Verfassung, die allerdings eine gemeinschaftliche Notwendigkeit haben, allenthalben anders modifiziert. Von der obersten Idee hängt alles ab. Das will es sagen, wenn auch die Staaten ihren Ursprung von Gott herleiten. Denn die Idee ist göttlichen Ursprungs. — Jeder selbständige Staat hat sein eigenes ursprüngliches Leben, das auch seine Stadien hat und zugrunde gehen kann wie alles, was lebt, aber zunächst seinen ganzen Umkreis erfüllt und beherrscht und mit keinem anderen gleich ist . . .

[Staaten sind] Individualitäten, eine der anderen analog, — aber wesentlich unabhängig voneinander. Statt jener flüchtigen Konglomerate, die sich ... aus der Lehre vom Vertrag erheben wie Wolkengebilde, sehe ich geistige Wesenheiten, originale Schöpfungen des Menschengeistes, — man darf sagen, Gedanken Gottes. (II, S. 98 f.)

Das Formelle ist das Allgemeine, das Reale ist das Besondere, Lebendige. Gewisse Formen der Verfassung, — namentlich die, welche eine Beschränkung der persönlichen Willkür bezwecken — Festsetzungen der Standesverhältnisse mögen allen Staaten notwendig sein. Aber sie sind nicht das ursprüngliche Leben, durch welches vielmehr alle Formen erst ihren Inhalt bekommen. Es gibt etwas, wodurch jeder Staat nicht eine Abteilung des Allgemeinen, sondern wodurch er Leben ist, Individuum, er selber ...

Wir können es uns an dem Beispiele der Sprache deutlich machen. Die Formen, in denen sich die Grammatik bewegt, haben eine allgemeine Übereinstimmung: sie kehren immer und überall auf gewisse Weise wieder. Aber der Geist jeder besonderen Sprache bringt eine unendliche Mannigfaltigkeit von Modifikationen hervor. Unter dem Prinzip des Staates haben wir nicht eine Abstraktion der Meinung, sondern sein inneres Leben zu verstehen; dies Prinzip verleiht jenen Formen der menschlichen Gesellschaft, die, ich leugne es nicht, ihr unentbehrlich sind, erst ihre bestimmende Modifikation, die Erfüllung der Realität. (II, S. 90 f.)

Nicht dort ist unser Vaterland, wo es uns endlich einmal wohl ergeht. Unser Vaterland ist vielmehr mit uns, in uns. Deutschland lebt in uns; wir stellen es dar, mögen wir wollen oder nicht, in jedem Lande, dahin wir uns verfügen, unter jeder Zone. Wir beruhen darauf von Anfang an und können uns nicht emanzipieren. Dieses geheime Etwas, das den Geringsten erfüllt, wie den Vornehmsten — diese geistige Luft, die wir aus- und einatmen — geht aller Verfassung vorher, belebt und erfüllt alle ihre Formen. (II, S. 95)

Vom Einfluß der Theorie, in: L. v. Ranke, Geschichte und Politik, hrsg. von Hans Hofmann, Leipzig o. J. (ca. 1936) (I).
Politisches Gespräch, ebenda (II).

*

## Soziologische Staatstheorien

*Gemeint sind Theorien, die durch Anwendung moderner gesellschaftswissenschaftlicher Methoden zu einem Staatsbegriff gelangen wollen. Dabei sind die methodischen wie inhaltlichen Differenzen zwischen den zitierten Autoren sehr groß.*

### Ludwig Gumplowicz (1838—1909)

Rechtslehrer und Soziologe. Prof. in Graz. Vertreter einer rassistischen und naturalistischen Staats- und Gesellschaftslehre.

#### *Der Staat als Herrschaftsorganisation*

Der Staat nun besteht aus Menschen wie das Gebäude aus Atomen oder der tierische Körper aus Zellen. Damit ist noch nichts gesagt. Die Menschen sind wohl die *Ur*bestandteile, aber nicht die *Haupt*bestandteile des Staates, auf die es hier vor allererst ankommt. Es müssen daher die sozialen Gemeinschaften als die eigentlichen Bestandteile des Staates erkannt werden, die sein *Wesen* bestimmen, die ihn zu dem machen, was er ist. Denn der Staat ist eben nicht ein Haufen von Menschen, sondern ein Gefüge von Stämmen, Ständen und Klassen. Diese *Haupt*bestandteile des Staates müssen beschrieben werden, wenn wir den sozialen Inhalt des Staates erkennen sollen . . .

Wenn wir also den Menschen schlechtweg nicht als Bestandteil und Inhalt des Staates annehmen können, wenn uns auch die Familie nicht als jenes Urelement erscheint, das multipliziert den Staat gibt und auch eine Vielheit von Familien uns das Rätsel der Staatenbildung nicht lösen hilft, so müssen wir, um zur Lösung desselben zu gelangen, einen anderen Weg einschlagen.

Betrachten wir zu diesem Zwecke etwas genauer jene Tatsache, von der wir [annehmen], daß sie der Familie vorausgegangen sein mußte und die dem Sklaven seine

Dienstpflicht auferlegt und dem Herrn sein Herrschaftsrecht zusprach. Diese Tatsache ... konnte nur eine Eroberung und Unterjochung sein. Diese Eroberung und Unterjochung konnte aber offenbar nicht die vereinzelte Unterwerfung einiger Sklaven von Seiten eines Familienhauptes sein. Es ist unmöglich, sich so etwas zu denken. Jene Eroberung und Unterjochung konnte nur von einer unter sich einigen, miteinander innig verbundenen Gruppe gegen eine andere ihr an Macht nachstehende Gruppe ins Werk gesetzt worden sein und erst einer solchen Eroberung und Unterjochung konnte auf natürliche Weise eine Organisation folgen, mittels deren die Eroberer, um die Früchte ihres Sieges zu genießen, sich gegenseitig stützend und Hilfe leistend, die Besiegten als Sklaven unter sich verteilten, dieselben zu „lebenden" Werkzeugen (ARISTOTELES) machten und somit gleichzeitig mit der Gründung des Staates die Grundlagen des antiken Familienlebens schufen. So ist denn durch die Unterwerfung einer Menschenklasse durch die andere der *Staat* begründet worden und aus dem Bedürfnisse der Sieger, „lebende" Werkzeuge zu besitzen, die ökonomische Grundlage der antiken Familie, das Herrschaftsverhältnis des Herrn zum Sklaven entstanden.

Nun erst ist es uns möglich, die Frage nach dem sozialen Inhalte des Staates zu beantworten. Nicht aus Menschenatomen, nicht aus Familienurzellen baut sich der Staat auf; nicht Menschen also und nicht Familien sind seine Urbestandteile: vielmehr aus verschiedenen Menschengruppen, aus verschiedenen Menschenstämmen *entsteht* der Staat und nur aus solchen *besteht* er. Die da Sieger wurden, bildeten die herrschende Klasse, die Besiegten und Unterjochten, die arbeitende und dienende.

So sind wir denn durch die Analyse der ursprünglichen „Familie" im antiken Sinne dazu gelangt, nicht in *ihr*, wie es so viele moderne Staatslehrer tun, sondern zunächst in den Stämmen, die sich allmählich in Klassen und Stände verwandeln die Hauptbestandteile, die eigentlichen Bausteine des Staates zu erkennen. Diese Stämme sind es, aus denen sich der Staat aufbaut, *sie* und nur *sie* sind das prius des Staates. (S. 90 ff.)

Wenn der Begriff des Staates oft herhalten mußte, um

politischen Tendenzen Worte zu leihen, um politische Programme auszudrücken und politischen Bestrebungen als Banner zu dienen: so mußte nicht weniger der rein historische Akt der Staatenentstehung es sich gefallen lassen, sogenannten „höheren“ Ideen zu Liebe vielfach gefälscht und entstellt oder bewußterweise ignoriert zu werden. Man konstruierte den rein historischen Akt der Staatenentstehung aus der Idee, leitete ihn aus bewußten Bedürfnissen, oder sonst aus bewußten, rationellen und sittlichen Motiven her ... Die Geschichte weist uns kein Beispiel auf, daß ein Staat anders, als durch einen Akt der Gewalt entstanden wäre. Überdies war es immer ein Akt der Gewalt eines *Stammes* gegen einen anderen, eine Eroberung und Unterjochung, ausgeübt seitens eines mächtigeren, fremden Stammes gegenüber einer schwächeren, bereits seßhaften Bevölkerung. (S. 38 f.)

Herrscher oder Herrschende einerseits und Beherrschte andererseits, Regierende und Regierte: das sind die ewigen, unabänderlichen und unwandelbaren Merkmale des Staates. Es gab keine Staaten ohne diesen Gegensatz, wie es keine ohne dieselben gibt. Welche freien Formen der Regierung auch immer Republiken und Freistaaten annehmen: dieses unvermeidliche Merkmal jedes Staates werden wir immer tief eingeprägt finden in jedem politischen Gemeindewesen, sei es Aristokratie oder Demokratie, Monarchie oder Republik der Vergangenheit oder der Gegenwart.

Was immer der Staat segensreiches schafft, welche hohen Ziele er erreichen mag: all sein Wirken und seine Tätigkeit ist vor allem bedingt durch das Verhältnis des Herrschens und des Beherrschtseins, das seine ganze Organisation durchzieht und durchdringt von seinen Spitzen bis in seine untersten Tiefen. Wenn nun dieses Verhältnis des Herrschens und Beherrschtseins als konstantes und unvermeidliches Merkmal uns bei allen Staaten entgegentritt; wenn es eine Bedingung, eine conditio sine qua non all seines segensreichen Wirkens und Schaffens ist: so werden wir wohl nicht fehlgehen, wenn wir zunächst den Staat definieren als eine *naturwüchsige Organisation der Herrschaft behufs Aufrechterhaltung einer bestimmten Rechtsordnung.* (S. 23 f.)

Wir sagten schon, daß die Form des sozialen Werdens der Kampf ist und zwar der politische und der wirtschaftliche. Dieser Kampf wird geführt von sozialen Gruppen und wird begleitet von ideellen Auseinandersetzungen. Wenn Staaten miteinander kämpfen, so begleiten sie den Kampf mit Rechtsbegründungen; wenn wirtschaftliche Parteien kämpfen, so hören wir wirtschaftliche Theorien verkünden. Wenn wirtschaftlich höher stehende Völker niedrigere bekämpfen, so geschieht dies im Namen der Kultur oder der besseren Religion. Diese ideellen Begründungen der Kämpfe gehören zur *Form* des sozialen Werdens. In dieser ideellen Schale muß man den materiellen Kern erkennen lernen.

Worin besteht derselbe? In dem Streben der Erhaltung und Ausbreitung des eigenen Blutkreises, also der eigenen sozialen Gruppe auf Kosten anderer Blutkreise, also anderer sozialer Gruppen. Dieses Streben ist naturgesetzlich und unabhängig vom individuellen Bewußtsein, bleibt also auch meist unter der Schwelle desselben, ja wird sogar von den oben erwähnten ideellen Motiven, die als Begleiterscheinungen der Kämpfe auftauchen, zumeist zurückgedrängt. Diese ideellen Motive werden durch soziale Suggestion und Autosuggestion so mächtig, obwohl sie illusorisch und nicht wirklich sind, daß sie jene eigentliche Triebfeder nicht ins klare Bewußtsein gelangen lassen.

Auf diese Weise glauben die Menschen, aus ideellen Motiven zu handeln —, während sie tatsächlich vom naturgesetzlichen Streben ihrer Gruppe zum Handeln getrieben werden . . .

Wenn nun aber alles, was naturgesetzlich vor sich geht, irgendeinen naturgesetzlichen Erfolg haben muß, so ist die Frage berechtigt, welches Resultat liefern die Kämpfe der sozialen Gruppen? Das Resultat muß offenbar jener unbewußten Triebfeder entsprechen, welche die Kämpfe veranlaßt, es ist also: die Erhaltung der siegreichen Gruppe auf Kosten oder mit Hilfe der unterliegenden. Dieses Resultat wird erzielt vermittels des Staates. Dieser ist von Natur nichts anderes als die Einrichtung, vermöge welcher die siegende Gruppe sich ihren Lebensunterhalt von der unterliegenden in der einen oder anderen Form beschaffen läßt. In dem naturgesetzlichen, ewigen Kampf der Gruppen bildet der Staat das natürliche Mittel, den Siegenden den von den Besiegten zu leistenden Siegespreis sicherzustellen. (S. 30 f.)

*Recht und Gewalt*

Was nun die Motive des Handelns der Staatsgewalt anbelangt, so haben wir darüber schon einige Andeutungen gegeben. Selbsterhaltung, Erhaltung und Mehrung der Herrschaft und Macht, Erhöhung des Wohlstandes, das sind ursprünglich die einzigen Motive ihres Handelns. Wenn aber mit der Zeit aus der staatlichen Ordnung sich ein sittliches Bewußtsein entwickelt hat, dann ist wohl dieses sittliche Bewußtsein, die aus der tatsächlichen staatlichen Ordnung abstrahierte, sittliche Idee, eines der mächtigsten Motive der Tätigkeit des Staates, resp. der Staatsgewalt. Freilich ist in den meisten Fällen dieses sittliche Motiv mit den egoistischen Motiven in unzertrennlichem Zusammenhange; nichtsdestoweniger bleibt es ein sittliches ... Zumeist werden bei allen Staatsaktionen wie bei all und jeder Tätigkeit des Staates „Staatszwecke" angerufen und dieselben als einzige Motive der betreffenden Aktionen und Tätigkeiten ausgegeben. Es ist selbstverständlich, daß sich diese „Staatszwecke" aus den Interessen der Machthaber im Staate ergeben. Wenn der herrschende Stamm oder die herrschende Klasse Inhaber der Staatsgewalt sind: so ist es klar, daß die „Staatszwecke" den Interessen dieser Klasse entsprechen müssen ...

Wenn nun die Staatsgewalt einmal zur Überzeugung gelangt ist, daß ihre Selbsterhaltung und ihr Wohlstand von dem Glücke und Wohlstande der Untertanen, des ganzen Volkes, abhängt, so kann man es ihr wohl glauben, daß der unmittelbare Zweck ihres Handelns das Glück und der Wohlstand des Volkes ist. In dieser Beziehung verfolgt die Staatsgewalt sittliche Zwecke, indem sie ihre egoistischen zu erreichen sucht. Sittlichkeit und Egoismus decken sich hier vollkommen und das Vorschützen *rein sittlicher* Motive bei solchen Handlungen der Staatsgewalt wäre ebenso heuchlerisch, wie der Vorwurf rein egoistischer Zwecke ungerecht wäre. Die staatliche Ordnung ist eben die jeweilige sittliche Ordnung und der Egoismus des Staates ist ein Element der Sittlichkeit. (S. 285 ff.)

Die ewige Kraft, die das große Wunder des geordneten Staates zu Stande brachte, sie lebt im Menschen und heißt *Gewohnheit;* sie schaffte und schafft dem Staate die *moralischen Mittel,* seine große Aufgabe zu erfüllen und diese Mittel heißen Sitte und Recht . . .

So bringt es denn die natürliche Kraft der Gewohnheit, die den Menschen in Freud und Leid beherrscht, mit sich, daß sowohl Herrschende wie Beherrschte den ursprünglich mittelst Gewalt geschaffenen Zustand der Dinge mit der Zeit als einen natürlichen, einer höhern Ordnung entsprechenden, von Gott gewollten, mit einem Worte, als einen sittlichen ansehen . . .

Die Gewohnheit ist demnach die Brücke von den mit elementarer Gewalt sich vollziehenden sozialen Tatsachen zu den sozial-psychischen Erscheinungen der Sitte und des Rechts. In letzter Linie stammt daher das Recht unzweifelhaft von der Macht, welche soziale Tatsachen (Unterwerfung, Unterjochung) schafft. Daher enthält das Bismarck'sche Wort: „Macht geht *vor* Recht", eine historische Wahrheit, wenn wir das Vorwort „vor" chronologisch, als Zeitbestimmung auffassen. Dagegen wäre es falsch, innerhalb eines geordneten Staates, innerhalb einer gegebenen Rechtsordnung dieses Vorwort „vor" als eine Rangbestimmung auffassen zu wollen, wonach also die Macht etwas *Höheres* bezeichnen würde als das Recht. Denn der Staat selbst würde jede Berechtigung verlieren, wenn in ihm die Macht höher stünde als das Recht. Es soll ein Merkmal des modernen Kulturstaates sein, daß in ihm Recht *vor* der Macht geht, d. h. Recht mehr gelte als Macht. In einem solchen Staate steht auch das Staatsoberhaupt *unter* dem Recht und seine Macht beugt sich dem Rechte. (S. 354 ff.)

Das aufgezeichnete Staatsrecht ist . . . fast immer eine Vereinbarung zwischen zwei oder mehreren um Macht, Herrschaft und Vorrang kämpfenden Parteien. Dabei ist es natürlich, daß immer eine Partei die andere übervorteilen will. Das Staatsrecht, als der Ausdruck des schließlich zustandegekommenen Ausgleichs, trägt an sich den geistigen Stempel der stärkeren Partei, die darin der schwächeren Konzessionen macht. (S. 11 f.)

Allgemeines Staatsrecht, 3. Aufl., Innsbruck 1907.

*

## Georg Jellinek (1851—1911)

Staatsrechtler. Prof. in Wien, Basel, Heidelberg. Seine zu großem Einfluß gelangte „Allgemeine Staatslehre" stellt den Herrschaftsbegriff in den Mittelpunkt. Jellinek vertritt eine Zwei-Seiten-Theorie einer sowohl juristischen wie auch soziologischen Betrachtung des Staates.

### *Der soziale Staatsbegriff*[245])

Als letzte objektive Elemente des Staates ergeben sich eine Summe bestimmter in Tätigkeiten sich äußernder sozialer Beziehungen zwischen Menschen oder, noch genauer gesprochen, da der Begriff der Summe bereits eine Form subjektiver Synthese bedeutet, ein Neben- und Nacheinander bestimmter, in Beziehungen von Menschen zu Menschen sich äußernder Tätigkeiten. Er ist somit nach keiner Richtung hin Substanz, sondern ausschließlich Funktion. Die dieser Funktion zugrundeliegende Substanz sind und bleiben die Menschen.

Diese Funktion ist aber ausschließlich psychischer Art, und wenn sie auch physische Wirkungen hervorruft, so sind diese doch stets psychisch vermittelt. Damit reiht sich die staatliche Funktion den psychischen Massenerscheinungen ein . . .

Diese Einsicht ist von größter Bedeutung für die Erkenntnis des Wesens aller Sozialwissenschaften. Es sind

Wissenschaften von menschlichen Relationen und deren äußeren Wirkungen. Der gesamte Bewußtseinsinhalt der Menschen wird von ihnen aufgeteilt und der Arbeit besonderer Disziplinen unterzogen. Sie sind sämtlich Wissenschaften bestimmter, durch ihr Objekt zusammengehaltener psychischer Funktionen.

Mit diesem allein richtigen Ausgangspunkt, der Auffassung des Staates als einer Funktion der menschlichen Gemeinschaft, ist die Falschheit einer ganzen Reihe staatswissenschaftlicher Grundlehren dargetan. Vor allem derjenigen, welche den Staat als ein neben oder über den Menschen stehendes natürliches Gebilde auffaßt. Die Beobachtung nämlich, daß die konkreten staatlichen Zustände zum nicht geringen Teil nicht von der Gegenwart erzeugt, sondern von der Vergangenheit überliefert, daß also die politischen Institutionen nicht durchaus willkürliche Schöpfungen sind, hat unklares Denken häufig verleitet, den Staat als eine von den Menschen losgelöste, menschlicher Willkür entrückte Macht zu betrachten ...

Näher bestimmt besteht der Staat in *Willensverhältnissen* einer Mehrheit von Menschen. Menschen, die befehlen, und solche, die diesen Befehlen Gehorsam zollen, bilden das Substrat des Staates. Allerdings besitzt der Staat auch ein Gebiet. Geht man aber der Sache auf den Grund, so gelangt man zu der Erkenntnis, daß auch das Gebiet ein dem Menschen anklebendes Element ist. Seßhaftigkeit ist eine Eigenschaft, ein Zustand der im Staat befindlichen Menschen, und alle juristischen Wirkungen des Gebietes, wie später eingehend dargelegt werden wird, nehmen ihren Weg durch die menschliche Innerlichkeit. Von menschlichen Subjekten ganz losgelöst gibt es kein Gebiet, sondern nur Teile der Erdoberfläche.

Als letzte objektive Bestandteile der Staaten ergeben sich daher Willensverhältnisse Herrschender und Beherrschter, die beide in zeitlicher, in der Regel auch (bei zusammenhängendem Staatsgebiet) in räumlicher Kontinuität stehen ...

Zuvörderst ist ... das Einigungsprinzip für die Willensverhältnisse zu suchen, deren Gesamtheit sich uns als Staat darstellt.

Es gibt *räumliche* und *zeitliche* Einheiten. Was in Raum und Zeit uns gegen ein anderes abgegrenzt erscheint, fassen wir als eine Einheit auf. Solche äußerliche, mechanische Einheit reicht für den Staat nicht aus. Eine gegen andere durch ein Gebiet abgegrenzte Menschenmasse ist noch kein Staat. Es gibt ferner *kausale* Einheiten. Alles, was auf eine gemeinsame Ursache zurückzuführen ist, stellt sich uns als Einheit dar. Solche kausale, einigende Elemente sind zwar im Staate vorhanden, genügen aber nicht, um ihn als eine durchgängige Einheit erscheinen zu lassen. Das Volk erscheint uns als eine stete Einheit, weil es *auch* durch den kausalen Vorgang der Abstammung von Volksgenossen konstituiert wird; bei staatlichen Neugründungen aber, oder Vergrößerungen des Staates, fällt dieser kausale Vorgang entweder fort oder seine Bedeutung wird gemindert, wie letzteres in geringerem Maße auch im normalen Laufe der Dinge durch Ein- und Auswanderung geschieht. Die dritte Gattung der Einheiten sind die *formalen.* Bei beharrender Form erscheint uns eine Vielheit selbst bei dem Wechsel und Wandel ihrer Teile als ein und dasselbe Objekt. Auch derartige beharrliche formale Elemente bietet der Staat dar. Die staatlichen Institutionen weisen in der Regel lange Zeiträume hindurch gewisse gleichbleibende Formen auf, durch welche die Vorstellung ihrer Einheit im Zeitenwechsel hervorgerufen wird ... Aber die Kategorie der formalen Einheit genügt für sich noch nicht, um die Mannigfaltigkeit der staatlichen Verhältnisse zu ordnen.

Es gibt endlich *teleologische* Einheiten. Eine durch dauernde Zwecke miteinander verbundene Vielheit erscheint uns notwendig als Einheit, und zwar ist die Einheit für unser Bewußtsein um so schärfer ausgeprägt, je zahlreicher und stärker wirkend die einigenden Zwecke sind. Auf teleologischer Einheit in der Natur beruht für unser Denken die Gesamtheit der biologischen Prozesse, die wir unter dem Namen des Organismus zusammenfassen. Auf teleologischer Einheit in der sozialen Welt ruhen für uns Ordnung und Beurteilung unserer Handlungen, der geistige und wirtschaftliche Verkehr, die Individualisierung der von uns geschaffenen und für uns bestimmten Sachen derart, daß der Zweck als das principium individuationis für alle menschlichen Dinge betrachtet werden kann. Durch Anwendung der Zweckkategorie heben wir wertvolle Handlungen von gleichgültigen ab, verbinden eine Zahl einzelner Akte zu einer Einheit: Rechtsgeschäfte und Delikte werden so durch teleologische Betrachtung zu Einheiten verdichtet; durch den Zweck verbinden wir selbst eine Vielheit räumlich getrennter Dinge zur Einheit der Sache im Rechtssinne; durch den Zweck teilen wir die fließende Reihe unserer Beschäftigungen, die ununterbrochene Folge unserer Taten in mannigfaltige Einheiten ab, die unter rein psychologischen Gesichtspunkten eine Vielheit geistiger Akte bedeuten.

Auch die Einheit des Staates ist wesentlich teleologische Einheit. Eine Vielheit von Menschen wird für unser Bewußtsein geeinigt, wenn sie durch konstante, innerlich kohärente Zwecke miteinander verbunden sind. Je intensiver diese Zwecke sind, desto stärker ist die Einheit ausgeprägt. Diese Einheit kommt aber auch nach außen zum Ausdruck durch eine Organisation, d. h. durch Personen, die berufen sind, die einigenden Zweckmomente durch ihre Handlungen zu versorgen. Solche organisierten, aus Menschen bestehenden Zweckeinheiten heißen menschliche Kollektiv- oder Verbandseinheiten. Die teleologische Einheit des Staates ist also näher bestimmt *Verbandseinheit.*

In der Verbandseinheit sind Einheit des Ganzen und Vielheit der Glieder notwendig miteinander verknüpft. Die Einheit ist nämlich ausschließlich auf die Verbandszwecke beschränkt, demgemäß das Individuum eine doppelte Stellung erhält: als Verbandsglied und als verbandsfreie Individualität. Die Intensität des Verbandes ist eine verschiedene nach Stärke und Bedeutung der den Verband konstituierenden Zwecke. Sie ist minimal bei den privaten Verbänden, sie steigert sich bei den öffentlichen Verbänden, sie erreicht ihren höchsten Grad im Staate, da der Staat unter allen Verbänden die größte Fülle konstanter Zwecke und die ausgebildetste und umfassendste Organisation besitzt. Der Staat ist die alle anderen einschließende und zugleich die notwendigste Verbandseinheit. Jedem anderen Verbande kann man sich im modernen Staate entziehen, alle Zwangsverbände im Staate haben Zwangsgewalt vom Staate selbst, sodaß staatlicher Zwang allein im Verband festzuhalten vermag. Dem Staate selbst vermag sich aber niemand zu entziehen ...

Die staatliche Verbandseinheit ruht auf der äußeren Grundlage eines abgegrenzten Teiles der Erdoberfläche. Sie hat ein Gebiet, d. h. einen räumlich abgegrenzten ausschließlichen Herrschaftsbereich. Sie ist demnach näher als *Verbandseinheit seßhafter Menschen* zu bestimmen ...

Die zur Verbandseinheit zusammengefaßten staatlichen Willensverhältnisse sind wesentlich *Herrschaftsverhältnisse.* Nicht daß im Herrschen das Wesen des Staates sich erschöpft. Aber das Vorhandensein von Herrschaftsverhältnissen ist dem Staate derart notwendig, daß ohne Herrschaftsverhältnisse ein Staat nicht gedacht werden kann. Der Staat hat Herrschergewalt. Herrschen heißt aber die Fähigkeit haben, seinen Willen anderen Willen unbedingt zur Erfüllung auferlegen, gegen anderen Willen unbedingt durchsetzen zu können. Diese Macht unbedingter Durchsetzung des eigenen Willens gegen anderen Willen hat nur der Staat. Er ist der einzige kraft ihm innewohnender ursprünglicher, rechtlich von keiner anderen Macht abgeleiteter Macht herrschende Verband.

Aus diesem Grunde geht es nicht an, den Staat einer höheren Kategorie politischer Gemeinwesen als Unterbegriff einzuordnen ...

Es ergibt sich somit folgendes: *Der Staat ist die mit ursprünglicher Herrschermacht ausgerüstete Verbandseinheit seßhafter Menschen* ...

## *Der juristische Staatsbegriff*

Seiner juristischen Seite nach kann der Staat nach den vorausgegangenen kritischen Erörterungen nur als *Rechtssubjekt* gefaßt werden, und zwar ist es näher der Begriff der Körperschaft, unter den er zu subsumieren ist. Das Substrat der Körperschaft sind stets Menschen, die eine Verbandseinheit bilden, deren leitender Wille durch Mitglieder des Verbandes selbst versorgt wird. Der Begriff der Körperschaft aber ist ein rein juristischer Begriff, dem, wie allen Rechtsbegriffen, in der Welt der Tatsachen nichts objektiv Wahrnehmbares entspricht; er ist eine Form der juristischen Synthese, um die rechtlichen Beziehungen der Verbandseinheit, ihr Verhältnis zur Rechtsordnung auszudrücken. Schreibt man daher dem Staate wie der Körperschaft überhaupt juristische Persönlichkeit zu, so hat man nach keiner Richtung hin eine Hypostasierung oder Fiktion vorgenommen, denn Persönlichkeit ist nichts anderes als Rechtssubjekt und bedeutet daher, wie oben ausgeführt, eine Relation einer Einzel- oder Kollektivindividualität zur Rechtsordnung ...

Als Rechtsbegriff ist der Staat demnach die mit ursprünglicher Herrschermacht ausgerüstete Körperschaft eines seßhaften Volkes oder, um einen neuerdings gebräuchlich gewordenen Terminus anzuwenden, die mit ursprünglicher Herrschermacht ausgestattete Gebietskörperschaft. (S. 167 ff.)

Allgemeine Staatslehre, 2. Aufl., Berlin 1905.

*

## Max Weber (1864—1920)

Sozialökonom und Soziologe. Prof. in Berlin, Freiburg, München. Vertreter der „verstehenden Soziologie". Für seine erkenntnistheoretische Grundlegung der Sozialwissenschaften ist sein Bemühen um „Wertfreiheit" kennzeichnend. In der Staatssoziologie beschreibt Weber den Prozeß der Bürokratisierung und Rationalisierung des modernen Staates, seine Verwandlung in eine „Anstalt", einen „Betrieb".

### *Der rationale Staat*

*Politischer* Verband soll ein Herrschaftsverband dann und insoweit heißen, als sein Bestand und die Geltung seiner Ordnungen innerhalb eines angebbaren *geographischen Gebiets* kontinuierlich durch Anwendung und Androhung *physischen* Zwangs seitens des Verwaltungsstabes garantiert werden. *Staat* soll ein politischer *Anstaltsbetrieb* heißen, wenn und insoweit sein Verwaltungsstab erfolgreich das *Monopol legitimen* physischen Zwanges für die Durchführung der Ordnungen in Anspruch nimmt ...

Für politische Verbände ist selbstverständlich die Gewaltsamkeit weder das einzige, noch auch nur das normale Verwaltungsmittel. Ihre Leiter haben sich vielmehr aller überhaupt möglichen Mittel für die Durchsetzung ihrer Zwecke bedient. Aber ihre Androhung und, eventuell, Anwendung ist allerdings ihr *spezifisches* Mittel und überall die ultima ratio, wenn andere Mittel versagen ...

Es ist nicht möglich, einen politischen Verband — auch nicht: den „Staat" — durch Angeben des *Zweckes* seines Verbandshandelns zu definieren. Von der Nahrungsfürsorge bis zur Kunstprotektion hat es keinen Zweck gegeben, den politische Verbände *nicht* gelegentlich, von der persönlichen Sicherheitsgarantie bis zur Rechtssprechung keinen, den *alle* politischen Verbände verfolgt hätten. Man kann daher den „politischen" Charakter eines Verbandes *nur* durch das — unter Umständen zum Selbstzweck gesteigerte — *Mittel* definieren, welches nicht ihm allein eigen, aber allerdings spezifisch und für sein Wesen *unentbehrlich* ist: die Gewaltsamkeit ...

Den *Staats*begriff empfiehlt es sich, da er in seiner Vollentwicklung durchaus modern ist, auch seinem modernen Typus entsprechend — aber wiederum: unter Abstraktion von den, wie wir ja gerade jetzt erleben, wandelbaren inhaltlichen Zwecken — zu definieren. Dem heutigen Staat formal charakteristisch ist: eine Verwaltungs- und Rechtsordnung, welche durch Satzungen abänderbar ist, an der der Betrieb des Verbandshandelns des (gleichfalls durch Satzung geordneten) Verwaltungsstabes sich orientiert und welche Geltung beansprucht nicht nur für die — im wesentlichen durch Geburt in den Verband hineingelangenden — Verbandsgenossen, sondern in weitem Umfang für alles auf dem beherrschten Gebiet stattfindende Handeln (also: gebietsanstaltsmäßig). Ferner aber: daß es „legitime" Gewaltsamkeit heute nur noch insoweit gibt, als die staatliche Ordnung sie zuläßt oder vorschreibt (z. B. dem Hausvater das „Züchtigungsrecht" beläßt, einen Rest einstmaliger eigenlegitimer, bis zur Verfügung über Tod und Leben des

Kindes oder Sklaven gehender Gewaltsamkeit des Hausherrn). Dieser Monopolcharakter der staatlichen Gewaltherrschaft ist ein ebenso wesentliches Merkmal ihrer Gegenwartslage wie ihr rationaler „Anhalts"- und kontinuierlicher „Betriebs"-Charakter. (I, S. 39 f.)

Der Staat ist, ebenso wie die ihm geschichtlich vorausgehenden politischen Verbände, ein auf das Mittel der legitimen (das heißt: als legitim angesehenen) Gewaltsamkeit gestütztes *Herrschafts*verhältnis von Menschen über Menschen. Damit er bestehe, müssen sich also die beherrschten Menschen der beanspruchten Autorität der jeweils Herrschenden fügen ...

Jeder Herrschaftsbetrieb, welcher kontinuierliche Verwaltung erheischt, braucht einerseits die Einstellung menschlichen Handelns auf den Gehorsam gegenüber jenen Herren, welche Träger der legitimen Gewalt zu sein beanspruchen; und andererseits, vermittels dieses Gehorsams, die Verfügung über diejenigen Sachgüter, welche gegebenenfalls zur Durchführung der physischen Gewaltanwendung erforderlich sind: den personalen Verwaltungsstab und die sachlichen Verwaltungsmittel.

Der Verwaltungsstab, der den politischen Herrschaftsbetrieb wie jeden anderen Betrieb in seiner äußeren Erscheinung darstellt, ist nun nicht nur durch jene Legitimitätsvorstellung, von der eben die Rede war[246]), an den Gehorsam gegenüber dem Gewalthaber gekettet, sondern durch zwei Mittel, welche an das persönliche Interesse appellieren: materieller Entgelt und soziale Ehre. Lehen der Vasallen, Pfründen der Patrimonialbeamten, Gehalt der modernen Staatsdiener, — Ritterehre, ständische Privilegien, Beamtenehre, — bilden den Lohn, und die Angst, sie zu verlieren, die letzte entscheidende Grundlage für die Solidarität des Verwaltungsstabes mit dem Gewalthaber. Auch für die charismatische Führerherrschaft gilt das: Kriegsehre und Beute für die kriegerische, die „spoils": Ausbeutung der Beherrschten durch Ämtermonopol, politisch bedingte Profite und Eitelkeitsprämien für die demagogische Gefolgschaft.

Zur Aufrechterhaltung jeder gewaltsamen Herrschaft bedarf es zudem gewisser materieller äußerer Sachgüter, ganz wie bei einem wirtschaftlichen Betrieb. Alle Staatsordnungen lassen sich danach gliedern, ob sie auf dem Prinzip beruhen, daß jener Stab von Menschen — Beamte oder wer sie sonst sein mögen, auf deren Gehorsam der Gewalthaber muß rechnen können — im eigenen Besitz der Verwaltungsmittel, mögen sie bestehen in Geld, Gebäuden, Kriegsmaterial, Wagenparks, Pferden oder was sonst immer, sich befinden, oder ob der Verwaltungsstab von den Verwaltungsmitteln „getrennt" ist, im gleichen Sinn wie heute der Angestellte und Proletarier innerhalb des kapitalistischen Betriebes „getrennt" ist von den sachlichen Produktionsmitteln. Ob also der Gewalthaber die Verwaltung in eigener von ihm organisierter Regie hat und durch persönliche Diener oder angestellte Beamte oder persönliche Günstlinge und Vertraute verwalten läßt, welche nicht Eigentümer: Besitzer zu eigenem Recht, der sachlichen Betriebsmittel sind, sondern vom Herrn darin dirigiert werden, oder ob das Gegenteil der Fall ist. Der Unterschied geht durch alle Verwaltungsorganisationen der Vergangenheit hindurch.

Einen politischen Verband, bei dem die sachlichen Verwaltungsmittel ganz oder teilweise in der Eigenmacht des abhängigen Verwaltungsstabes sich befinden, wollen wir einen „ständisch" gegliederten Verband nennen. Der Vasall z. B. im Lehnsverband bestritt die Verwaltung und Rechtspflege des ihm verlehnten Bezirks aus eigener Tasche, equipierte und verproviantierte sich selbst für den Krieg; seine Untervasallen taten das gleiche. Das hatte erhebliche Konsequenzen für die Machtstellung des Herrn, die nur auf dem persönlichen Treubund und darauf ruhte, daß der Lehnsbesitz und die soziale Ehre des Vasallen ihre „Legitimität" vom Herrn ableiteten.

Überall aber, bis in die frühesten politischen Bildungen zurück, finden wir auch die eigene Regie des Herrn: durch persönlich von ihm abhängige Sklaven, Hausbeamte, Dienstleute, persönliche „Günstlinge" und aus seinen Vorratskammern mit Natural- und Gelddeputaten entlohnte Pfründer sucht er die Verwaltung in die eigene Hand zu bekommen, die Mittel aus eigener Tasche, aus Erträgnissen seines Patrimoniums zu bestreiten, ein rein persönlich von ihm abhängiges, weil aus seinen Speichern, Magazinen, Rüstkammern equipiertes und verproviantiertes Heer zu schaffen. Während im „ständischen" Verband der Herr mit Hilfe einer eigenständigen „Aristokratie" herrscht, also mit ihr die Herrschaft *teilt*, stützt er sich hier entweder auf Haushörige oder auf Plebejer: besitzlose, der eigenen sozialen Ehre entbehrende Schichten, die materiell gänzlich an ihn gekettet sind und keinerlei konkurrierende eigene Macht haben. Alle Formen patriarchaler und patrimonialer Herrschaft, sultanistischer Despotie und bürokratischer Staatsordnung gehören zu diesem Typus. Insbesondere: die bürokratische Staatsordnung, also die in ihrer rationalsten Ausbildung auch und gerade dem modernen Staat charakteristische. Überall kommt die Entwicklung des modernen Staates dadurch in Fluß, daß von seiten des Fürsten die Enteignung der neben ihm stehenden selbständigen, „privaten" Träger von Verwaltungsmacht: jener Eigenbesitzer von Verwaltungs- und Kriegsbetriebsmitteln, Finanzbetriebsmitteln und politisch verwendbaren Gütern aller Art, in die Wege geleitet wird. Der ganze Prozeß ist eine vollständige Parallele zu der Entwicklung des kapitalistischen Betriebs durch allmähliche Enteignung der selbständigen Produzenten. Am Ende sehen wir, daß in dem modernen Staat tatsächlich in einer einzigen Spitze die Verfügung über die gesamten politischen Betriebsmittel zusammenläuft, kein einziger Beamter mehr persönlicher Eigentümer des Geldes ist, das er verausgabt, oder der Gebäude, Vorräte, Werkzeuge, Kriegsmaschinen, über die er verfügt. Vollständig durchgeführt ist also im heutigen „Staat" — das ist ihm begriffswesentlich — die „Trennung" des Verwaltungsstabes: der Verwaltungsbeamten und Verwaltungsarbeiter, von den sachlichen Betriebsmitteln.

Für unsere Betrachtung ist also das rein Begriffliche festzustellen: daß der moderne Staat ein anstaltsmäßiger Herrschaftsverband ist, der innerhalb eines Gebietes die legitime physische Gewaltsamkeit als Mittel der Herrschaft zu monopolisieren mit Erfolg getrachtet hat und zu diesem Zweck die sachlichen Betriebsmittel in der Hand seiner Leiter vereinigt, die sämtlichen eigenberechtigten ständischen Funktionäre aber, die früher zu Eigenrecht darüber verfügten, enteignet und sich selbst in seiner höchsten Spitze an deren Stelle gesetzt hat. (II, S. 1042 ff.)

Wirtschaft und Gesellschaft, Studienausgabe, hrsg. von J. Winckelmann, 2 Bde., Köln/Berlin 1964 (I).
Wirtschaftsgeschichte, Teilabdruck, in: Wirtschaft und Gesellschaft, ebenda (II).

*

## Hans Nawiasky (1880—1961)

Staatsrechtler. Prof. in Wien, München, St. Gallen. Mitarbeiter an der bayerischen Verfassung von 1946. In der Tradition eines individualistischen Positivismus stehend, relativiert er den Staat auf psychologische und soziale Grundverhältnisse.

### *Der Staat als soziale Tatsache*

[Unsere Beobachtung bringt] gewisse physo-psychische Einzelwesen in Zusammenhang... Grob gesagt könnte man von einer Zusammenfassung, einer Addition sprechen, die ja niemals auf den Addenden allein beruht, sondern durch den Addierenden vollzogen wird... Es wird also weder eine psychische Kollektiveinheit der in Zusammenhang gesetzten Einzelseelen, also so etwas wie eine Kollektivseele, noch gar eine körperliche Kohärenz ihrer physischen Träger behauptet, weil beides der unmittelbaren Erfahrung völlig widerspricht.

Was ist nun die Veranlassung für den Beobachter, die in Frage stehende Zusammenfassung vorzunehmen? Sie ist dreifacher Natur. Zunächst wird festgestellt, daß sich in dem Bewußtsein der betreffenden Menschen gewisse übereinstimmende Inhalte vorfinden (Parallelität psychischer Prozesse). Weiter ist zu erkennen, daß sich die Beteiligten dieser Parallelität bewußt sind. Und endlich tritt zutage, daß sie sich selbst dadurch verbunden fühlen. (Es knüpft sich also an das Bewußtsein der Parallelität ein Moment der Gefühlsbetonung.) Wenn alle drei Tatsachen gegeben sind, kann ausgesagt werden, daß sich die Bewußtseinsträger in ihrer geistigen Haltung einig wissen ...

[Bei dieser gleichartigen geistigen Haltung, die] eine seelische Ein- und Unterordnung unter einen gemeinsamen Gedanken [ist], ... handelt es sich aber durchaus um *intramentale* Gegebenheiten. Alle Bewußtseinsakte vollziehen sich im individuellen Rahmen. Nirgends wird die einzelpersönliche Grenze überschritten. Es wird daran festgehalten, daß sich die Zusammenfassung weder psychisch noch physisch in einem Medium vollzieht, in das die Einzelnen unmittelbar eingebettet sind. Sie bleibt einzig und allein das Werk des dritten Beobachters ...

Der wesentliche Ertrag dieser Untersuchung über die Möglichkeit eines sozialen Staatsbegriffs[247]) ist ... die Erkenntnis, daß die durch unser Denken hergestellte Verbindung der Einzelmenschen zur Gesamtheit des Staates sich auf die in ihnen vorhandene Vorstellung des Staates gründet, anders ausgedrückt, daß die *soziale Einheit des Staates auf der in seinen Gliedern lebendigen Staatsidee beruht*. Der wesentliche Unterschied beider Formulierungen besteht darin, daß die zweite davon absieht, die Zusammenfassung der vielen Einzelnen als Leistung des Beobachters hervorzuheben. (S. 22 ff.)

Man kann einen ... übereinstimmenden Erlebnisinhalt als einen gemeinschaftlichen bezeichnen und diejenigen, die daran teilhaben, als eine Erlebnisgemeinschaft zusammenfassen.

Worin besteht nun die Vorstellung, die gemeinschaftlich erlebt wird? Offenbar in jenem Sachverhalt, die wir als *Idee des Staates* kennengelernt haben ... Sonach wäre ein Staat im sozialen Sinn ein Kreis von Menschen, welche die Vorstellung der Zugehörigkeit zu einer souveränen, geschlossenen, sozialen Gemeinschaft (Organisation) mit umfassenden weltlichen Zwecken haben und dadurch miteinander verbunden sind, zuzüglich der von ihnen betreuten Personen; ein menschlicher Verband, der auf der Vorstellung seiner aktiven Glieder über die Zugehörigkeit zu einer souveränen, geschlossenen, sozialen Gemeinschaft mit umfassenden weltlichen Zwecken beruht. (S. 40 f.)

*Der Staat als Idee*

Unter dem Staat als Idee wird ... der Inhalt unserer Vorstellung von dem *staatlichen Sein* verstanden. Von einer Beurteilung dieses Seins unter der Kategorie des Guten oder Schlechten, d. h. des Sollens wird im allgemeinen abgesehen. Die Frage nach der staatlichen Idee wird losgelöst von der Frage nach dem staatlichen Ideal. (S. 29)

[Definition des Staates als Idee]: Eine souveräne (d. h. nach außen unabhängige, nach innen überlegene) über individual-persönliche Beziehungen hinausreichende, gegen andere abgegrenzte Vereinigung von Menschen zur gemeinsamen Verfolgung von gemeinsamen weltlichen Zwecken, die von anderen Gemeinschaften nicht verwirklicht werden können; oder in anderer Fassung: Eine auf oberster Stufe stehende, über individual-persönliche Beziehungen hinausreichende, nach außen abgegrenzte Vereinigung usw. [Vereinfachte Fassung]: Der Staat als Idee ist eine souveräne, über individual-persönliche Beziehungen hinausreichende, geschlossene soziale Gemeinschaft (Organisation) oberster Stufe mit umfassenden (oder letzten) weltlichen Zwecken. (S. 39)

*Der Staat im Rechtssinn*

Schließlich die genaue Definition des Staates im Rechtssinn. Setzt man den vollen Wortlaut der Begriffsbestimmungen des Staates als soziale Erscheinung ein, so kommt man zu folgender Formulierung: Der Staat im Rechtssinn oder als rechtliche Erscheinung ist ein nach außen unabhängiger, nach innen überlegener, über individual-persönliche Beziehungen hinausreichender menschlicher Verband, der auf der Vorstellung seiner Glieder über die Zugehörigkeit zu einer souveränen sozialen Gemeinschaft mit umfassenden weltlichen Zwecken beruht und ihnen das zur Erreichung der Gemeinschaftszwecke erforderliche Verhalten unter Zwangssanktion vorschreibt. Wählt man die kürzere Fassung der sozialen Staatsdefinition, so ergibt sich folgende Formel: ein ausgedehnter, souveräner, menschlicher

Verband zur Verwirklichung der ihm eigenen umfassenden weltlichen Gemeinschaftszwecke, der seinen Gliedern das zur Erreichung dieses Ziels erforderliche Verhalten unter Zwangssanktion vorschreibt. Den Relativsatz könnte man auch durch die Worte ersetzen: „als Träger einer Rechtsordnung". Wenn man schließlich bei dem Wort „Rechtsordnung" an ein oberstes System von Normen denkt und die Verwirklichung der Gemeinschaftszwecke als eine selbstverständliche Aufgabe des Rechts betrachtet, so kommt man zu folgender vereinfachter Fassung: „ein weltlicher Verband als Träger einer (obersten) Rechtsordnung" . . .

Bei dieser Definition in ihren verschiedenen Formulierungen ist allerdings nur an den Staat als *Rechtsordnungssubjekt* gedacht. Will man noch den Staat als *Rechtssubjekt* in dem Begriff Ausdruck finden lassen, so muß man noch das Moment der Organisation einfügen. Man kann den *Staat* im *Rechtssinn* dann definieren als den Inbegriff der Organisation eines weltlichen Verbands, der Träger einer (obersten) Rechtsordnung ist. (S. 58 f.)

Allgemeine Staatslehre, Grundlegung, Einsiedeln-Köln 1945.

*

ALEXANDER RÜSTOW (1885—1963)

Volkswirt und Soziologe. Prof. in Istanbul und Heidelberg. Als Volkswirt dem Neoliberalismus zuzurechnen. Das Strukturprinzip des Staates sieht Rüstow entwicklungsgeschichtlich in der „Überlagerung" von Klassen und Schichten.

*Die Zweipoligkeit der Herrschaftsstruktur*

Der Staat der Hochkulturen ist durch Überlagerung entstanden. Die Hochkulturen, die sich erst innerhalb dieses so entstandenen Staates arbeitsteilig entwickeln konnten, beruhen auf Überschichtung. Das feudale Stigma dieses

Überlagerungsprinzips ist an den allerverschiedensten Stellen von Staat, Gesellschaft und Kultur unverwischt und unverkennbar geblieben. Wir stehen heute vor einem katastrophalen Rückfall in brutalste Überlagerung.

Aber das ist nur die eine Seite eines ausgesprochenermaßen zweipoligen Tatbestandes. Denn bei dem blutigen Ausgangszustand der frischen, ungedämpften Überlagerung ist es ja fast nirgends geblieben und konnte es auf die Dauer nicht wohl bleiben. Zwar ist er es, der den Überlagerern ein Höchstmaß an Herrschaftsgenuß und Herrengefühlen bietet. Aber dafür ein Mindestmaß an Sicherheit und Haltbarkeit. Zudem ist dieser Zustand, auch für seine Nutznießer, zu unnatürlich, zu exzentrisch, zu weit entfernt von einer der menschlichen Natur gemäßen Struktur des Sozialen, um nicht auf die Dauer dem natürlichen, auf Gemeinschaft gerichteten Zug des anthropologischen Gefälles zu unterliegen. Und wir werden noch sehen, daß deshalb überall eine Entwicklung einsetzte, die, wenn man sie sich bis zu ihrem Schnittpunkt mit dem Horizont des Grundsätzlichen und Hundertprozentigen verlängert denkt, die Verschmelzung der beiden durch die Überlagerung gewaltsam übereinandergeschichteten Sozialkörper zu einem einzigen einheitlichen Sozialkörper mit Gemeinschaftsstruktur ergeben würde. Da aber jeder Schritt in dieser Richtung von den Überlagerern eine Einschränkung der Herrenwillkür, einen teilweisen Verzicht auf Herrschaftsgenuß fordert, so wird dieser Weg von ihnen zunächst nur so weit gegangen, als es die Stabilisierung ihrer Herrschaft jeweils unumgänglich zu fordern scheint. Die Tendenz geht zunächst nur darauf, das Maximum durch das Optimum der Herrschaft zu ersetzen. Daraus ergibt sich jener, seitdem alle Hochkulturen beherrschende, antinomisch-spannungsvolle ambivalente Typus des Staates und der Kultur, der die einander widerstreitenden Merkmale geführter Gemeinschaft und beherrschter Ungemeinschaft miteinander vereint. Diese beiden in ihrer Struktur polar entgegengesetzten soziologischen Bindungsformen sind gleichsam übereinandergestülpt und ineinandergeschachtelt. Beide sind stets vorhanden, so verschieden ihr Anteilsverhältnis jeweils sein mag. Wer das Vorhandensein von Führung und Gemeinschaft abstreitet, setzt sich den Tatsachen gegenüber ebenso ins Unrecht, wie der, der das Vorhandensein von Herrschaft und Gewalt leugnet. Gerade diese Antinomie vielmehr ist konstitutiv für das Wesen aller Hochkulturen und ihrer Staaten bis zu unserem modernen demokratischen Staat einschließlich. (S. 104 ff.)

### *Der Staat der Überlagerung*

Die institutionelle Form, in der sich die Überlagerung verewigte, war der Staat. Nicht, als ob es Staatsgebilde nicht auch schon vorher gegeben hätte. Wenn man, wie es richtig sein dürfte, den Staat idealtypisch definiert durch seine Souveränität, d.h. Unabhängigkeit nach außen und Kompetenz-Kompetenz nach innen, dann ist der Staat so alt wie die Menschheit (wo nicht noch älter), und dann hatten die je größten Gemeinschaftsgebilde, in denen Menschen zusammenlebten, von jeher Staatsfunktionen und Staatscharakter. Das dürfte in der Tat die sachgemäßeste und brauchbarste Begriffsabgrenzung sein. Selbstverständlich hat sich, so gesehen, der Staat, wie jedes gewachsene Gebilde, aus embryonalen oder keimhaften Ausgangsformen entwickelt. Immerhin aber scheinen auch schon vor der Überlagerung und ihren Rückwirkungen etwa die Staatsbildungen der höheren Jäger, mit ihrem Häuptlingstum und ihrer straffen Organisation für Jagd und Krieg, bereits eine recht beträchtliche und stattliche Entwicklungshöhe erreicht zu haben.

Andererseits ist nicht zu verkennen, daß die Überlagerung auch in der Geschichte des Staates den tiefsten und grundsätzlichsten Einschnitt und Wendepunkt darstellt. Am richtigsten wäre es wohl, innerhalb des weitesten allgemeinen Staatsbegriffs unterteilend zwischen Gemeinschaftsstaat und Herrschaftsstaat, Genossenschaftsstaat und Klassenstaat, einschichtigem und zweischichtigem Staat, zu unterscheiden. Der zweischichtige herrschaftliche Klassenstaat, die typische Staatsform aller Hochkulturen, ist erst sekundär durch Überlagerung entstanden. Seine Zurückverwandlung in den klassenlosen Gemeinschafts- und Genossenschaftsstaat, unter Aufrechterhaltung der sachlich unentbehrlichen hierarchischen Staffelung, ist die staatspolitische Seite der großen Aufgabe, vor der die Menschheit heute steht.

Der Marxismus engt irreführenderweise den Staatsbegriff per definitionem auf den Klassenstaat der Überlagerung ein, und muß deshalb, konsequenter- aber unmöglicherweise, in Zukunft mit der Überlagerung auch den Staat verschwinden lassen. Wenn er aber dementsprechend die Niederhaltung und Ausbeutung der Unterschicht als den einzigen Zweck und Inhalt dieses Staates behauptet, so diskreditiert er durch diese Verhundertprozentigung eine überwiegend zutreffende Wahrheit, und übersieht die Zweipoligkeit, die, wie wir sahen, auf die Dauer gerade das Wesen der durch die Überlagerung geschaffenen Sozialstruktur ausmacht.

Der durch Überlagerung entstandene Staat muß zwar diese Überschichtungsstruktur, durch alle ihre Transformationen hindurch, aufrechterhalten, so lange nicht ihre Ablösung durch ein grundsätzlich anderes Strukturprinzip erfolgt ist. Aber wenn das auch eine conditio sine qua non bedeutet, so ist es doch, von Ursprungs- und Rückfallsperioden abgesehen, keineswegs der einzige Inhalt des Staates.

Jedoch gerade diese Mannigfaltigkeit sonstiger staatlicher Inhalte, Tendenzen und Ideologien, die keineswegs etwa nur als cache-sexe gemeint sind, macht es andererseits desto notwendiger, den perseverierenden Überlagerungscharakter durch alle seine Wandlungen zu verfolgen.

Für alle vordemokratischen, vorkonstitutionellen Staatsformen liegt nun dieser in gerader Linie auf die Überlagerung zurückgehende, gewaltherrschaftliche Charakter des Staates so klar zutage, daß es da weiter keiner Enthüllungen bedarf. Wenn man den oder die Herrschenden nach dem Rechtstitel dieser ihrer Herrschaft frug (was für den unberufenen Fragesteller meist schon verhängnisvolle Folgen gehabt haben würde), so war die Antwort entweder die offene Berufung auf das Recht des Schwertes oder auf die Verleihung durch die Gnade der Gottheit (Gottesgnadentum). Dies letztere offenbar nur eine theologisch verhüllte Ausdrucksweise für den gleichen Tatbestand, und das Zeichen einer mehr oder minder starken Beteiligung von Priestern an der Macht. Die Plattform der Macht ist schmäler oder breiter und in verschiedener Weise abgestuft; die Zulassungsbedingungen und Verbleibskriterien wechseln. Noch schneller und heftiger wechselt unter Umständen die personelle Besetzung der Plattform, ein Vorgang für den Pareto den terminus technicus der „Zirkulation der Eliten“ geprägt hat (wobei übrigens der Ausdruck „Elite“ bereits nicht mehr ganz objektiv ist, sondern in etwas gedämpfter Weise in das Selbstlob der „Schönen und Guten“ verfällt).

Terminologisch findet dieser Tatbestand seinen angemessenen Ausdruck dadurch, daß die im internationalen Sprachgebrauch unseres abendländischen Kulturkreises üblichen zweigliedrigen griechischen Namen der verschiedenen Staatsformen sich nur durch das erste Glied unterscheiden, als zweites Glied aber sämtlich Ableitungen entweder von krátos: Gewalt, Gewaltherrschaft, oder von arché: Herrschaft enthalten: Monarchie, Autokratie, Aristokratie, Oligarchie, Plutokratie, Ochlokratie. In diese selbe Reihe stellt sich nun wieder mit naiver Selbstverständlichkeit auch die Demokratie. Sollen wir sie dafür beim Wort nehmen und unterstellen, daß sie eine -kratie, eine Gewaltherrschaft ist, wie alle anderen, und sich von ihnen nur dadurch unterscheidet, daß der Inhaber der Gewaltherrschaft in diesem Falle das „Volk“, der Demos, ist?

Die begriffliche Konstruierbarkeit einer solchen Staatsform, einer Demo-kratie im vollsten Sinne des Wortes und seiner beiden Bestandteile unterliegt keinem Zweifel, und ist ja durch Rousseau in klassischer Weise bewiesen worden. (S. 118 ff.)

Ortsbestimmung der Gegenwart, Erlenbach-Zürich 1950, Bd. 1.

Ossip K. Flechtheim (geb. 1909)

Politologe. Emigrierte 1935 in die USA. Seit 1951 Professor in Berlin. Den Staat interpretiert Flechtheim in Anlehnung an die Definitionen Max Webers.

*Der Staat als Anstaltsbetrieb*

Die Struktur der Politeia gipfelt heute im modernen Staat, der Kernorganisation politischer Macht. Von außen betrachtet ist der Staat nur ein Mitglied einer „Staatenfamilie“, und wir gingen fehl, hielten wir ihn für den letzten Ausdruck aller Macht. Unserer Analyse ist jedoch besser gedient, wenn wir den Staat erst einmal von innen betrachten. Sehr lange glaubten viele politische Denker, sie könnten das Wesen des Staates am besten erfassen, wenn sie ihn als einen lebendigen Organismus oder einen toten Mechanismus interpretierten. Sie machten sich damit aber einer unzulässigen „Verdinglichung“ oder der „Personifizierung“ schuldig. Sie behandelten nämlich eine abstrakte Beziehung und einen verwickelten Prozeß wie den Staat, als handle es sich um ein einfaches handgreifliches Ding (res) oder eine Person. In Wirklichkeit ist der Staat weder ein Lebewesen, noch ein unbelebter Mechanismus, der der Sinneswahrnehmung zugänglich wäre. Er wurde nicht wie ein biologischer Organismus durch organische Vereinigung gezeugt; ebensowenig wurde er bewußt erfunden oder geplant, wie etwa Maschinen erfunden werden. Er ist nicht so stark integriert wie ein lebendiger Organismus, noch kann er sich wie dieser selbst erhalten; andererseits ist er auch wieder nicht so lose zusammengefügt wie ein toter Mechanismus. Man kann zwar Eigenschaften des Staates finden, die denen eines Mechanismus oder eines Organismus ähnlich sind; aber der Staat in seiner Gesamtheit ist eine besondere historisch-sozial-kulturelle Organisation oder Struktur, Ganzheit oder Gestalt, dessen Hauptmerkmal die Integration der politischen Macht darstellt ...

... Max Weber ... gemäß sehen wir ... im Staat einen Anstaltsbetrieb, wenn und insoweit sein „Verwaltungsstab, die Regierung, erfolgreich das Monopol legitimen physischen Zwanges ausübt“. Er hat Eigenschaften sowohl einer spezialisierten weltlichen Institution wie auch einer Assoziation. Richten wir unser Augenmerk auf das Volk oder die Öffentlichkeit, so erscheint der Staat als Assoziation oder Vereinigung; betrachten wir ihn als Herrschaftssystem oder Machtstruktur, so erscheint er als Institution. Insofern sein Verwaltungsstab ununterbrochenes, zweckmäßiges Handeln zur Aufgabe hat, kann man sagen, dieser handle in organisierter Weise. Ein Anstaltsbetrieb wird also dann zum Staat, wenn er einen begrenzten Teil der Erdoberfläche beherrscht, es ihm gelingt, dort allen physischen Zwang zu monopolisieren und sein Machthandeln als legitim erscheinen zu lassen ...

Der Staat ist also ein kompliziertes Gebilde; keiner seiner wesentlichen Charakterzüge darf unberücksichtigt gelassen werden. Wie es ohne Regierungsgewalt oder Gebiet keinen Staat geben kann, so läßt sich auch kein Staat ohne Untertanen oder Staatsbürger denken. Der Begriff der Staatsbürgerschaft setzt wiederum die Existenz eines Gebietes und einer Regierung voraus. Da die Bevölkerung an sich u. U. nur eine formlose Menschenmenge ist, werden in einer bestimmten Gegend der Erde lebende Menschen nur kraft ihres Aufenthalts auf diesem Gebiet und ihrer Unterordnung unter dessen Regierung zur Staatsbürgerschaft oder „Öffentlichkeit". Wie JOHN DEWEY sagt, wird „eine Öffentlichkeit durch ihre Regierung in einem Staat organisiert". Eine unpolitische Vereinigung von Einzelpersonen wird zum Staat, sobald diese Einzelpersonen die Regierungsmacht anerkennen oder erdulden (vielleicht unfreiwillig und unter Protest). Oder von der Regierung aus gesehen entsteht dann ein Staat, wenn es dieser gelungen ist, ihre Macht über diese Einzelpersonen zur Geltung zu bringen ...

### *Der Staat als Zwangsorganisation*

Wo immer ein Staat entsteht, weil ein passendes Gebiet und eine geeignete Öffentlichkeit vorhanden sind, dehnt er seine Macht in einer bestimmten Weise über das ganze Gebiet aus. Erstens verlangt sein Verwaltungsstab nicht nur von den Staatsangehörigen, sondern von allen Personen und Organisationen, die sich auf seinem Hoheitsgebiete befinden, Gehorsam. Bürger und Ausländer müssen z. B. gleichermaßen ihre Kinder in die Staatsschule schicken oder Steuern zahlen.

Zweitens wird Staatsbürgerschaft gewöhnlich automatisch durch Geburt erworben, d. h. ein Mensch ist entweder Staatsbürger, weil er auf dem Staatsgebiet geboren wurde oder weil er von Bürgern dieses Staates abstammt. Die große Mehrheit der Menschen kann sich ihre Staatszugehörigkeit nicht aussuchen. Im Gegensatz zu den Behauptungen der Ideologen des Gesellschaftsvertrages haben sie ihre Verpflichtungen dem Staat gegenüber auch nicht freiwillig übernommen; noch haben sie an der Staatsgründung teilgenommen ... Insofern ist die „Mitgliedschaft" im Staat unfreiwillig und insofern unterscheidet sich der Staat von anderen Vereinigungen und Institutionen — wie etwa der Kirche oder der politischen Partei — durch seinen Zwangscharakter.

Drittens strebt der moderne Staat nach einem Monopol bestimmter Formen der Machtausübung. Heute hat er sich in der Tat so viel Macht angeeignet, daß er nunmehr, jedenfalls in den zivilisiertesten Ländern, ein echtes Monopol legitimen physischen Zwanges genießt. Man beachte allerdings, daß der Staat durchaus kein Monopol aller sozialen oder auch nur politischen Macht hat. Ebensowenig kann man behaupten, daß nur der moderne Staat physischen Zwang ausübt. Was er wirklich so gut wie monopolisiert, ist die Ausübung alles *legitimen physischen Zwanges*. Soziale und politische Macht wird zum großen Teil von anderen Gruppen und Institutionen (Kirche, politische Partei, Wirtschaftsunternehmen usw.) ausgeübt, und physischer Zwang kann sehr wohl auch von Privatpersonen angewendet werden (Verbrecher, Revolutionäre, Insurgenten, Privatarmeen usw.). Deren Gewaltanwendung wird jedoch als illegitim oder illegal betrachtet, es sei denn, der Staat autorisiere diese ausdrücklich. Ein Gebilde, das nicht in der Lage ist, illegale Gewaltanwendung entscheidend zu verhindern oder auszumerzen, ist entweder noch kein Staat oder kein Staat mehr ...

### *Souveränität des Staates*

Mit dem Begriff des Staats als der Integration politischer Macht und der Monopolisierung legitimen Zwanges ist die

Vorstellung von der Souveränität eng verknüpft. In der politischen Theorie war dieser Begriff eine Zeit lang so beliebt, daß er den gleichen Ehrenplatz wie der Begriff des Wertes in der Volkswirtschaftslehre einnahm. Der mittelalterliche Ausdruck *Superanus* (Lehnsherr) wurde zuerst von Bodin verwandt, der damit die Macht der Herrschers und des Staates zu verherrlichen gedachte. Er sah in der Souveränität die höchste, nicht an Gesetze gebundene Macht über Untertanen ... [Sicher gehört der Begriff] zu jenen Schlagworten, die sich nur allzu leicht verdinglichen lassen. Man sollte daher den Begriff, wenn überhaupt, nur dazu benutzen, um eine bestehende Machtbeziehung zu symbolisieren. Keinesfalls darf man ihm wunderwirkende, okkulte Kräfte andichten. Der Staat oder das Volk, die als „souverän" bezeichnet werden, werden dadurch nicht unantastbarer oder heiliger. Auch ist selbst der sogenannte „souveräne" Staat nicht immer absolut oder allmächtig, vielmehr nur in einem begrenzten oder formalen Sinn „höchste" Macht. Rechtlich gesehen sind die meisten modernen Staaten zwar keiner fremden Oberhoheit unterworfen (abgesehen von der begrenzten Oberhoheit des Internationalen Gerichtshofes und des Sicherheitsrates der Vereinten Nationen), und im Innern ist der Staat heute rechtlich und verfassungsmäßig betrachtet allen anderen Gruppen und Institutionen übergeordnet. Aber die rein formale Oberhoheit des Staates sichert ihm keineswegs immer und überall ein echtes materielles Übergewicht — von ethischer Überlegenheit ganz zu schweigen! Es kommt vor, daß auch der „souveräne" Staat nur ein Aushängeschild ist, hinter dem mächtige ökonomische oder politische, militärische oder kirchliche Interessengruppen nach ihrem Ermessen operieren. (S. 83 ff.)

Politische Wissenschaft, Wesen und Umfang, in: O. K. Flechtheim (Hrsg.), Grundlegung der politischen Wissenschaft, Meisenheim am Glan 1958.

*

*Gemeint sind Theorien, die, unter Anwendung juristischer Methoden, den Staat als Subjekt eines positiven Rechtssystems oder als Rechtsbegriff unter Ausschaltung jeder soziologischen und ethischen Betrachtung definieren.*

## Carl Friedrich Wilhelm von Gerber (1823—1891)

Rechtslehrer und Politiker. Prof. in Erlangen, Tübingen, Jena, Leipzig. Ab 1871 Kultusminister in Sachsen. Einer der Hauptvertreter des juristischen Positivismus im Kaiserreich. Der Staat ist das herrschende Subjekt über die seiner Gewalt unterworfenen Objekte.

### *Das Staatsrecht*

Das Staatsrecht als wissenschaftliche Lehre hat zum Gegenstande die Entwicklung *des dem Staate als solchem zustehenden Rechts.* Die Willensmacht des Staats, die Staatsgewalt, ist das Recht des Staats. Das Staatsrecht ist also die Lehre von der Staatsgewalt und beantwortet die Fragen: was kann der Staat als solcher wollen? (Inhalt und Umfang der Staatsgewalt), durch welche Organe und in welchen Formen kann und soll sich sein Wille äußern? In der Persönlichkeit des Staats liegt der Ausgangs- und Mittelpunkt des Staatsrechts; mit der Anknüpfung an sie ist sogleich die Möglichkeit und Richtung eines wissenschaftlichen, d. h. durch einen einheitlichen Gedanken beherrschten Systems gegeben. (S. 1 ff.)

### *Die Persönlichkeit des Staates*

Der Staat ist ein Gemeinwesen, welches wir nach den verschiedensten Richtungen hin zur Lösung seiner mannigfaltigen Aufgaben mit bewußter Freiheit handeln und wirken sehen. Gebildet wird dieses Gemeinwesen durch das Volk, d. h. die Gemeinschaft der in Tradition und Wirklichkeit sich innerhalb bestimmter Landesgrenzen rechtlich verbunden wissenden Menschen. Zur rechtlichen Bestimmung eines solchen in einheitlicher Handlungsfähigkeit wirkenden Gemeinwesens steht der Jurisprudenz das Mittel zu Gebote, es mit der Eigenschaft der *Persönlichkeit* zu bekleiden, ein allgemeines Mittel juristischer Konstruktion, das, wie es für andere Zwecke dem Privatrechte, so dem Staatsrechte zur Gestaltung der rechtlichen Existenzform der staatlichen Verfügungsmacht offensteht. Hier aber erscheint es nicht, was es sonst bisweilen ist, als eine fremde und willkürliche Zutat, sondern es ist lediglich ein Aussprechen dessen, was bereits tatsächlich in der natürlichen Anlage des Staats vorhanden ist.

Das Volk ist die natürliche *Grundlage* der Staatspersönlichkeit. Das will sagen, daß der Staat um dieses Volkes Willen vorhanden ist, daß er das Volk selbst in seiner politischen Gestaltung darstellt. Das Volk ist aber nicht die Summe der einzelnen jetzt lebenden Menschen, sondern das in geschichtlicher Gemeinschaft geistig verbundene Ganze, welches in der gerade jetzt lebenden Generation nur seine gegenwärtige Erscheinung findet. Das Volk i. d. S. wird im Staat und durch den Staat zur rechtlichen Einheit gebracht.

Der Staat als Persönlichkeit hat eine eigentümliche Willensmacht, die Staatsgewalt. Sie ist das Recht zu herrschen, d. h. das Recht, zur Ausführung der im Staatszwecke liegenden Aufgaben einen das ganze Volk verbindenden Willen zu äußern. Dieser Willensinhalt unterscheidet die juristische Persönlichkeit des Staats spezifisch von den juristischen Personen des Privatrechts.

Durch die Unterwerfung unter das staatliche Herrschaftsrecht treten Menschen und Dinge in ein eigentümliches Rechtsverhältnis zum Staate. Das dialektische Mittel, welches der Jurisprudenz zur näheren Bestimmung desselben zu Gebote steht, ist dieses, daß sie die beherrschten Menschen und Sachen als Objekte des staatlichen Herrschaftsrechts auffaßt. (S. 219 f.)

Wenn es nun im Systeme des Staatsrechts eine erste und unabweisliche Forderung ist, die Verbindung des einzelnen Staatsbürgers mit seinem Staate in ihrer elementaren Bedeutung zu bestimmen, so kann dies nur durch eine Formel geschehen, welche die rechtliche Unterwerfung unter die Staatsgewalt zum Ausdruck bringt. Diese Formel kann rechtswissenschaftlich keine andere sein als die, daß der Staatsbürger durch das Zugehören zu einem bestimmten Staate Objekt der Staatsherrschaft des Letzteren geworden ist. Das Recht des Staats, daß der Einzelne sich seine staatliche Macht gefallen lasse, sich seiner Staatsgewalt unterworfen fühle, ist das Herrschaftsrecht des Staats an der staatsbürgerlichen Persönlichkeit seiner Volksglieder. In diesem Sinne ist der Staatsbürger Gegenstand des staatlichen Gewaltrechts. (S. 222)

Die Staatsgewalt ist die Willensmacht eines persönlich gedachten sittlichen Organismus. Sie ist nicht eine künstliche und mechanische Zusammenfassung vieler Einzelwillen, sondern die sittliche Gesamtkraft des selbstbewußten Volks. Ihre Existenz und Natur beruht nicht auf einer willkürlichen Bestimmung und überlegten Schöpfung, sondern sie ist eine Naturkraft, welche im Staate, als der wichtigsten Sozialform der Menschheit, ursprünglich enthalten ist. Die rechtliche Äußerung der Staatsgewalt ist das *Herrschen.* Dies bedeutet eine für die Aufgaben der staatlichen Verbindung wirksame Willensmacht, welcher das ganze Volk in allen seinen Gliedern unterworfen ist. Ihr Erfolg, auch dem innerlich Widerstrebenden gegenüber, beruht darauf, daß sie die *höchste* Macht im Volke und daß allgemein die Überzeugung von ihrer Unwiderstehlichkeit begründet ist. Soll sie aber ganz ihrer Idee entsprechen, d. h. den sittlichen Gesamtwillen eines Volks in voller Wahrheit darstellen, so muß sie so geartet sein, daß sie die Motive ihres Handelns nicht von einer außer ihr stehenden höheren Macht empfängt, sondern lediglich in sich findet, sie muß m. a. W. *souverän* sein. Auf ihrer Bedeutung als seelischer Kraft der Staatspersönlichkeit eines Volks beruht ihre Eigenschaft der *Unteilbarkeit.* (S. 19 ff.)

Staatsbürger, Gemeinden und das Staatsgebiet sind die natürlichen Gegenstände der Staatsgewalt, in deren Beherrschung sie ihr eigentümliches Wesen offenbar macht. Wie unendlich mannigfaltig auch sonst die Dinge und Verhältnisse sein mögen, welche sie in der Verfolgung des Staatszwecks durch ihre Verfügungen berührt, — in allen ihren Handlungen wird eine Beziehung derselben als eines herrschenden Subjekts zu diesen ihrer Gewalt unterworfenen Gegenständen hervortreten. Die Herrschaft des Staats ist wesentlich die Ausübung seines Gewaltrechts an Staatsbürgern und Gemeinden innerhalb seines örtlichen Machtgebiets. (S. 42 f.)

*Volk und Staat*

Die Stellung des Volks zum Staate gewährt der wissenschaftlichen Betrachtung mehrfache Seiten. Vor allem ist das Volk die natürliche Grundlage des Staats, d. h. *sein* Gemeinwesen ist es, für dessen Schutz und Entwicklung der Staat besteht. Sodann ist es der sittliche Geist des Volks, aus welchem die materiellen Motive für das Handeln der Staatsgewalt hervorgehen. Nicht minder ist es das Volk, aus dem der Staat die persönlichen Kräfte zur Ausführung der Aufgaben der Staatsgewalt erwartet. Alle diese Beziehungen zwischen Volk und Staat sind nicht bloß überhaupt, sondern auch rechtlich bedeutend. Aber keine ist für die rechtliche Stellung des Volks im Systeme des Staatsrechts so entscheidend als die, daß das Volk in seinen einzelnen Gliedern *Gegenstand* der Staatsherrschaft ist. Diese Beziehung bedeutet dies, daß alle einzelnen Volksglieder durch den Staatswillen rechtlich gebunden sind; dies ist der Inhalt des Rechts des Staats an der Person der Staatsbürger. Es enthält dieses Recht eines jener organischen Gewaltverhältnisse, deren das Rechtssystem mehrere, freilich sehr verschiedene sittliche Tatbestände angehende und daher mit sehr verschiedenem Inhalt ausgestattete anerkennt. Wie bei allen diesen so beruht auch bei dem Verhältnisse der Staatsbürger zum Staate das verbindende Element nicht auf einer obligatorischen, sondern auf einer organisch-sittlichen Grundlage. Und auch darin stimmt das

Gewaltrecht des Staats an den Staatsbürgern mit jenen übrigen Gewaltrechten überein, daß für die Personen, welche die Gegenstände desselben sind, daraus gleichzeitig Gegenrechte an dem Subjekte der herrschenden Gewalt erwachsen; jedoch erscheinen diese nur als die Reflexwirkungen des Gewaltrechts und können daher systematisch nicht als die entscheidenden Momente in Anrechnung gebracht werden. (S. 43 ff.)

[Es ist verkehrt, die Volksrechte und staatsbürgerlichen Freiheiten] als den Ausgangspunkt der rechtlichen Entwicklung des Staatszusammenhangs zu betrachten ... Alle jene staatsbürgerlichen Rechte hat der Einzelne im Staate nur dadurch, daß er diesem Staate als ein rechtlich Unterworfener angehört. Die *staatsbürgerliche Subjektion* unter die Staatsgewalt ist offenbar der *prinzipale Tatbestand,* den eine juristische Betrachtung ins Auge fassen muß, wenn sie den Zusammenhang des Staats und seiner Bürger charakterisieren will. Daß diese Subjektion in einem freien und wohlgeordneten Staate keinen andern Zweck und keine andere Wirkung hat, als die Begründung einer mit bürgerlichen und politischen Rechten ausgestatteten Existenz, kann den Juristen nicht verführen, diese Letztere als isoliert-selbständig zu betrachten und von ihrem ursächlichen Grunde abzulösen. (S. 221 f.)

Grundzüge eines Systems des Deutschen Staatsrechts, 2. Aufl., Leipzig 1869.

*

PAUL LABAND (1838—1918)

Hauptvertreter des juristischen Positivismus und der führende Staatsrechtler im Kaiserreich. Prof. in Königsberg und Straßburg. 1880 Mitglied des Staatsrats von Elsaß-Lothringen. Konstruiert den Staat als selbständige, vom Willen seiner Mitglieder unabhängige juristische Person.

*Staatenbund und Bundesstaat*

Alle Staatenverbände, so verschiedenartig ihre Organisation und ihr Zweck auch sein mögen, lassen sich auf zwei

Begriffskategorien zurückführen: sie sind entweder vertragsmäßige (völkerrechtliche) oder korporative (staatsrechtliche).

Der begriffliche Gegensatz, um den es sich handelt, ist genau derselbe wie auf dem Gebiete des Privatrechtes der Gegensatz zwischen der juristischen Person und der Gesellschaft...

Der Gegensatz zwischen juristischer Person und Sozietät läßt sich am kürzesten dahin formulieren: die juristische Person ist ein *Rechtssubjekt*, die Sozietät ein *Rechtsverhältnis*. So ist auch der Staatenbund ein Rechtsverhältnis unter Staaten, also kein Rechtssubjekt; der Staat dagegen eine organisierte Einheit, eine Person, also kein Rechtsverhältnis. Selbstverständlich schließt dies nicht aus, daß zwischen dem Staat und seinen Mitgliedern Rechtsverhältnisse bestehen, wie auch zwischen den Korporationen des Privatrechts und ihren Mitgliedern. Der Staatenverband, mögen demselben noch so weitreichende und wichtige staatliche Aufgaben zugewiesen sein, ist seiner juristischen Natur nach kein Gebilde des Staatsrechts, sondern des Völkerrechts; jeder Staat dagegen, mag sein Gefüge noch so locker und der Zusammenhang seiner Glieder noch so lose sein, schließt, soweit die staatliche Organisation reicht, die Anwendung völkerrechtlicher Grundsätze aus. Die rechtliche Grundlage des Staatenverbandes wie der Sozietät ist der Vertrag, die rechtliche Grundlage des Staates wie der Korporation des Privatrechts ist die Verfassung, das Statut.

Die juristische Persönlichkeit des Staates besteht darin, daß der Staat *eigene Herrschafts*rechte behufs Durchführung seiner Aufgaben und Pflichten und einen *selbständigen* Herrschaftswillen hat. Gerade darin liegt das Unterscheidende aller Arten von Staaten gegenüber allen Arten von Staatenverbänden. Bei dem Staatenbund ist der Wille des Bundes nur der Ausdruck des gemeinsamen Willens der Mitglieder; und zwar auch dann, wenn die Einrichtung getroffen ist, daß die Minorität ihren Willen dem der Majorität unterwirft. Dagegen bei dem Staate, auch dem Zusammengesetzten, ist der Wille des Staates verschieden von dem Willen seiner Mitglieder; er ist nicht die Summe *ihrer* Willen, sondern ein ihnen gegenüber selbständiger

Wille, auch wenn die Mitglieder berufen sind, an dem Zustandekommen des Staatswillens mitzuwirken. Bei dem Staatenbunde stehen die öffentlichen Herrschaftsrechte der einzelnen verbundenen Staaten jedem für sein Gebiet zu, wenngleich die Einrichtung besteht, daß diese Rechte gemeinschaftlich oder übereinstimmend ausgeübt werden. Die dem Staate, auch dem zusammengesetzten, zustehenden Hoheitsrechte sind nicht Rechte seiner Mitglieder, die der Staat gleichsam als gemeinschaftlicher Verwalter für alle ausübt, sondern diese Rechte stehen dem Staate *selbständig* zu; die Mitglieder haben keinen Anteil an ihnen, auch dann nicht, wenn sie selbst zur Ausübung dieser Rechte berufen sind. Die Rechte des zusammengesetzten Staates sind nicht die Rechte *der* Mitglieder, sondern Rechte *über* die Mitglieder.

Hieraus folgt, daß bei dem völkerrechtlichen Verbande von Staaten die Mitglieder selbst die Subjekte der höchsten Rechtsmacht sind, während bei der Vereinigung von Staaten zu einem zusammengesetzten Staatswesen eine Gewalt vorhanden ist, welche über den Gliedstaaten steht und sie rechtlich beherrscht, die letzteren also nicht die *oberste* Gewalt haben. Die oberste, höchste Rechtsmacht, welche keine andere über sich hat, nennen wir *souverän.* Der *wesentliche,* für den Begriff charakteristische Unterschied zwischen dem völkerrechtlichen Staatenbund und dem verfassungsmäßig organisierten, korporativen Staatenstaat ist daher darin zu sehen, *daß bei ersterem die Einzelstaatsgewalt,* bei letzterem die Zentralgewalt souverän ist. (I, S. 50 ff.)

### *Das Subjekt der Reichsgewalt*

Von der Auffassung des Staates als einer juristischen Person des öffentlichen Rechts aus ergibt sich, daß das Subjekt der Staatsgewalt *der Staat selbst ist.* Alles, was man für die juristische Konstruktion und wissenschaftliche Durchbildung des Staatsrechts durch die Personifikation des Staates gewinnt, opfert man sofort wieder auf, wenn man den Monarchen oder das Volk oder wen sonst für das

Subjekt der Staatsgewalt, für den eigentlichen Souverän erklärt. Denn man entzieht dadurch dem Staat eben das, was ihn im Rechtssinn zur Person macht, nämlich die Eigenschaft, Subjekt von Rechten zu sein, man macht ihn zum Objekt eines fremden Rechts oder löst ihn auf in ein Aggregat von Befugnissen eines Menschen oder einer Vielheit von Menschen. Man braucht nur an die juristischen Personen des Privatrechts sich zu erinnern, um sofort zu begreifen, daß, wenn man nicht die Privatrechtsperson selbst als das Subjekt ihrer Vermögensrechte ansieht, sondern etwa ihren Vorstand oder ihre Generalversammlung, oder die Destinatäre, denen das Vermögen zugute kommt, man die Annahme der juristischen Person wieder aufhebt, eine selbständige, durch logische Abstraktion erkannte Persönlichkeit nicht mehr übrigbleibt. Ebenso verschwindet die Persönlichkeit des Staates als das Subjekt von obrigkeitlichen Herrschaftsrechten, wenn man den Inbegriff aller dieser Rechte, die Staatsgewalt, nicht dem Staate, dem „organischen Gemeinwesen" selbst, sondern dem Fürsten oder dem Parlament, oder beiden zusammen, oder sonst einem von dem Staate selbst begrifflich verschiedenen Subjekte beilegt. Wendet man dieses allgemeine Prinzip auf das Deutsche Reich an, so ergibt sich, *daß das Subjekt der Reichsgewalt nur das Reich selbst sein kann als selbständige ideale Persönlichkeit.*

Es erhebt sich demnach die Frage, welches ist das Substrat dieser Person? an welche tatsächlich existierenden Elemente ist die Personifikation rechtlich geknüpft? ... Vom Standpunkt der historischen Spekulation aus mag man die Reichsgründung als eine Tat des deutschen Volkes oder als eine Evolution seiner politischen Verfassung bezeichnen; die staatliche Betrachtung muß sich ausschließlich auf die *rechtlich* relevanten Vorgänge beschränken. Von *diesem* Gesichtspunkte aus erscheint aber die Gründung des Norddeutschen Bundes und des Deutschen Reiches nicht als eine Tat des deutschen „Volkes", sondern als eine Tat der im Jahre 1867 resp. 1870 vorhanden gewesenen deutschen *Staaten;* alle Akte, welche die Errichtung des Bundesstaates herbeiführten, waren Akte dieser Staatspersönlichkeiten. Durch den Eintritt in den Bund gaben sie wohl ihre

Souveränität, aber nicht ihre staatliche Persönlichkeit auf; ihre rechtliche Individualität dauerte kontinuierlich fort und wurde die Grundlage der bundesstaatlichen Gesamtperson. *Mitglieder* des Reiches sind daher nicht die einzelnen Bürger, und sie sind auch nicht zusammengenommen Träger der Reichsgewalt; Mitglieder des Reiches sind vielmehr die einzelnen *Staaten.* Das *Deutsche Reich ist nicht eine juristische Person von 40 Millionen Mitgliedern, sondern von 25 Mitgliedern.* (I, S. 85 ff.)

*Der Staat als juristische Person*

[Der] Einwand, [daß dem Begriff der juristischen Person die reale Existenz fehle,] kann gegen *alle* Rechtsbegriffe ohne Ausnahme erhoben werden. Das Recht ist nur eine Welt von Vorstellungen; einen Rechtsbegriff deshalb ablehnen, weil er der faktischen (physischen) Existenz ermangelt, heißt das Recht überhaupt ablehnen; man darf daraus, daß das Recht keine substantielle Existenz hat, nicht schließen, daß es überhaupt nicht wirklich existiere, sondern nur in Fiktionen bestehe ...

[Die] Gesamtperson lebt und webt nur im Reiche der Gedanken und ist lediglich eine Vorstellung, mag dieselbe auch an natürliche Substrate anknüpfen; es ist ein vergebliches Bemühen, einen Rechtsbegriff zu einem (im physischen Sinne) wirklich existierenden Wesen zu machen. Dies gilt auch von der Persönlichkeit des Menschen; sie ist ebenfalls nur eine Rechtsvorstellung; die Natur schafft Menschen, aber keine Rechtssubjekte; es gibt keine natürlichen Personen, sondern *nur* juristische. (I, S. 85, Anm. 1)

Die „Person" im Rechtssinn hat keine andere Eigenschaft als die *eine, die ihr ganzes* Wesen ausmacht, nämlich Rechtssubjekt zu sein. Die „Person" des Römischen Rechts hat daher keine Sittlichkeit und ebensowenig eine Sinnlichkeit, sie hat keine Religion und keine Vernunft, sie kann nicht tapfer und nicht feig, nicht treu und nicht verräterisch sein, sie kann keine Genossen und keine Familie haben und keinen Staat bilden helfen.

Wer sich die Stadt Berlin als juristische Person vorstellt, abstrahiert dadurch von der Vorstellung der einzelnen Einwohner Berlins; er kann diese Vorstellung überhaupt nicht anders gewinnen, als daß er sich die einzelnen Einwohner „wegdenkt", nicht als wären sie überhaupt nicht vorhanden, aber so, daß sie etwas von der Vorstellung der Stadt Berlin Verschiedenes sind. Die lebendige, nach unendlich vielseitigen Richtungen sich betätigende Wechselwirkung zwischen einer Korporation und ihren Mitgliedern liegt zum größten Teil auf dem nichtjuristischen Gebiet; das *Recht,* welches die Gesamtheit zur selbständigen Trägerin von Rechten und Pflichten, also zur Person, konstituiert, setzt sie dadurch der Vielheit als einer von ihr begrifflich verschiedenen Einheit *gegenüber,* es hebt „die Durchdringung der Einheit durch die Vielheit" *logisch* auf, es macht aus der *Summe* von Sonderexistenzen eine neue *Grundeinheit,* innerhalb deren es keine Vielheit gibt. (II, S. 492 ff.)

Das Staatsrecht des Deutschen Reiches, 3. Aufl., 2 Bde., Freiburg-Leipzig 1895, Bd. 1 (I).
Beiträge zur Dogmatik der Handelsgesellschaften, in: Zeitschrift f. d. ges. Handelsrecht, 30. Bd. (1885), S. 469—532 (II).

*

## Conrad Bornhak (1861—1944)

Jurist. Prof. an der Universität Berlin, TH Charlottenburg, Universität Kairo. In der Tradition des Positivismus stehend, ist für ihn die Herrschaft das wesentliche Merkmal des Staates.

### *Der Staat*

Der Staat ist Herrschaft. Das bedeutet nichts anderes, als daß der Staat herrscht, Subjekt der Herrschaft ist. In welcher Weise die Herrschaft organisiert sein muß oder kann, ist zunächst nicht weiter zu untersuchen. Hier genügt die Feststellung, daß der Staat Subjekt der Herrschaft und damit Ausgangspunkt alles öffentlichen, auf Herrschaft gegründeten Rechtes ist.

Diese Herrschaft muß aber eine besondere Eigenschaft haben, sie muß nämlich von jeder höheren irdischen Gewalt unabhängig und eine solche aus eigenem Rechte sein. Seit BODIN bezeichnet man diese negative Eigenschaft der Unabhängigkeit als Souveränität...

Die Staatsherrschaft ist rechtlich unbeschränkt und unbeschränkbar. Wenn man diese Eigenschaft der Staatsherrschaft auch gegenwärtig nicht mehr aus dem Begriffe der Souveränität herleitet, so liegt sie doch in dem Wesen des Staates selbst begründet. Denn jede Beschränkung setzt eine Macht voraus, die den Staat beschränken kann und deshalb für ihn die höhere ist. Eine solche höhere Gewalt ist aber mit der begrifflich notwendigen Unabhängigkeit der Staatsgewalt unvereinbar. Rechtlich kann also der Staat, wenn er die selbst gegebenen verfassungsmäßigen Formen für die Abgabe seiner Willensentschließungen beobachtet, tun, was er immer will. Sein Herrschaftsrecht ist ein allumfassender Inbegriff aller nur denkbaren Rechte, der sich niemals ohne Rest aufteilen läßt in einzelne Befugnisse der Gebietshoheit und einzelne Pflichten der Untertanen. Der Staat ist also mit innerer Notwendigkeit absolut, welches auch seine verfassungsmäßige Gestalt sein mag.

Diesem rechtlichen Absolutismus brauchen jedoch die Tatsachen nicht zu entsprechen. Die Schwäche der Staatsgewalt kann den Staat hindern, das zu tun, was ihm rechtlich erlaubt ist. Aber auch für den Staat, der keine Grenzen seiner Macht hätte, existieren wenigstens die Schranken der sittlichen Ordnung, die er ungestraft nicht übertreten kann...

Gleichwohl existiert keine besondere vom Inhaber der Herrschaft verschiedene Persönlichkeit des Staates, sondern derjenige, der die staatliche Gewalt aus eigenem Rechte innehat, ist eben selbst der Staat. Wenn man dagegen für die staatliche Persönlichkeit das Gemeinwesen selbst erklärt, so steht dem entgegen, daß das Gemeinwesen eben die Beziehung des Herrschers zu den Beherrschten, also ein Rechtsverhältnis ist. Der Versuch, die Verbindung von Volk und Inhaber der Herrschaft als Staat und den Inhaber der Herrschaft als höchstes Organ des Staates zu bezeichnen, scheitert an der Tatsache, daß ein Rechtsverhältnis nicht Rechtssubjekt sein kann. Die Konstruktion einer Gesamtpersönlichkeit derart, daß das Ganze und seine Teile im Verhältnis zueinander als Personen Rechte und Pflichten haben, geht nicht über die Grenzen des privatrechtlichen, sondern des logischen Denkens überhaupt, hinaus und fällt in das Gebiet der Mystik. (S. 9 ff.)

*Der Staatszweck*

Der Staatszweck ist . . . lediglich für die Charakterisierung des Staates nach der politischen Seite von Bedeutung, juristisch ist er vollständig gleichgültig. In dem gesamten Rechtszustande und der Verwaltungstätigkeit prägt sich aus, welche Zwecke der Staat verfolgt. Wie jedes menschliche Handeln ein zweck- und zielbewußtes ist, mögen die Zwecke selbst richtig oder verkehrt sein, so schwebt auch jeder Tätigkeit des Staates und seiner Organe, insbesondere bei der Schaffung neuen Rechtes, der Staatszweck vor Augen. Für die Rechtsordnung selbst ist aber der Zweck ein außerhalb ihrer liegendes, so ist es gleichgültig, welche Zwecke mit ihr erreicht werden sollten. Bisweilen kann der ursprüngliche Zweck ganz in Vergessenheit geraten. Häufig ist auch der anfängliche Zweck, zu dessen Erreichung eine Rechtsnorm dienen sollte, hinfällig geworden, und gleichwohl besteht sie unverändert fort. Die Rechtsordnung hat also ohne Rücksicht auf ihren Zweck zur Anwendung zu kommen. Wie jede Rechtsnorm nur aus sich selbst zu interpretieren ist, so kann auch der Staat in seinen rechtlichen Beziehungen voll erfaßt und begriffen werden, ohne daß man auf den Staatszweck eingeht. (S. 24 f.)

Allgemeine Staatslehre, Berlin 1896.

*

Hans Kelsen (1881—1973)

Staatsrechtler. Prof. in Wien, Köln, Genf, Prag, Berkeley (Kalif.). Arbeitete zusammen mit M. Mayr die österreichische Verfassung von 1920 aus. Schöpfer der positivistischen „Reinen Rechtslehre“. Staat und Recht sind ihm völlig identisch.

*Reine Rechts- und Staatslehre*

[Der] Staat [ist] seinem Wesen nach ein System von Normen oder der Ausdruck für die Einheit eines solchen Systems. (I, S. 16)

Erkennt man den Staat als Rechtsordnung oder deren Einheitsausdruck, dann ist Staatslehre nur als Rechtslehre, d. h. Rechts*normen*lehre, und in diesem Sinne als normative Disziplin möglich. (I, S. 18)

Ist der Staat die Rechtsordnung, dann muß, wie die Politik als Lehre vom richtigen Staat mit der Rechtsphilosophie als Lehre vom richtigen Recht, so die Staatslehre mit der Rechtslehre zusammenfallen. Allein unter der „Allgemeinen“ Staatslehre werden konventionell einige spezielle Probleme zusammengefaßt, deren Natur als Rechtsprobleme, das heißt: als Probleme der Rechtslehre in der Darstellung der bisherigen Literatur infolge der synkretistischen Vermengung mit ethisch-politischen und naturwissenschaftlich-soziologischen Gesichtspunkten verdunkelt wurde. Mit der Reinigung der Methode muß die Rechtsnatur dieser Probleme aufs deutlichste wieder hervortreten. (I, S. 45)

Indem die Politik als soziale Ethik allererst das Problem aufwirft, ob der Staat überhaupt sein solle, ist ihr die Frage nach Grund und Zweck des Staates gestellt. Und indem sie dann nach dem besten Staate sucht, ergibt sich für sie eine unbegrenzte Reihe weiterer Fragen, wie die nach der besten Staatsform ... Von welchem Gegenstande immer aber die Frage ausgeht, die Richtung, die ihr die ethisch-politische Theorie als solche gibt, führt letztlich doch immer wieder in jenen subjektiv-metaphysischen Bereich ...

Nicht zuletzt darum muß *Allgemeine Staatslehre* als Wissenschaft aufs schärfste von *Politik getrennt* werden ... Nicht *ob* der Staat, nicht *warum* und wie er sein soll, wie die Politik, sondern *was* der Staat und *wie* er ist, fragt die Staatslehre ... In der deutlichen Scheidung der Staatslehre einerseits von der Politik als sozialer Ethik und Technik, andererseits von der Naturwissenschaft und der naturwissenschaftlich orientierten Soziologie wird das Postulat nach *Reinheit der Methode* verwirklicht. (I, S. 44 f.)

[Ich halte es] für meine Aufgabe, die bisher unter dem Namen einer Allgemeinen Staatslehre behandelten Gegenstände *aus einem einzigen Grundprinzipe:* aus dem Gedanken des Staates als einer normativen Zwangsordnung menschlichen Verhaltens heraus zu entwickeln. (I, S. VIII)

[Wenn es die Staatslehre mit der Erforschung des Seins des Staates zu tun hat, so muß beachtet werden], daß das Sein nicht notwendig das Sein der „Natur", daß ein „Sein" des Staates denkbar ist, das eine ganz andere Existenz, Realität oder Wirklichkeit ist als jene der Natur; . . . Hat man den Staat als Rechtsordnung erkannt, dann enthüllt sich die den bloß ethisch-politischen Postulaten gegenüberstehende „Wirklichkeit" oder „Realität" des Staates als die Positivität des Rechts. Der „wirkliche", „seiende" Staat ist das positive Recht zum Unterschied von der Gerechtigkeit, d. i. der Forderung der Politik. (I, S. 45)

[Die] Staatstheorie der Wiener Schule [betont], daß es zwei verschiedene Ordnungen, zwei verschiedene Welten sind, denen der Staat als geistiges Gebilde, als Normensystem, und denen die Lebenswirklichkeit der psychophysischen Akte angehört, die dieses Normensystem erzeugen, tragen, verwirklichen; daß es zwei auseinanderfallende Betrachtungsrichtungen sind, die man einschlagen muß, wenn man sich des geistigen Gebildes, und wenn man sich der Lebenswirklichkeit bemächtigen will, in die dieses geistige Gebilde als spezifisch geistige Realität „eingebettet" ist. Sie zieht aus diesem unaufhebbaren Dualismus die Konsequenz, daß jeder Gegenstand nur *entweder* der einen *oder* der anderen Sphäre angehören und daß daher auch der Staat nur entweder als geistiges Gebilde oder als Lebenswirklichkeit, *niemals aber als beides zugleich* begrifflich bestimmt werden kann. (II, S. 21 f.)

[Die] prinzipielle logische Isolierung des Sollens vom Sein, speziell des Systems der Rechtsnormen von der kausal determinierten Wirklichkeit ist . . . unerläßlich und unvermeidlich, soll überhaupt eine Wissenschaft vom Recht (oder Staat) möglich sein. Diese hat eben die Rechtsnormen in ihrer spezifischen Eigengesetzlichkeit und ohne Rücksicht auf irgendwelche *Natur*gesetzlichkeit zu erkennen. Insofern ist sie eben „reine" Rechtserkenntnis, Erkenntnis des reinen Rechts oder des reinen Staates. (III, S. 80 f.)

[Der] Staat [ist] in demselben Sinne wie das Recht als ein „Wert" der „Wirklichkeit", als ein „Sollen" dem „Sein" entgegengesetzt. Diese Gegensätzlichkeit von „Sollen" und „Sein" ist ein Grundelement der geisteswissenschaftlichen Methode im allgemeinen und der staats- und rechtswissenschaftlichen Erkenntnis im besonderen. (III, S. 75)

[Es] kommt ... für eine auf das Wesen des Staates gerichtete Betrachtung nicht auf die in der Welt des natürlichen Seins und sohin nach kausaler Gesetzlichkeit ablaufenden *seelisch-körperlichen* Prozesse, sondern auf den *geistigen Inhalt* an, den diese Prozesse „tragen". So wie das Denken mathematischer oder logischer Gesetze ein psychischer Akt, darum aber der Gegenstand der Mathematik oder Logik — das *Gedachte* — kein *Psychisches,* keine mathematische oder logische „Seele", sondern ein spezifischer *geistiger Sachgehalt* ist, weil die Mathematik und Logik von dem psychischen Faktum des Denkens solchen Inhaltes abstrahiert: So ist der Staat, als Gegenstand einer spezifischen, von der Psychologie verschiedenen Betrachtung, ein spezifischer geistiger Gehalt, nicht aber das Faktum des Denkens und Wollens solchen Inhaltes, ist er eine ideelle Ordnung, ein spezifisches Normensystem, nicht aber das Denken und Wollen dieser Normen ...

### *Der Staat als Normensystem*

[Die] objektive Existenz des Staates stellt sich ... als die *objektive Geltung* der die staatliche Ordnung bildenden Normen dar, eine Geltung, die darum „objektiv" ist, weil sie, wie jede echte Normgeltung, von dem subjektiven Wünschen und Wollen derjenigen unabhängig ist, für die die Norm Geltung beansprucht. (I, S. 14)

Ist erkannt, daß die Existenzsphäre des Staates normative Geltung und nicht kausale Wirksamkeit ist, daß jene spezifische Einheit, die wir in dem Begriff des Staates setzten, nicht in der Welt der Naturwirklichkeit, sondern in jener der Normen oder des Wertes liegt, daß der Staat seinem Wesen nach ein System von Normen oder der Ausdruck für die Einheit eines solchen Systems ist, dann ist damit die Erkenntnis, daß der Staat als Ordnung nur die *Rechts*ordnung oder der Ausdruck ihrer Einheit sein kann, eigentlich schon erreicht. Daß der Staat in einer Wesensbeziehung zur Rechtsordnung stehe, wird allgemein anerkannt. Daß diese Beziehung aber *nicht* Identität bedeute, wird nur darum angenommen, weil man den Staat nicht selbst als *Ordnung* erkennt. Tut man dies, dann bedeutet die Ablehnung der Identität den Dualismus zweier Normensysteme, von denen das eine die positive Rechtsordnung ist, das andere aber nur einen Komplex ethisch-politischer Normen bedeuten könnte. So häufig die Aufrechterhaltung des Dualismus von Staat und Recht von der uneingestandenen Voraussetzung einer solchen Annahme abhängen mag, so unvereinbar ist diese wegen ihres radikal naturrechtlichen Charakters (in dem „Staat" genannten Normensystem tritt nicht selten ein Naturrecht gegen die positive Rechtsordnung auf) mit den Grundsätzen des Positivismus. Ist der Staat ein Normensystem, kann er nur die positive Rechtsordnung sein, weil neben dieser die Geltung einer anderen Ordnung ausgeschlossen sein muß. (I, S. 16 f.)

### *Rechtsordnung und Staatsgewalt*

Die landläufige Vorstellung, daß der Staat als Macht „hinter" dem Rechte stehe (damit dieses verwirklicht werde), daß der Staat als Macht das Recht „trage", „erzeuge", „garantiere" usw., ist nur eine den Erkenntnisgegenstand verdoppelnde Hypostasierung, die in sich zusammenfällt, sobald man erkannt hat, daß die sogenannte Macht des Staates nur die Macht des Rechtes — freilich nicht eines idealen Naturrechts — sondern des positiven Rechtes ist. (I, S. 17)

In Übereinstimmung mit der herrschenden Lehre, die den Staat als einen „Zwangsapparat", als eine „Herrschaftsorganisation" bezeichnet, wird die staatliche Ordnung von dem hier vertretenen Standpunkte aus als Zwangsordnung begriffen. Nur daß es nicht die Faktizität des Zwanges ist, die als Begriffsmerkmal akzeptiert wird, vielmehr erscheint hier der Zwang — und zwar der sogenannte physische, äußere Zwang — als *Inhalt der Sollordnung*, als *Norminhalt.* Der Staat erscheint als die Einheit eines Systems von Normen, die regeln, unter welchen Bedingungen ein bestimmter Zwang von Mensch zu Mensch geübt werden solle. (III, S. 82)

Es ist von Wichtigkeit, daß bei der Begriffsbestimmung des Staates das Zwangsmoment in dieser eindeutigen Bestimmtheit: als Inhalt der Sollordnung, gefaßt und nicht — wie dies die in die Seinsebene ausgleitende herrschende Lehre zu tun geneigt ist — durch das unklare Moment der „Herrschaft" im Sinne einer Motivation ersetzt werde. Daß ein Mensch über den anderen *herrsche,* das heißt, daß der Wille des einen zum Motiv für den Willen des anderen werde, kann den Staat nicht charakterisieren. Vielmehr, daß eine feste *Ordnung* besteht, nach der der eine zu befehlen und der andere zu gehorchen habe. Nur diese Ordnung begründet die Einheit der zahlreichen Herrschaftsverhältnisse, die einer bloß empirischen Betrachtung gegeben wären. (III, S. 83)

Sobald der Staat als Ordnungseinheit, als Norm erkannt ist, liegt keine Möglichkeit mehr vor, ihn als „Verband" dem Recht als Norm entgegenzusetzen. Staat und Recht fallen beide unter die gleiche Kategorie der normativen Ordnung. Und wenn man — gleichfalls in Übereinstimmung mit der herrschenden Auffassung — das Wesen der Rechtsnorm in ihrem Zwangscharakter sieht, dann sind Recht und Staat gleicherweise Zwangsordnungen im Sinne eines Systems zwanganordnender Normen. Und damit wäre eigentlich schon der Nachweis der Identität von Staat und Recht erbracht. Eine Begriffsbestimmung des Staates endet bei einer Definition des Rechtes. (III, S. 86 f.)

Daß der Staat nur ein Gedankenwesen sei, diese Erkenntnis schließt keineswegs die übliche Anschauung aus, nach der mit dem Begriff des Staates die Vorstellung einer intensiven „Macht" oder „Gewalt" verbunden ist. Nur daß eben das Verhältnis, in dem der Staat zu dieser „seiner“ Macht steht, richtig gestellt wird: Der Staat ist als eine ideelle Ordnung, als ein System von Zwangsnormen erkannt, in deren *Geltung* seine spezifisch geistige Existenz ruht. Darin, daß diese Ordnung als geistiger Inhalt von Menschen vorgestellt und gewollt und so zum Motiv ihres Handelns wird, in dieser *Wirksamkeit* besteht die Macht oder Gewalt, die man mit Unrecht als die des Staates bezeichnet oder gar mit dem Staate identifiziert. Denn es geht nicht an, einen geistigen Inhalt mit dem seelischen Prozeß, dem natürlichen Ablauf psychischer Akte zu vermengen, die den spezifischen Inhalt, auf dessen *Eigengesetzlichkeit* es ankommt, gleichsam nur tragen ... Der Versuch, den Staat als „reale“ Macht, d. h. als ein Stück kausalgesetzlicher Natur zu begreifen, muß an dem inneren Widerspruch scheitern, der in der Identifikation der natur*gegen*sätzlichen Geistigkeit einer Ideologie mit den naturgesetzlichen Bewegungen des Motivationsmechanismus besteht. (III, S. 91 f.)

*Die Ursprungsnorm*

So findet auch die als „Staat“ bezeichnete Zwangsordnung den Grund ihrer Geltung durchaus nicht in der Wirklichkeit der Wollungen und Handlungen, die sie zum Inhalt haben. Die Frage nach dem Geltungsgrund der souveränen Zwangsordnung, nach dem Existenzgrund des Staates führt zu einer höchsten, als gültig vorausgesetzten Norm, die als Ursprungsnorm die letzte Quelle jenes konkreten, individuell bestimmten Normensystems darstellt, das man mit dem historisch gewordenen Namen eines staatlichen Gemeinwesens bezeichnet. Das Charakteristische dieser Ursprungsnorm ist, daß sie eine oberste Autorität einsetzt, die dadurch zur Normsetzung legitimiert erscheint. Sie wäre — um den einfachsten Fall zu wählen — für eine absolute Monarchie etwa so zu formulieren: Es soll Zwang unter den Bedingungen und auf die Weise geübt werden, wie es der Monarch bestimmt. Diese Ursprungsnorm, die man voraussetzen muß, um einen, als absolute Monarchie existenten

Staat zu begreifen, ist die Verfassung im rechtslogischen Sinne. Sie ist eine oberste Regel für die Erzeugung von Normen — wie immer die von ihr eingesetzte oberste Autorität beschaffen sein sollte — für die inhaltliche Gestaltung, die Bildung und Fortbildung der in ihrer Gesamtheit das Normsystem darstellenden Rechtssätze ... Ihren Geltungsgrund findet die Staats- oder Rechtsordnung nicht in dem Seinsfaktum irgendeiner in der Außenwelt sich vollziehenden Satzung, sondern in der Voraussetzung einer höchsten Norm als einer Ursprungshypothese ... Eine konkrete Norm weist sich als positive Rechtsnorm aus, wenn ihre Geltung auf die das Rechtssystem begründende Ursprungsnorm zurückführbar, wenn somit ihre Stellung im System nachweisbar ist. (III, S. 93 f.)

[Das normative System der Rechts- oder Staatsordnung] *beginnt* erst mit der Grund- oder Ursprungsnorm; ist diese, deren Normcharakter unzweifelhaft ist, einmal — gleichgültig wie und woher — vorausgesetzt, dann ist die reine Geltungssphäre gewonnen und jeder Einbruch der Faktizität ausgeschaltet. (III, S. 100 f.)

Allgemeine Staatslehre, Berlin 1925 (I).
Der Staat als Integration, Wien 1930 (II).
Der soziologische und der juristische Staatsbegriff, Tübingen 1922 (III).

*

## Totalitär-faschistische Staatstheorien

*Gemeint sind Theorien, die den Staat auf der Grundlage der Rasse, des Volkes oder der Nation als totale Einheitserscheinung deuten. Der Staat ist nicht mehr, wie in autoritären Theorien, getrennt von der Gesellschaft, sondern die Veranstaltung einer artgleichen Gemeinschaft. (Die geopolitischen Theorien Ratzels und Maulls und die soziologische Theorie von Tönnies sind jedoch nur als präfaschistisch anzusprechen.)*

### Friedrich Ratzel (1844—1904)

Geograph. Prof. in München und Leipzig. Auf seiner biogeographischen Auffassung des Staates fußt die später im Nationalsozialismus zur Blüte gekommene geopolitische Schule (Haushofer, Maull).

*Die biogeographische Auffassung des Staates*

Die Verbreitung der Menschheit und ihrer Werke auf der Erdoberfläche trägt alle Merkmale eines beweglichen Körpers, der im Vorschreiten und Zurückweichen sich ausbreitet und sich zusammenzieht, neue Zusammenhänge bildet und alte zerreißt und dadurch Formen annimmt, die mit den Formen anderer gesellig auftretender beweglicher Körper an der Erdoberfläche die größte Ähnlichkeit haben. In vielgebrauchten Bildern wie Völkermeer und Völkerflut, Völkerinsel, politische Insel, politischer Isthmus liegt eine Ahnung davon, an deren tiefere Begründung freilich kaum von denen gedacht wird, die solche Ausdrücke verwenden.

Diese Ähnlichkeiten nehmen dann eine höhere Stelle in der Biogeographie ein, wo sie aufhören, Bilder zu sein; für die Biogeographie gibt es Lebensräume, Inseln des Lebens usw. und für sie ist auch der Staat der Menschen eine *Form der Verbreitung des Lebens* an der Erdoberfläche. Er steht unter denselben Einflüssen wie alles Leben. Die besonderen Gesetze der Verbreitung der Menschen auf der Erde bestimmen auch die Verbreitung ihrer Staaten. Man hat weder Staaten in den Polargebieten sich bilden sehen, noch in den Wüsten; und sie sind klein geblieben in den dünn bevölkerten Gebieten der Tropen, Urwälder und der höchsten Gebirge. Die Staaten haben sich mit den Menschen allmählich in alle Teile der Erde verbreitet, und indem die Zahl der Menschen wuchs, haben auch die Staaten an Zahl und Größe immer mehr zugenommen. Die ununterbrochenen Veränderungen im Innern und Äußern der Staaten bezeugen eben deren Leben. In den Grenzen, die wissenschaftlich gar nicht anders zu begreifen sind denn als Ausdruck der Bewegung, sowohl unorganischer als organischer, wie auch in den elementaren Staatengebilden, in denen die Übereinstimmung mit einem Zellgewebe auf der Hand liegt: überall erkennt man die Formähnlichkeiten aller zusammengesetzten Lebensgebilde, die aus ihrer Verbindung mit dem Boden herauswirken. Ist doch für sie alle, ob Flechte, Koralle oder Mensch, diese Verbindung allgemeine Eigenschaft, Lebenseigenschaft, weil Lebensbedingung ...

Der Mensch ist nicht ohne den Erdboden denkbar und so auch nicht das größte Werk des Menschen auf der Erde, der Staat. Wenn wir von einem Staate reden, meinen wir gerade wie bei einer Stadt oder einem Weg immer *ein Stück Menschheit* oder ein menschliches Werk *und zugleich ein Stück Erdboden.* Der Staat muß vom Boden leben. Nur die Vorteile hat er fest in der Hand, deren Boden er festhält. Die Staatswissenschaft spricht das etwas verblaßter aus, wenn sie sagt: Das Gebiet gehört zum Wesen des Staates; sie bezeichnet die Souveränität als das Jus territoriale und legt die Regel nieder, daß Gebietsveränderungen nur durch Gesetze vorgenommen werden können. Das Leben der Staaten lehrt uns aber viel engere Beziehungen kennen: wir sehen im Laufe der Geschichte alle politischen Kräfte sich des Bodens bemächtigen und eben dadurch staatenbildend werden. *Volk* nenne ich demnach eine politisch verbundene Gruppe von Gruppen und Einzelmenschen, die weder stamm- noch sprachverwandt zu sein brauchen, aber durch den gemeinsamen Boden auch räumlich verbunden sind. (S. 1 ff.)

So entsteht die *politische Organisierung des Bodens,*

durch die der Staat zu einem Organismus wird, in den ein bestimmter Teil der Erdoberfläche so mit eingeht, daß sich die Eigenschaften des Staates aus denen des Volkes *und des Bodens* zusammensetzen ...

Der Staat ist uns nicht ein Organismus, bloß weil er eine Verbindung des lebendigen Volkes mit dem starren Boden ist, sondern weil diese Verbindung sich durch Wechselwirkung so sehr befestigt, daß beide eins werden und nicht mehr auseinandergelöst gedacht werden können, ohne daß das Leben entflieht. Boden und Volk tragen beide zu diesem Resultate in dem Maße bei, als sie die Eigenschaften besitzen, die notwendig sind zum Wirken des einen auf das andere. (S. 4)

Das stofflich Zusammenhängende am Staat ist *nur der Boden,* und daher denn die starke Neigung, auf ihn vor allem die politische Organisation zu stützen, als ob er die immer getrennt bleibenden Menschen zusammenzwingen könnte. Je größer die Möglichkeit des Auseinanderfallens, desto wichtiger wird allerdings der Boden, in dem sowohl die zusammenhängende Grundlage des Staates als auch das einzig greifbare und unzerstörbare Zeugnis seiner Einheit gegeben ist. (S. 11)

*Der Boden ist im Staate von den ersten Anfängen an,* und die Entwicklung bringt auch im Staate nur zum Vorschein, was darin lag. In dieser Entwicklung ist kein Riß und kein Sprung, sondern die eine Richtung wird unter allen Verwandlungen festgehalten: Boden mit Menschen in feste Verbindung zu bringen. Das gilt von der Verbindung weniger Menschen mit einem Fleck Erde an bis hinauf zum Großstaat, den viele Menschen auf einem großen Stück Erde bilden. Man sieht aus westsächsischen Gauen ein Königreich Wessex, aus diesem England, dann Großbritannien und endlich das größte Weltreich heranwachsen. Durch alle diese Wandlungen führt sicher die Regel, *daß jede Beziehung eines Volkes oder Völkchens zum Boden politische Formen anzunehmen strebt und daß jedes politische Gebilde die Verbindung mit dem Boden sucht.* (S. 17)

Und könnte die Geschichte eines Staates in so hohem Maße die Lehrmeisterin seiner Politik sein, wenn nicht die

*Kontinuität des Bodens* wäre? Die Eigenschaften des Bodens wirken über viele Änderungen des Volkes hinaus fort und treten immer als die gleichen unter den verschiedenen Gewändern hervor. Der Boden ist immer viel älter als sein Staat und hat auch eine viel größere Zukunft. Daher wird der Blick, der von den wechselnden Zuständen des Volkes sich auf den Boden richtet, von selbst zu einem Fernblick ... Gerade darin unterscheidet sich die politische Geographie von der politischen Geschichte, daß sie durch die Betonung des Unveränderlichen und Unverwüstlichen, das dem Boden eigen ist, auch eine Richtung auf das Werdende empfängt. Die Politik, die dem wachsenden Volke den unentbehrlichen Boden für die Zukunft sichert, weil sie die ferneren Ziele erkennt, denen der Staat zutreibt, ist eine echtere „Realpolitik" als die, die sich diesen Namen beilegt, weil sie nur das Greifbare vom Tag und für den Tag leistet. (S. 7 f.)

Politische Geographie, 3. Aufl., bearbeitet von E. Oberhummer, München u. Berlin 1923.

*

FERDINAND TÖNNIES (1855—1936)

Soziologe und Philosoph. Prof. in Kiel. Bedeutenden Einfluß auf die deutsche Soziologie gewann er durch sein Buch „Gemeinschaft und Gesellschaft" (1887), in dem er ein für die deutsche Theorie typisches Gegensatzpaar aufstellte. Den Staat charakterisiert Tönnies in seiner „Einführung in die Soziologie" als eine Institution, die das ganze „Leben vollkommen durchdringen und beherrschen" müsse.

*Der Normaltypus des Staates*

Ich habe mir vorgesetzt, auch alle Erscheinungen, die unter dem Namen *Staat* begriffen werden, an einem ideellen oder Normaltypus zu messen, den ich durch einen abstrakten Begriff darstellen werde. — In diesem Sinne verstehe ich als Staat einen Verein der zusammenlebenden

Menschen, der durch alle diejenigen Individuen hinlänglich gereiften Alters getragen wird und bedingt ist, denen eben durch diese Tragfähigkeit die Eigenschaft der Staatsbürger und Staatsbürgerinnen zugeschrieben wird. So verstanden ist dieser Verein eine künstliche oder kollektive Person, die das gesamte Zusammenleben der Menschen in einer Weise regelt und ordnet, daß diese Weise nur von ihr selber abgeändert werden kann. Folglich muß die Staatspersönlichkeit fähig sein zu handeln, um eine solche Ordnung durchzuführen, d. h. sie muß über die physischen Kräfte dazu und über die unangefochtene Berechtigung dazu verfügen. Um handlungsfähig zu sein, muß ihr Wollen entweder in einer fortwährend beschlußfähigen Körperschaft als einer die Staatsperson einheitlich darstellenden Wesenheit sich ausprägen oder in einer einzigen natürlichen Person. Im einen wie im anderen Falle eignet dieser darstellenden, repräsentierenden Person das höchste Recht und die höchste Macht. Beide sind ihrem Wesen nach nicht begrenzbar, also unbedingt (absolut).

Die souveräne Person ist also in erster Linie berufen und genötigt, Gesetze zu geben, die als solche im vollkommenen Falle allgemeine Geltung in Anspruch nehmen. Sie muß zweitens über hinlängliches und genügend befähigtes Personal verfügen, um diese Gesetze zu verwalten, also um die Staatsbürger zu nötigen, sich nach ihnen zu richten, d. h. Handlungen und Unterlassungen diesen allgemeinen Befehlen, mithin auch den zu ihrer Durchführung erlassenen besonderen Verordnungen, anzupassen. Dies ist im allgemeinen das notwendige Gebiet der vollziehenden Gewalt.

Sie muß einen anderen Stab bilden, um über zweifelhafte Fälle, also über Streitigkeiten, sei es zwischen individuellen Personen — natürlichen oder kollektiven Personen — sei es zwischen den öffentlichen Personen oder Beamten untereinander oder zwischen ihnen einerseits, den privaten Personen andererseits, gültige Entscheidungen zu treffen. Dies ist der Bereich der richterlichen Gewalt des Staates. Wenn eine letzte, d. i. nicht mehr anfechtbare Entscheidung getroffen ist und diese — nach dem Urteil des Gesetzgebers — seiner Absicht nicht gemäß ist, so kann der Gesetzgeber, und wird im Sinne seines allgemeineren Interesses, einer solchen Entscheidung ihre Gültigkeit belassen; er kann aber zugleich eine fernerhin bindende Auslegung seines Gesetzes oder eine fernerhin bindende Abänderung desselben Gesetzes beschließen. Die Souveränität der gesetzgebenden Gewalt kann nicht durch die richterliche, ebensowenig als durch die vollziehende Gewalt in Frage gestellt oder gar eingeschränkt werden. Dem Sinne ihrer Einrichtung nach ist die souveräne Gewalt dazu bestimmt, Streitigkeiten vorzubeugen, mithin ihren eigenen Ausdruck als richterlicher Gewalt überflüssig zu machen. Um so mehr muß sie sich berufen fühlen, dem allgemeinen Willen gemäß, den sie in sich darstellt, jeden besonderen Willen, der ihr entgegen ist, zu brechen, also auch dessen Entstehung zu verhüten.

Dieser Zwecksetzung gemäß wird der vollkommene Staat die vollkommene Ordnung aller Lebensverhältnisse bedeuten. Er wird das wirtschaftliche, das politische und das geistig-sittliche Leben vollkommen durchdringen und beherrschen. Er wird jedem Individuum, das nicht als Kind oder sonst ihrer selbst nicht mächtige Person von anderen Individuen abhängig ist, seine eingeschränkte Sphäre des Wollens und Handelns zuweisen, die durch eine ihr überlegene (höhere) Sphäre bedingt und also in letzter Linie von ihr selber, der souveränen Person, abhängig ist. Sie behält sich daher vor, die ihr untergebene Menschheit für ihre Zwecke, also für die Zwecke der Regierung einzuteilen und allen anderen Einteilungen, mithin auch allen Verbindungen der individuellen natürlichen Personen, die sie nicht autorisiert hat, durch Verbote zu begegnen. Das Urteil, ob solche Verbindungen ihr nützlich oder schädlich seien, behält sie sich selber vor. — In diesem Sinne wird der vollkommene Staat auch das politische Leben von sich abhängig machen und durch Gesetze, Verordnungen und Maßregeln diejenigen Parteibildungen verhindern, die er für schädlich oder hinlänglich gefährlich in bezug auf sein eigenes Dasein und seine eigene Wirksamkeit hält.

Folglich muß der so verstandene Staat auch auf die Denkungsart und folglich auf die Handlungsweise der Staatsbürger in den ihnen verbleibenden Bezirken ihrer Freiheit — wie der Erziehung kleiner Kinder — in dem Sinne wirken, den er für notwendig oder doch für hinlänglich nützlich erachtet, um seine eigene Dauer zu sichern, also den unbedingten Gehorsam aller Staatsbürger so wahrscheinlich als möglich zu machen. Er wird daher alle Lehranstalten nach sich richten und nach seinen Bedünken Stoff und Form des öffentlichen Unterrichts bestimmen, auch Anstalten dafür ins Leben rufen und unter seiner beständigen Aufsicht halten; mithin diejenigen Glaubensvorstellungen lehren lassen und sonst befördern, die ihm als günstig für seine Zwecke erscheinen, andere hemmen und unterdrücken, die er für nachteilig hält und solche, die etwa, wenn auch nicht nützlich, so doch erträglich scheinen, dulden.

Diese Idee des Staates nimmt lediglich den begrifflichen Wert und die theoretische Bedeutung in Anspruch, als ein Ziel vorgestellt zu werden, dem die wirkliche politische Entwicklung auf vielen Wegen und mit Überwindung vieler Widerstände zustrebt. (S. 112 ff.)

Einführung in die Soziologie, Nachdruck der ersten Auflage, Stuttgart 1965.

*

Ernst Krieck (1882—1947)

Prof. an den Pädagogischen Akademien Frankfurt und Dortmund und der Universität Heidelberg. Maßgebender nationalsozialistischer Pädagoge. Im Zentrum seiner Lehre steht der Gedanke der Erziehung durch „Zucht".

*Die deutsche Staatsidee*

An der Schwelle der deutschen Staatslehre steht die Einsicht, daß die Familie die Keimzelle des Staates ist, nicht der freie Verein, wie das Naturrecht bis dahin gelehrt hatte...

Im Staat wiederholt sich im großen, was sich in der Familie darstellte. Er ist, wenn schon in Naturbedingungen begründet, doch wesentlich geistiger Art; er ist in sich selbst organisiert und organisches Glied eines höheren Ganzen; er nimmt teil an dessen Entwicklung, und sofern diese Entwicklung betrachtet wird als eine bewußte und planmäßige Ausbildung der Glieder und Kräfte auf ein gemeinsames Ziel, hat er die Erziehung zur Hauptaufgabe. Durch ihn erziehen die Alten die Jungen, die Gesamtheit jedes Glied und jedes Glied die Gesamtheit. Der Erziehungsgedanke scheidet die geistige Entwicklung von der natürlichen; er macht das Wesen des *geistigen Organismus* aus.

Erkenntnis des geistigen Grundes und Zweckes, der organischen Gliederung, der Teilnahme an der organischen Entwicklung der Gesamtmenschheit, die Erkenntnis der erzieherischen Funktion hat der Deutsche der Lehre vom Staat hinzugebracht.

Der Staat als Glied eines höheren Organismus, in lebendiger Wechselwirkung mit allen andern Gliedern stehend;

der Staat selbst als ein vielgliedriger, auf Wechselseitigkeit ruhender Organismus;

der Staat als das oberste Erziehungsinstitut in der Ausbildung der Volksgemeinschaft;

der Staat endlich als organisches Glied zwischen Vergangenheit und Zukunft: das sind die Umrißlinien der deutschen Staatsidee.

Das Wesentliche dieser Erkenntnis liegt in der Einordnung des Staates in das sittliche Dasein der Volkheit und in die Geschichte. Der Staat ist das Denkmal der geistigen und sittlichen Höhe der Völker; er ist das lenkende und organisatorische Prinzip der Geschichte. (S. 10 ff.)

Die deutsche Staatsidee, Leipzig 1934.

*

RUDOLF SMEND (geb. 1882)

Staats- und Kirchenrechtler. Prof. in Greifswald, Tübingen, Bonn, Berlin, Göttingen. Vater der „Integrationslehre“. Der Staat lebt nur in dem Prozeß beständiger Erneuerungen und Integration.

Der Ausgangspunkt kann ... nicht der isolierte Einzelne sein in dem Sinne, daß der Staat verstanden würde als eine kausale Reihe, die vom Individuum ausginge, oder als eine teleologische, die von ihm zu bestimmten Zwecken in Gang gesetzt würde.

Kausal ist das Leben der Gruppe nicht aus dem Leben der Einzelnen herzuleiten. Man mag die Ausstattung des Geistes für das soziale Leben im weitesten Sinne noch so umfassend aufklären: von diesen Gestaltungen der Individualität kommt man nicht zu den überindividuellen sozialen Formen, nicht zum Staat, weil diese eine besondere Begriffsbildung für sich erfordern und aus jenen Elementen nicht erklärbar sind. Schon deshalb nicht, weil das soziale Individuum dies eben nur insofern ist, als es am Gruppenleben Anteil hat, nicht schon an sich kraft seiner natürlichen „Ausstattung"; so kann es auch nur vom Sozialen her begriffen werden, das freilich seinerseits wiederum nicht als einfach strukturierte Substanz des Überindividuellen, sondern als von den Einzelnen getragen und nur in ihnen lebend zu verstehen ist: in der Polarität von Individuum und Gemeinschaft, die das Wesen der „sozialen Verschränkung" ist.

Wenn das Soziale nicht als kausale Reihe vom Einzelnen zum Ganzen (verwickelt nur durch gegenläufige Reihen vom Ganzen zum Einzelnen) zu verstehen ist, so ist damit auch seine Auffassung als teleologische Reihe, als vom Einzelnen ausgehende planmäßige oder unbewußte Zweckverwirklichung, unmöglich. Damit ist die nächstliegende Art des Denkens vom Staat, seine Erklärung und Rechtfertigung aus seinem Zweck, seinen Kulturleistungen, jedenfalls als Ausgangspunkt abgeschnitten. Die Betrachtung des Sozialen und insbesondere des Politischen und Staatlichen darf nicht aus Sinngebieten, die dem Bereich des Sozialen, des Staatlichen an sich transzendent sind, die grundlegende Erklärung für diesen Bereich selbst zu gewinnen suchen. (S. 9 f.)

Staats- und Staatsrechtslehre haben es zu tun mit dem Staat als einem Teil der geistigen Wirklichkeit. Geistige

Kollektivgebilde sind als Teile der Wirklichkeit nicht statisch daseiende Substanzen, sondern die Sinneinheit reellen geistigen Lebens, geistiger Akte. Ihre Wirklichkeit ist die einer funktionellen Aktualisierung, Reproduzierung, genauer einer dauernden geistigen Bewältigung und Weiterbildung (die ihrem Werte nach Fortschritt und Entartung sein kann) — nur in diesem Prozeß und vermöge dieses Prozesses sind sie oder werden sie in jedem Augenblick von neuem wirklich.

So ist insbesondere der Staat nicht ein ruhendes Ganzes, das einzelne Lebensäußerungen, Gesetze, diplomatische Akte, Urteile, Verwaltungshandlungen von sich ausgehen läßt. Sondern er ist überhaupt nur vorhanden in diesen einzelnen Lebensäußerungen, sofern sie Betätigungen eines geistigen Gesamtzusammenhanges sind, und in den noch wichtigeren Erneuerungen und Fortbildungen, die lediglich diesen Zusammenhang selbst zum Gegenstande haben. Er lebt und ist da nur in diesem Prozeß beständiger Erneuerung, dauernden Neuerlebtwerdens; er lebt, um Renans berühmte Charakterisierung der Nation auch hier anzuwenden, von einem Plebiszit, das sich jeden Tag wiederholt. Es ist dieser Kernvorgang des staatlichen Lebens, wenn man so will, seine Kernsubstanz, für die ich schon an anderer Stelle die Bezeichnung als Integration vorgeschlagen habe.

Hier liegt der Angelpunkt des Staatlichen im Bereich der Wirklichkeit, von dem daher Staats- und Staatsrechtslehre auszugehen haben. Wenn sie es nicht tun, besteht für sie die beinahe unausweichliche Alternative, entweder eine staatssoziologische Mechanik an bestimmte, starre, unzulässig substantialisierte Träger dieser soziologischen Kräfte anzuhängen an die Individuen oder an ein Staatsganzes, das in unklarer Weise halb juristisch, halb räumlich gedacht wird — oder die Wirklichkeit dieser Welt als Gegenstand der Staatstheorie mit Kelsen überhaupt zu bestreiten — oder endlich sich in ästhetisierendem Agnostizismus zurückzuziehen.

Wenn alles geistige Leben Selbstgestaltung des Einzelnen und zugleich der Gemeinschaft ist, so ist bei der Gemeinschaft die Bedeutung dieser Gestaltung als Begründung ihrer geistigen Realität noch einleuchtender als beim Einzelmenschen, der ein biologisches Dasein auch abgesehen von jenem Leben führt. Der Staat ist nur, weil und sofern er sich dauernd integriert, in und aus den Einzelnen aufbaut — dieser dauernde Vorgang ist sein Wesen als geistig-soziale Wirklichkeit. (S. 18 ff.)

Alles geistige Leben ist ein Stück Verwirklichung aufgegebener Sinnzusammenhänge. Es kann dies deshalb sein, weil es Träger einer besonderen Wertgesetzlichkeit ist, vermöge deren ihm die Tendenz, das „Gefälle" zum Optimum solcher Verwirklichung immanent ist. Je nach dem Wertgebiet, um das es sich handelt, kann in dieser Tendenz insbesondere die Herstellung einer systematischen Einheit, einer objektiven Totalität irgendwelcher Art enthalten sein: einer einheitlichen Gesamterkenntnis, von der jede Einzeleinsicht ein Teil sein will — eines zusammenhängenden und allumfassenden Normensystems, als deren Teil nur jede Einzelnorm ihren Sinn zu haben beansprucht — eines sozialen Systems irgendwelcher Art, zu dessen Realisierung jede einzelne soziale Betätigung strebt ...

In den höheren Schöpfungen wirkt sie sich aus in dem Zuge zur immer neuen Herstellung widerspruchsloser, geschlossener Einheit: in der immer erneuerten Erhebung einer positiven Rechtsordnung zu einer lebendigen geistigen Einheit durch Wissenschaft und Praxis, oder in der immer neuen Ergänzung von Lücken eines positiven Normensystems gegenüber der stetigen Rechtsgeschichte wie gegenüber akuten Einbrüchen durch Revolutionen. Insbesondere im Staat verwirklicht sie sich durch die dauernde Erneuerung seiner Wirklichkeit als Willensverband aller seiner Angehörigen, trotz aller Passivität und allen Widerstandes Einzelner und ganzer Gruppen, ja überwältigender Mehrheiten.

Stellt sich die Wirklichkeit des staatlichen Lebens als die dauernde Herstellung seiner Wirklichkeit als souveräner Willensverband dar, so ist seine Wirklichkeit die seines Integrationssystems. Und dieses, d. h. die staatliche Wirklichkeit überhaupt, ist nur dann richtig verstanden, wenn es gefaßt wird als die Einheitswirkung aller, der Wertgesetzlichkeit des Geistes entsprechend sich immer von neuem automatisch zu einheitlicher Gesamtwirkung zusammenschließenden Integrationsfaktoren. D. h. die verschiedenen Seiten des Staats, insbesondere die bezeichneten verschiedenen Arten seiner Integration, oder etwa die beiden in ihrem Verhältnis zueinander so problematischen Hauptrichtungen seines Lebens, die innere und die auswärtige Politik, sind nur zu verstehen als die Momente seines einheitlichen Lebens-, d. h. Integrationssystems. (S. 56 ff.)

*Staatliche Integrationsformen*

Es handelt sich dabei überall um Vorgänge, deren Sinn eine soziale Synthese ist, die irgendeinen geistigen Gehalt gemeinsam machen oder das Erlebnis seiner Gemeinsamkeit verstärken wollen, mit der Doppelwirkung gesteigerten Lebens sowohl der Gemeinschaft wie des beteiligten Einzelnen. Der Vorgang selbst kann an sich auf dem sinnlichen Gebiet liegen und den geistigen Gehalt begleiten, anregen und symbolisieren; das bekannteste Beispiel ist seit KARL BÜCHERS berühmter Untersuchung über „Arbeit und Rhythmus" der akustische oder motorische Rhythmus gemeinsamer Tätigkeit. In der marschierenden Truppe oder dem demonstrierenden Aufzuge wird er auch im staatlichen Leben verwendet, als Mittel integrierender Zusammenfassung zunächst der körperlich Bewegten selbst, vermöge der demonstrierenden Wirkung im weitesten Sinne aber auch zu einer seelischen Einbeziehung der an der körperlichen Bewegung nicht unmittelbar Beteiligten. (S. 33)

Es ist das Gemeinsame und Wesentliche aller formellen Integrationsvorgänge, daß sie als solche ohne Zweck, daß sie nicht technisch im Sinne der Verfolgung eines einzelnen sachlichen Gemeinschaftsziels gemeint sind — eher vergleichbar dem Exerzieren und Manövrieren eines Heeres im Frieden, das dadurch zur Einheit wird, auch der Geselligkeit, dem Tanz, der Gymnastik. (S. 44)

Wahlen, parlamentarische Verhandlungen, Kabinettsbildungen, Volksabstimmungen: sie alle sind integrierende Funktionen. D. h. sie finden ihre Rechtfertigung nicht lediglich darin, wie die herrschende Theorie der Staatsorgane und -funktionen vermöge ihrer juristischen Herkunft lehrt, daß hier Stellvertreter des Staats oder des Volksganzen mit Vollmacht eingesetzt werden und nun vermöge dieser Vollmacht gültige rechtsgeschäftliche Willenserklärungen mit Wirkung für und gegen den Vertretenen abgeben. Auch nicht darin, wie Verfassungstechniker im Sinne Max Webers meinen, daß hier gute Beschlüsse gefaßt und gute Führer ausgelesen werden. Dabei bleibt der zugrundeliegende geistige Vorgang, dessen Verständnis die erste Aufgabe einer Geisteswissenschaft wäre, im Dunkeln. Dieser Vorgang ist aber der erste Sinn dieser Verfahrensweisen: sie integrieren, d. h. schaffen zu ihrem Teile die jeweilige politische Individualität des Volksganzen und damit die Voraussetzung für sein rechtlich faßbares, inhaltlich gutes oder schlechtes Tätigwerden. Es kommt für den letzten Sinn des Parlamentsstaates nicht darauf an, ob das Parlament überhaupt Beschlüsse faßt, und ob es insbesondere gute Beschlüsse faßt, sondern darauf, daß die parlamentarische Dialektik innerhalb des Parlaments und in dem miterlebenden Staatsvolk Gruppenbildung, Zusammenschluß, Bildung einer bestimmten politischen Gesamthaltung herbeiführt — ebenso wie das Wahlrecht zunächst parteibildend und dann mehrheitsbildend wirken, nicht lediglich einzelne Abgeordnete liefern soll. Im parlamentarischen Staat ist das Volk nicht schon an sich politisch vorhanden und wird dann noch einmal besonders, von Wahl zu Wahl und Kabinettsbildung zu Kabinettsbildung, politisch besonders qualifiziert — sondern es hat sein Dasein als politisches Volk, als souveräner Willensverband in erster Linie vermöge der jeweiligen politischen Synthese, in der es immer von neuem überhaupt als staatliche Wirklichkeit existent wird. (S. 38 f.)

Die Wirksamkeit dieser wie jeder anderen integrierenden Funktion hängt von zwei Momenten ab: davon, daß ihr Prinzip (hier das der Mehrheit) überhaupt integrierende Kraft, und daß es diese Kraft für das ganze Staatsvolk hat.

Daß es diese Wirkung überhaupt hat, wird bedingt durch eine vom politischen Kampf nicht in Frage gestellte Wertgemeinschaft, vorbehaltlich deren dieser Kampf geführt wird, die diesem Kampf selbst Regeln und den Sinn gibt, eine Funktion integrierenden Gruppenlebens zu sein. (S. 40)

Neben die Integration durch verfassungsmäßig vorgesehenen Kampf des parlamentsstaatlichen oder plebiszitären Typus tritt als zweite Form integrierender Funktion die Herrschaft. Sie ist noch unmittelbarer als der integrierende Kampf durch sachliche Werte bedingt — während dort nur eine Wertgemeinschaft überhaupt erfordert wird, sind es hier bestimmte Werte, die die Herrschaft begründen: irrationale, die ihr Legitimität geben, rationale, die sie vor allem als Verwaltung rechtfertigen. Die Herrschaft ist die Verwirklichung dieser Werte und damit eine Lebensform der durch diese Werte zusammengehaltenen Gemeinschaft. Unter ein und derselben Herrschaft in allen ihren Auswirkungen, Regierung und Verwaltung, Rechtsbildung und Rechtssprechung zu stehen, bedeutet neben der dadurch bedingten Wertgemeinschaft vor allem auch die Erlebnisgemeinschaft dieser formalen Gemeinschaftsfunktionen, wobei das System dieser Funktionen zwar nicht eine so geschlossene und jedem gegenüber identische Einheit bildet, wie das System des parlamentarischen oder plebiszitären Verfassungslebens, dafür aber jeden Einzelnen um so nachdrücklicher, vielseitiger und häufiger ergreift. Herrschaft ist auch insofern die allgemeinste Form funktioneller Integration, als alles Verfassungsleben in allen Staatsformen schließlich die Bildung und Äußerung von herrschendem Willen zum Ziel hat. (S. 42 f.)

Verfassung und Verfassungsrecht, München u. Leipzig 1928.

*

## Otto Maull (1887—1957)

Geograph. Prof. in Graz und München. Als Vertreter der auf Friedrich Ratzel und Rudolf Kjellen zurückgehenden „Geopolitik" hebt er die „Naturhaftigkeit" des Staates hervor, den er als „Raumorganismus" versteht. Deutlich ist auch bei Maull der sozialdarwinistische und imperialistische

Zug der von den Nationalsozialisten zu einem Grundstein ihrer Ideologie erhobenen Geopolitik.

*Das geographische Wesen des Staates*

Worin besteht nun das geographische Wesen des Staates oder, anders ausgedrückt, was hat die Geographie zur Erkenntnis des Wesens des Staates beizutragen, wenn sich schon so viele andere Wissenschaften um dessen Erforschung bemühen? Unbeschadet der Tatsache, daß der Staat Menschenwerk, der vollkommenste Zusammenschluß unter den großen menschlichen Gemeinschaften, ein Kulturgebilde ist, das in seinem kulturlichen Ausdruck je nach Kulturkönnen und -wollen, geschaffen durch die Staatsidee, die ein Stück Boden und ein Stück Menschheit verbindet, spirituellen Charakter trägt, überrascht er doch durch seine unverkennbare Naturhaftigkeit sowohl in seinem Natur- wie in seinem Kulturgefüge. Die Staatsidee mag von einzelnen, einer führenden, herrschenden Schicht oder von der Gesamtheit der Menschengruppe gedacht und getragen werden, sie ist aber trotz des physischen Ausdrucks des Staates das Schaffende und Schöpferische. Mehr als das vor Ratzel in den Betrachtungen über den Staat zum Ausdruck kam, ist die menschliche Institution des Staates freilich eine Bindung mit dem Boden, dem Raum und seiner Physis eingegangen und hat ihn damit zum *Raumwesen* gemacht, das differenziert erscheint nach der Kulturstufe der ihm zugehörigen Menschengruppe, nach der Kulturhöhe der Staatsidee. Dieses Raumwesen zeigt die Erscheinungen eines Gruppenorganismus, einer Symbiose einer Gruppe organischer Wesen mit einem Raum wie etwa die eines Waldes mit seinem Boden. Dieser besonderen Wesenhaftigkeit halber wird der Staat als *Raumorganismus* bezeichnet. Es ist kein Zweifel, daß dem Staat von den menschlichen Trägern der Staatsidee das organische Wesen aufgepfropft wird. In der Bindung, die es mit dem Boden nicht allein als Basis, auf der der Staat ruht, sondern so innig eingeht, daß dieser nie ohne Boden zu denken ist, der Boden immer einen integrierenden Bestandteil des Staates bildet, entsteht der sich zur Eigengesetzlichkeit entwickelnde Raumorganismus. Wenn es bei einer Pflanzengesellschaft noch möglich ist, den Boden vielleicht nur als Örtlichkeit aufzufassen, liegt beim Staat eine vollkommen bewußte und gefühlte Bindung zwischen Menschen und Raum vor. Jede Raumeinbuße ist dem Staat empfindlich, schmerzlich. (I, S. 32)

Ist der Staat nicht lediglich eine Verbreitungsform einer gesellschaftlichen, rechtlichen oder wirtschaftlichen Institution, sondern ist das Wesen des Staates als organische Synthese zwischen einem „Stück Menschheit" und einem „Stück Boden", als Organismus erkannt, dann werden diesem Raumorganismus wie allen Organismen Lebensäußerungen eigen sein, die mit denen anderer Lebewesen vergleichbar sind ...

Staaten kommen und gehen, entstehen und vergehen wie die Menschen und andere Lebewesen. Ihre Bildung, ihre Schöpfung sei als Geburt bezeichnet. Für die biogeographische Betrachtung ist diese Geburt ein Akt des Macht- und Willenslebens auf der Erde, eine nach Gestaltung zielende Form des menschlichen Trieblebens ... Von der Menschheit geht der Anstoß aus; aber in der organischen Bindung mit einem Stück Raum, das die Daseinsmöglichkeiten zum Leben bietet — Staaten können darum nur in der Ökumene geboren werden — liegt das Wesentliche des Vorganges. Diese organische Geburt eines Staates hängt darum wie alle Bildung von Lebensformen einzig allein vom Triebe, vom Willen zum Leben ab und von der Möglichkeit, diesen Willen betätigen zu können. Das primäre Motiv der Staatenbildung ist darum der Wille zum Staate, der *Staatswille.* In diesem Willen zum Staate ist die Idee des Staates und damit der Staat selbst enthalten ...

Im Raume betrachtet, fällt der neugeborene Organismus durch seine winzige Form auf. Schon historische Betrachtungen, die die Anfangsstadien großer Staatsorganismen zu rekonstruieren versuchen, führen zu dem Ergebnis, daß selbst später riesenhafte Lebensformen einst engräumige Gebilde waren ... ... das primitive Staatsgebiet ist also biologisch betrachtet eine Zelle, eine *Staatszelle,* bestehend aus Zellkern, dem Sitz des Lebens und schützender, trennender Zellmembran ... Auf späteren Stufen der Entwicklung schließen sich Raumzellen tieferer und höherer Stufe und die Zellenverbände zu immer größeren Einheiten zusammen. Die Entwicklung der kultureuropäischen Staaten kann als Beispiel dienen ...

*Der Kampf um den Raum*

Wachstum, Streben nach Raum ist jedem Staate eigen. Raumgewinn bedeutet erhöhte Wirtschafts- und Siedlungsmöglichkeit; aber auch Raum an sich ohne Wirtschafts- und Siedlungsbedeutung, ohne erhebliche Vergrößerung der Volkszahl bedeutet Schutz und Vergrößerung des politischen Horizontes zugleich. Raumgewinn schafft einem Staate breitere Daseinsbedingungen und erhöht die Lebenskraft eines politischen Organismus. Das Streben nach Raum ist darum ein dem Staate eingeborener Prozeß ... Streben nach Raum ist immer Streben nach Investierung der politischen Idee im Boden. Jedes Raumstreben setzt darum eine starke politische Idee, einen kräftigen Staatswillen voraus. Stoßkräftig muß der Staatswille sein, wenn er schon die ersten Hemmnisse physischer und organischer Natur überwinden will ...

Die *natürliche Auslese* der stärkeren und zum Wachstum bestimmten Organismen wird begünstigt und bedingt durch physisch große Räume und die damit verbundene weite geographische Sicht oder durch die Überwindung der Raumhemmnisse dank höherer Kultur ...

So halten in natürlicher Auslese die Entwicklungsbedingungen einen Teil der Staatszellen in ihrer ursprünglichen Zwerg- oder Kümmergestalt zurück. Wo sich dagegen ein Raumwille entfalten kann, wachsen die Zellen. Solches Wachstum kann einmal in der Besitzergreifung von benachbartem Niemandsland bestehen. Die Erobererstaaten sind Beispiele dazu. Eine andere Form des Wachstumsprozesses ist der friedliche Zusammenschluß einzelner Zellen oder Zellenverbände unter der Wirkung einer gemeinsamen Staatsidee ...

Der biologische Prozeß des Kampfes der Organismen ums

Dasein ist vom räumlichen Gesichtspunkt aus betrachtet stets ein Kampf um den Raum. Wie jeder biologische Organismus wird auch jeder Staat in diesem Kampf um den Raum bald aktiv, bald passiv verwickelt. Denn auch die kleinen Zwergstaaten ohne eigenen Raumwillen bleiben auf die Dauer nicht unverschont. Die von kräftigeren Erregungszentren ausgehenden Machtwellen gehen über sie hinweg und beenden schließlich damit das Dasein der kleinen, schwachen, ohnmächtigen Staaten ... Dieser Kampf um den Raum führt zu dauernden Wandlungen und Verschiebungen im Staatenbilde. Die Begrenztheit des Erdraumes oder besser der Ökumene bringt es mit sich, daß das Wachstum des einen Staates auf Kosten eines anderen oder anderer geht. So bleiben die einen klein, in der Entwicklung zurück, während andere, vielleicht von Natur aus begünstigtere, den Weg zu einer am Anfang ungeahnten Entwicklung antreten. Jede räumliche Entwicklung wird im Staatenleben von allen willenskräftigen und expansionsfähigen Staaten mit einem gewissen Argwohn, mit der Furcht des Überholtwerdens betrachtet; und von diesem Gesichtspunkt aus entwickelt sich bei den Staaten eine eigentümliche *Raumrivalität,* der Drang, das räumliche Gleichgewicht zu wahren, in der Furcht, es könne gestört werden, ein Streben nach räumlicher Angleichung. Jede räumliche Entwicklung eines Staates löst auch bei anderen den Wunsch nach räumlicher Vergrößerung, nach Kompensation zur Wiederherstellung des räumlichen Gleichgewichtes aus. (II, S. 78 ff.)

Politische Geographie, Berlin 1956 (I).
Politische Geographie, Berlin 1925 (II).

*

Carl Schmitt (geb. 1888)

Staatsrechtler. Prof. in Greifswald, Bonn, Berlin, Köln. Führender Staatsrechtslehrer im „Dritten Reich“. Seine Theorie des Dezisionismus stellt für den Staatsbegriff den an keine übergeordnete Norm gebundenen politischen Willen in den Mittelpunkt, der souveräne Ordnungsentscheidungen trifft. Kriterium politischer Dezision ist die Unterscheidung von Freund und Feind.

*Der Begriff des Politischen*

Der Begriff des Staates setzt den Begriff des Politischen voraus. Staat ist nach dem heutigen Sprachgebrauch der politische Status eines in territorialer Geschlossenheit organisierten Volkes ... Staat ist in seinem Wortsinn und seiner geschichtlichen Erscheinung nach ein besonders gearteter Zustand eines Volkes, und zwar der im entscheidenden Fall maßgebende Zustand und deshalb, gegenüber den vielen denkbaren individuellen und kollektiven Status, der Status schlechthin. Mehr läßt sich zunächst nicht sagen. Alle Merkmale dieser Vorstellung — Status und Volk — erhalten ihren Sinn durch das weitere Merkmal des Politischen und werden unverständlich, wenn das Wesen des Politischen mißverstanden wird. (I, S. 7)

Eine Begriffsbestimmung des Politischen kann nur durch Aufdeckung und Feststellung der spezifisch politischen Kategorien gewonnen werden. Das Politische hat nämlich seine eigenen Kriterien, die gegenüber den verschiedenen, relativ selbständigen Sachgebieten menschlichen Denkens und Handelns, insbesondere dem Moralischen, Ästhetischen, Ökonomischen in eigenartiger Weise wirksam werden. Das Politische muß deshalb in eigenen, letzten Unterscheidungen liegen, auf die alles im spezifischen Sinne politische Handeln zurückgeführt werden kann. (I, S. 13)

Die spezifisch politische Unterscheidung, auf welche sich die politischen Handlungen und Motive zurückführen lassen, ist die Unterscheidung von *Freund* und *Feind*. Sie gibt eine Begriffsbestimmung im Sinne eines Kriteriums, nicht als erschöpfende Definition oder Inhaltsangabe. Insofern sie nicht aus anderen Kriterien ableitbar ist, entspricht sie für das Politische den relativ selbständigen Kriterien anderer Gegensätze: Gut und Böse im Moralischen; Schön und Häßlich im Ästhetischen usw ... Die Unterscheidung von Freund und Feind hat den Sinn, den äußersten Intensitätsgrad einer Verbindung oder Trennung, einer Assoziation oder Dissoziation zu bezeichnen; sie kann theoretisch und praktisch bestehen, ohne daß gleichzeitig alle jene moralischen, ästhetischen, ökonomischen oder anderen Unterscheidungen zur Anwendung kommen müßten. Der politische Feind braucht nicht moralisch böse, er braucht nicht ästhetisch häßlich zu sein; er muß nicht als wirtschaftlicher Konkurrent auftreten, und es kann sogar vielleicht vorteilhaft scheinen, mit ihm Geschäfte zu machen. Er ist eben der andere, der Fremde, und es genügt zu seinem Wesen, daß er in einem besonders intensiven Sinne existentiell etwas anderes und Fremdes ist, so daß im extremen Fall Konflikte mit ihm möglich sind, die weder durch eine im voraus getroffene generelle Normierung, noch durch den Spruch eines „unbeteiligten" und daher „unparteiischen" Dritten entschieden werden können. Die Möglichkeit richtigen Erkennens und Verstehens und damit auch die Befugnis mitzusprechen und zu urteilen ist hier nämlich nur durch das existentielle Teilhaben und Teilnehmen gegeben. Den extremen Konfliktsfall können nur die Beteiligten selbst unter sich ausmachen; namentlich kann jeder von ihnen nur selbst entscheiden, ob das Anderssein des Fremden im konkret vorliegendem Konfliktsfalle die Negation der eigenen Art Existenz bedeutet und deshalb abgewehrt oder bekämpft wird, um die eigene, seinsgemäße Art von Leben zu bewahren. (I, S .14 f.)

Feind ist also nicht der Konkurrent oder der Gegner im allgemeinen. Feind ist auch nicht der private Gegner, den man unter Antipathiegefühlen haßt. Feind ist nur eine, wenigstens eventuell, d. h. der realen Möglichkeit nach *kämpfende* Gesamtheit von Menschen, die einer ebensolchen Gesamtheit gegenübersteht. Feind ist nur der *öffentliche* Feind, weil alles, was auf einer solcher Gesamtheit von Menschen, insbesondere auf ein ganzes Volk Bezug hat, dadurch *öffentlich* wird. (I, S. 16)

Zum Begriff des Feindes gehört die im Bereich des Realen liegende Eventualität eines Kampfes ... Die Begriffe Freund, Feind und Kampf erhalten ihren realen Sinn dadurch, daß sie insbesondere auf die reale Möglichkeit der physischen Tötung Bezug haben und behalten. Der Krieg folgt aus der Feindschaft, denn diese ist seinsmäßig Negierung eines anderen Seins. Krieg ist nur die äußerste Realisierung der Feindschaft. Der militärische Kampf selbst ist, für sich betrachtet, nicht die „Fortsetzung der Politik mit anderen Mitteln“, wie das berühmte Wort von Clausewitz meistens unrichtig zitiert wird, sondern hat als Krieg seine eigenen, strategischen, taktischen und anderen Regeln und Gesichtspunkte, die aber sämtlich voraussetzen, daß die politische Entscheidung, wer der Feind ist, bereits vorliegt ... Man kann sagen, daß hier, wie auch sonst, gerade der Ausnahmefall eine besonders entscheidende und den Kern der Dinge enthüllende Bedeutung hat. Denn erst im wirklichen Kampf zeigt sich die äußerste Konsequenz der politischen Gruppierung von Freund und Feind. Von dieser extremsten Möglichkeit her gewinnt das Leben der Menschen seine spezifisch *politische* Spannung. (I, S. 20 ff.)

Das Politische kann seine Kraft aus den verschiedensten Bereichen menschlichen Lebens ziehen, aus religiösen, ökonomischen, moralischen und anderen Gegensätzen; es bezeichnet kein eigenes Sachgebiet, sondern nur den *Intensitätsgrad* einer Assoziation oder Dissoziation von Menschen, deren Motive religiöser, nationaler (im ethischen oder kulturellen Sinne), wirtschaftlicher oder anderer Art sein können und zu verschiedenen Zeiten verschiedene Verbindungen und Trennungen bewirken ... Politisch ist jedenfalls immer die Gruppierung, die sich an dem Ernstfall orientiert. Sie ist deshalb immer die *maßgebende* menschliche Gruppierung, die politische Einheit infolgedessen immer, wenn sie überhaupt vorhanden ist, die maßgebende Einheit und „souverän“ in dem Sinne, daß die Entscheidung über den maßgebenden Fall, auch wenn das der Ausnahmefall ist, begriffsnotwendig immer bei ihr stehen muß. Das, worauf es ankommt, ist immer nur der Konfliktsfall. (I, S. 26 f.)

### *Der totale Staat*

Die Tendenz des liberalen 19. Jahrhunderts geht dahin, den Staat womöglich auf ein *Minimum* zu beschränken, ihn vor allem an Interventionen und Eingriffen in die Wirtschaft nach Möglichkeit zu hindern, ihn überhaupt gegenüber der Gesellschaft und ihren Interessengegensätzen möglichst zu *neutralisieren*, damit Gesellschaft und Wirtschaft nach ihren immanenten Prinzipien für ihr Gebiet die notwendigen Entscheidungen gewinnen ...

Er änderte sich aber von Grund auf, und zwar in dem gleichen Maße, wie jene dualistische Konstruktion von Staat und Gesellschaft, Regierung und Volk, ihre Spannung verlor ... Denn jetzt wird der Staat zur „Selbstorganisation der Gesellschaft". Damit entfällt, wie erwähnt, die bisher stets vorausgesetzte Unterscheidung von Staat und Gesellschaft, Regierung und Volk, wodurch alle auf dieser Voraussetzung aufgebauten Begriffe und Einrichtungen (Gesetz, Budget, Selbstverwaltung) zu neuen Problemen werden. Es tritt aber gleichzeitig etwas noch Weiteres und Tieferes ein. Organisiert sich die Gesellschaft selbst zum Staat, sollen Staat und Gesellschaft grundsätzlich identisch sein, so werden alle sozialen und wirtschaftlichen Probleme unmittelbar *staatliche* Probleme und man kann nicht mehr zwischen staatlich-politischen und gesellschaftlich-unpolitischen Sachgebieten unterscheiden. Alle bisher üblichen, unter der Voraussetzung des neuen Staates stehenden Gegenüberstellungen, die im Gefolge der Unterscheidung von Staat und Gesellschaft auftreten und nur Anwendungsfälle und Umschreibungen dieser Unterscheidung sind, hören auf. Antithetische Trennungen wie: Staat und Wirtschaft, Staat und Kultur, Staat und Bildung, ferner: Politik und Wirtschaft, Politik und Schule, Politik und Religion, Staat und Recht, Politik und Recht, die einen Sinn haben, wenn ihnen gegenständlich getrennte, konkrete Größen oder Sachgebiete entsprechen, verlieren ihren Sinn und werden gegenstandslos. Die zum Staat gewordene Gesellschaft wird ein Wirtschaftsstaat, Kulturstaat, Fürsorgestaat, Wohlfahrtsstaat, Versorgungsstaat; der zur Selbstorganisation der Gesellschaft gewordene, demnach von ihr in der Sache nicht mehr zu trennende Staat ergreift alles Gesellschaftliche, d. h. alles, was das Zusammenleben der Menschen angeht. In ihm gibt es kein Gebiet mehr, demgegenüber der Staat unbedingte Neutralität im Sinne der Nichtintervention beobachten könnte. Die Parteien, in denen die verschiedenen gesellschaftlichen Interessen und Tendenzen sich organisieren, sind die zum Parteienstaat gewordene Gesellschaft selbst, und weil es wirtschaftlich, konfessionell, kulturell determinierte Parteien gibt, ist es auch dem Staate nicht mehr möglich, gegenüber dem Wirtschaftlichen, Konfessionellen, Kulturellen neutral zu bleiben. In dem zur Selbstorganisation gewordenen Staat gibt es eben nichts, was nicht wenigstens potentiell staatlich und politisch wäre... Ein hervorragender Vertreter der deutschen Frontsoldaten, Ernst Jünger, hat für diesen erstaunlichen Vorgang eine sehr prägnante Formel eingeführt: *die totale Mobilmachung*... Sie deutet eine große und tiefe Wandlung an: die im Staat sich selbst organisierende Gesellschaft ist auf dem Wege, aus dem neutralen Staat des liberalen 19. Jahrhunderts in einen potentiell *totalen Staat* überzugehen. Die gewaltige Wendung läßt sich als Teil einer dialektischen Entwicklung konstruieren, die in drei Stadien verläuft: vom *absoluten* Staat des 17. und 18. Jahrhunderts über den *neutralen* Staat des liberalen 19. Jahrhunderts zum *totalen* Staat der Identität von Staat und Gesellschaft. (II, S. 78 f.)

Bolschewismus und Faschismus... sind wie jede Diktatur zwar antiliberal, aber nicht notwendig antidemokratisch. In der Geschichte der Demokratie gibt es manche Diktaturen, Cäsarismen und andere Beispiele auffälliger, für die liberalen Traditionen des letzten Jahrhunderts ungewöhnlicher Methoden, den Willen des Volkes zu bilden und eine Homogenität zu schaffen... Ganz elementare Wahrheiten sind... in Vergessenheit geraten und der heutigen Staatslehre anscheinend unbekannt. Volk ist ein Begriff des *öffentlichen* Rechts. Volk existiert nur in der Sphäre der *Publizität*. Die einstimmige Meinung von 100 Millionen Privatleuten ist weder Wille des Volkes, noch öffentliche Meinung. Der Wille des Volkes kann durch Zuruf, durch *acclamatio*, durch selbstverständliches, unwidersprochenes Dasein ebensogut und noch besser demokratisch geäußert werden als durch den statistischen Apparat, den man seit einem halben Jahrhundert mit einer so minutiösen Sorgfalt ausgebildet hat. Je stärker die Kraft des demokratischen

Gefühls, um so sicherer die Erkenntnis, daß Demokratie etwas anderes ist als ein Registriersystem geheimer Abstimmungen. Vor einer, nicht nur im technischen, sondern auch im vitalen Sinne *unmittelbaren* Demokratie erscheint das aus liberalen Gedankengängen entstandene Parlament als eine künstliche Maschinerie, während diktatorische und cäsaristische Methoden nicht nur von der *acclamatio* des Volkes getragen, sondern auch unmittelbare Äußerungen demokratischer Substanz und Kraft sein können. (III, S. 22 f.)

Diktatur ist ebensowenig der entscheidende Gegensatz zu Demokratie wie Demokratie der zu Diktatur. (III, S. 41)

> Der Begriff des Politischen, München u. Leipzig 1932 (I).
> Der Hüter der Verfassung. Tübingen 1931, (II).
> Die geistesgeschichtliche Lage des heutigen Parlamentarismus, 3. Aufl., Berlin 1961 (III).

*

## Alfred Rosenberg (1893—1946)

Wurde 1921 Hauptschriftleiter des „Völkischen Beobachters". Seit 1941 Reichsminister für die besetzten Ostgebiete. In Nürnberg hingerichtet. Im Sinne der nationalsozialistischen Weltanschauung ist für ihn der Staat ein „Zuchtsystem" zur Entwicklung von Volk und Rasse.

### *Das männliche Zuchtsystem*

Eine noch immer herrschende Ansicht besagt, die Zelle des Staates bildet die Familie. Diese Anschauung ist zu einem Zwangsglaubenssatz geworden, der sich angesichts der alle Familiengedanken zersetzenden marxistischen und demokratischen Bestrebungen immer erneut befestigt. Dieses Dogma trübt den Blick nicht nur für die Betrachtung der Frauenfrage, sondern überhaupt für die Beurteilung des Wesens der heutigen Erneuerungsbewegung und des neuen Staatsgedankens unserer Zukunft.

Der Staat ist nirgends die Folge eines gemeinsamen

Gedankens von Mann und Frau gewesen, sondern das Ergebnis des auf irgendeinen Zweck zielstrebig eingestellten Männerbundes...

Der erste, überall in der Welt entstehende Zweckverband ist der Zusammenschluß der Krieger einer Sippe, eines Stammes, einer Horde zwecks gemeinsamer Sicherung gegen eine fremde feindliche Umwelt. Beim Unterjochen des einen Stammes durch einen anderen wurde auch der eine besiegte kriegerische Zweckverband dem anderen, siegenden eingegliedert. So entstand der erste Keim des unbewußt in der Idee vorhandenen Zweckverbandes „Staat". Alles, was wir gleichnishaft mit Rom, Sparta, Athen, Potsdam bezeichnen, nimmt vom kriegerischen Männerbunde seinen Ausgang. Aber auch das ganze staatliche Wesen Chinas, Japans, Indiens, Persiens, Ägyptens beruht auf diesem Urgrunde, der unter ruhigeren äußeren Verhältnissen dann einen verschiedenartigen Charakter erhielt, jedoch im Kern stets ein Männerbund blieb: und das bis zum Untergang der einen oder anderen Kultur. Den Untergang aber bedeutet die Auflösung des Gedankens eines männlichen Zuchtsystems, einer männlichen typenbildenden Norm. (S. 485 f.)

[Der] deutsche Schwertritterorden, die Templer, der Freimaurerbund, der Jesuitenorden, der Rabbinerverband, der englische Klub, die deutschen Studentenkorporationen, die deutschen Freikorps nach 1918, die S. A. der N. S. D. A. P. usw.; das alles sind sprechende Beispiele für die unumstößliche Tatsache, daß ein staatlicher, völkischer, sozialer oder kirchlicher Typus, wie immer er in seinen Formen auch verschieden sein mag, fast ausschließlich auf einen Männerbund und seine Zucht zurückgeht. (S. 493)

Das deutsche Reich wird also, wenn es nach der Revolution von 1933 *bestehen* soll, das Werk eines zielbewußten Männerbundes sein, der sich über den im kommenden Leben zur Geltung zu bringenden Höchstwert im klaren sein muß. (S. 514)

*Staat, Volk und Rasse*

Staat und Volk standen sich von 1918 bis 1933... offen als Gegner, oft als Todfeinde gegenüber. *Wie* dieser innere

Konflikt überwunden werden wird, so wird sich Deutschlands Schicksal auch nach außen gestalten.

Der Staat ist uns heute kein selbständiger Götze mehr, vor dem alle im Staube zu liegen hätten; der Staat ist nicht einmal ein Zweck, sondern er ist ... nur ein Mittel zur Volkserhaltung. Ein Mittel unter anderem wie es Kirche, Recht, Kunst und Wissenschaft ebenso sein sollten. Staatsformen ändern sich und Staatsgesetze vergehen, das Volk bleibt. Daraus folgt allein schon, daß die Nation das Erste und *Letzte* ist, dem sich *alles* andere zu unterwerfen hat. (S. 526)

Die *stärkste Persönlichkeit ruft heute nicht mehr nach Persönlichkeit, sondern nach Typus;* der völkische, erdverwurzelte Lebensstil, ein neuer deutscher Menschentyp, „geradwinklig an Leib und Seele", entsteht, ihn zu bilden ist die Aufgabe des 20. Jahrhunderts ...

Typus ist die zeitgebundene plastische Form eines ewigen rassisch-seelischen Gehaltes, ein Lebensgebot, kein mechanisches Gesetz. Im Anerkennen dieses Ewigen ist der Wille zum Typus auch Wille zu strenger, formender, staatlicher Zucht an einem Geschlecht, das subjektiv-zuchtlos und konventionell erstarrt ist.

Das Erleben des Typus aber, das ist die Geburt der Erkenntnis des Mythus unserer ganzen Geschichte: die Geburt der nordischen Rassenseele und das innerliche Anerkennen ihrer Höchstwerte als des Leitsterns unseres gesamten Daseins. (S. 531)

Der Mythus des 20. Jahrhunderts, 59.—60. Aufl., München 1935.

*

## Johann Gottlieb Fichte (1762—1814)

Bedeutender Vertreter des deutschen Idealismus. Ausgangspunkt seiner Staatslehre ist die absolute Freiheit des Ich, das sich im (revolutionären) Handeln verwirklicht. Ziel der Geschichte ist der freie Vernunftsstaat; der Weg dorthin die fortschreitende Erziehung des Menschengeschlechts. Er entwickelte frühzeitig sozialistisches Gedankengut.

### *Das Reich der Freiheit*

Es gibt schlechthin kein Naturgesetz und keinen physischen Zusammenhang der Dinge, durch welchen das Gute an uns kommt. Gott will nicht, Gott kann nicht das Gute, das wir gern möchten, uns geben, außer durch unsere Freiheit; und Gott ist überhaupt nicht eine Naturgewalt, wie die blinde Einfalt wähnt, sondern er ist ein Gott der Freiheit. Die Natur ist bloß der Widerschein des Standpunktes der allgemeinen Freiheit: in der Freiheit aber hat er uns schon gegeben sich selbst, und sein Reich, und die ganze Fülle seiner Seligkeit, und es kommt nur auf uns an, daß wir dies alles in uns entwickeln. Ohne Freiheit bleiben wir ohne Gott, und in dem Nichts. Wir sind wirklich gar nicht da, sondern nur Embryone, aus denen etwa ein Mensch werden könnte. Die äußeren Weltbegebenheiten sind bloß der Stoff, an dem wir dieselbe entwickeln sollen, und den wir verbrauchen sollen und verbrauchen können, insgesamt, wie er auch sei, zu unserem Heile. *Gut* ist gewiß jede Erscheinung: denn sie steht unter der Freiheit, und ist zur Entwicklung derselben zu gebrauchen, diese aber ist unbedingt gut. Wozu eine Erscheinung aber gut, d. i. brauchbar sei, das will uns kein Gott sagen, sondern wir selbst sollen es begreifen, und wir werden es begreifen, wenn wir von seinem Geiste der klaren Sittlichkeit beseelt sind. Wir sollen nicht erwarten, wie Gott nach seinen geheimen Wegen etwas zum Besten wenden werde; dann sind wir unwürdig seiner, und nicht Bürger seines Reiches: sondern wir sollen es selbst nach unseren eigenen klaren Begriffen zum Besten wenden. (S. 466)

Die Menschen sollen schlechthin sich gestalten zu Reichen der Freiheit: denn nur in solchen ist der sittliche Zweck, dasjenige, wozu die ganze Menschheit ganz allein da ist. Der Menschheit *früheres* Leben hat wahren Wert, wiefern es Mittel und Bedingung ist dieser Entwicklung; und außerdem ist es nichts. Mit dem Beginnen dieses Reiches ist das menschliche Leben erst eingeführt und geboren. Vorher nur der Embryo eines Menschengeschlechts, mit welchem die ewige Zeit schwanger geht. (S. 468)

## *Von der Errichtung des Vernunftreiches*

Zur rechtlichen Verfassung die Menschen zu zwingen, dem Rechte sie durch Gewalt zu unterjochen hat jeder, der die Erkenntnis hat und die Macht, nicht nur das Recht, sondern die heilige Pflicht, der einzelne, die ganze Menschheit, falls es sich so träfe; denn zum Rechtswidrigen haben sie gegen ihn kein Recht und keine Freiheit.

Zum *Rechte,* welches ein absolut bestimmter gemeingültiger Begriff ist, den sie alle haben *sollen,* den sie auch alle haben werden, sobald sie zu seiner Bildung sich erheben, und den Er indessen hat im Namen aller, als Stellvertreter, von des in ihm wirkenden Gottes Gnaden. Die Richtigkeit dieses Begriffes muß er auf sein eigenes Gewissen nehmen. — Er wäre der von Gott eingesetzte Zwingherr.

(Die Voraussetzung ist dabei, das Recht sei ein schlechthin in der Vernunft liegender, rein apriorischer Begriff: — nicht etwas, worüber sich alle erst willkürlich verständigen, indem jeder schon vor dem Rechte voraus besitzt, und davon aufgibt: — so nach Rousseaus contract social, empirisch, willkürlich, erdichtet; ein Grübeln über spekulative Aufgaben auf gutes Glück, ohne spekulative Prinzipien. Darauf die französische Revolution: kein Wunder, daß sie, aus solchen Grundsätzen hervorgehend, so ablief!)

Dies jedoch nur unter der Bedingung, daß mit der

Zwangsanstalt eine zweite verbunden werde, *um alle zur Einsicht der Rechtmäßigkeit des Zwanges, und so zur Entbehrlichkeit desselben zu bringen.* Denn ohne diese zweite Anstalt ist der Zwang, der freilich nicht gegen ihr äußeres Recht auf Handlungen ist, gegen ihr inneres Recht und ihre Freiheit, nur zu gehorchen ihrer eigenen Einsicht. (Hierdurch wird eben mit dem Gegensatze die Aussage des Satzes über das innere Recht vereinigt.)[248]) — Bildung aller zu einer *bestimmten, so und so* sich verhaltenden Einsicht, die nur der Zwingherr und der Erzieher vor ihnen allen hatte; die darum, so gewiß der Rechtsbegriff einer ist, nicht willkürlich und wandelbar sein wird, sondern die eine und gemeinsame für alle; — wandelbar nur der *Form* der Einsicht, nicht der Qualität nach. — Dies aber eben ist das nicht aufzugebende Ziel, hervorzubringen eine den Willen bewegende Einsicht aller, daß es das Recht sei, wozu sie bisher gezwungen worden.

Zur näheren Erläuterung:

1. Nur zum Rechte darf gezwungen werden; jeder andere Zwang ist durchaus widerrechtlich (abscheulich, teuflisch). Der Zwingherr muß voraussetzen können, daß seine Einsicht untrüglich sei, und ist hierüber seinem Gewissen verantwortlich.

2. Für andere ist indessen dieser Zwang selbst der Form nach rechtmäßig nur, inwiefern der Zwingherr erbötig ist, aller Welt den Beweis zu führen, daß seine Einsicht also untrüglich sei, und inwiefern er alles, was an ihm ist tut, um diesen Beweis führen zu können. Alle haben das Recht, nur ihrer Einsicht zu folgen; dies das ewige und unveräußerliche: daß sie vorläufig dem Zwange gehorchen müssen, geschieht nur aus Not, weil ihre Einsicht nicht die rechte ist. Um ihres Rechtes willen aber muß eine Anstalt errichtet werden, wodurch ihre Einsicht zur rechten Zeit gebildet werde.

Kein Zwang, außer in Verbindung mit der Erziehung zur Einsicht in das Recht. Dieser letzte Bestandteil fügt jenem erst die Form der Rechtmäßigkeit hinzu. Der Zwingherr zugleich Erzieher, um in der letzten Funktion sich als den ersten zu vernichten. — Das Recht ist, was ich gebiete, wirst du nachmals wohl einsehen, wenn du mündig bist;

wirst dann einsehen, daß ich nur die Stelle der eigenen Vernunft in dir vertreten habe: wirst einsehen, daß du selbst mich gewählt haben würdest. — Dies die Rechenschaft der Rechtsmäßigkeit seiner Oberherrschaft, die er nicht nur Gott, sondern auch der Menschheit ablegen will. Ohne dies der Zwingherr, wenn er auch der Materie nach zum Rechte zwänge, der Form nach ein Tyrann und Usurpator. — Dadurch ist erst die *Gleichheit* wiederhergestellt; der Zwingherr macht den Gezwungenen wieder zu seinem Richter.

Rechtszwang wird nur durch beigefügte Erziehung des gezwungenen Volkes zur Einsicht und zum guten Willen rechtmäßig; außerdem ist sie rechtswidrig. — Das aber, wozu gezwungen wird, und das, was durch Erziehung der Einsicht hingelegt wird, ist durchaus dasselbe: das letztere kann aber nur der Vernunftbegriff sein vom Rechte; denn über nichts anderes kann die Einsicht aller sich vereinigen . . .

In Summa: Die Menschheit als eine widerstrebende Natur, soll allerdings ohne alle Gnade und Schonung, und ob sie es verstehe oder nicht, gezwungen werden unter die Herrschaft des Rechts durch die höhere Einsicht. Mit diesem Zwange muß aber unabtrennlich verbunden werden eine Anstalt, um diese höhere Einsicht zu machen zur gemeinschaftlichen Einsicht aller. Wie der Urheber gesinnt war, so sollen nach Verlauf eines Zeitraumes gesinnt sein schlechthin alle ohne Ausnahme. Nur durch das Letzte wird das erste rechtlich. (S. 484 ff.)

## *Der Oberherr*

Die Antwort auf die Frage: Wer hat ein Recht, Oberherr zu sein, ergibt sich näher: Der höchste menschliche Verstand, und da es diesen in keiner Zeit gibt, der höchste menschliche Verstand seiner Zeit und seines Volkes.

Ist nun nur dieser höchste Verstand gefunden, so ist wieder alles aufgenommen in die erste Klarheit. Dem Verstande, soweit er bis jetzt offenbart ist in der Welt, zu gehorchen, ist jeder *Freie* verbunden; denn er ist das Gesetz der Freiheit, und nur inwiefern er diesem folgt, ist jeder frei: es ist die Beweisführung seiner Freiheit: — ihm nicht folgend, ist er blinde Naturgewalt ...

Ist nur eben dieser höchste Verstand gefunden — wirklich und in der Tat, d. i. eine bestimmte, so und so heißende Person gefunden, die diesen höchsten Verstand hat: so ist alles gehoben. Unsere Voraussetzung ist, daß die Errichtung des Rechtszustandes überhaupt mit Zwang, wenn es nicht anders geht, ausgehe von einem einzigen selbständigen Urheber, der allein frei ist, und alle übrigen vorläufig zwingt. (S. 492 f.)

Wer ist dies? Selber sich dafür zu erklären kann keinem erlaubt sein. Woher nun soll er kommen? — Gleichbedeutend mit der Frage: Wer kann und soll Oberherr sein, wer ist der *rechtmäßige* Oberherr? ...

Diesen sittlich gemeingültigen Verstand könnte nun etwa einer mit gutem Grunde sich zuschreiben: — dies hilft aber nichts, dadurch bleibt er in ihm. Ein Fremder kann ebensowenig ihn einem anderen zuschreiben — außer etwa durch willkürliche, auf Gutdünken gegründete Wahl; sondern er müßte sich selbst *unmittelbar* bewähren durch eine schöpferische, allen offenbare und faktische, sinnliche Gewißheit tragende *Tat*. Dann *ist* er in einem, denn er lebt in ihm als faktische Erscheinung.

Welches wäre diese Erscheinung? — Antwort: Wer andere zu objektiver Erkenntnis zu bringen vermag, der besitzt sie. Wie aber beweist er, daß es objektive Erkenntnis sei, daß er etwa nicht nur seine Individualität wiederfinde? Antwort: Wenn es ihm bei mehreren, und eigentlich bei jedem gelingt, an dem er die Probe macht. — Denn Erkenntnis entsteht durch eine sich offenbarende Evidenz nach einem Gesetze, von welcher derjenige ergriffen wird, der eine gewisse Konstruktion vollzieht. Dieses Gesetz, sowie das Gesetz der Konstruktion, welches die Erscheinung der ersteren bedingt, ist allemal gemeingültig. — Indem nun ein solcher sagt: Konstruiere auf diese Weise, so wirst du ergriffen werden von dieser Evidenz; und indem es sich dem, der also tut, bewährt, so führt er durch diese seine Kunst den sichtlichen Beweis, daß er gemeingültigen Verstand, und Verstand dieses Verstandes habe. — Ob diese mit Worten es ihm zugestehen oder nicht: die Tat ihres Leugnens Weise und Vermögen vielleicht zeigt es. Sie sind weiter gekommen; es hat sich Verstandeskraft in ihnen entwickelt ...

Resultat: Nur der Lehrer in dem beschriebenen Sinne zeigt durch die Tat gemeingültigen Verstand; und außer diesem gibt es durchaus kein anderes Mittel, kein Kriterium.

Soll darum in einem Volke ein rechtmäßiger Oberherr möglich sein, so muß es in diesem Volke Lehrer geben, und nur aus ihnen könnte der Oberherr gewählt oder errichtet werden ...

Der höchste *gemeingültige* Verstand soll herrschen: es kann ohnedies nicht die Meinung sein, daß der ganze Lehrerstand, der ja nicht die Einheit einer Person hat, herrschen solle. Über ihn können nur die urteilen, die ihn haben: wen darum diese (die Lehrer) für den höchsten unter sich anerkennen, wem diese sich unterwerfen, der ist es. Er selbst hat zu dieser Unterwerfung gewirkt nur durch Tat, und diese hat er freiwillig geleistet. Das Urteil jener aber ist notwendig das Urteil der Gemeine: der Lehrstand hat also aus seiner Mitte denjenigen zum Herrscher zu ernennen, der sich als den höchsten Verstand ausgesprochen hat durch die Tat vor dem höchsten Richter. (S. 491 ff.)

Auf diese Weise wird irgendeinmal irgendwo im Reiche des Christentumes die hergebrachte Zwangsregierung allmählich einschlafen, weil sie durchaus nichts mehr zu tun findet. Was der gute und wackere Mensch schon jetzt kann, und wovon es unter uns nicht an Beispielen fehlt, dem Richter, der Polizei, und aller nötigenden Gewalt mit sich gar kein Geschäft zu machen, das werden sie dann alle so halten, und so wird denn die Obrigkeit jahraus jahrein kein Geschäft finden. Die Angestellten werden sich darum ein anderes suchen: und es ist zu hoffen, daß der Übrigbleibende, der etwa durch Geburt für diesen Platz sich bestimmt hält, wenn auch etwa in einer künftigen Generation, müde werden wird, eine Prätension fortzusetzen, von der kein Mensch mehr außer ihm Kunde nimmt. So wird der dermalige Zwangsstaat ohne alle Kraftäußerung gegen ihn an seiner eigenen, durch die Zeit herbeigeführten Nichtigkeit ruhig absterben, und der letzte Erbe der Souveränität, falls ein solcher vorhanden, wird eintreten müssen in die allgemeine Gleichheit, sich der Volksschule übergebend, und sehend, was diese aus ihm zu machen vermag. Zum Troste, falls etwas von dieser Weissagung vor ihnen verlauten sollte, läßt sich hinzusetzen, daß sie weichen werden nur vor Gott und seinem Sohne Jesu Christo. (S. 624)

Die Staatslehre oder über das Verhältnis des Urstaates zum Vernunftreiche, in: Werke, Auswahl in 6 Bdn., hrsg. von F. Medicus, Bd. 6, Leipzig 1912.

*

## Karl Marx (1818—1883)

Begründer des „wissenschaftlichen Sozialismus". Ausgehend von der Auffassung, daß Staat und Recht „weder aus sich selbst zu begreifen sind noch aus der sogenannten allgemeinen Entwicklung des menschlichen Geistes, sondern vielmehr in den materiellen Lebensverhältnissen wurzeln", sieht er den Staat sowohl als Produkt wie auch als Instrument der ökonomisch begründeten Klassenherrschaft.

### *Familie, bürgerliche Gesellschaft und Staat*

Die Idee wird versubjektiviert und das *wirkliche* Verhältnis von Familie und bürgerlicher Gesellschaft zum Staat wird als ihre *innere imaginäre Tätigkeit* gefaßt. Familie und bürgerliche Gesellschaft sind die Voraussetzungen des Staates; sie sind die eigentlich Tätigen; aber in der Spekulation wird es umgekehrt. Wenn aber die Idee versubjektiviert wird, werden hier die wirklichen Subjekte, bürgerliche Gesellschaft, Familie, „Umstände, Willkür etc.", zu *unwirklichen*, anderes bedeutenden, objektiven Momenten der Idee...

*Rationell* hießen die Sätze von Hegel[249]) nur:
Die Familie und die bürgerliche Gesellschaft sind Staatsteile. Das Staatsmaterial ist unter sie verteilt „durch die Umstände, die Willkür und eigene Wahl der Bestimmung". Die Staatsbürger sind Familienmitglieder und Glieder der bürgerlichen Gesellschaft.

„Die wirkliche Idee, der Geist, der sich selbst in die zwei

ideellen Sphären seines Begriffs, die Familie und die bürgerliche Gesellschaft, als in *seine Endlichkeit scheidet*" — also die Teilung des Staats in Familie und bürgerliche Gesellschaft — ist *ideell,* d. h. notwendig, gehört zum Wesen des Staats; Familie und bürgerliche Gesellschaft sind wirkliche Staatsteile, wirkliche geistige Existenzen des Willens, sie sind Daseinsweisen des Staates; Familie und bürgerliche Gesellschaft machen *sich selbst* zum Staat. Sie sind das Treibende. Nach Hegel sind sie dagegen *getan* von der wirklichen Idee; es ist nicht ihr eigener Lebenslauf, der sie zum Staat vereint, sondern es ist der Lebenslauf der Idee, die sie von sich diszerniert hat; und zwar sind sie die Endlichkeit dieser Idee; sie verdanken ihr Dasein einem anderen Geist als dem ihrigen; sie sind von einem Dritten gesetzte Bestimmungen, keine Selbstbestimmungen; deswegen werden sie auch als *Endlichkeit,* als die eigene *Endlichkeit* der *wirklichen Idee* bestimmt. Der Zweck ihres Daseins ist nicht dies Dasein selbst, sondern die Idee scheidet diese Voraussetzungen von sich ab, „um aus ihrer Idealität für sich unendlicher wirklicher Geist zu sein", d. h. der politische Staat kann nicht sein ohne die natürliche Basis der Familie und die künstliche Basis der bürgerlichen Gesellschaft; sie sind für ihn eine conditio sine qua non; die Bedingung wird aber als das Bedingte, das Bestimmende wird als das Bestimmte, das Produzierende wird als das Produkt seines Produkts gesetzt; die wirkliche Idee erniedrigt sich nur in die „Endlichkeit" der Familie und der bürgerlichen Gesellschaft, um durch ihre Aufhebung seine Unendlichkeit zu genießen und hervorzubringen ... das Faktum ist, daß der Staat aus der Menge, wie sie als Familienglieder und Glieder der bürgerlichen Gesellschaft existiere, hervorgehe; die Spekulation spricht dies Faktum als Tat der Idee aus, nicht als die Idee der Menge, sondern als Tat einer subjektiven, von dem Faktum selbst unterschiedenen Idee. (I, S. 206 f.)

### *Bourgeois und Citoyen*

Der vollendete politische Staat ist seinem Wesen nach das *Gattungsleben* des Menschen im *Gegensatz* zu seinem materiellen Leben. Alle Voraussetzungen dieses egoistischen Lebens bleiben *außerhalb* der Staatssphäre in der *bürgerlichen Gesellschaft* bestehen, aber als Eigenschaften der bürgerlichen Gesellschaft. Wo der politische Staat seine wahre Ausbildung erreicht hat, führt der Mensch nicht nur im Gedanken, im Bewußtsein, sondern in der *Wirklichkeit*, im Leben ein doppeltes, ein himmlisches und ein irdisches Leben, das Leben im *politischen Gemeinwesen*, worin er sich als *Gemeinwesen* gibt, und das Leben in der *bürgerlichen Gesellschaft*, worin er als *Privatmensch* tätig ist, die anderen Menschen als Mittel betrachtet, sich selbst zum Mittel herabwürdigt und zum Spielball fremder Mächte wird. Der politische Staat verhält sich ebenso spiritualistisch zur bürgerlichen Gesellschaft wie der Himmel zur Erde. Er steht in demselben Gegensatz zu ihr, er überwindet sie in derselben Weise wie die Religion die Beschränktheit der profanen Welt, d. h., indem er sie ebenfalls wieder anerkennen, herstellen, sich selbst von ihr beherrschen lassen muß. Der Mensch in seiner *nächsten* Wirklichkeit, in der bürgerlichen Gesellschaft, ist ein profanes Wesen. Hier, wo er als wirkliches Individuum sich selbst und anderen gilt, ist er eine *unwahre* Erscheinung. In dem Staat dagegen, wo der Mensch als Gattungswesen gilt, ist er das imaginäre Glied einer eingebildeten Souveränität, ist er seines wirklichen individuellen Lebens beraubt und mit einer unwirklichen Allgemeinheit erfüllt.

Der Konflikt, in welchem sich der Mensch als Bekenner einer *besonderen* Religion mit seinem Staatsbürgertum, mit den anderen Menschen als Gliedern des Gemeinwesens befindet, reduziert sich auf die *weltliche* Spaltung zwischen dem *politischen* Staat und der *bürgerlichen* Gesellschaft. Für den Menschen als *Bourgeois* ist das „Leben im Staate nur Schein oder eine momentane Ausnahme gegen das Wesen und die Regel." Allerdings bleibt der *Bourgeois*, wie der Jude, nur sophistisch im Staatsleben, wie der *Citoyen* nur sophistisch Jude oder *Bourgeois* bleibt; aber diese Sophistik ist nicht persönlich. Sie ist die *Sophistik* des *politischen Staates* selbst. Die Differenz zwischen dem religiösen Menschen und dem Staatsbürger ist die Differenz zwischen dem Kaufmann und dem Staatsbürger, zwischen dem Taglöhner und dem Staatsbürger, zwischen dem Grundbesitzer und dem Staatsbürger, zwischen dem lebendigen *Individuum* und dem *Staatsbürger.* Der Widerspruch, in dem sich der religiöse Mensch mit dem politischen Menschen befindet, ist derselbe Widerspruch, in welchem sich der *Bourgeois* mit dem *Citoyen,* in welchem sich das Mitglied der bürgerlichen Gesellschaft mit seiner *politischen Löwenhaut* befindet. (II, S. 354 f.)

*Der Staat als Produkt der bürgerlichen Gesellschaft*

Das egoistische Individuum der bürgerlichen Gesellschaft mag sich in seiner unsinnlichen Vorstellung und unlebendigen Abstraktion zum *Atom* aufblähen, d. h. zu einem beziehungslosen, selbstgenügsamen, bedürfnislosen, *absolut vollen,* seligen Wesen. Die unselige *sinnliche Wirklichkeit* kümmert sich nicht um seine Einbildung, jeder seiner Sinne zwingt es, an den Sinn der Welt und der Individuen außer ihm zu glauben, und selbst sein profaner Magen erinnert es täglich daran, daß die Welt *außer* ihm nicht *leer,* sondern das eigentlich *Erfüllende* ist. Jede seiner Wesenstätigkeiten und Eigenschaften, jeder seiner Lebenstriebe wird zum *Bedürfnis,* zur Not, die seine *Selbstsucht* zur Sucht nach anderen Dingen und Menschen außer ihm macht. Da aber das Bedürfnis des einen Individuums keinen sich von selbst verstehenden Sinn für das andere egoistische Individuum, das die Mittel, jenes Bedürfnis zu befriedigen, besitzt, also keinen unmittelbaren Zusammenhang mit der Befriedigung hat, so muß jedes Individuum diesen Zusammenhang schaffen, indem es gleichfalls zum Kuppler zwischen dem fremden Bedürfnis und den Gegenständen dieses Bedürfnisses wird. Die *Naturnotwendigkeit* also, die *menschlichen Wesenseigenschaften,* so entfremdet sie auch erscheinen mögen, das *Interesse,* halten die Mitglieder der bürgerlichen Gesellschaft zusammen, das *bürgerliche* und nicht das *politische* Leben ist ihr *reales* Band. Nicht also der *Staat* hält die *Atome* der bürgerlichen Gesellschaft zusammen, sondern dies, daß sie *Atome* nur in der *Vorstellung* sind, im *Himmel* ihrer Einbildung — in der Wirklichkeit aber gewaltig von den Atomen unterschiedene Wesen, nämlich keine *göttlichen Egoisten*, sondern *egoistische Menschen*. Nur der *politische Aberglaube* bildet sich noch heutzutage ein, daß das bürgerliche Leben vom Staat zusammengehalten werden müsse, während umgekehrt in der Wirklichkeit der Staat von dem bürgerlichen Leben zusammengehalten wird. (III, S. 127 f.)

### *Der Staat als illusorische Form der Gemeinschaft*

... aus diesem Widerspruch des besonderen und gemeinschaftlichen Interesses nimmt das gemeinschaftliche Interesse als *Staat* eine selbständige Gestaltung, getrennt von den wirklichen Einzel- und Gesamtinteressen, an und zugleich als illusorische Gemeinschaftlichkeit, aber stets auf der realen Basis der in jedem Familien- und Stamm-Konglomerat vorhandenen Bänder, wie Fleisch und Blut, Sprache, Teilung der Arbeit im größeren Maßstabe und sonstigen Interessen — und besonders ... der durch die Teilung der Arbeit bereits bedingten Klassen, die in jedem derartigen Menschenhaufen sich absondern und von denen eine alle andern beherrscht. Hieraus folgt, daß alle Kämpfe innerhalb des Staats, der Kampf zwischen Demokratie, Aristokratie und Monarchie, der Kampf um das Wahlrecht etc. etc., nichts als die illusorischen Formen sind, in denen die wirklichen Kämpfe der verschiedenen Klassen untereinander geführt werden ... Eben weil die Individuen *nur* ihr besonderes, für sie nicht mit ihrem gemeinschaftlichen Interesse zusammenfallendes suchen, überhaupt das Allgemeine als illusorische Form der Gemeinschaftlichkeit, wird dies als ein ihnen „fremdes“ und von ihnen „unabhängiges“, als ein selbst wieder besonderes und eigentümliches „Allgemein“-Interesse geltend gemacht, oder sie selbst müssen sich in diesem Zwiespalt bewegen, wie in der Demokratie. Andererseits macht denn auch der *praktische* Kampf dieser beständig *wirklich* den gemeinschaftlichen und illusorischen gemeinschaftlichen Interessen entgegentretenden Sonderinteressen die *praktische* Dazwischenkunft und Zügelung durch das illusorische „Allgemein“-Interesse als Staat nötig. Die soziale Macht, d. h. die vervielfachte Produktionskraft, die durch das in der Teilung der Arbeit bedingte Zusammenwirken der verschiedenen Individuen entsteht, erscheint diesen Individuen, weil das Zusammenwirken selbst nicht freiwillig, sondern naturwüchsig ist, nicht als ihre eigne, vereinte Macht, sondern als eine fremde, außer ihnen stehende Gewalt, von der sie nicht wissen woher und wohin, die sie also nicht mehr beherrschen können, die im Gegenteil nun eine eigentümliche, vom Wollen und Lauf der Menschen unabhängige, ja dieses Wollen und Laufen erst dirigierende Reihenfolge von Phasen und Entwicklungsstufen durchläuft. (IV, S. 33 f.)

*Der Staat als Werkzeug der Klassenherrschaft*

Diesem modernen Privateigentum entspricht der moderne Staat, der durch die Steuern allmählich von den Privateigentümern an sich gekauft, durch das Staatsschuldenwesen ihnen vollständig verfallen und dessen Existenz in dem Steigen und Fallen der Staatspapiere auf der Börse gänzlich von dem kommerziellen Kredit abhängig geworden ist, den ihm die Privateigentümer, die Bourgeois, geben ... Durch die Emanzipation des Privateigentums vom Gemeinwesen ist der Staat zu einer besonderen Existenz neben und außer der bürgerlichen Gesellschaft geworden; er ist aber weiter nichts als die Form der Organisation, welche sich die Bourgeois sowohl nach außen als nach innen hin zur gegenseitigen Garantie ihres Eigentums und ihrer Interessen notwendig geben ... Das vollendetste Beispiel des modernen Staates ist Nordamerika. Die neueren französischen, englischen und amerikanischen Schriftsteller sprechen sich alle dahin aus, daß der Staat nur um des Privateigentums willen existiere, so daß dies auch in das gewöhnliche Bewußtsein übergegangen ist.

Da der Staat die Form ist, in welcher die Individuen einer herrschenden Klasse ihre gemeinsamen Interessen geltend machen und die ganze bürgerliche Gesellschaft einer Epoche sich zusammenfaßt, so folgt, daß alle gemeinsamen Institutionen durch den Staat vermittelt werden, eine politische Form erhalten. (IV, S. 33 f.)

Die Staatsmacht war immer die Macht zur Behauptung der Ordnung, das heißt der bestehenden Gesellschaftsordnung und daher der Unterordnung und Exploitation der produzierenden Klasse durch die aneignende Klasse gewesen. Aber solange diese Ordnung als unbestreitbare und unumstrittene Notwendigkeit hingenommen wurde, konnte sich die Staatsmacht einen Anschein von Unparteilichkeit geben. Sie hielt die bestehende Unterordnung der Massen als unveränderliche Ordnung der Dinge und gesellschaftliche Tatsache aufrecht, die seitens der Massen ohne Kampf ertragen und von ihren „natürlichen Obern" ohne Besorgnis ausgeübt wurde. Mit dem Eintritt der Gesellschaft selbst in eine neue Phase, die Phase des Klassenkampfes, mußte sich der Charakter ihrer organisierten öffentlichen Gewalt, der Staatsmacht, ebenfalls verändern ... und mehr und mehr ihren Charakter als Werkzeug der Klassenherrschaft entwickeln, als die politische Maschine, die die Unterdrückung der Hervorbringer des Reichtums durch seine Aneigner, die ökonomische Herrschaft des Kapitals über die Arbeit mit Hilfe von Gewalt verewigt. (V, S. 593)

Kritik des Hegelschen Staatsrechts, in: Marx/Engels, Werke, Bd. 1, Berlin (Ost) (I).
Zur Judenfrage, ebenda (II).
Die heilige Familie, in: Werke, Bd. 2 (III).
Deutsche Ideologie, in: Werke, Bd. 3 (IV).
Zweiter Entwurf zum „Bürgerkrieg in Frankreich", in: Werke, Bd. 17 (V).

*

## Friedrich Engels (1820—1895)

Zusammen mit Karl Marx der Begründer des „wissenschaftlichen Sozialismus". Für Engels wie für Marx ist der Staat ein Produkt der Klassengesellschaft, durch deren Aufhebung auch der Staat überflüssig wird.

### *Der Staat als ideologische Macht*

In der modernen Geschichte wenigstens ist ... bewiesen, daß alle politischen Kämpfe Klassenkämpfe, und alle

Emanzipationskämpfe von Klassen, trotz ihrer notwendig politischen Form — denn jeder Klassenkampf ist ein politischer Kampf — sich schließlich um *ökonomische* Emanzipation drehen. Hier wenigstens ist also der Staat, die politische Ordnung, das Untergeordnete, die bürgerliche Gesellschaft, das Reich der ökonomischen Beziehungen, das entscheidende Element. Die althergebrachte Anschauung, der auch HEGEL huldigt, sah im Staat das bestimmende, in der bürgerlichen Gesellschaft das durch ihn bestimmte Element. Der Schein entspricht dem. Wie beim einzelnen Menschen alle Triebkräfte seiner Handlungen durch seinen Kopf hindurchgehen, sich in Beweggründe seines Willens verwandeln müssen, um ihn zum Handeln zu bringen, so müssen auch alle Bedürfnisse der bürgerlichen Gesellschaft — gleichviel, welche Klasse gerade herrscht — durch den Staatswillen hindurchgehen, um allgemeine Geltung in Form von Gesetzen zu erhalten. Das ist die formelle Seite der Sache, die sich von selbst versteht; es fragt sich nur, welchen Inhalt dieser nur formelle Wille — des einzelnen wie des Staats — hat, und woher dieser Inhalt kommt, warum gerade dies und nichts anderes gewollt wird. Und wenn wir hiernach fragen, so finden wir, daß in der modernen Geschichte der Staatswille im ganzen und großen bestimmt wird durch die wechselnden Bedürfnisse der bürgerlichen Gesellschaft, durch die Übermacht dieser oder jener Klasse, in letzter Instanz durch die Entwicklung der Produktivkräfte und der Austauschverhältnisse.

Wenn aber schon in unserer modernen Zeit mit ihren riesigen Produktions- und Verkehrsmitteln der Staat nicht ein selbständiges Gebiet mit selbständiger Entwicklung ist, sondern sein Bestand wie seine Entwicklung in letzter Instanz zu erklären ist aus den ökonomischen Lebensbedingungen der Gesellschaft, so muß dies noch viel mehr gelten für alle früheren Zeiten, wo die Produktion des materiellen Lebens der Menschen noch nicht mit diesen reichen Hilfsmitteln betrieben wurde, wo also die Notwendigkeit dieser Produktion eine noch größere Herrschaft über die Menschen ausüben mußte. Ist der Staat noch heute, zur Zeit der großen Industrie und der Eisenbahnen, im ganzen und großen nur der Reflex, in zusammenfassender Form, der ökonomischen Bedürfnisse der die Produktion beherrschenden Klasse, so mußte er dies noch viel mehr sein zu einer Epoche, wo eine Menschengeneration einen weit größeren Teil ihrer Gesamtlebenszeit auf die Befriedigung ihrer materiellen Bedürfnisse verwenden mußte, also weit abhängiger von ihnen war, als wir heute sind. Die Untersuchung der Geschichte früherer Epochen, sobald sie ernstlich auf diese Seite eingeht, bestätigt dies im reichlichsten Maße; hier kann dies aber selbstredend nicht verhandelt werden. Wird der Staat und das Staatsrecht durch die ökonomischen Verhältnisse bestimmt, so selbstverständlich auch das Privatrecht, das ja wesentlich nur die bestehenden, unter den gegebenen Umständen normalen ökonomischen Beziehungen zwischen den einzelnen sanktioniert. Die Form, in der dies geschieht, kann aber sehr verschieden sein . . .

Im Staate stellt sich uns die erste ideologische Macht über den Menschen dar. Die Gesellschaft schafft sich ein Organ zur Wahrung ihrer gemeinsamen Interessen gegenüber inneren und äußeren Angriffen. Dies Organ ist die Staatsgewalt. Kaum entstanden, verselbständigt sich dies Organ gegenüber der Gesellschaft, und zwar um so mehr, je mehr es Organ einer bestimmten Klasse wird, die Herrschaft dieser Klasse direkt zur Geltung bringt. Der Kampf der Unterdrückten gegen die herrschende Klasse wird notwendig ein politischer, ein Kampf zunächst gegen die politische Herrschaft dieser Klasse; das Bewußtsein des Zusammenhangs dieses politischen Kampfes mit seiner ökonomischen Unterlage wird dumpfer und kann ganz verlorengehen. Wo dies auch nicht bei den Beteiligten vollständig der Fall ist, geschieht es fast immer bei den Geschichtsschreibern. Von den alten Quellen über die Kämpfe innerhalb der römischen Republik sagt uns nur Appian klar und deutlich, um was es sich schließlich handelte — nämlich um das Grundeigentum.

Der Staat aber, einmal eine selbständige Macht geworden gegenüber der Gesellschaft, erzeugt alsbald eine weitere Ideologie. Bei den Politikern von Profession, bei den Theoretikern des Staatsrechts und den Juristen des Privatrechts nämlich geht der Zusammenhang mit den ökonomischen

Tatsachen erst recht verloren. Weil in jedem einzelnen Fall die ökonomischen Tatsachen die Form juristischer Motive annehmen müssen, um in Gesetzesform sanktioniert zu werden, und weil dabei auch selbstverständlich Rücksicht zu nehmen ist auf das ganze schon geltende Rechtssystem, deswegen soll nun die juristische Form alles sein und der ökonomische Inhalt nichts. Staatsrecht und Privatrecht werden als selbständige Gebiete behandelt, die ihre unabhängige geschichtliche Entwicklung haben, die in sich selbst einer systematischen Darstellung fähig sind und ihrer bedürfen durch konsequente Ausrottung aller inneren Widersprüche. (I, S. 215 ff.)

*Entstehung und Wesen des Staates*

Schließlich war die Gentilverfassung herausgewachsen aus einer Gesellschaft, die keine inneren Gegensätze kannte, und war auch nur einer solchen angepaßt. Sie hatte kein Zwangmittel außer der öffentlichen Meinung. Hier aber war eine Gesellschaft entstanden, die kraft ihrer sämtlichen ökonomischen Lebensbedingungen sich in Freie und Sklaven, in ausbeutende Reiche und ausgebeutete Arme hatte spalten müssen, eine Gesellschaft, die diese Gegensätze nicht nur nicht wieder versöhnen konnte, sondern sie immer mehr auf die Spitze treiben mußte. Eine solche Gesellschaft konnte nur bestehen entweder im fortwährenden offenen Kampf dieser Klassen gegeneinander, oder aber unter der Herrschaft einer dritten Macht, die, scheinbar über den widerstreitenden Klassen stehend, ihren offenen Konflikt niederdrückte und den Klassenkampf höchstens auf ökonomischem Gebiet, in sogenannter gesetzlicher Form, sich ausfechten ließ. Die Gentilverfassung hatte ausgelebt. Sie war gesprengt durch die Teilung der Arbeit, und ihr Ergebnis, die Spaltung der Gesellschaft in Klassen. Sie wurde ersetzt durch den *Staat*. — Der Staat ist also keineswegs eine der Gesellschaft von außen aufgezwungene Macht; ebensowenig ist er „die Wirklichkeit der sittlichen Idee", „das Bild und die Wirklichkeit der Vernunft", wie Hegel behauptet. Er ist vielmehr ein Produkt der Gesellschaft auf bestimmter Entwicklungsstufe; er ist das Eingeständnis, daß diese Gesellschaft sich in einem unlösbaren Widerspruch mit sich selbst verwickelt, sich in unversönliche Gegensätze gespalten hat, die zu bannen sie ohnmächtig ist. Damit aber diese Gegensätze, Klassen mit widerstreitenden ökonomischen Interessen nicht sich und die Gesellschaft in fruchtlosem Kampf verzehren, ist eine scheinbar über der Gesellschaft stehende Macht nötig geworden, die den Konflikt dämpfen, innerhalb der Schranken der „Ordnung" halten soll; und diese, aus der Gesellschaft hervorgegangene, aber sich über sie stellende, sich ihr mehr und mehr entfremdende Macht ist der Staat. Gegenüber der alten Gentilorganisation kennzeichnet sich der Staat erstens durch die Einteilung der Staatsangehörigen *nach dem Gebiet* ...

Das zweite ist die Einrichtung einer *öffentlichen Gewalt*, welche nicht mehr unmittelbar zusammenfällt mit der sich selbst als bewaffnete Macht organisierenden Bevölkerung. Diese besondere, öffentliche Gewalt ist nötig, weil eine selbsttätige bewaffnete Organisation der Bevölkerung unmöglich geworden ist seit der Spaltung in Klassen ...

Da der Staat entstanden ist aus dem Bedürfnis, Klassengegensätze im Zaum zu halten, da er aber gleichzeitig mitten im Konflikt dieser Klassen entstanden ist, so ist er in der Regel Staat der mächtigsten, ökonomisch herrschenden Klasse, die vermittelst seiner auch politisch herrschende Klasse wird und so neue Mittel erwirbt zur Niederhaltung und Ausbeutung der unterdrückten Klasse. So war der antike Staat vor allem Staat der Sklavenbesitzer zur Niederhaltung der Sklaven, wie der Feudalstaat Organ des Adels zur Niederhaltung der leibeigenen und hörigen Bauern und der moderne Repräsentativstaat Werkzeug der Ausbeutung der Lohnarbeit durch das Kapital. Ausnahmsweise indes kommen Perioden vor, wo die kämpfenden Klassen einander so nahe das Gleichgewicht halten, daß die Staatsgewalt als scheinbare Vermittlerin momentan eine gewisse Selbständigkeit gegenüber beiden erhält. So die absolute Monarchie des 17. und 18. Jahrhunderts, die Adel und Bürgertum gegeneinander balanciert; so der Bonapartismus des ersten und namentlich des zweiten französischen Kaiserreichs, der das

Proletariat gegen die Bourgeoisie und die Bourgeoisie gegen das Proletariat ausspielte. Die neueste Leistung in dieser Art, bei der Herrscher und Beherrschte gleich komisch erscheinen, ist das neue deutsche Reich Bismarckscher Nation: Hier werden Kapitalisten und Arbeiter gegeneinander balanciert und gleichmäßig geprellt zum Besten der verkommenen preußischen Krautjunker.

## *Das Absterben des Staates*

Der Staat ist also nicht von Ewigkeit her. Es hat Gesellschaften gegeben, die ohne ihn fertig wurden, die von Staat und Staatsgewalt keine Ahnung hatten. Auf einer bestimmten Stufe der ökonomischen Entwicklung, die mit Spaltung der Gesellschaft in Klassen notwendig verbunden war, wurde durch diese Spaltung der Staat eine Notwendigkeit. Wir nähern uns jetzt mit raschen Schritten einer Entwicklungsstufe der Produktion, auf der das Dasein dieser Klassen nicht nur aufgehört hat, eine Notwendigkeit zu sein, sondern ein positives Hindernis der Produktion wird. Sie werden fallen, ebenso unvermeidlich, wie sie früher entstanden sind. Mit ihnen fällt unvermeidlich der Staat. Die Gesellschaft, die die Produktion auf Grundlage freier und gleicher Assoziation der Produzenten neu organisiert, versetzt die ganze Staatsmaschine dahin, wohin sie dann gehören wird; ins Museum der Altertümer, neben das Spinnrad und die bronzene Axt. (II, S. 164 ff.)

Worin bestand die charakteristische Eigenschaft des bisherigen Staats? Die Gesellschaft hatte zur Besorgung ihrer gemeinsamen Interessen, ursprünglich durch einfache Arbeitsteilung, sich eigene Organe geschaffen. Aber diese Organe, deren Spitze die Staatsgewalt, hatten sich mit der Zeit, im Dienst ihrer eigenen Sonderinteressen, aus Dienern der Gesellschaft zu Herren über dieselbe verwandelt. Wie dies z. B. nicht bloß in der erblichen Monarchie, sondern ebensogut in der demokratischen Republik zu sehen ist.

Nach der philosophischen Vorstellung ist der Staat „die Verwirklichung der Idee“ oder das ins Philosophische übersetzte Reich Gottes auf Erden, das Gebiet, woraus die ewige Wahrheit und Gerechtigkeit sich verwirklicht oder verwirklichen soll. Und daraus folgt dann eine abergläubische Verehrung des Staats und alles dessen, was mit dem Staat zusammenhängt, und die sich um so leichter einstellt, als man sich von Kindesbeinen daran gewöhnt hat, sich einzubilden, die der ganzen Gesellschaft gemeinsamen Geschäfte und Interessen könnten nicht anders besorgt werden, als wie sie bisher besorgt worden sind, nämlich durch den Staat und seine wohlbestallten Behörden. Und man glaubt schon einen ganz gewaltig kühnen Schritt getan zu haben, wenn man sich freigemacht vom Glauben an die erbliche Monarchie und auf die demokratische Republik schwört. In Wirklichkeit aber ist der Staat nichts als eine Maschine zur Unterdrückung einer Klasse durch eine andere, und zwar in der demokratischen Republik nicht minder als in der Monarchie; und im besten Fall ein Übel, das dem im Kampf um die Klassenherrschaft siegreichen Proletariat vererbt wird und dessen schlimmste Seiten es ebensowenig wie die Kommune umhin können wird, sofort möglichst zu beschneiden, bis ein in neuen, freien Gesellschaftszuständen herangewachsenes Geschlecht imstande sein wird, den ganzen Staatsplunder von sich abzutun. (III, S. 623 f.)

Indem sie [die kapitalistische Produktionsweise] mehr und mehr auf Verwandlung der großen, vergesellschafteten Produktionsmittel im Staatseigentum drängt, zeigt sie selbst den Weg an zur Vollziehung dieser Umwälzung. Das Proletariat ergreift die Staatsgewalt und verwandelt die Produktionsmittel zunächst in Staatseigentum. Aber damit hebt es sich selbst als Proletariat, *damit hebt es alle Klassenunterschiede und Klassengegensätze auf, und damit auch den Staat als Staat.* Die bisherige, sich in Klassengegensätzen bewegende Gesellschaft hat den Staat nötig, d. h. eine Organisation der jedesmaligen ausbeutenden Klasse zur Aufrechterhaltung ihrer äußeren Produktionsbedingungen, also namentlich zur gemeinsamen Niederhaltung der ausgebeuteten Klasse in den durch die bestehende Produktionsweise gegebenen Bedingungen der Unterdrückung (Sklaverei, Leibeigenschaft oder Hörigkeit, Lohnarbeit). Der Staat war der offizielle Repräsentant der ganzen Gesellschaft, ihre Zusammenfassung in einer sichtbaren Körperschaft, aber er war dies nur, insofern er der Staat derjenigen Klasse war, welche selbst für ihre Zeit die ganze Gesellschaft vertrat: im Altertum Staat der sklavenhaltenden Staatsbürger, im Mittelalter des Feudaladels, in unserer Zeit der Bourgeoisie. Indem er endlich tatsächlich Repräsentant der ganzen Gesellschaft wird, macht er sich selbst überflüssig. Sobald es keine Gesellschaftsklasse mehr in der Unterdrückung zu halten gibt, sobald mit der Klassenherrschaft und dem in der bisherigen Anarchie der Produktion begründeten Kampf ums Einzeldasein auch die daraus entspringenden Kollisionen und Exzesse beseitigt sind, gibt es nichts mehr zu reprimieren, das eine besondere Repressionsgewalt, einen Staat, nötig machte. (IV, S. 285)

Ludwig Feuerbach und der Ausgang der klassischen deutschen Philosophie, in: Marx/Engels, Studienausgabe in 4 Bdn., hrsg. von Iring Fetscher, Bd. 1, Frankfurt 1966 (I).
Der Ursprung der Familie, des Privateigentums und des Staates, in: Marx/Engels, Werke, Bd. 21, Berlin (Ost) (II).
Einleitung zu „Der Bürgerkrieg in Frankreich" (Ausgabe 1891), in: Marx/Engels, Werke, Bd. 17 (III).
Herrn Eugen Dührings Umwälzung der Wissenschaft, Berlin (Ost) 1960 (IV).

*

## Ferdinand Lassalle (1825—1864)

Mit der Errichtung des Allgemeinen Deutschen Arbeitervereins (1863) Gründer der sozialdemokratischen Bewegung in Deutschland. Lassalles Staatsgedanke war stark von Fichte und Hegel beeinflußt. Seine Bejahung des Staates wurde in der Arbeiterbewegung vielfach als „Staatskult" verurteilt.

### *Die Staatsidee der Bourgeoisie und die der Arbeiterklasse*

Der vierte Stand hat nicht nur ein anderes formelles, politisches Prinzip als die Bourgeoisie, nämlich das allgemeine direkte Wahlrecht an Stelle des Zensus der Bourgeoisie, er hat ferner nicht nur durch seine Lebensstellung ein anderes Verhältnis zu den sittlichen Potenzen als die höheren Stände, sondern er hat auch — zum Teil infolge hiervon — eine ganz andere, ganz verschiedene Auffassung von dem sittlichen *Zweck des Staates* als die Bourgeoisie.

Die sittliche Idee der Bourgeoisie ist diese, daß ausschließend nichts anderes als die ungehinderte Selbstbetätigung seiner Kräfte jedem einzelnen zu garantieren sei.

Wären wir alle gleich stark, gleich gescheit, gleich gebildet und gleich reich, so würde diese Idee als eine ausreichende und sittliche angesehen werden können.

Da wir dies aber *nicht sind* und nicht sein *können,* so ist dieser Gedanke nicht ausreichend und führt deshalb in seinen Konsequenzen notwendig zu einer tiefen Unsittlichkeit. Denn er führt dazu, daß der Stärkere, Gescheitere, Reichere den Schwächeren ausbeutet und in seine Tasche steckt.

Die sittliche Idee des Arbeiterstandes dagegen ist die, daß die ungehinderte und freie Betätigung der individuellen Kräfte durch das Individuum noch nicht *ausreiche,* sondern daß zu ihr in einem sittlich geordneten Gemeinwesen *noch hinzutreten müsse: die Solidarität* der Interessen, die *Gemeinsamkeit und die Gegenseitigkeit in der Entwicklung.*

Entsprechend diesem Unterschiede, faßt die Bourgeoisie den sittlichen Staatszweck so auf: er bestehe ausschließend und allein darin, die persönliche Freiheit des einzelnen und sein Eigentum zu schützen.

Dies ist eine Nachtwächteridee, meine Herren, eine Nachtwächteridee deshalb, weil sie sich den Staat selbst nur unter dem Bilde eines Nachtwächters denken kann, dessen ganze Funktion darin besteht, Raub und Einbruch zu verhüten. Leider ist diese Nachtwächteridee nicht nur bei den eigentlichen Liberalen zu Hause, sondern selbst bei vielen angeblichen Demokraten, infolge mangelnder Gedankenbildung, oft genug anzutreffen. Wollte die Bourgeoisie konsequent ihr letztes Wort aussprechen, so müßte sie gestehen, daß nach diesen ihren Gedanken, wenn es keine Räuber und Diebe gebe, der Staat überhaupt ganz überflüssig sei.

Ganz anders, meine Herren, faßt der vierte Stand den

Staatszweck auf, und zwar faßt er ihn so auf, wie er in Wahrheit beschaffen ist.

Die Geschichte, meine Herren, ist ein Kampf mit der Natur; mit dem Elende, der Unwissenheit, der Armut, der Machtlosigkeit und somit der Unfreiheit aller Art, in der wir uns befanden, als das Menschengeschlecht im Anfang der Geschichte auftrat. Die fortschreitende *Besiegung* dieser Machtlosigkeit — das ist die Entwicklung der Freiheit, welche die Geschichte darstellt.

In diesem Kampfe würden wir niemals einen Schritt vorwärts gemacht haben oder jemals weiter machen, wenn wir ihn als *einzelne jeder für sich, jeder allein,* geführt hätten oder führen wollten.

*Der Staat* ist es, welcher die *Funktion* hat, *diese Entwicklung der Freiheit,* diese *Entwicklung des Menschengeschlechts zur Freiheit* zu vollbringen.

Der *Staat* ist diese Einheit der Individuen in einem sittlichen Ganzen, eine Einheit, welche die Kräfte *aller* einzelnen, welche in diese Vereinigung eingeschlossen sind, millionenfach vermehrt, die Kräfte, welche ihnen *allen* als einzelnen zu Gebote stehen würden, millionenfach vervielfältigt.

Der Zweck des Staates ist also nicht der, dem einzelnen nur die persönliche Freiheit und das Eigentum zu *schützen,* mit welchem er nach der Idee der Bourgeoisie angeblich schon in den Staat eintritt; der Zweck des Staates ist vielmehr gerade der, *durch* diese Vereinigung die einzelnen in den Stand zu setzen, *solche Zwecke,* eine solche *Stufe des Daseins* zu erreichen, die sie als einzelne nie erreichen könnten, sie zu befähigen, eine Summe von *Bildung, Macht und Freiheit* zu erlangen, die ihnen sämtlich als einzelnen schlechthin unersteiglich wäre.

Der Zweck des Staates ist somit der, das menschliche Wesen zur *positiven Entfaltung und fortschreitenden Entwicklung* zu bringen, mit anderen Worten, die menschliche *Bestimmung,* d. h. die Kultur, deren das Menschengeschlecht *fähig ist,* zum *wirklichen Dasein* zu gestalten; er ist die *Erziehung und Entwicklung* des Menschengeschlechts zur Freiheit.

Dies ist die eigentliche sittliche Natur des Staates, meine

Herren, seine wahre und höhere Aufgabe. Sie ist es so sehr, daß sie deshalb seit allen Zeiten durch den *Zwang* der Dinge selbst von dem Staat, auch ohne seinen Willen, auch unbewußt, auch gegen den Willen seiner Leiter, mehr oder weniger ausgeführt wurde.

Der Arbeiterstand aber, meine Herren, die unteren Klassen der Gesellschaft überhaupt, haben schon durch die hilflose Lage, in welcher sich ihre Mitglieder als einzelne befinden, den tiefen Instinkt, daß eben dies die Bestimmung des Staates sei und sein müsse, dem einzelnen durch die Vereinigung aller zu einer solchen Entwicklung zu verhelfen, zu der er als einzelner nicht *befähigt* wäre.

Ein Staat also, welcher unter die Herrschaft der Idee des Arbeiterstandes gesetzt wird, würde nicht mehr, wie freilich auch alle Staaten bisher schon getan, durch die Natur der Dinge und den Zwang der Umstände unbewußt und oft sogar widerwillig getrieben, sondern er würde mit höchster Klarheit und völligem Bewußtsein diese sittliche Natur des Staates zu seiner Aufgabe machen. Er würde mit *freier Lust* und vollkommenster *Konsequenz* vollbringen, was bisher nur stückweise in den dürftigsten Umrissen dem widerstrebenden Willen abgerungen worden ist, und er würde somit *eben hierdurch* notwendig einen Aufschwung des Geistes, die Entwicklung einer Summe von Glück, Bildung, Wohlsein und Freiheit herbeiführen, wie sie ohne Beispiel dasteht in der Weltgeschichte und gegen welche selbst die gerühmtesten Zustände in früheren Zeiten in ein verblassendes Schattenbild zurücktreten.

Das ist es, meine Herren, was die Staatsidee des Arbeiterstandes genannt werden muß, seine Auffassung des Staatszweckes, die, wie Sie sehen, ebensosehr, und genau entsprechend von der Auffassung des *Staatszweckes* bei der Bourgeoisie verschieden ist, wie das Prinzip des Arbeiterstandes von dem Anteil aller an der Bestimmung des Staats*willens* oder das allgemeine Wahlrecht, von dem betreffenden Prinzip der Bourgeoisie, dem Zensus. (S. 182 ff.)

Auswahl von Reden und Schriften, hrsg. von Karl Renner, Berlin 1923.

*

Ernst Bloch (geb. 1885)

Prof. in Leipzig und Tübingen. Auf der Grundlage eines humanistischen Marxismus betont er den Klassencharakter des Staates.

## *Entstehung und Wesen des Staates*

Sichtbare Kräfte sind weit weniger gefürchtet als unsichtbare. Der Staat gehört weithin zu den letzteren, seitdem die Gespenster verschwunden sind. Er zeigt sich überdeutlich in Polizei, Kerker, Soldaten, aber all diese sind er noch nicht, sie vertreten ihn nur. Sie geben ihm Nachdruck, dahinter wirkt ein Ausschuß der herrschenden Klasse, der sich aber als allgemein-vertretender gibt. Der ebenso breit ist, wie er noch seine höchsten Spitzen zu überragen scheint, und gegen den wenig gesagt ist, wenn er als Sparren oder ideologischer Fetisch erklärt wird. Doch das Geheimnis jeder Erscheinung löst sich in seiner Geschichte; dieser Satz gilt für das Staats-Phantom, das so sehr reale, am einwandfreisten. Feststeht, der Klassenstaat ist keine „erweiterte" Familie, kommt nicht von daher. Die alte urwüchsig produzierende Hausgenossenschaft kannte Gesinde, Kinder, Frauen, Herren, aber das Eigentum war doch gemeinsam; sie hatte Arbeitsteilung, aber noch naturwüchsige, keine klassenbildende. Es gab Anfänge zu Klassen, ist doch die Ausbeutung so alt wie die Arbeitsteilung, doch die Großfamilie hielt noch halb urkommunistisch zusammen. Gemeinschaft ist auf dieser Stufe noch wirklich, nicht illusorisch, noch keine Schicht hat sich erhoben, welche, getrennt vom wirklichen Gesamtinteresse, alle anderen beherrscht. Die süd- und westslawischen Völker haben Hausgenossenschaft, weiterhin Familiengemeinde lange erhalten. Die Mitglieder der Gemeinde sind unmittelbar zur Produktion vergesellschaftet, die Arbeit wird nach Herkommen und Bedürfnis verteilt. Die Produkte, soweit sie zur Konsumtion kommen, ebenfalls. Der Überschuß des Arbeitsprodukts über die Unterhaltungskosten der Arbeit, die Bildung eines gesellschaftlichen Produktions- und Reservefonds aus diesem Überschuß war noch nicht das Besitztum einer bevorzugten Klasse, der damit auch die politische Herrschaft zufiel. Wie kam nun der Sprung aus der ältesten und der — in Haus- und Markgenossenschaften — fortwirkenden Urkommune zum geformten Herrschaftsverhältnis? Zur altorientalischen Despotie, zum Staat der antiken Sklavenhalter, des mittelalterlichen Feudaladels, der modernen Bourgeoisie? Die reine *Gewalttheorie* (vertreten durch GUMPLOWICZ, DÜHRING, vor allem durch FRANZ OPPENHEIMER, zuletzt auch durch den alten KAUTSKY) leugnet ab, daß der Klassenstaat aus weitergehender Arbeitsteilung und Tauschwirtschaft entstanden sei. Mithin aus Faktoren innerhalb des primitiven Gemeinwesens selber, mittels derer sich die alte Gentilverfassung zersetzte. Statt dieser Faktoren wird „Überfall von außen" für die Staatsentstehung verantwortlich gemacht: Jägerstämme, besonders aber Ackerbaustämme (bei denen doch Arbeitsteilung und Privateigentum bereits begonnen) werden von kriegerischen nomadischen Viehzüchtern überfallen und versklavt. In diesem Zusammenstoß, im Helotentum der Ackerbauern soll danach die Klassenbildung, Klassenunterdrückung, Staatsgewalt ihren Ursprung haben; Krieg, nichts sonst, legt den Grundstein. Der Staat entsteht durch Eroberungskrieg, durch Vereinigung zweier Gemeinwesen, von denen das siegreiche zur ausbeutenden, das besiegte zur ausgebeuteten Klasse wird; Zwangsstaat wird auferlegt. Der politische Zweck dieser Gewalttheorie ist eingestandenermaßen nicht nur die Apologie der Demokratie, zuweilen auch, mit anarchistischer Kehre, bei der Gewalt, nicht bei der Wirtschaft primär einsetzend, sondern (dem Anarchismus freilich ganz unerträglich) im Besonderen der *kapitalistischen* Demokratie: ein Lohnarbeiter ist kein Sklave. Denn — so wird wenigstens von Kautsky fortgefahren und behauptet — die *kapitalistische Produktionsweise* beruht nicht auf kriegerischer Übermacht, wie die Produktionsweisen der Sklaverei und der feudalen Leibeigenschaft. Der Kapitalismus ist zum ersten Mal ein rein ökonomisches Gebilde, wenngleich noch hineingebaut in einen überkommenen Zwangsstaat. Der Zwangsstaat allein also, isoliert, muß in seiner erst halb überwundenen Feudalgestalt, seinem Militarismus bekämpft werden, nicht aber der industrielle Kapitalismus; denn dieser ist von Haus aus staatsfrei, ohne Zwang. Wenn die Ausbeutung im Sklavenhalterstaat, im Feudalstaat lediglich das Ergebnis nackter Waffengewalt ist, dann läßt sich der Zwangsstaat, als rein machthaft entstandener, auch völlig von Ökonomie isolieren, mit der Konsequenz, daß die Ausbeutung im Kapitalismus einen militanten Fremdkörper darstellt. Folglich einen eliminierbaren; und nach Befreiung vom noch militanten Fremdkörper ist der kapitalistischen Demokratie ein friedliches Hineinwachsen in den Sozialismus nicht nur möglich, sondern eingeschrieben. Das alles auf Grund der reinen Gewalttheorie fürs primäre Entstehen des Staats und der ebenso reinen Ausnahme davon im kapitalistischen Staat. Nun gibt freilich auch der verdächtigste spätere Zweck (Apologie des Kapitalismus) noch keine ganze Widerlegung einer ursprünglich rein historisch, nicht bewußt ideologisch aufgezogenen Staatstheorie. Das Eroberungsverhältnis der Spartaner zu den Heloten, vielleicht auch der römischen Patrizier (oft etruskischen Ursprungs) zur einheimischen Plebs, der Angelsachsen zu den Briten, der Normannen zu den Angelsachsen könnte die Gewalttheorie unterstützen. Desgleichen der brandenburgisch-preußische Staat; er ist als Militärkolonie im unterworfenen Slavenland entstanden und wirkte lange genug als „sadistisch-masochistisches Amalgam" (Mehring, Lessinglegende). Doch können die Ereignisse nicht verabsolutiert und ad olim rückprojiziert werden; denn in ihnen hat sich nicht ein Staat überhaupt erst gebildet, sondern ein bereits vorhandener wurde besetzt und umgeformt. Es gibt kein geschichtliches Zeugnis dafür, daß die Macht der Eroberer stets und überall die erste Form einer Minderheitsherrschaft über eine Mehrheit gewesen sei; daß in den unterworfenen Völkern nicht vorher schon — aus immanent ökonomischen Ursachen — Klassenteilung, Staatsbildung begonnen habe. Darum setzt einzig die andere, die *Wirtschaftstheorie* der Staatsentstehung, die genetischen Akzente richtig — genau mit dem Erfolg, daß nun wirklich ursächlich gegen den Fortbestand der Macht, den überlängerten, angegangenen werden kann. Die Wirtschaftstheorie der Staatsentstehung (klassisch vertreten durch ENGELS) leugnet die Mitwirkung von Gewalt und Raub bei der Klasseneinteilung, Staatsbildung nicht, doch sie trennt die Politik nicht von der Ökonomie, sie sieht im Eroberungskrieg nur die Folge, nicht die Ursache der Ausbeutungs- und Gewaltorganisation. Die Urkommune der Jägervölker brauchte keineswegs der Reihe nach von Rinderzüchtern überfallen zu werden, um Klassengesellschaft zu werden. Im Gegenteil, die fortschreitende Arbeitsteilung selber und immanent hat die herrschende Klasse gebildet und schließlich staatshaft formidabel gemacht; der Staat wird so bei jeder vorschreitenden Arbeitsteilung und mittels ihrer zum Herrschaftsinstrument, zum keineswegs aufgezwungenen. *Ungleichheit des Eigentums an Produktionsmitteln,* nichts anderes, führt derart, auf ökonomisch-immanente Weise, zur Zerstörung der Stammessolidarität, zur Ausbildung einer politischen Klassengewalt. Folgerichtig ist der Staat auch im Kapitalismus so wenig Fremdkörper, daß er hier erst kulminiert. Ebenso vollendet sich hier erst seine wichtigste ideologische Funktion: nicht bloß Instrument, sondern *Verhüllung* der Klassenherrschaft zu sein. Er gibt sich seitdem als allgemeine Macht, die scheinbar über der Gesellschaft steht und ausgleicht. Er ergänzt die bürgerliche Gesellschaft im selben Maß wie ein verblasenes Allgemeininteresse (Staatsbürger-Interesse) das atomisierte Privateigentum ergänzt. Diese Staatsmacht und „objektive" Höhe bildete sich aus als wechselseitige Versicherung der Bourgeoisklasse für ihre einzelnen Mitglieder wie gegen die ausgebeutete Klasse, „eine Assekuranz", sagt Marx 1850, „die immer kostspieliger und scheinbar immer selbständiger gegenüber der bürgerlichen Gesellschaft werden muß, weil die Niederhaltung der exploitierten Klasse immer schwieriger wird"; und der Faschismus wenigstens hat dem mehr als recht gegeben. Aber der bürgerliche Staat gibt sich als neutrale Macht über den Klassen und Parteien, als wirtschaftsfreie, ja lebenstranszendente Macht, deren Objektivität und Interesselosigkeit das Wohl des Ganzen stets dem des Einzelnen überordne. Die Entstehung und Erhaltung dieser Macht als einer der herrschenden Klasse überall entzaubert aber ihre Objektivität auch dort, wo sie sich immer wieder als res publica etabliert. Die häufigste Erscheinung dieser bisherigen Gemeinsamkeits-Gestalt war innenpolitisch der Polizeistaat und außenpolitisch der Krieg; sie war bei antagonistischer Gesellschaft nicht wirklicher Rechtsstaat, gar — contradictio in adjecto — Kulturstaat, konnte es nicht sein. Wobei der Überbau des Staatshaften, obwohl er doch einmal verschwinden wird, sich auch noch viel langsamer umwälzt, als die Basis, ja als die Überbauten Kunst, Religion, Philosophie, obwohl diese doch nicht verschwinden werden. (S. 301 ff.)

Naturrecht und menschliche Würde, Gesamtausgabe Bd. 6, Frankfurt/M. 1961.

*

HERMANN HELLER (1891—1934)

Professor für öffentliches Recht in Kiel, Leipzig, Berlin und Frankfurt/M. Gilt als einer der bedeutendsten Staatsrechtler der Weimarer Republik. Als Mitglied der Jungsozialisten gehörte er dem „Hofgeismarkreis" an, der für die Abkehr der Arbeiterbewegung von der traditionellen Staatsfeindschaft eintrat. Heller war ein entschiedener Kritiker des Positivismus und des Faschismus.

*Der Staat als organisierte Entscheidungs- und Wirkungseinheit*

Wie ist der Staat als Einheit in der Vielheit zu begreifen, ohne ihn als ein selbständiges, von den ihn bewirkenden Menschen losgelöstes Wesen zu behaupten und ohne ihn als bloße Fiktion zu erklären? Mit anderen Worten: wie ist der Staat als vielheitlich bewirkt und doch einheitlich wirkend zu verstehen? ...

In der Tat ist uns die staatliche Einheit weder als „organische" noch als fingierte, sondern als organisierte menschliche Wirkungseinheit von bestimmter Art gegeben. Das Gesetz der Organisation ist das grundlegendste Bildungsgesetz des Staates. Seine Einheit ist die wirkliche Einheit eines Handlungsgefüges, dessen Existenz als menschliches

Zusammenwirken durch das bewußt auf die wirksame Einheitsbildung gerichtete Handeln von besonderen „Organen" ermöglicht wird. Alle vitalen und triebmäßigen Bindungen, alle massenpsychologischen und nachahmenden Verbindungen, alle geographischen, völkischen, ökonomischen und auch rechtlichen Vereinigungen, alle Gemeinsamkeiten der Natur und Geschichte, alle sachlichen und funktionellen „Integrationsfaktoren" sind für das Entstehen und Bestehen der staatlichen Einheit gewiß von der allergrößten Bedeutung. Will man aber das eigenständige Gesetz des Staates erkennen, so muß man sowohl die einheitsfördernde wie die einheitshemmende Funktion aller dieser Umstände in Betracht ziehen. Die relative Homogenität kann zwar eine der Ursachen für die Einheit des Staates bilden; sie kann aber auch umgekehrt die Wirkung der staatlichen Einheit sein. Niemals aber ergibt die relative natürliche oder kultürliche Einheitlichkeit der Gebietsbewohner an sich schon die Einheit des Staates. Diese ist letztlich immer nur als das Ergebnis bewußter menschlicher Tat, bewußter Einheitsbildung, als Organisation zu begreifen...

Organisieren heißt ein Handeln, das auf Veranlassung und Verwirklichung solcher Handlungen (Unterlassungen) gerichtet ist, die für die gegenwärtige und ständig sich erneuernde Existenz eines geordneten Handlungsgefüges (Organisation) notwendig sind. Der phänomenologische Befund ergibt drei sich gegenseitig fordernde „Elemente" einer jeden Organisation: 1. ein auf das gegenseitige Verhalten eingestelltes, gesellschaftliches Handeln einer Mehrzahl von Menschen, deren Zusammenwirken 2. an einer regelgeforderten Ordnung sich regelmäßig orientiert, deren Setzung und Sicherung 3. besondere Organe wahrnehmen. Jede entschluß- und handlungsfähige Gruppe, jede kollektive Akteinheit ist ein organisiertes, durch Organe bewußt zur Einheit der Entscheidung und Wirkung geordnetes Handlungsgefüge. Wie weit die organisierten Mitglieder zugleich selbst Organe sind, hängt von der mehr oder weniger genossenschaftlichen, bzw. herrschaftlichen Struktur der Organisation ab. Jedenfalls beruht jede umfassende Organisation, namentlich aber der Staat immer auf gesellschaftlicher Arbeitsteilung. Das Staat genannte Handlungsgefüge hat sich vor allem dadurch verselbständigt, daß die besonderen Staatsaufgaben besonderen Organträgern überwiesen wurden.

Dadurch, daß Mitglieder und Organe auf Grund einer Ordnung zu einem einheitlichen Effekt zusammenwirken, kommt die wirkliche Einheit der Organisation als Wirkungseinheit zustande. Nunmehr ist ein vielheitlich bewirktes, aber einheitlich wirkendes Aktzentrum entstanden, dessen Wirkungen — unabhängig von allen Normen — weder der Summe der Mitglieder allein, noch den Organen für sich, am allerwenigsten aber der isolierten Ordnung zugerechnet werden können. Der Staat so wenig wie irgendeine andere Organisation „zerfällt" in Regierte und Regierende; denn nur in ihrer wirksamen Verbundenheit durch eine Ordnung bewirken beide das, was nicht nur dem Außenstehenden, sondern ihnen selbst als eine Wirkungseinheit entgegentritt. Sich diese Wirkungseinheit als ein selbständiges, von den sie bewirkenden Menschen losgelöstes Wesen vorzustellen, ist unmöglich und überflüssig. Sie als bloße Fiktion oder Abstraktion zu bezeichnen und zu bestreiten, daß sie ein wirkliches Aktzentrum sei, dessen Aktionen weder den Mitgliedern noch den Organen für sich, sondern eben nur der Organisation als Ganzheit zugerechnet werden können, heißt das Wesen der gesellschaftlichen Macht verkennen.

Daß die organisierte Wirkungsmacht niemals identisch ist mit der Summe der einzelnen Machtquanten, über welche die Mitglieder oder gar die Organe als Individuen außerhalb der Organisation verfügen, ist eine auf dem Gebiet des Ökonomischen altbekannte, in der politischen Theorie aber niemals entsprechend verwertete Tatsache. Die organisatorisch bewirkte Wirkungseinheit bedeutet in der Regel eine Potenzierung der Einzelkräfte. Der potenzierte Leistungseffekt ist allerdings kein notwendiger, weil in jeder Organisation auch Gegenwirkungen gegen die Gesamtwirkung vorhanden sind, und jede Organisation auch eine Hemmung und Schwächung nicht selten grade für die stärksten Kräfte darstellt. Regelmäßig wird es aber zutreffen, daß die Organisation ein planmäßiges Zusammenwirken von Menschen und Einrichtungen ist „zwecks Steigerung der Wirkungskraft menschlicher Anstrengungen“ (SCHULTZE, i. Hdwb. d. Arbeitswiss., hg. v. Giese II, 1930, S. 3460). Diese Steigerung des Leistungseffektes durch Organisation geht über die bloße Addition der Einzelleistungen weit hinaus. Die Überlegenheit des organisierten über das nichtorganisierte menschliche Vermögen wird begründet nicht durch die bloße Kumulierung, sondern durch die einheitlich-planmäßige Aktualisierung der verbundenen Anstrengungen. Zur kombinierten Aktion, zu einer von allen einzelnen Beteiligten unterscheidbaren, die Summe der einzelnen Wirkungskräfte übersteigenden Wirkungseinheit wird die Organisation nicht schon dadurch, daß eine Anzahl von Menschen ihre wirtschaftlichen oder sonstigen Leistungen irgendwie zusammenhäufen. Erst indem die körperlichen oder geistigen Leistungen, welche aus dem persönlichen Leistungsvermögen der Einzelnen zugunsten der Organisationsmacht nach einer planmäßig geordneten Arbeitszerlegung und Arbeitsverbindung ausgeschieden und durch besondere Organe in einheitlich entschiedener Richtung zu einem einheitlichen Leistungs- und Wirkungszusammenhang aktualisiert werden, entsteht je nachdem eine wirtschaftliche, militärische oder politische Machteinheit. Gerade für den außerhalb der Organisation stehenden Dritten ist nunmehr eine entschluß- und handlungsfähige Wirkungseinheit entstanden, deren Leistungseffekt er weder kausal noch normativ, weder quantitativ noch qualitativ, weder ökonomisch noch konventionell-politisch, noch juristisch einem einzelnen Element der Organisation zurechnen kann. Aber auch den in der Organisation Stehenden tritt die von ihnen mitgeschaffene Machteinheit als ein selbständiges Aktzentrum entgegen. Weder die Ordnung, noch die Organe, noch die Mitglieder für sich dürfen deshalb in irgendwelcher Hinsicht mit der durch das Zusammenwirken aller drei Bestandteile entstehenden Organisation gleichgesetzt werden.

Jede Organisation ist ein einheitliches, mit ihren Bestandteilen nicht zu identifizierendes Aktzentrum nur deshalb, weil die in ihr verbundenen Leistungen durch mindestens ein Organ einheitlich aktualisiert werden; eben deshalb ist die aktuelle Einheit der Organisation im Nebeneinander

der mitwirkenden Vielheit primär begründet in der Einheit des Organs...

Die potentielle Einheit der Organisation, ihre Beständigkeit als wirkliche Akteinheit im Nacheinander aller Beteiligten wird allerdings erst durch die Einheit ihrer regelgeforderten Ordnung[250]) begründet. Namentlich wird durch die Einheit der objektivierten Ordnung in der Zeit auch bei Wechsel aller Beteiligten ein Überlieferungszusammenhang geschaffen, der die Sicherheit einer regelmäßigen Wiederkehr des einheitbildenden Verhaltens und damit die Sicherheit der Dauer des Handlungsgefüges bedeutend erhöht. Die Tatsache aber, daß jede Organisation zu ihrer Verstetigung einer objektivierten Ordnung bedarf, widerlegt in keiner Weise die Feststellung, daß die Organisation als Handlungsgefüge ihre wirkliche, nämlich aktuelle Einheit in nichts anderem besitzt als in dem durch Organe einheitlich aktualisierten Zusammenwirken der Beteiligten. Die Einheit der objektivierten Ordnung ist die ideelle Einheit eines normativen Sinnzusammenhanges, die Einheit der Organisation ist die wirkliche Einheit eines bewirkten Wirkungszusammenhanges. Ohne die objektivierte Ordnung in ihrer Eigenschaft als konkrete Anordnung des einheitbildenden Handelns ist sicherlich keine dauernde Organisation, geschweige denn das Handlungsgefüge Staat möglich. Es ist aber nur die Einheit der Anordnung, welche die Einheit, ebenso wie die von ihr vorausgesetzte Entschiedenheit und Wirksamkeit der Ordnung ermöglicht. Die für das Verhältnis von Staat und Recht gemachten Feststellungen gelten mutatis mutandis allgemein für das Verhältnis von Organisation und Ordnung. Sobald man unter „Ordnung" eine tatsächliche Rangordnung von normativen Sollenssätzen versteht, kann man allerdings den Staat wie jede andre Organisation als eine Ordnungseinheit bezeichnen. Die Verwechslung der Ordnung als Normzusammenhang mit der Ordnung als aktuellem Wirkungszusammenhang sollte aber ebenso unmöglich sein, wie die Verwechslung der Akten als schriftliche Aufzeichnungen mit den darin aufgezeichneten wirklichen Willensakten. Die Organisation als dauerndes Handlungsgefüge hat ein Sinngefüge „Ordnung", sie ist aber kein solches, sondern eine tatsächliche Ordnung.

Von anderen Gebietsherrschaftsverbänden ist der Staat durch seinen Charakter als souveräne Entscheidungs- und Wirkungseinheit unterschieden . . .

Genus proximum des Staates ist somit die Organisation, das zur Einheit der Entscheidung und Wirkung planmäßig organisierte Handlungsgefüge. Differentia specifica allen andern Organisationen gegenüber ist seine Eigenschaft der souveränen Gebietsherrschaft. Durch die Souveränität und Gebietsbezogenheit der Staatsgewalt empfangen alle Elemente der Staatsorganisation ihren spezifischen Charakter. Souverän kann der Staat nur sein, weil er seiner Ordnung gegenüber allen andern gesellschaftlichen Ordnungen eine besondere Geltung zu verschaffen, d. h. weil er die Menschen, welche ihn durch ihre Akte verwirklichen, in ganz anderer Weise zu ergreifen vermag als die sonstigen Organisationen. (S. 229 ff.)

Staatslehre, Hrsg. G. Niemeyer, 3. Aufl., Leiden 1963.

*

## Wolfgang Abendroth (geb. 1906)

Prof. für Politologie in Leipzig, Jena, Wilhelmshaven, Marburg. 1937—1941 wegen illegaler Tätigkeit gegen das „Dritte Reich" im Zuchthaus, anschließend in der Strafdivision 999. Im Zentrum seiner auf marxistischer Grundlage entwickelten Lehre steht die Forderung nach Demokratisierung von Staat und Gesellschaft.

### *Staat und Recht*

Die Entwicklung zum Monopolkapitalismus hat die Bedeutung der Staatsgewalt im Ringen der Klassen untereinander und als Instrument der Sicherung der Beherrschung ausländischer Rohstoffquellen, Märkte und Kapital-Anlagegebiete in bisher unerhörtem Maße wachsen lassen.

Die Staatsgewalt hat sich das Monopol der Rechtsetzung und der Rechtsprechung auf ihrem Territorium und das

Monopol der Anwendung physischer Gewalt nach innen und außen angeeignet. Sie hat die Organisation derjenigen sozialen Bereiche, vor allem der Sozialpolitik und der Kulturpolitik, übernommen, die nicht unmittelbar durch das Profitstreben der Besitzer der Produktionsmittel, ihrer Konzerne, Trusts und Kartelle gesteuert und geordnet werden können, aber in deren gemeinsamen Interesse geregelt werden müssen, wenn das gesellschaftliche Leben funktionieren soll. Sie muß vom Standpunkt der herrschenden Klassen aus gesehen in der Lage sein, die Energie aller sozialen Schichten für ihre Interessen einzuspannen, um sie in den großen imperialistischen Auseinandersetzungen möglichst reibungslos einsetzen und in Krisenperioden das Drängen der Arbeitnehmer auf sozialistische Umgestaltung der Gesellschaft lähmen oder gewaltsam niederhalten zu können. Die Staatsgewalt hat deshalb gegenüber den Forderungen der Arbeitnehmer und derjenigen anderen Schichten, die an der wirtschaftlichen Macht in der kapitalistischen Klassengesellschaft nicht teilhaben, immer erneut unter dem Druck der Massenorganisationen dieser Klassen Konzessionen gewährt, um ihnen durch begrenzte Zugeständnisse den Schein gesellschaftlicher Sicherheit zu bieten. Sie hat als Sozialstaat allen Unterschichten Daseinsfürsorge versprechen müssen, um das wachsende demokratische Selbstbewußtsein der Arbeitnehmer, das sich in ihren Gewerkschaften verkörpert, zu schwächen und durch den Glauben an die angeblich neutrale Macht der allmächtigen Obrigkeit des Staates abzulösen. Das Ziel der kapitalistischen Oberschichten in der liberalen Entwicklungsperiode des vorigen Jahrhunderts — die Verdrängung der Staatsgewalt aus dem gesellschaftlichen Leben, soweit sie nicht zur polizeilichen Unterdrückung des Proletariats unentbehrlich war — ist deshalb in allen kapitalistischen Ländern durch die Ausdehnung der öffentlichen Gewalt zwecks Regelung fast aller Lebensbereiche — jedoch unter der Kontrolle und im Interesse der Inhaber der ökonomischen Macht — ersetzt worden.

Damit haben gleichzeitig Umfang und Kompliziertheit der Gesetzgebung erheblich zugenommen. Die Parlamente — einst das wichtigste Mittel, durch ihre legislative Gewalt den vorkapitalistischen Obrigkeitsstaat zur Anerkennung der liberalen Interessen der modernen kapitalistischen Klassen zu zwingen — haben infolge dieser Entwicklungstendenz die Fähigkeit zur Einbringung neuer Gesetze weitgehend an die hohe Bürokratie abtreten müssen. Diese kontrolliert gleichzeitig die Anwendung der Gesetze als administrative Bürokratie durch ihre Verordnungen oder als richterliche Bürokratie durch ihre Urteile. Bürokratie und Richterschaft haben, durch zahllose Generalklauseln der neuen Gesetze begünstigt, die frühere Aufgabe des Parlaments, durch seine Normierungen konkrete Tatbestände klar zu regeln, an sich gezogen. Die Macht der Bürokratie, die in immer stärkerem Maße mit der Manager-Schicht der Konzerne, Trusts und Kartelle auswechselbar wird und verschmilzt, ist dadurch gewaltig gewachsen.

Die militärische Gewalt des Staates hat sich gleichzeitig ständig erweitert. Die Erhöhung der Rüstungsaufwendungen — die im Mechanismus der hochkapitalistischen Gesellschaft auch ökonomisch-sozial erforderlich ist — und die Veränderung der Kriegsmaschinerie bis zur atomaren und Raketen-Technik, die Aufhebung der Unterscheidbarkeit zwischen Zivilbevölkerung und Truppe im Falle des Krieges, die Umwandlung der gesamten Volkswirtschaft in ein einheitliches Wehrwirtschaftssystem im Augenblick der gewaltsamen Auseinandersetzung zwischen den Staaten (aber auch schon ihrer Vorbereitung) zwingen die herrschenden Klassen zur weiteren unverhüllten Konzentration der Entscheidungsgewalt und zur Einengung und schließlich zur völligen Vernichtung jenes liberalen Spielraumes für freie Meinungsäußerung in der Gesellschaft, der einst — zu Beginn des vorigen Jahrhunderts — die Vorbedingung für den Aufstieg des jungen Kapitalismus und der bürgerlichen Klassen selbst gebildet hat. Die herrschenden Klassen können nur dann hoffen, ihre Macht dauernd zu bewahren, wenn sie die Gesellschaft im Zustand eines latenten Belagerungszustandes erhalten können, der jederzeit nach ihren Bedürfnissen und ihrem Belieben aktualisiert werden kann, und wenn sie die geistige Selbständigkeit in den anderen Schichten des Volkes — sei es in Konjunkturperioden mit dem Mittel eines durch sozialen Druck erzeugten Konformismus in der öffentlichen Meinung, sei es in Krisenperioden mit dem Mittel des offenen und brutalen faschistischen Terrors — ausschalten können. Die spätkapitalistische Gesellschaftsstruktur erzeugt daher immer erneut die Tendenz zur faschistischen Diktatur, die — gleichgültig durch welche Ideologie verkleidet sie auftreten mag — in Perioden der ökonomischen Krise oder der unmittelbaren Kriegsvorbereitung die längst ihres Inhalts entleerte demokratisch-liberale Rechtsordnung als bloße Verhüllung der Macht des bürgerlichen Staatsapparates und des Finanzkapitals abwirft, um die Massen der Mittelschichten und Teile geistig zurückgebliebener Randschichten der Arbeitnehmer im Interesse der herrschenden Klassen zum Sturm gegen die demokratischen Klassenorganisationen der Arbeitnehmer führen zu können ...

Die Arbeitnehmer und ihre politische Partei, die Sozialdemokratie, sind demgegenüber stets für demokratische Organisation der Staatsgewalt eingetreten. Wird diese Staatsgewalt, deren gesellschaftliche Macht ständig gewachsen ist und weiter wächst, durch das Volk beherrscht, wird sie zur politischen Organisation des Volkes selbst, so wird sie in dem gleichen Maße, in dem jene große Majorität des Volkes, die — weil sie von abhängiger Arbeit lebt — keine besonderen Profit-Interessen zu vertreten hat, die im Widerspruch zu den Lebensmöglichkeiten ihrer Mitbürger und der anderen Nationen stehen, ihre eigenen Interessen zu erkennen und durchzusetzen lernt, zum Instrument der sozialistischen Umgestaltung der Gesellschaftsverfassung und der Aufhebung der Klassen. Deshalb ist die politische Demokratie, die den breiten Massen die Möglichkeit bietet, im ständigen Ringen um ihre täglichen Ansprüche durch ihre eigenen Erfahrungen zum Verständnis ihrer dauernden Interessen zu gelangen, die Voraussetzung des Kampfes um den Sozialismus. Die politische Demokratie kann in den Händen der Arbeitnehmer durch Änderung der Rechtsordnung, durch systematische Übertragung des Prinzips der demokratischen Gleichheit und der demokratischen Willensbildung auf Wirtschaft und Gesellschaft mittels des Gesetzes, zur sozialen Demokratie erweitert werden, in der der Staat seinen Unterdrückungscharakter verliert und sich in die planende gemeinsame Verwaltung des gesellschaftlichen Lebensprozesses durch die gleichberechtigten Glieder der Gesellschaft verwandelt. (S. 411 ff.)

Antagonistische Gesellschaft und politische Demokratie, Neuwied-Berlin 1967.

*

LEO KOFLER (geb. 1907)

Marxistischer Philosoph und Soziologe. Schüler von MAX ADLER und GEORG LUKACS. Prof. in Halle. Lebt heute als Privatgelehrter in Köln. Versucht, das Problem Staat und Gesellschaft als konkrete Erscheinungen der bürgerlichen Klassengesellschaft zu deuten.

*Der Staat*

Eine allgemeinere Bestimmung des Wesens des Staates, die sich mit dem empirisch-technischen Begriff nicht abfindet, gelangt zunächst zu der Erkenntnis, daß es nichts im gesellschaftlichen Leben gibt, weder Ökonomisches noch Ideelles, weder Privates noch Gemeinschaftliches, dem nicht in irgendeiner Weise staatliche Bedeutung zukäme, das außerhalb des Bereiches staatlicher Wirksamkeit existieren könnte. In einer solchen allgemeineren Bestimmung heißt Staat nichts weiter, aber auch nichts weniger als die zum Ganzen ihrer Existenzmöglichkeit gebaute Gesellschaft unter bestimmten geschichtlichen Bedingungen. Man kann auch sagen, der Staat ist das Ganze dieser Gesellschaft, sofern dieses Ganze erkannt wird als die über das bloß ökonomisch-soziale Leben hinaus erwachsene Vollendung zur umfassenden Totalität gesellschaftlichen Seins, in welcher sich das als getrennt erscheinende Sein und Bewußtsein der Gesellschaft zu einer alles sich unterordnenden Einheit zusammenfaßt. Dabei ist schärfstens zu unterstreichen und noch eingehend zu begründen, daß dieses Bewußtsein uns *als staatliches,* d. h. die Gesamtheit des Zusammenlebens zu einem bestimmten, nämlich wiederum staatlichen „Zweck" beeinflußendes und prägendes, in der dreifachen Gestalt entgegentritt: als elitehaftes, intellektuelles und bürokratisches . . .

Aber alle Staaten der Geschichte haben das Gemeinsame, daß sie den jeweils *totalen Bau* bestimmter sozialer Verhältnisse, das wirklich Ganze darstellen, worin die ökonomisch-gesellschaftliche Seite als ein bloßer, wenn auch primärer und bestimmender Teil erscheint. Der Staat ist die den ökonomischen Verhältnissen einer bestimmten Epoche angemessene vollendet-ganzheitliche Gestalt ihrer Existenz; er ist sie selbst, diese Verhältnisse zur höchsten Verwirklichung ihrer Möglichkeiten gebracht. Darin vornehmlich zeigt sich die gleichzeitige Einheit wie Verschiedenheit von Staat und Gesellschaft, nämlich darin, daß die gesellschaftlich-ökonomische Struktur, die Totalität der praktischen zwischenindividuellen Bezogenheiten, die wir schlechthin Gesellschaft zu nennen pflegen, in ihrer Ausformung bis zur letzten Konsequenz ihrer Existenz, ihrer ihr innewohnenden Möglichkeiten, ins Überökonomische vorstößt und ebenso in verbleibender Identität mit sich selbst wie im Hervorbringen von Neuem den Staat ergibt. Sofern dann, d. h. unter Voraussetzung der Einsicht in diese Identität, der Staat als etwas relativ Besonderes eingesehen werden kann, stellt er sich nicht mehr als ein bloßes „Instrument" dar, sondern als eine besondere Seinsweise der Gesellschaft selbst, ihrer Totalität. Diese über den ökonomischen Bereich hinaus zu sich selbst kommende und vollendende Totalität drückt sich in vielerlei aus, vornehmlich und entscheidend aber in jenen Kräften, die als Produkte des Prozesses der Ausformung zur Totalität gleichzeitig damit beauftragt sind, sie bewußt zu reflektieren und Kraft bestimmter ideeller Potenzen ständig zu reproduzieren, d. h. zu gestalten und am Leben zu erhalten. Diese Kräfte haben wir als Elite, Intelligenz und Bürokratie erkannt. Es ist vielleicht nicht einmal übertrieben zu sagen, daß sie es sind, in denen sich der Staat eigentlich inkarniert, in ihnen „lebt" ...

Es ist zunächst, wie wir bereits bemerkten, zurückzugreifen auf die primäre Wurzel gesellschaftlich-staatlicher Existenz, auf das individuelle, tätig-denkende Subjekt, das kraft seines aktiv-passiven Verhaltens den Staat „produziert". Da der Staat nicht unabhängig von der Gesellschaft existiert, vielmehr, wenn auch in besonderer Weise, mit ihr identisch ist, ist von der Bestimmung der Gesellschaft als dem dialektischen Ensemble tätiger und davon abgeleitet sonst sich verhaltender Individuen auszugehen. Wie Gesellschaft sich durch das Tätigsein der Individuen selbst und nicht durch irgendwelche überindividuellen „Kräfte" konstituiert (seit der naturrechtlichen „causa impulsiva" spuken verschiedene solcher Kräfte in den gelehrten Köpfen), so auch der Staat. Der Staat ist nichts mystisch über den Individuen Schwebendes, sondern die Individuen in ihrem Zusammenwirken selbst . . .

Das *besondere* Leben des Staates innerhalb seiner oben aufgewiesenen Identität mit der Gesellschaft setzt da ein, wo das blind-spontane („naturgesetzliche", wie der plausible, aber mißverständliche Ausdruck lautet) Leben dieser Gesellschaft aufhört. Ist der Staat nur möglich, wo es antagonistische Klassen gibt, beruht er als besonderer auf der Existenz der gesellschaftlichen Klassenspaltung, so zeigt sich andererseits seine Identität mit der Gesellschaft darin, daß die Gesamtheit des bewußten oder „politischen" Verhaltens der Klassen als eines bewußt auf „Ordnung" gerichteten die primäre innere Struktur des Staates ausmacht. Diese nunmehr erweiterte Bestimmung des Wesens des Staates bleibt richtig, obgleich eingesehen werden muß, daß die einzelnen antagonistischen Klassen nicht in ihrer Gänze und in bestimmten geschichtlichen Epochen nicht einmal ausnahmslos alle die Neigung zu einem bewußten politischen Handeln zeigen oder auch nur eines solchen Handelns fähig wären. In ihrer primären Funktion übernehmen die Klassen wirtschaftliche Aufgaben und richten ihre Interessen danach aus. Deshalb bleiben sie von sich aus, d. h. wenn kein besonderer Anstoß sie erreicht, in weiteren Bereichen des Lebens steril, und sofern es nicht ausbleiben kann, daß sie in irgendeiner Form ihre eigene Existenz und ihre soziale Umwelt gedanklich reflektieren, vollzieht sich diese Reflexion außerhalb jeglicher Einflußnahme durch ideologieprägende Kräfte unwillkürlich und spontan-blind. Dies ist selbst in Zeiten der Fall, da bestimmte Verwicklungen einzelne Klassen dahin drängen, ihre Interessen ins Politische hinein zu aktivieren und ihr Handeln seinsverändernd zu gestalten. Mögen die ökonomisch bedingten

Klassenverhältnisse einer Gesellschaft über den rein ökonomischen Bereich allein schon durch ihr Dasein hinauswirken und in dialektischem Umschlag zur Totalität, zur Vollendung der gesellschaftlichen Existenz, wie wir zeigten, das ergeben, was in sinngerechter Erkenntnis dieses Prozesses Staat heißt, so ist damit noch nicht die wirkliche Totalität des Staates begriffen, sondern nur dessen abstrakte begriffliche Voraussetzung. Aus dieser Voraussetzung muß erst Wirklichkeit werden dadurch, daß die Neigung der Klassen zum spontan-passiven Verhalten mit Hilfe dazu berufener besonderer Kräfte überwunden wird und die Klassen mit Hilfe dieser Kräfte aktiv werden, in ihrem aktiven Verhalten zueinander den Staat bilden. Erst auf dieser Stufe der Wesensbestimmung gelangt die Analyse zu dem, was die anfängliche allgemeine Bestimmung vorausgesetzt hat: zur Erkenntnis des Staates als einer gleichzeitig mit der Gesellschaft identischen und zur Besonderung gelangenden Totalität menschlicher Tätigkeit. Es fehlt nur noch die Einsicht in das Wesen jener Kräfte, die die Passivität der Klassen zu überwinden und aktives politisches Verhalten — politisch im denkbar weitesten Sinne — hervorzurufen vermögen ...

Hält man sich die bisher gewonnenen Bestimmungen des Phänomens des Staates konsequent vor Augen und hält man sich stets gegenwärtig, daß ungeachtet der prinzipiellen und in einem wohlverstandenen Sinne aufzufassenden Identität des Staates mit der Gesellschaft dieser auch wiederum seine Besonderheit aufweist — welche dialektische Bezüglichkeit dem vulgär-rationalen Denken nicht leicht eingeht —, so konkretisiert sich der Begriff des Staates in dieser seiner Besonderheit als die Gesamtheit dieser Kräfte. Somit ist neben dem allgemeinen Begriff des Staates als eines mit der Gesellschaft identischen ein davon abgeleiteter (!) eigentlicher und engerer Begriff gewonnen, als aus den erwähnten aktiven Kräften bestehend. Es bleibt nur noch zu erkennen übrig, welche Kräfte als staatlich funktionierende in Frage kommen. Es können nur solche sein, die einerseits unmittelbar den Klassen verbunden sind, andererseits aber in eigener, radikalerer und „unabhängigerer" Weise zur Wirkung gelangen, weil sie von den unmittelbaren Aufgaben der gesellschaftlichen Ökonomie und deren Interessen entfernter gelagert sind, ihr Augenmerk auf das Ganze des gesellschaftlichen und staatlichen Seins richten und damit eine maßgebliche, die soziale Totalität ideologisch und in weiterer Folge praktisch durchdringende, sie zu einer „Ordnung" im rational gesetzen Sinne fügende Rolle spielen. Unter Voraussetzung der bisherigen theoretischen Ableitung muß sich der unbefangenen Betrachtung offenbaren, daß die in Frage kommenden Kräfte dreifacher Art sind. Aus der einzelnen Klasse direkt, ihr zugehörig und sich doch in einer gewissen Eigenbedeutung aus ihr herauslösend, bildet sich als erste Kraft, die die Berufung einer bewußten staatlichen Funktion auf sich nimmt, die *Elite* heraus. Sofern sie der herrschenden Klasse zugehört, bildet sie die herrschende Elite und ist sie von nicht zu unterschätzender Wirkung auf das staatliche Leben im Sinne seines Ausbaus im Dienste dieser herrschenden Klasse ...

Aber die Elite und die Klasse, der sie zugehört, bedürfen einer Anschauung, einer Ideologie, um zielgerecht tätig sein zu können. Es entsteht die Schicht der *Intelligenz,* die sich der berufsmäßigen Hervorbringung von gesellschaftlich wirksamen Ideen widmet, möge die staatliche Relevanz dieser Funktion durch die soziologisch bedingte Kompliziertheit und Widersprüchlichkeit des ideologischen Prozesses seit Jahrtausenden verschleiert sein. Und sofern des weiteren der Staat nicht sein kann ohne eine organisierende Hand, ohne ein Vollzugsorgan, entwickelt sich die dritte staatliche Erscheinung als wesentliche und tragende, die *Bürokratie.*

So läßt sich sagen, daß innerhalb des allgemeinen, von uns oben als durch den tätigen Reproduktionsprozeß aller Individuen erzeugt erkannten staatlichen Lebens sich ein spezielles entwickelt, gleichzeitig mit ihm korrespondierend und sich von ihm absondernd, wobei es von Epoche zu Epoche verschiedene Formen annimmt. (S. 16. ff.)

Staat, Gesellschaft und Elite zwischen Humanismus und Nihilismus, Ulm 1960.

*

Marxistische Philosophie lautet der Titel eines in erster Auflage 1967 in Berlin (Ost) erschienenen Lehrbuches, das als DDR-offizielle Darstellung des marxistisch-leninistischen Denkens gelten kann. Es wurde vom Institut für Philosophie der Deutschen Akademie der Wissenschaften zu Berlin, dem Institut für Philosophie der Karl-Marx-Universität Leipzig und dem Lehrstuhl Philosophie des Instituts für Gesellschaftswissenschaften beim ZK der SED erarbeitet.

*Der Staat als Klassenstaat*

*Was ist der Staat?* Der Staat ist weder ein freiwilliger Zusammenschluß von lauter Einzelmenschen, wie viele Vertreter der englischen und französischen Aufklärungsphilosophie im 17. u. 18. Jahrhundert glaubten, noch ist er eine Verkörperung der sittlichen Idee, wie Hegel meinte, noch ist er der institutionalisierte allgemeine Wille, der sich in freiem Spiel der Kräfte unter monopolkapitalistischen Bedingungen herausbilden soll, wie heute viele Propagandisten der imperialistischen Bourgeoisie glauben machen möchten. Der Staat ist ein *Machtinstrument* in den Händen bestimmter Klassen zur Niederhaltung anderer Klassen, ein Herrschaftsapparat zur systematischen Ausübung der Diktatur einer bestimmten Klasse über andere Klassen. Die entscheidenden Mittel dieser Machtausübung sind: das stehende Heer, die Polizei, der Beamtenapparat, die Gesetzgebung und Rechtsprechung, die Steuer- und Finanzpolitik. Der Staat ist ein historisches Produkt, ein Produkt der Klassenspaltung, genauer gesagt: ein Produkt der Spaltung der Gesellschaft in einander unversöhnlich gegenüberstehende Klassen ...

In der Regel ist der Staat das Machtinstrument der ökonomisch herrschenden Klasse, die vermittels desselben auch zur politisch herrschenden Klasse wird. In der Geschichte finden wir, den drei antagonistischen Klassengesellschaften entsprechend, drei große geschichtliche *Typen* von Ausbeuterstaaten: den Sklavenhalterstaat als Diktatur der Sklavenhalter, den Feudalstaat als Diktatur der Feudalherren und den kapitalistischen Staat als Klassendiktatur der Bourgeoisie. Hierbei muß freilich berücksichtigt werden, daß es Übergänge zwischen diesen Staatstypen geben kann und daß auch innerhalb der einzelnen Staatstypen recht bedeutende geschichtliche Modifikationen auftreten. Der kapitalistische Staat im imperialistischen Westdeutschland der Gegenwart unterscheidet sich bedeutend vom kapitalistischen Staat im Deutschland der 70er Jahre des 19. Jahrhunderts. So ist der heutige Staat in Westdeutschland der diktatorische Machtapparat der größten und mächtigsten Monopole (nicht mehr der ganzen kapitalistischen Klasse). Damit hängt die weitere Tatsache zusammen, daß seine ganze Politik Ausdruck der reaktionären, antidemokratischen und bekanntermaßen besonders aggressiven Bestrebungen des deutschen Imperialismus ist. In der Struktur des kapitalistischen Staates in Deutschland sind große Veränderungen vor sich gegangen, die im Kampf für Frieden, Demokratie und Sozialismus beachtet werden müssen.

In der ganzen Geschichte der Ausbeuterformationen entwickelte sich der Staat als eine aus dem Volk herausgehobene und ihm entgegengesetzte gesellschaftliche Organisation. Sie wird durch eine Gruppe von Menschen repräsentiert, die dem Volke entfremdet ist, deren „Beruf" in der Vollziehung von „Staatsgeschäften" im obigen Sinne besteht und die mit tausend Fäden an die ökonomisch herrschende Ausbeuterklasse gekettet, durch sie ausgebildet und ausgehalten ist oder mit dieser direkt verschmilzt. In der neueren Zeit, insbesondere in den späteren Stadien der kapitalistischen Gesellschaft, entwickeln sich diese Gruppe von Menschen und die Staatsinstitutionen, die sie handhaben, immer mehr zu einer militärisch-bürokratischen Maschinerie, die unmittelbar mit den großen kapitalistischen Monopolen verwächst, zu einem „Parasitenkörper" (Marx), der die Masse des Volkes knebelt und jede selbständige demokratische Regung erstickt. Das westdeutsche imperialistische Staatswesen ist ein sehr markantes Beispiel dieser Entwicklung.

Die Geschichte hat einen weiteren, völlig neuartigen Staatstypus hervorgebracht: den *sozialistischen Staat.* Die Größe von Marx, Engels und Lenin besteht u. a. darin, daß sie bereits vor der siegreichen sozialistischen Revolution an Hand der geschichtlichen Erfahrungen feststellten, daß die Arbeiterklasse sich nur befreien kann, wenn sie den kapitalistischen Staatsapparat zertrümmert und an seine Stelle ihren eigenen Staat setzt, einen Staat der Diktatur des Proletariats. Diese grundlegende Erkenntnis der Klassiker des Marxismus-Leninismus ist durch die Erfahrungen der Klassenkämpfe in unserem Jahrhundert als vollauf richtig erwiesen worden. Die Diktatur des Proletariats ist insofern ein Staat im Sinne des allgemeinen Staatsbegriffs, als sie ein Machtinstrument in den Händen der Arbeiterklasse und der mit ihr verbündeten werktätigen und ausgebeuteten Massen zur Niederhaltung der ehemals herrschenden Ausbeuterklassen, die unmittelbar nach ihrem Sturz noch sehr stark sind, und zum Schutze des sozialistischen Landes vor ausländischen imperialistischen Anschlägen ist.

Dennoch aber unterscheidet sich der sozialistische Staat grundlegend von allen bisherigen Staatstypen. Engels sagte von der Pariser Kommune, dem ersten Arbeiterstaat, daß sie „schon kein Staat im eigentlichen Sinne mehr war". Und Lenin spricht von einem „Übergang vom Staat zum Nichtstaat". Wie ist das zu verstehen? In diesen Worten kommt zum Ausdruck, daß der sozialistische Staat kein aus dem Volk herausgehobener und die Herrschaft einer ausbeutenden Minderheit sichernder Apparat ist, sondern die organisierte *politische Macht des werktätigen Volkes* darstellt, das durch die Arbeiterklasse geführt wird. Der sozialistische Staat ist die Macht der übergroßen Mehrheit des werktätigen Volkes, die immer mehr mit der bewußten Organisation der Kräfte des von Ausbeutung befreiten Volkes zusammenwächst, ein Instrument der planmäßigen wirtschaftlichen und kulturellen Entwicklung der sozialistischen Gesellschaft. (S. 250 ff.)

# Anmerkungen

1) H. Meyer, Die Krisis der deutschen Staatslehre und die Staatsauffassung Rudolf Smends, Köln 1931, S. 10.
2) H. Heller, Staatslehre, hg. von G. Niemeyer, Leiden 1963, S. 26.
3) Politik, 4. Aufl., Bd. 1, Leipzig 1918, S. 14.
4) Ebenda, S. 27.
5) E. Kern, Moderner Staat und Staatsbegriff, Hamburg 1949, S. 51.
6) Land und Herrschaft, 4. Aufl., Wien 1959, S. 111.
7) Ebenda, S. 114; — vgl. S. 146 ff. Zur Geschichte des *Wortes* Staat vgl. den gleichlautenden Aufsatz A. O. Meyers, in: Die Welt als Geschichte, 1950, S. 229—239.
8) Staat als ein konkreter, an eine geschichtliche Epoche gebundener Begriff, in: Verfassungsrechtliche Aufsätze, Berlin 1958, S. 383.
9) Staatslehre, S. 125.
10) Vgl. H. Maier, Zur Lage der politischen Wissenschaft nach dem Zweiten Weltkrieg, in: H. Maier, Politische Wissenschaft in Deutschland, München 1969, S. 277 f., Anm. 48.
11) U. Scheuner, Das Wesen des Staates und der Begriff des Politischen in der neueren Staatslehre, in: K. Hesse u. a. (Hg.), Staatsverfassung und Kirchenordnung, Festg. f. R. Smend, Tübingen 1962, S. 252.
12) Vgl. O. Hintze, Wesen und Verbreitung des Feudalismus, in: ders.: Staat und Verfassung, Gesammelte Abhandlungen, Bd. 1, 2. Aufl., Göttingen 1962, S. 84—119.
13) Kern, Moderner Staat, S. 62.
14) H. Mitteis, Der Staat des hohen Mittelalters, 6. Aufl., Weimar 1959, S. 154 f.
15) Hintze, Wesen und Verbreitung, S. 86. Vgl. G. Jellinek, Allgemeine Staatslehre, 2. Aufl., Berlin 1905, S. 309—316.
16) W. Näf, Frühformen des „modernen Staates“ im Spätmittelalter, in: H. H. Hofmann (Hg.), Die Entstehung des modernen souveränen Staates, Köln-Berlin 1967, S. 109 f.
17) O. Brunner, Die Freiheitsrechte in der altständischen Gesellschaft, in: Aus Verfassungs- und Landesgeschichte, Festschrift f. Th. Mayer, Bd. 1, Lindau/Konstanz 1954, S. 999.
18) H. Maier, Die ältere deutsche Staats- und Verwaltungslehre (Polizeiwissenschaft), Neuwied 1966, S. 82 f.
19) F. Kern, Recht und Verfassung im Mittelalter, Hist. Ztschr., Bd. 120 (1900), S. 1 ff.
20) Kern, Recht u. Verfassung, S. 3.
21) Zur Fehde als Rechtinstitut bes.: E. Kern, Moderner Staat, S. 71—80.
22) Näf, Frühformen, S. 109; J. Le Goff, Das Hochmittelalter, Fischer Weltgeschichte, Bd. 11, Frankfurt 1965, S. 220.

23) Vgl. M. Weber, Wirtschaft und Gesellschaft, Studienausgabe, hg. v. J. Winckelmann, Bd. 2, Köln/Berlin 1964, S. 1042 ff.; H. Sultan, Bürokratie und politische Machtbildung, in: Sultan/Abendroth, Bürokratischer Verwaltungsstaat und soziale Demokratie, Hannover/Frankfurt 1955, S. 12 ff.
24) Heller, Staatslehre, S. 130 f.
25) Maier, Polizeiwissenschaft, S. 85; vgl. Maier, S. 78 ff., (Friedensgedanke und Landfriedensbewegung).
26) Maier, Polizeiwissenschaft, S. 91 ff.; M. Weber, Wirtschaftsgeschichte, 3. Aufl., Berlin 1958, S. 290 ff.
27) Zur frühen Bürokratisierung: H. Jacoby, Die Bürokratisierung der Welt, Neuwied/Berlin 1969, S. 21 ff.
28) H. G. Schachtschabel, Wirtschaftspolitische Konzeptionen, 2. Aufl., Berlin/Mainz 1970, S. 45—54.
29) Jakoby, Bürokratisierung, S. 51.
30) F. Hartung, Der aufgeklärte Absolutismus, in: H. H. Hofmann, Enstehung, S. 167 ff.
31) T. Hobbes, Leviathan, hg. v. P. C. Mayer-Tasch, Reinbek 1965, S. 30 ff.
32) Neudr. d. Ausgabe Mitau 1771, Aalen 1969, S. 3.
33) Justi, Natur und Wesen, S. 49 ff.
34) Ebenda, S. 82.
35) Ch. Wolff, Grundsätze des Natur- und Völkerrechts, Halle 1754, in: G. Lenz (Hg.), Deutsches Staatsdenken im 18. Jahrhundert, Neuwied/Berlin 1965, S. 309.
36) A. L. Schlözer, Allgemeines Staatsrecht, Göttingen 1793, S. 34.
37) Vgl. G. Stavenhagen, Geschichte der Wirtschaftstheorie, 3. Aufl., Göttingen 1964, S. 42 f.
38) Widerspruch und Konflikt in der Auffassung Kants: F. Jonas, Geschichte der Soziologie, Bd. 1, Reinbek 1968, S. 120 ff.
39) Kant, Grundlagen zur Metaphysik der Sitten, 6. Aufl., hg. v. Th. Valentiner, Stuttgart 1965, S. 64.
40) Metaphysik der Sitten, in: Kant, Werke in 6 Bdn., hg. v. W. Weischedel, Bd. 4, Frankfurt 1956, S. 431.
41) Ideen zu einem Versuch, die Grenzen der Wirksamkeit des Staats zu bestimmen, hg. v. E. Cauer, Breslau 1851, S. 39.
42) Metaphysik der Sitten, S. 337.
43) Vgl. E. Bloch, Naturrecht und menschliche Würde, Frankfurt 1961, S. 81 ff.
44) E. Angermann, Robert v. Mohl, Neuwied 1962, S. 113.
45) Zum „rationalen Staat": M. Weber, Wirtschaftsgeschichte, S. 289 ff.
46) Die Seele im technischen Zeitalter, Reinbek 1964, S. 87 f.
47) Staat und Gesellschaft in der frührevolutionären Epoche Deutschlands, in: Hofmann, Entstehung, S. 297—320.

48) H. Grebing, Konservative gegen die Demokratie, Konservative Kritik an der Demokratie in der Bundesrepublik, Frankfurt 1971, S. 33.

49) K. Mannheim, Ideologie und Utopie, 4. Aufl., Frankfurt 1965, S. 200.

50) Grebing, Konservative, S. 26 f.

51) Ebenda, S. 27. Gleichsinnig: F. Schnabel, Deutsche Geschichte im 19. Jahrhundert, Herder-Bücherei, Bd. 205, S. 34 ff. Vgl. die Ablehnung dieser seit Karl Mannheim dominierenden Auffassung: B. Willms, Die politischen Ideen von Hobbes bis Ho Tschi Minh, Stuttgart-Mainz 1971, S. 103 ff.

52) E. v. Hippel, Geschichte der Staatsphilosophie, Bd. 2, Meisenheim am Glan 1957, S. 153 ff.

53) Schnabel, Geschichte, Bd. 207, S. 45; vgl. Haller, Restauration, Bd. 2, Winterthur 1817, S. 54 f.

54) Haller, Bd. 2, S. 22; vgl. Bd. 1, S. 459.

55) Hartung, Absolutismus, S. 160 f.; E. R. Huber, Die friederizianische Staatsidee und das Vaterland, in: ders.: Nationalstaat und Verfassungsstaat, Stuttgart 1965, S. 30—47, bes. 36 f.

56) Bd. 2, S. 170, 175.

57) Vgl. J. C. Bluntschli, Geschichte des Allgemeinen Staatsrechts und der Politik, München 1864, S. 501 f.

58) Zit. nach: Th. Ziegler, Die geistigen und sozialen Strömungen des 19. Jahrhunderts, 3. Aufl., Berlin 1910, S. 297.

59) Zit. in: H. Barth, Der konservative Gedanke in ausgewählten Texten, Stuttgart 1958, S. 171.

60) Golo Mann, Deutsche Geschichte des 19. und 20. Jahrhunderts, Frankfurt 1958, S. 278.

61) J. G. Herder, Schriften, hg. v. K. O. Conrady, Reinbek 1968, S. 225.

62) G. W. F. Hegel, Über die wissenschaftlichen Behandlungsarten des Naturrechts, in: Sämtliche Werke, hg. v. H. Glockner, Bd. 1, Stuttgart 1927, S. 529.

63) Hegel, Werke, Bd. 1, S. 111; vgl. System der Philosophie, 3. Teil: Die Philosophie des Geistes, in: Werke, Bd. 10, S. 426 f.

64) Paul de Lagarde, Deutscher Glaube, Deutsches Vaterland, Deutsche Bildung, hg. v. F. Daab, Jena 1913, S. 142; vgl. Der Begriff der „Volkheit“ bei Goethe: E. R. Huber, Goethe und der Staat, in: Huber, Nationalstaat, S. 14 ff.

65) Vgl. „Idee‘ u. „Begriff“ bei Adam Müller: Elemente der Staatskunst, Meerseburg/Leipzig o. J. (1936), S. 16 ff.

66) Titel eines Buches von Dahlmann, hg. v. O. Westphal, Berlin 1924; L. v. Ranke, Das Politische Gespräch, Halle 1925; G. Waitz, Politik, Kiel 1862.

67) Vgl. C. v. Savigny, in: E. Wolf (Hg.) Quellenbuch zur

Geschichte der deutschen Rechtswissenschaft, Frankfurt 1949, S. 330 ff.

68) Ebenda, S. 334.

69) Ebenda, S. 320 ff. u. Savigny, System des heutigen Römischen Rechts, 8 Bde., Berlin 1840—1849, Bd. 1, S. 14 f.

70) Savigny, System, S. 21 f.

71) Vgl. Wolf, Quellenbuch, S. 323.

72) Die Naturlehre des Staates, Neudr. d. Ausgabe Leipzig 1870, Aalen 1964, S. 28.

73) W. Schweitzer, Der entmythologisierte Staat, Gütersloh 1968, S. 256; P. Badura, Die Methoden der neueren allgemeinen Staatslehre, Erlangen 1959, S. 115.

74) Vgl. Badura, S. 115 ff.; Heller, Staatslehre, S. 96 ff.; E. Kaufmann, Über den Begriff des Organismus in der Staatslehre des 19. Jahrhunderts, Heidelberg 1908. G. v. Busse, Die Lehre vom Staat als Organismus, Berlin 1928.

75) Vgl. z. B. P. C. Planta, Die Wissenschaft des Staats oder die Lehre von dem Lebensorganismus, 2. Aufl., 1. Teil, Chur 1852.

76) Joh. Bapt. Nibler, Der Staat aus dem Organismus des Universums entwickelt, Landshut 1805, S. 109.

77) F. W. J. v. Schelling, System der gesamten Philosophie und der Naturphilosophie insbesondere, in: Sämtliche Werke, Bd. 6, Stuttgart/Augsburg 1860, S. 377 u. 371 f.

78) Vgl. diesen Begriff bei Adam Müller: E. R. Huber, Adam Müller und Preußen, in: Huber, Nationalstaat, S. 53 ff.

79) Müller, Elemente, S. 33.

80) Vgl. Fichte, Grundlage des Naturrechts, in: Werke, Auswahl in 6 Bdn., hg. v. F. Medicus, Bd. 2, Leipzig 1912, S. 212 f.

81) Jakobi, zit. nach: v. Busse, Die Lehre, S. 16.

82) Vgl. F. Schleiermacher, Entwurf eines Systems der Sittenlehre, hg. v. A. Schweitzer, in: Sämtliche Werke, Bd. 5, Berlin 1835, S. 244 ff.; 275.

83) H. Leo, Studien und Skizzen zu einer Naturlehre des Staates, Halle 1833, S. 2.

84) Vgl. die Idee der Bewegung bei Müller, a. a. O., P. Kluckhohn, Persönlichkeit und Gemeinschaft, Studien zur Staatsauffassung der deutschen Romantik, Halle 1925, S. 58, Anm. 1.

85) Schelling, Vorlesungen über die Methode des akademischen Studiums, 10. Vorl., in: Werke, Bd. 5 (1859), S. 316.

86) Gemeinde, Staat, Reich als Gebietskörperschaften, Berlin 1889, S. 80.

87) Leo, Naturlehre, S. 3.

88) Das deutsche Genossenschaftsrecht. 4 Bde., Bd. 1, Neudruck Graz 1954, S. 831. Gleichsinnig: Preuß, Gemeinde, S. 212 f. oder Preuß, in: Das deutsche Volk und die Politik, Jena

1916, S. 110: Das Lebensprinzip des Volksstaates „ist die Einheit, die vollkommene Identität des Staates und des politisch organisierten Volkes".

89) Deutsche Staatslehre und die heutige Staatenwelt, 2. Aufl., Nördlingen 1880, S. 15.

90) Kant, Kritik der Urteilskraft. Vgl. zu Kants Organismusbegriff: E. Kaufmann, Über den Begriff des Organismus, S. 6.

91) Vgl. Hegel, Grundlinien der Philosophie des Rechts, in: Werke, Bd. 7, S. 378.

92) Aus meinem Tagebuch, in: Sämtliche Werke, hg. v. F. Hoffmann u. a., Bd. 5, Leipzig 1854, S. 267; vgl. Schelling, System, S. 378 f.; Preuß, Gemeinde, S. 182.

93) An Stelle anderer Joseph Görres, Deutschland und die Revolution, hg. v. A. Duch, München 1921, S. 145.

94) Vgl. Kluckhohn, Persönlichkeit, S. 61, 73 ff.; C. Schmitt, Politische Romantik, 2. Aufl., München/Leipzig 1925, S. 158; G. Salomon-Delatour, Moderne Staatslehren, Neuwied 1965, S. 460 ff.

95) F. R. Huber, Nationalstaat, S. 63.

96) Einleitung in das Deutsche Staatsrecht, Leipzig 1867, S. 119.

97) Deutsches Staats- und Bundesrecht, 2 Bde., 2. Aufl., Bd. 1, Göttingen 1853, S. 63.

98) Grundsätze des allgemeinen und deutschen Staatsrechts, 4. Aufl., Heidelberg 1855, S. 90.

99) Ebenda, S. 89.

100) O. Mejer, Einleitung in das deutsche Staatsrecht, Rostock 1861, S. 5 f.

101) H. Ehmke, „Staat" und „Gesellschaft" als verfassungstheoretisches Problem, in: Hesse, Festg. für Smend, S. 41; P. v. Oertzen, Die Bedeutung C. F. von Gerbers für die deutsche Staatsrechtslehre, in: Hesse, Festgabe, S. 183—208; Th. Ellwein, Das Erbe der Monarchie in der deutschen Staatskrise, München 1954, bes. 268 ff.

102) W. Bußmann, Zur Geschichte des deutschen Liberalismus im 19. Jahrhundert, in: Hist. Zeitschr., Bd. 186, 1958, S. 552 u. überhaupt S. 527—557; vgl. Th. Schieder, Die Krise des bürgerlichen Liberalismus, in: ders.: Staat und Gesellschaft im Wandel unserer Zeit, München 1958, S. 58—88.

103) Grundsätze der Realpolitik, 2. Aufl., Stuttgart 1859, S. 5 u. 1.

104) L. Gumplowicz, Allgemeines Staatsrecht, 3. Aufl., Innsbruck 1907; ders.: Der Rassenkampf, 2. Aufl., Innsbruck 1909; G. Ratzenhofer, Politik, 2 Bde., Leipzig 1893.

105) v. Oertzen, Bedeutung C. F. von Gerbers, a. a. O.; ders.: Die soziale Funktion des staatsrechtlichen Positivismus, Jur. Diss. (Masch.) Göttingen 1953; W. Wilhelm, Zur ju-

ristischen Methodenlehre im 19. Jahrhundert, Frankfurt 1958.

106) Gierke, Die Grundbegriffe des Staatsrechts und die neuesten Staatstheorien, in: Zeitschr. f. d. ges. Staatswiss., Bd. 30, 1874; A. Menzel, Beiträge zur Geschichte der Staatslehre, in: Sitzungsberichte d. österr. Akad. d. Wissensch., 210. Bd., S. 439 ff.

107) Grundzüge einer allgemeinen Staatslehre, Würzburg 1873, Einleitung.

108) Gierke, Grundbegriffe, S. 172.

109) Grundzüge, S. 13.

110) Ebenda, S. 9.

111) Vgl. vor allem: R. von Ihering, Der Zweck im Recht, 2 Bde., 2. Aufl., Bd. 1, Leipzig 1884, S. 243 ff.

112) Der Rassenkampf, S. 151 f.

113) Politik, Bd. 1, Kapitel 7: „Das Gesetz der absoluten Feindseligkeit".

114) Ebenda, S. 141.

115) Historische und politische Aufsätze, zit. in: O. H. v. d. Gablentz, Die politischen Theorien seit der französischen Revolution, Köln u. Opladen 1957, S. 147. Zur gerechten Beurteilung Treitschkes, bei dem die Tradition des Idealismus noch nicht ganz gebrochen ist: Friedrich Meinecke, Die Idee der Staatsräson in der neueren Geschichte, 3. Aufl., München 1963, S. 460 ff.

116) R. Lenk / K. Hočevar, Max Weber, in: H. Maier u. a. (Hg.), Klassiker des politischen Denkens, Bd. 2, München 1968, S. 359.

117) Wirtschaft und Gesellschaft, a. a. O., Bd. 1, S. 39 f.

118) Wirtschaft und Gesellschaft, S. 40.

119) Ph. Zorn, Die Entwicklung der Staatsrechtswissenschaft seit 1866, in: Jahrb. d. öffentl. Rechts, Bd. 1, 1917, S. 65.

120) Zorn, S. 52.

121) Jurisprudenz und Rechtsphilosophie, Bd. 1, Leipzig 1892, S. 411.

122) F. Somlò, zit. nach: H. Welzel, Naturrecht und materiale Gerechtigkeit, Göttingen 1962, S. 186.

123) Laband, Das Staatsrecht des Deutschen Reiches, 3. Aufl., 2 Bde., Bd. 1, Freiburg/Leipzig 1895, S. 85 ff.

124) Gerber, Grundzüge eines Systems des deutschen Staatsrechts, 2. Aufl., Leipzig 1869, S. 8.

125) Ebenda, S. 20.

126) Ebenda, S. 220.

127) Ebenda, S. 222.

128) Jellinek, Staatslehre, S. 176.

129) Georg Meyer, Lehrbuch des deutschen Staatsrechts, 6. Aufl., Leipzig 1905, S. 25, vgl. S. 23 ff.

130) Laband, Beiträge zur Dogmatik der Handelsgesellschaften, in: Zeitschr. f. d. ges. Handelsrecht, 30, 1885, S. 492.
131) Mohl, Bd. 1, S. 133.
132) Willms, Politische Ideen, S. 82.
133) Hegel, Philosophie des Rechts, § 188.
134) Stein, System der Staatswissenschaft, Bd. 2, Stuttgart/Augsburg 1856, S. 28.
135) Hegel, Rechtsphilosophie, § 258.
136) Stein, System, S. 30.
137) Vgl. Hegel, Rechtsphilosophie, § 260. K. Löwith, Von Hegel zu Nietzsche, 5. Aufl. Stuttgart 1964, S. 260 ff.; G. Rohrmoser, Hegels Lehre vom Staat und das Problem der Freiheit in der modernen Gesellschaft, in: Der Staat, Bd. 3, 1964, S. 391 ff.
138) Stein, System, S. 32.
139) Marx, Zur Kritik der Hegelschen Rechtsphilosophie, Einleitung, in: I. Fetscher, Marx-Engels, Studienausg. in 4 Bdn., Bd. 1, Frankfurt 1966, S. 24.
140) Vgl. Fries, Philosophische Rechtslehre und Kritik aller positiven Gesetzgebung, Jena 1803, bes.: S. 49 ff.; vgl. die sozialistische Linie des Neukantianismus (Hermann Cohen, Karl Vorländer, Max Adler) und Neufriesianismus (Leonard Nelson).
141) Willms, Die politischen Ideen, S. 76.
142) Vgl. H. Heller, Die politischen Ideenkreise der Gegenwart, Breslau 1926, S. 115 ff.
143) Fichte, zit. nach Heller, Ideenkreise, S. 115.
144) Vgl. Fichte, Die Staatslehre oder über das Verhältnis des Urstaates zum Vernunftreiche, in: Werke, Bd. 6, S. 624, 484 ff.
145) Vgl. G. E. Lessing, Die Erziehung des Menschengeschlechts, 1780; J. G. Herder, Ideen zur Philosophie der Geschichte S. 324 f.; Kant, Über Pädagogik, in: Werke, Bd. 6, S. 697 ff.
146) Vgl. insbes. die Leninsche Partei-Konzeption und Stalins Doktrin von der „Verstärkung des Staates“ im Sozialismus. Für den Nationalsozialismus besonders die Schriften von Ernst Krieck (vgl. Quelle, S. 258 ff.).
147) Auswahl von Reden und Schriften, hg. v. K. Renner, Berlin 1923, S. 185.
148) W. Abendroth, Aufstieg und Krise der deutschen Sozialdemokratie, Dokumentenanhang, Frankfurt 1969, S. 93; Marx, Kritik des Gothaer Programms, in: Fetscher, Studienausg., Bd. 3, S. 185 f.
149) Vgl. K. Kautsky, Die marxsche Staatsauffassung, Jena 1923.
150) A. Bebel, Unsere Ziele, in: Bebel, Ausgewählte Reden und Schriften, Bd. 1, Berlin (Ost) 1970, S. 74.

151) Marx, Zweiter Entwurf zum „Bürgerkrieg in Frankreich", in: Marx-Engels, Werke, Bd. 17, Berlin (Ost), S. 593.
152) Marx, zit. nach: R. Miliband, Marx und der Staat, Berlin 1971, S. 24.
153) Engels, Herrn Eugen Dührings Umwälzung der Wissenschaft, Berlin (Ost) 1960, S. 285.
154) Engels, Anti-Dühring, S. 270.
155) Naturrecht, S. 304; gleichsinnig: Leo Kofler, Staat, Gesellschaft und Elite, Ulm 1969, S. 23.
156) Engels, Ludwig Feuerbach, in: Fetscher, Studienausg., Bd. 1, S. 217.
157) Marx, Kritik der Hegelschen Rechtsphilosophie, S. 17.
158) Vgl. Kofler, Staat, S. 33 f. Wichtig ist das für die „Neue Linke" repräsentative Buch Johannes Agnolis: Die Transformation der Demokratie, Berlin 1967.
159) Eugen Diederichs, zit. nach: K. v. Klemperer, Konservative Bewegungen, München/Wien 1957, S. 89.
160) Vgl. W. Sombart, Händler und Helden, Patriotische Besinnungen, Leipzig 1915; Max Scheler, Der Genius des Krieges und der deutsche Krieg, Leipzig 1915.
161) Vgl. die Äußerungen Ludwig Bauers, zit. in: K. Sontheimer, Antidemokratisches Denken in der Weimarer Republik, München 1962, S. 44.
162) Ebenda, S. 65 f. Anm.; Klemperer, Konservative Bewegungen, S. 187.
163) Zur Tradition des irrationalen Denkens: Georg Lukács, Die Zerstörung der Vernunft, Neuwied-Berlin 1962, passim.
164) Max Scheler nach Sontheimer, Antidemokratisches Denken, S. 43.
165) Aufsätze zur Zeitgeschichte, Zürich 1946.
166) Sontheimer, Antidemokratisches Denken, S. 166.
167) Vgl. Edgar Jung und Wilhelm Stapel, in: Sontheimer, S. 216 f.
168) H. Freyer, Der politische Begriff des Volkes, Neumünster 1933, S. 16.
169) H. Freyer, Der Staat, 2. Aufl., Leipzig 1926, S. 113.
170) E. R. Huber, Die Totalität des völkischen Staates, in: Die Tat, 26, 1934, S. 30 ff. Vgl. C. Schmitt, Der Führer schützt das Recht, in: ders.: Positionen und Begriffe, Hamburg 1940, S. 200. Zur völkisch verstandenen Rechtsidee z. B.: K. Larenz, Über Gegenstand und Methode des völkischen Rechtsdenkens, Berlin 1938.
171) Der Hüter der Verfassung, Tübingen 1931, S. 78 ff.
172) Der totale Staat, Hamburg 1933, S. 42.
173) E. R. Huber, Die Totalität, S. 37.
174) Ebenda, S. 35.
175) Nach: K. Loewenstein, Verfassungslehre, Tübingen 1959, S. 149.

176) Grebing, Konservative, S. 16 ff.

177) Vgl. z. B. die rassistische Aufbereitung des platonschen Staatsgedankens durch K. Hildebrandt: Platon, Der Kampf des Geistes um die Macht, Berlin 1933; E. W. Eschmann, Ständische Ordnung der Nation, in: Die Tat, 25, 1933, S. 105—121. Feder: Das Programm der NSDAP, München 1932, S. 28.

178) Smend betrachtete den Faschismus als Anwendungsfall seiner Integrationslehre: Verfassung und Verfassungsrecht, München 1928, S. 23 f., S. 42; Hans Kelsen: „der ‚integrale' oder ‚integrierte' Staat ist der faschistische Staat". Der Staat als Integration, Wien 1930, S. 58; vgl. Badura, Methoden, S. 199 f.; zur Selbstdarstellung: Smend, „Integrationslehre", in: Handwörterb. d. Sozialwiss., Bd. 5, Göttingen 1956, S. 299 ff.

179) Freyer, Staat, J. Binder, System der Rechtsphilosophie, Berlin 1937; O. Spann, Der wahre Staat, 2. Aufl., Leipzig 1923.

180) Dies als Forderung bei: H. Freyer, Revolution von rechts, Jena 1931, S. 56 ff.

181) K. S. Zachariä v. Lingenthal, Vierzig Bücher vom Staate, 1.—4. Teil, Heidelberg 1820—1832, Bd. 1, S. 103.

182) C. Bornhak, Allgemeine Staatslehre, Berlin 1896, S. 9.

183) Jellinek, Staatslehre, S. 167.

184) Vgl. Sontheimer, Antidemokratisches Denken, S. 1 ff.

185) Vgl. Meinecke, Staatsräson, S. 480.

186) Zusammengefaßt nach: Lehrschreiben der in Fulda versammelten deutschen Bischöfe (1953); J. Messner, Das Naturrecht, 5. Aufl., Innsbruck, Wien, München 1966, S. 726 ff.; O. Schilling, Christliche Staatslehre und Staatspflichtenlehre, Donauwörth 1953, S. 30 ff. (alle vgl. Quelle, S. 117 ff.); O. v. Nell-Breuning / H. Sacher, Zur christlichen Staatslehre, Freiburg 1957, S. 1 ff.; H. Rommen, Der Staat in der katholischen Gedankenwelt, Paderborn 1935, S. 82 ff.

187) H. Thielicke, Theologische Ethik, 2. Bd., Tübingen 1958, S. 173.

188) K. Barth, Christengemeinde und Bürgergemeinde, Stuttgart 1946, S. 14.

189) Vgl. H. Zahrnt, Die Sache mit Gott, München 1966, S. 218 ff.

190) H. D. Wendland, Das Staatsproblem in der deutschen Theologie der Gegenwart, Heidelberg 1934, S. 11.

191) E. Brunner, Kirche und Staat, in: Die Kirche und das Staatsproblem der Gegenwart, 2. Aufl., Berlin 1935, S. 12.

192) W. Künneth, Politik zwischen Dämon und Gott, Berlin 1954, S. 53.

193) Thielicke nach Zahrnt, Gott, S. 244.

194) A. Sperl, in: Fischer-Lexikon, Christliche Religion, Frankfurt 1961, S. 297.
195) H. J. Wallraff, zit. nach: P. Molt, Katholische Staatslehre und demokratische Ordnung, in: Civitas, Bd. 1, 1962, S. 29.
196) Molt, S. 32; H. Schmieden, Recht und Staat in den Verlautbarungen der katholischen Kirche seit 1878, Bonn 1959, S. 62 ff.; Grebing, Konservative, S. 348 f.
197) Vgl. Künneth, Politik, S. 50 ff., 105 ff.; L. Goppelt, Der Staat in der Sicht des Neuen Testaments, in: H. Dombois / E. Wilkens, Macht und Recht, Berlin 1956, S. 14 ff.
198) Vgl. etwa: P. Althaus, Die deutsche Stunde der Kirche, 3. Aufl., Göttingen 1934. Wendland, Staatsproblem. Die betont anti-aufklärerische Position wird besonders deutlich bei F. Gogarten: vgl. Quelle, S. 132 ff. Natürlich gibt es gerade in jüngerer Zeit eine sehr lebhafte Opposition gegenüber der traditionellen Auffassung von Politik und Staat, die in der „Theologie der Revolution" gipfelt: vgl. z. B.: T. Rendtorff / H. E. Tödt, Theologie der Revolution, Analysen und Materialien, 3. Aufl., Frankfurt 1969.
199) Molt, Staatslehre, S. 33 ff.; Grebing, Konservative, S. 283 ff.
200) Vgl. O. K. Flechtheim (Hg.), Dokumente zur parteipolitischen Entwicklung seit 1945, 2. Bd., 1. Teil, Berlin 1963, S. 27 ff.
201) Nach Heller, Staatslehre, S. 228 ff.
202) Grebing, in: G. Kress / D. Senghaas (Hg.), Politikwissenschaft, 2. Aufl., Frankfurt 1969, S. 75; vgl. R. Kühnl, Formen bürgerlicher Herrschaft, Reinbek 1971, S. 69 ff.
203) Vgl. Grebing, Konservative, S. 318—342.
204) R. Blum, Soziale Marktwirtschaft, Tübingen 1969, S. 62.
205) W. Eucken, Grundsätze der Wirtschaftspolitik, Reinbek 1965, S. 188 f.
206) Nach Blum, Marktwirtschaft, S. 60.
207) Grebing, Konservative, S. 324 f.
208) M. Greiffenhagen, Technokratischer Konservatismus, in: Aus Pol. und Zeitgesch., 31. Juli 1971, S. 29 ff.
209) Ebenda, S. 39.
210) Ebenda, S. 40.
211) Grebing, Liberalismus, S. 84; vgl. Grebing, Konservative, S. 403—423.
212) Erhard, Programm für Deutschland, Referat auf dem 13. Bundesparteitag der CDU, 31. 3. 1965, S. 13.
213) Vgl. R. Opitz, Der große Plan der CDU: die „Formierte Gesellschaft", in: Blätter für deutsche und internationale Politik, H. 9, 1965, S. 750—777.
214) Schelsky, Demokratischer Staat und moderne Technik, in: Atomzeitalter, H. 5, Mai 1961, S. 102.
215) Voegelin, Die neue Wissenschaft von der Politik, München 1959.

216) D. Oberndörfer, Politik als praktische Wissenschaft, in: H. Schneider (Hg.), Aufgabe und Selbstverständnis der politischen Wissenschaft, Darmstadt 1967, S. 145.
217) Ebenda, S. 146.
218) Ebenda, S. 147.
219) H. Maier, Zur Lage der politischen Wissenschaft, S. 97, 105.
220) H. Kuhn, Aristoteles und die Methode der politischen Wissenschaft, in: R. H. Schmidt (Hg.), Methoden der Politologie, Darmstadt 1967, S. 527.
221) H. Kuhn, Der Staat, München 1967, S. 62.
222) Ebenda, S. 60.
223) Oberndörfer, Politik, S. 145.
224) W. Hennis, Zum Problem der deutschen Staatsanschauung, Vierteljahresh. f. Zeitgesch. 1959, S. 22. Gleichsinnig: Maier, S. 14 ff.
225) Kuhn, Aristoteles, S. 522.
226) Hennis, Bemerkungen zur wissenschaftlichen Situation der politischen Wissenschaften, in: Schneider, Aufgabe, S. 130.
227) Oberndörfer, Politik, S. 149.
228) M. Horkheimer, Traditionelle und kritische Theorie, Frankfurt 1970, S. 36.
229) J. Fijalkowski, Über einige Theoriebegriffe in der deutschen Soziologie der Gegenwart, Kölner Zeitschr. f. Soziol. und Sozialpsych. 1961, H. 1, S. 103.
230) Agnoli, Transformation der Demokratie, a. a. O., S. 43.
231) Vgl. W. Müller / Ch. Neusüss, Die Sozialstaatsillusion, in: Probleme des Klassenkampfs, Sonderheft 1, Berlin 1971, S. 7—70.
232) Vgl. W. Rosenbaum, Staatsinterventionismus und Wirtschaftsplanung im modernen Kapitalismus, in: R. Kühnl (Hg.), Der bürgerliche Staat der Gegenwart, Reinbek 1972, S. 9 ff.
233) W. Abendroth, Staat und Recht, in: ders.: Antagonistische Gesellschaft und politische Demokratie, Neuwied/Berlin 1967, S. 412.
234) H. Marcuse, Der eindimensionale Mensch, Neuwied 1967, S. 246.
235) H. Marcuse, Das Ende der Utopie, in: ders.: Psychoanalyse und Politik, 3. Aufl., Frankfurt/Wien 1968, S. 72.
236) Vgl. allerdings Kants Haltung zum Widerstandsrecht, in: Werke, Bd. 6, S. 153 ff., S. 437 ff.
237) Dennoch akzeptiert Rotteck neben dem Rechtszweck auch die staatliche Förderung der bürgerlichen Sicherheit, wozu für ihn „die Sorge für Industrie und Wohlstand, für Aufklärung und Wissenschaft, Sittlichkeit, Religion" gehört. (Lehrbuch, 2. Teil, S. 62 ff.)
238) *Kombination* = rationale Überlegung, Reflexion. Sie arbeitet „im Hintergrund des Nasenwirbels".

239) *Noblesse* = eine Eigenschaft des Herzens, ein feinsinniges Gefühl für Gerechtigkeit und Ehre. Noblesse verpflichtet bei Verletzungen zur „Widerherstellung des wahren, gerechten Verhältnisses."

240) *Nabel* = „der große Schmerz des Mannes" über das durch Bosheit zugefügte Leiden, „der die Eingeweide krampfhaft zusammenschnürt". „Er will, daß die schwere Verschuldung geahndet, gestraft werde."

241) Richtig verstanden sagt der Vergleich [mit einem Organismus] nichts weiter aus, als daß wir in dem gesellschaftlichen Körper eine Lebenseinheit eines aus Teilen bestehenden Ganzen erkennen, wie wir sie außerdem nur bei den natürlichen Lebewesen wahrnehmen. Wir vergessen nicht, daß die innere Struktur eines Ganzen, dessen Teile Menschen sind, von einer Beschaffenheit sein muß, für die das Naturganze kein Vorbild bietet; daß hier ein geistiger Zusammenhang stattfindet, der durch psychisch motiviertes Handeln hergestellt und gestaltet, betätigt und gelöst wird; daß hier das Reich der Naturwissenschaft endet und das Reich der Geisteswissenschaft beginnt. Allein wir betrachten das soziale Ganze gleich dem Einzelorganismus als ein Lebendiges und ordnen die Gemeinwesen zusammen mit den Einzelwesen dem Gattungsbegriff des Lebewesens unter. (Das Wesen der menschlichen Verbände, Leipzig 1902, S. 15.)

242) Speziell für die Konstruktion des *Staatsbegriffs* halten wir ... den Zweck für ein völlig unbrauchbares Moment, wenigstens sofern man von moderner wissenschaftlicher Anschauung ausgeht. Will man den Zweck in den Staatsbegriff hineinbringen, so muß man den Staat entweder als göttliche oder menschliche Schöpfung, jedenfalls als Produkt eines bewußten Willens auffassen. Also nur die Theorie, welche den Staat als göttliche Institution betrachtet (Stahl), oder aber die *Vertragstheorie* können den Zweck aus dem Willen des Schöpfers oder der Kontrahenten heraus in den Staatsbegriff aufnehmen. Keine dieser beiden Theorien entspricht dem Geiste der heutigen Wissenschaft. Sie betrachtet den Staat wie alles menschliche Gemeinleben als organisch gewordenes Gebilde, als Organismus zwar höherer Art aber nicht andern Wesens als die übrigen organischen Gebilde der Natur. So wenig man daher in den wissenschaftlichen Begriff einer Pflanze den Zweck, Blumen oder Früchte zu tragen, in den eines Tieres den Zweck, dem Menschen Nahrung oder dgl. zu liefern, aufnehmen wird, so wenig gestattet der Geist moderner Wissenschaft die Aufnahme des Zwecks in den Staatsbegriff. (Gemeinde, S. 80.)

243) „Die Persönlichkeit des Staates" in der Tübinger Zeitschrift, Bd. 25 (1869).

244) Freies Handeln wird nach Savigny „hervorgebracht aus der höheren Natur des Volkes als eines stets werdenden, sich entwickelnden Ganzen" ... „Was von jenem Ganzen gegeben ist" wird von jedem Zeitalter als seinem Glied frei verwirklicht (Quellenbuch, S. 332).

245) Die Staatslehre hat den Staat nach allen Seiten seines Wesens zu erforschen. Sie hat zwei Hauptgebiete, entsprechend den zwei Gesichtspunkten, unter denen der Staat betrachtet werden kann. Der Staat ist einmal gesellschaftliches Gebilde, sodann rechtliche Institution. Dementsprechend zerfällt die Staatslehre in die *soziale Staatslehre* und die *Staatsrechtslehre.* Die allgemeine Staatslehre insbesondere hat demnach zwei Abteilungen: die *allgemeine Soziallehre des Staates* und die *allgemeine Staatsrechtslehre.* (Staatslehre, S. 10 f.)

246) Traditionale, charismatische und legale Herrschaft: vgl. Wirtschaft und Gesellschaft, S. 1043 f.

247) Nawiasky unterwirft den Staatsbegriff einer Dreiteilung: Staat als soziale Tatsache, Staat als Rechtsbegriff, Staat als Idee. Dieser entspricht eine Dreigliederung der Staatslehre: „Staatsideenlehre" als Lehre von den einheitsstiftenden *Vorstellungen,* „Staatsgesellschaftslehre" als abstrahierende Untersuchung des Staates als soziale Tatsache und „allgemeine Staatsrechtslehre" im Gegensatz zur besonderen Staatsrechtslehre eines konkreten Staates. Die einzelnen Staatsbegriffe sind aufeinander zurückführbar.

248) [Der Satz über das innere Recht]: Jeder soll frei sein: — er soll nur seiner eigenen Einsicht folgen. Wir sagen: *jeder;* es soll also in der Welt der freien Iche durchaus keinen geben, der irgendeinem anderen, denn seiner freien Einsicht gehorche. (Fichte, Werke, Bd. 1, S. 480.)

249) Hegel: „Die wirkliche Idee, der Geist, der sich selbst in die zwei ideellen Sphären seines Begriffs, die Familie und die bürgerliche Gesellschaft, als in seiner *Endlichkeit* scheidet, um aus ihrer Idealität *für sich unendlicher* wirklicher Geist zu sein, teilt somit diesen Sphären das Material dieser seiner endlichen Wirklichkeit, die Idividuen als die *Menge* zu, so daß diese Zuteilung am Einzelnen durch die Umstände, die Willkür und eigene Wahl seiner Bestimmung *vermittelt* erscheint." (Zur Judenfrage, S. 342.)

250) Der Begriff „regelgeforderte Ordnung" bedeutet bei Heller soviel wie normative Ordnung.

## Deutschsprachige Literatur zum Staatsbegriff und zur Geschichte der politischen Ideen


*P. Badura,* Die Methoden der neueren allgemeinen Staatslehre, Erlangen 1959.

*H. Barth,* Der konservative Gedanke in ausgewählten Texten, Stuttgart 1958.

*J. C. Bluntschli,* Geschichte des allgemeinen Staatsrechts und der Politik, München 1864.

*A. Bergstraesser, D. Oberndörfer,* Klassiker der Staatsphilosophie. Ausgewählte Texte, Bd. 1, Stuttgart 1962.

*A. Caspary,* Geschichte der Staatstheorien, Mannheim, Berlin, Leipzig 1924.

*J.-J. Chevallier,* Denker, Planer, Utopisten. Die großen politischen Ideen, 2. Aufl., Frankfurt/M. 1970.

*J. Dabin,* Der Staat oder Untersuchungen über das Politische, Neuwied-Berlin 1964.

*O. H. v. d. Gablentz,* Die politischen Theorien, seit der amerikanischen Unabhängigkeitserklärung, Politische Theorien, Teil 3, 3. Aufl., Köln-Opladen 1967.

*H. Grebing,* Konservative gegen die Demokratie. Konservative Kritik an der Demokratie in der Bundesrepublik, Frankfurt 1971.

*O. v. Gierke,* Das deutsche Genossenschaftsrecht, Bd. 3: Die Staats- und Korporationslehre des Altertums und des Mittelalters, Bd. 4: Die Staats- und Korporationslehre der Neuzeit. Unveränderter Nachdruck der ersten Ausgabe von 1881 bzw. 1913, Darmstadt 1954.

*E. v. Hippel,* Geschichte der Staatsphilosophie, 2 Bde., Meisenheim/Glan 1955—57.

*H. H. Hofmann* (Hg.), Die Entstehung des modernen souveränen Staates, Köln-Berlin 1957.

*H. Heller,* Die politischen Ideenkreise der Gegenwart, Breslau 1926.

*W. Hennis,* Zum Problem der deutschen Staatsanschauung, in: Vierteljahresheft f. Zeitgesch., 7. Jg., 1959, S. 1 ff.

*M. Hättich,* Grundbegriffe der Politikwissenschaft, Darmstadt 1960.

*E. Kern,* Moderner Staat und Staatsbegriff, Hamburg 1949.

*E. Kaufmann,* Über den Begriff des Organismus in der Staatslehre des 19. Jahrhunderts, Heidelberg 1908.

*K. Larenz/G. Holstein,* Geschichte der Staatsphilosophie, Berlin-München 1931.

*G. Möbus,* Die politischen Theorien von der Antike bis zur Renaissance, Politische Theorien, Teil 1, 2. Aufl., Köln-Opladen 1964.

*Ders.:* Die politischen Theorien im Zeitalter der absoluten Monarchie bis zur Französischen Revolution, Politische Theorien, Teil 2, 2. Aufl., Köln-Opladen 1966.

*H. Maier,* Die ältere deutsche Staats- und Verwaltungslehre (Polizeiwissenschaft), Neuwied 1966.

*Ders. u. a.* (Hg), Klassiker des politischen Denkens, 2 Bde., München 1968.

*W. Mager,* Zur Entstehung des modernen Staatsbegriffs, Mainz 1968.

*A. O. Mayer,* Zur Geschichte des Wortes Staat, in: Die Welt als Geschichte 1950.

*A. Menzel,* Beiträge zur Geschichte der Staatslehre, in: Sitzungsberichte der österreichischen Akademie der Wissensch., 210. Bd.

*F. Meinecke,* Die Idee der Staatsräson in der neueren Geschichte, 3. Aufl., München 1963.

*H. Quaritsch,* Staat und Souveränität, Bd. 1, Frankfurt/M. 1970.

*R. Stammler,* Rechts- und Staatstheorien der Neuzeit, Leipzig 1917.

*G. Salomon-Delatour,* Moderne Staatslehren, Neuwied 1965.

*K. Sontheimer,* Antidemokratisches Denken in der Weimarer Republik, München 1962.

*W. Schätzel,* Der Staat. Was Staatsmänner, Politiker und Philosophen über den Staat und seine Probleme gesagt haben, Wiesbaden o. J.

*R. Schottky,* Texte der Staatstheorie, München 1965.

*U. Scheuner,* Das Wesen des Staates und der Begriff des Politischen in der neueren Staatslehre, in: H. Hesse u. a. (Hg.), Staatsverfassung und Kirchenordnung, Festg. f. R. Smend, Tübingen 1962.

*W. Theimer,* Geschichte der politischen Ideen, 3. Aufl., Bern-München 1955.

*B. Willms,* Die politischen Ideen von Hobbes bis Ho Tschi Minh, Stuttgart-Mainz 1971.

*P. L. Weihnacht,* Staat. Studien zur Bedeutungsgeschichte des Wortes von den Anfängen bis ins 19. Jahrhundert, Berlin 1968.

*R. Zippelius,* Geschichte der Staatsideen, 2. Aufl., München 1972.